四川省"十四五"普通高等教育本科规划教材

新工科·新商科·统计与数据科学系列教材

U0662055

应用统计学

（第2版）

李晓峰　刘　馨　　主　编

朱　兵　范露容　吕程炜　副主编

电子工业出版社

Publishing House of Electronics Industry

北京·BEIJING

内 容 简 介

本书遵循"循序渐进"和"学以致用"的原则构建知识体系，将统计学原理、统计分析方法与具体的实际问题有机地结合起来，注重将思政元素融入教材内容，强调理论性与实践性并重、思想性与教育性并重、知识性与可读性并重。书中大部分统计分析方法都给出了 SPSS 的具体操作步骤与数据处理结果的解析，强化了软件的应用能力及学生解决实际问题的能力。

全书共 10 章，分别为绪论、统计数据收集、统计数据整理、统计数据特征测度、参数估计、参数假设检验、方差分析、相关分析与回归分析、时间序列分析与预测、统计指数。附录部分列出了常用统计分布表。为方便教师教学、学生学习，本书提供课件、实例数据、习题参考答案及有关知识点微视频，读者可登录华信教育资源网（www.hxedu.com.cn）或扫描书中二维码免费下载使用。

全书体系完备、实例丰富、深入浅出、通俗易懂，思想性和实用性强，可作为高等院校经济、管理等专业本科生、研究生的教学用书，也可作为其他对统计学感兴趣的各界人士的自学参考书。

图书在版编目（CIP）数据

应用统计学 / 李晓峰等主编. —2 版. —北京：电子工业出版社，2024.1

ISBN 978-7-121-47145-2

Ⅰ. ①应… Ⅱ. ①李… Ⅲ. ①应用统计学—高等学校—教材 Ⅳ. ①C8

中国国家版本馆 CIP 数据核字（2024）第 011474 号

责任编辑：秦淑灵　　　　　　特约编辑：田学清
印　　刷：北京捷迅佳彩印刷有限公司
装　　订：北京捷迅佳彩印刷有限公司
出版发行：电子工业出版社
　　　　　北京市海淀区万寿路 173 信箱　　　　　邮编：100036
开　　本：787×1 092　　1/16　　印张：16.75　　字数：451 千字
版　　次：2017 年 8 月第 1 版
　　　　　2024 年 1 月第 2 版
印　　次：2025 年 2 月第 2 次印刷
定　　价：49.00 元

凡所购买电子工业出版社图书有缺损问题，请向购买书店调换。若书店售缺，请与本社发行部联系，联系及邮购电话：（010）88254888，88258888。

质量投诉请发邮件至 zlts@phei.com.cn，盗版侵权举报请发邮件至 dbqq@phei.com.cn。

本书咨询联系方式：qinshl@phei.com.cn。

前　　言

应用统计学属于统计学的一个范畴，它采用统计学中的有关理论和方法来对自然现象、社会经济现象或管理现象中研究对象的数量特征、数量关系、发展变化趋势及规律进行研究，最终解决实际问题。应用统计学以数理统计学的理论和方法为基础，不断吸收信息论、控制论、系统论和决策论等方面的研究成果，使统计职能从反映和监督拓展到推断、预测和决策。目前，应用统计学不仅在管理学、经济学中应用广泛，而且在医学、生物学、教育学、心理学、工程学、体育、法律等领域也有较广泛的应用。

本书自 2017 年出版以来，受到社会各界的厚爱，被全国多所院校选为教材，受到教师、学生和社会各界的广泛好评。编者对《应用统计学》得到的广泛认可与读者的积极回应表示衷心感谢。然而，在深感欣慰之余，编者深知书中仍然存在不足之处。同时，近些年来，在教学过程中不断有一些新的想法和新的案例，很想与读者分享。因此，在四川大学、电子工业出版社和广大读者的支持下，编者对本书第 1 版进行了修订和改进。与第 1 版相比，第 2 版仍然坚持原有的基本框架和风格，不同之处主要体现在以下几个方面。

第一，将思政元素融入教材内容中。各章均以"思政案例导入"开篇，同时在典型例题中注重紧密联系经济社会等领域，讲述统计学理论和方法的应用，这不仅有利于拓宽学生视野，启迪学生思维，引导学生树立正确的价值观，还有助于学生更好地利用统计学理论和方法解决中国的实际问题。

第二，强调内容体系上的完整。对部分章节结构进行了微调，增加了近年的新内容；调整和更新了书中主要章节的例题和数据，使数据所描述的问题更加接近实际。对每章后的思考与练习进行了较大的调整，习题类型更趋于多元化，以帮助学生加强对相关内容的理解，培养学生的统计应用能力。

第三，更新了教学辅助资源。为方便教师教学、学生学习，本书提供了各章节的 PPT 课件、实例数据、习题的参考答案；同时提供了第 2 章至第 9 章中运用 SPSS 分析实际问题的数据，以便学生操作、掌握 SPSS 的基本使用方法。另外，编者录制了有关章节知识点的微视频，并上传到有关在线平台，以便学生利用网络进行学习，提升学习效率及质量。

本书由李晓峰、刘馨担任主编，由朱兵、范露容、吕程炜担任副主编。各章执笔人如下：李晓峰（第 1 章、第 2 章）、刘馨（第 3 章、第 4 章、附录 A）、范露容（第 5 章、第 6 章）、朱兵（第 7 章、第 8 章）、吕程炜（第 9 章、第 10 章）。全书由朱兵统稿、整理，由李晓峰、刘馨审核。

本书可作为经济管理类本科生、研究生的教学用书，也可作为从事统计、商务管理和经济分析等实际工作的各类人员的参考用书或培训教材。

本书为四川大学立项建设教材，入选第一批四川省"十四五"普通高等教育本科规划教材。该教材获得了相关经费的资助，并得到了四川大学教材建设委员会有关同志的大力支持，在此表示衷心的感谢！本书在修订过程中参阅了大量国内外相关教材和文献，在此谨向相关作者表示诚挚的谢意！

由于编者水平有限，书中难免有疏漏之处，恳请读者给予谅解并批评指正，以便进一步修订和改进。

编　者

目　　录

第1章 绪 论

◈ 学习目标

◆ 了解统计学的产生过程和发展阶段，以及统计学的分科。
◆ 深入理解统计学的内涵与特点。
◆ 深入理解统计研究方法与研究过程。
◆ 深入理解统计学的基本概念。

◈ 重点与难点

◆ 统计研究方法与研究过程。
◆ 统计总体和总体单位、统计指标与标志的联系和区别。

◈ 案例导入

中国古代统计与《九章算术》

在中国古代，统计是中国灿烂文明不可或缺的重要组成部分，其数学渊源历久弥新。被历代数学家尊为"算经之首"的《九章算术》，因其鲜明的代数化、算法化、机械化、离散化等特征被广泛应用于社会生产、生活的几乎所有统计计量方面，更是国家有关部门用来收集及计量统计数据的工具性典范。春秋至秦汉时期中国不仅在统计制度、方法、思想等方面均领先于世界水平，其统计标准、计量手段、核算技能、分析方法更是绝无仅有。同时，社会现实问题的计量统计也为中国古代数学的发展提供了契机，两者可谓相得益彰。以《九章算术》为代表的中国古代数学和中国古代统计，是古代中国乃至东方世界的两朵绚丽文明之花，彰显了中国文化自信的时代特征。

成书于西汉末期的《九章算术》，以其内容丰富、语言规范、概念清晰、循序渐进、分类归纳、体系实用等特点著称，全书共有应用问题246道，每道题都由问、答、术三部分组成，按应用和性质分为九大类，组成九章。《九章算术》为成熟较早的中国古代统计提供了强大的计算方法支撑，有力地推动了中国古代统计工作的规范发展。本书针对《九章算术》涉及的统计计算工作内容按章进行说明。

《九章算术》第一章为方田，主要涉及各类面积的计算，以"御田畴界域"为其主要用途，被掌管生产及统计的大司农、太史令等官府机构广泛应用于清丈统计土地；第二章为粟米，主要涉及各种谷物粮食的比率和比例算法，开章以粟为基础规定了各种粮食兑换标准，继而给出四项比例运算法则，被斡官、铁市、平准、太仓、郡国、诸仓等流通消费类统计机构应用最多；第三章为衰分，主要讲述以分配问题为中心的配分比例算法，常被少府大司农等管理分配机构用作预算统计的手段；第四章为少广，给出了已知矩形面积求边长，已知立方体体积或表面积求边长等问题的实用解法，在生产领域被籍田、少府、大司农等部门广泛应用；第五章为商功，主要是建筑、水利、土石工程的计算统计和各种立体体积的计算统计，在生产及工程领域被水衡都尉、太仓、将作大匠等机构作为工程量、劳动量、实物量计算统计的有力工具；第六章为均输，均输有分摊及运输之意，该章以合理摊派赋税和合理分配赋役的配分比例计算统计为主，为朝廷大司农、少府等管理部门统计赋税徭役提供了具体运算指南；第七～九章在各个领域和众多机构均有其具体应用场合，但在统计计量方面涉及略少一些，本节不再赘述。

在《九章算术》讲述问题的求解中，基本对象都与社会经济问题有关，以土地、粮食、赋税、徭役、货币、交易为主要计算范围，表现了经济统计的范式，在题设和解法中蕴含着丰富的统计思想和统计理念，这对中国古代统计的完善和发展起到了积极的促进作用。

资料来源：胡顺奇，公维丽. 中国古代统计与《九章算术》[J]. 中国统计，2022，（4）：73-76.

1.1　统计学的产生和发展

1.1.1　统计学的产生过程

统计学的产生与统计实践活动是密不可分的，统计作为一种社会实践活动，已有近五千年的历史。在原始社会时期，人类简单的计数活动孕育着统计的萌芽，随着社会生产力的发展，人类社会到了奴隶社会以后，奴隶制国家组织的人口、财富和军事统计得到了长足发展，但这一时期，统计仅限于君主征收赋税、徭役和国家管理的需要。随着社会的发展，统计逐步被应用到农业、工业、商业等众多领域，并且出现了专业的统计机构和研究组织，使统计日益成为管理国民经济、组织和指挥社会生产的重要手段。

据中国史料记载，早在父系氏族公社的伏羲时代，劳动人民在长期测量土地，清点人口、牲畜和观测天象的过程中，就总结出了九九乘法口诀；到夏禹时期，人们已经能够运用"准绳""规矩"等工具进行实地测量，如《后汉书》记载："禹平水土，还为九州，今禹贡是也"，那时（公元前 2200 年）人口数大约为 1355 万人；到了商代，人们能够对社会资源和劳动成果进行一般的算术计算；西周时期，中国建立了统计报告制度，称日报为"日成"，月报为"月要"，年报为"岁会"；秦统一后，中国成了中央集权制国家，从中央到地方形成了比较完善的"上计"报告制度；进入封建社会以后，中国的户籍统计和田亩统计都有了很大的发展，不论是统计方法、统计制度还是统计组织，都在世界上居于先进水平。

在国外，统计活动也有着悠久的历史。公元前 27 世纪，埃及为了建造金字塔和大型农业灌溉系统，曾进行全国人口和财产调查；大约公元前 6 世纪，罗马帝国以国势调查作为治理国家的手段，规定每五年进行一次人口、土地、牲畜、家奴的调查，并以财产总额作为划分贫富等级及征丁课税的依据。资本主义以前的统计活动，多半是在赋税、征兵工作中进行的，深深打下了阶级的烙印；由于自然经济封建割据的束缚，统计范围、统计制度和统计方法都是比较落后的。从 16 世纪开始，欧洲各国经济进入了工场手工业时代，工业、商业、交通运输、通信等行业得到了迅速发展，各部门都需要更多的统计资料。于是，统计活动开始从一般的人口、税赋、军事领域扩展到社会经济活动的各个领域。到了 18 世纪，随着现代机器大工业的发展，生产的社会化分工日益精细，部门之间的依存度明显提高，使经济统计形成了工业、农业、商业、交通、邮电、海关、银行、保险等专业分支。在经济统计不断发展和完善的同时，社会统计、科技统计、环境统计等从经济统计中分离出来，形成了比较完整的统计内容体系。随着统计实践的丰富和发展，统计指标体系、统计核算体系和统计理论研究都产生了长足的进步。

在数千年统计活动的实践和探索中，使人们对统计规律的认识逐渐加深，这就产生了统计学。虽然统计活动的历史很长，但在学术上统计学作为一门学科的历史却很短。一般认为，统计学产生于 17 世纪中叶的欧洲，至今已有 300 多年的历史。

1.1.2 统计学的发展阶段

人类长期的统计实践积累了丰富的统计经验，为统计学的建立奠定了坚实的基础。从统计学的发展历史来看，统计学可分为 3 个时代：古典统计学时代、近代统计学时代和现代统计学时代。

1. 古典统计学时代

这个时代大致是从 17 世纪中叶至 18 世纪初叶，其代表学派是"政治算术学派"和"国势学派"。

政治算术学派产生于英国，是运用计量和比较分析的方法，研究社会经济现象的统计学派，其主要代表人物是英国的威廉·配第（William Petty）和约翰·格朗特（John Graunt）。威廉·配第于 1676 年完成了《政治算术》一书，在这部书中，他利用实际资料，运用数字、质量和尺度等统计方法对英国、法国和荷兰三国的国情、国力，做了系统的数量对比分析，从而为统计学的形成和发展奠定了方法论基础。马克思说："威廉·配第——政治经济学之父，在某种程度上也是统计学的创始人。"约翰·格朗特于 1662 年出版了《关于死亡表的自然观察与政治观察》一书，该书分析了近 60 多年伦敦居民死亡的原因及人口变动的关系，首次提出通过大量观察，可以发现新生儿性别比例、具有稳定性和不同死因的比例等人口规律；并且第一次编制了"生命表"，对死亡率与人口寿命做了分析，使人口统计学成为一门相对独立的学科。他的研究清楚地表明统计学作为国家管理工具的重要作用。

国势学派产生于德国，该学派主要以文字记述国家的显著事项，故又称记述学派，其主要代表人物是海尔曼·康令（Hermann Conring）和戈特弗里德·阿亨华尔（Gottfried Achenwall）。康令第一个在德国黑尔姆斯太特大学以"国势学"为题讲授政治活动家应具备的知识。阿亨华尔在哥廷根大学开设了"国家学"课程，其主要著作是《近代欧洲各国国势学纲要》，书中讲述"一国或多数国家的显著事项"，主要用对比分析的方法研究及了解国家组织、领土、人口、资源财富和国情、国力，比较各国实力的强弱，为德国的君主政体服务。因在外文中"国势"与"统计"词义相通，后来正式命名为"统计学"。该学派在进行国势比较分析中，偏重事物性质的解释，而不注重数量对比和数量计算，但却为统计学的发展奠定了经济理论基础。

2. 近代统计学时代

这个时代大致是从 18 世纪末至 19 世纪末。著名的大数法则、最小平方法、相关分析与回归分析、指数分析法、时间数列分析法及正态分布理论等都是在这个时代建立和发展起来的。这个时代的代表学派主要有数理统计学派和社会经济统计学派。

数理统计学派是把概率论引入统计学而形成的统计学派，其是在 19 世纪中叶概率论已有相当发展的基础上产生的。数理统计学派的奠基人是比利时物理和统计学家阿道夫·凯特勒（Adolphe Quetelett），他将概率论用于研究社会经济现象，使研究社会经济现象的统计方法在"政治算术"的基础上，在准确化的道路上大大跨进了一步。1867 年，有关学者把这一门既是数学又是统计学的新生学科，命名为数理统计学。其后，数理统计学吸取了生物学研究中的有益成果，由英国遗传学家、统计学家高尔顿（Galton）、英国数学家和哲学家皮尔逊（Pearson）、英国统计学家戈塞特（Gosset）、美国统计学家费雪（Fisher）等提出并发展了回归和相关、假设检验等理论，使数理统计学逐渐发展成一门完整的学科。

社会统计学派是用统计学方法研究社会经济现象的数量方向及其规律的统计学派，产生于 19 世纪下半叶，由德国经济学家、统计学家克尼斯（Knie）创立，主要代表人物有德国统计学家和经济学家恩格尔（(Engel)、德国统计学家梅尔（Mayer）等。社会统计学派融合了国势学派与政治算术学派的观点，认为统计学是一门社会科学，是研究社会现象变动原因和规律性的实质性科学，研究对象是社会现象，研究方法是大量观察法。该学派以德国为中心，在国际统计学界占有一定的地位，对日本等国的统计学界有一定的影响，主要代表作有《作为独立科学的统计学》《社会生活中的规律》《比利时工人家庭的生活费》等。

3．现代统计学时代

20 世纪初，大工业的发展对产品质量检验问题提出了新的要求，即只抽取少量产品作为样本对全部产品的质量好坏做推断。因为大量产品要做全面的检验，既费时、费钱，又费人力，加之有些产品质量的检验要做破坏性检验，全部检验已不可能。1907 年，"学生"（Gosset，戈塞特的笔名）发表了 t 分布的论文，创立了小样本代替大样本理论，利用 t 统计量从大量的产品中通过只抽取较小的样本完成对全部产品质量的检验和推断。费雪（Fisher）对小样本理论进行了进一步研究，给出了 F 统计量、最大似然估计、方差分析等方法和思想，标志着现代统计学的开端。1930 年，尼曼（Neyman）与皮尔逊（Pearson）共同对假设检验理论做了系统研究，创立了"尼曼—皮尔逊"理论，同时尼曼又创立了区间估计理论。美国统计学家瓦尔德（Wald）把统计学中的估计和假设理论予以归纳，创立了"决策理论"。这些研究和发现大大充实了现代统计学的内容。

20 世纪 50 年代以来，统计理论、方法和应用进入了一个全面发展的新阶段。一方面，统计学受计算机科学、信息论、混沌理论、人工智能等现代科学技术的影响，新的研究领域层出不穷，如多元统计分析、现代时间序列分析、贝叶斯统计、非参数统计、线性统计模型、探索性数据分析、数据挖掘等。另一方面，统计方法的应用领域不断扩展，几乎所有的科学研究都离不开统计方法。因为不论是自然科学、工程技术、农学、医学、军事、科学，还是社会科学都离不开数据，要对数据进行研究和分析就必然要用到统计方法，现在连纯文科领域的法律、历史、语言、新闻等都越来越重视对统计数据的分析，国外的人文与社会学科普遍开设了统计学课程，因而可以说统计方法与数学、哲学一样成为所有学科的基础。

1.2　统计学的内涵与特点

1.2.1　统计的含义

统计作为一种社会实践活动已有悠久的历史。最初，统计只是一种为满足统治者管理国家需要而搜集资料，弄清国家的人力、物力和财力，作为国家管理依据的计数活动。在现代社会中，"统计"已不再是统治者的专利，从国家管理者到一般平民百姓，都已把"统计"及由此而得到的各种结果——统计信息运用到国家管理、社会经济活动及日常生活中，成为参与上述各种活动的工具和依据。

在现实生活中，统计一词有三层含义：统计工作、统计资料和统计科学。统计工作指利用科学的方法搜集、整理、分析和提供关于社会经济现象数量及资料的工作的总称，是统计的基础；统计资料指通过统计工作取得的、用来反映社会经济现象的数据资料的总称；统计科学是统计工作经验的总结和理论概括，是研究如何搜集、整理和分析统计资料的理论与方法。

1.2.2　统计学的内涵

统计学英文术语 Statistics，来源于现代拉丁语 Statisticum Collegium（国会）、意大利语 Statista（国民或政治家）及德语 Statistik，最早由戈特弗里德·阿亨华尔（Gottfried Achenwall）使用，指"研究国家的科学"，后来由约翰·辛克莱（John Sinclair）引进到英语世界。随着经济社会活动的日趋复杂，仅用数字计量客观现象已不能满足实际需要，人们试图对客观现象进行定量分析，与此相适应，研究数据计量和分析方法的统计学诞生了。

目前，随着统计方法在社会科学、自然科学和工程技术等领域的广泛应用，统计学已发展为具有众多分支学科的大家族，人们从不同角度对统计学的概念给出了大同小异的解释，列举如下：

（1）统计学是关于如何搜集、整理和分析客观现象数量方面的一门方法论科学。

（2）统计学是关于数据资料的搜集、整理、显示、分析和推测的科学，目的在于帮助人们做出更有效的决策。

（3）统计学是对被观察数据进行整理、描述和分析，进而探索数据内在规律的学科。

（4）统计学是面对不确定、不充分的信息，为人们提供避免做出错误决策信息的科学方法。

（5）统计学是对令人困惑、费解的问题做出数字设想的艺术。

面对众多解释，要给统计学下一个能被人们普遍接受的定义是十分困难的。本节综合各种解释，将统计学定义为：统计学是一门关于客观现象数据搜集、整理、归纳、分析的方法论性质的学科，其目的是探索数据的内在数量规律性，以达到对客观事物的科学认识。统计学的这一定义包含了以下 3 层含义。

（1）统计学是研究"数据"的科学，离开了数据，统计学也就失去了它存在的意义，因此有人称统计学是"数据的科学"。

（2）统计学是方法论科学，是研究数据的"工具"，因此它适用于所有数据存在的学科领域。

（3）统计学研究的不是抽象的数据，而是"有载体的统计数据"，因此利用统计方法得到的任何数据特征和数据规律都与某一研究对象紧密相连。

1.2.3　统计学的特点

统计学的研究对象是客观现象总体的数量特征和数量关系，以及通过这些数量特征和数量关系反映出来的客观现象及其发展变化的规律。基于统计学的研究对象，将统计学的特点归纳为 4 个方面：数量性、总体性、具体性和广泛性。

1. 数量性

数量性是统计学研究对象的基本特点，因为数字是统计的语言，数据资料是统计的原料。一切客观事物都有质和量两个方面，事物的质和量总是密切联系、共同规定着事物的性质。一定的质规定着一定的量，一定的量也表现为一定的质。但在认识的角度上，质和量是可以区分的，可以在一定的质的情况下，单独地研究数量方面，通过认识事物的量进而认识事物的质。

2. 总体性

统计学的研究对象是社会现象的数量方面，是指总体的数量方面，即统计的数量研究是对总体普遍存在的事实进行大量观察和综合分析，得出反映现象总体的数量特征和资料规律性的。社会现象的数据资料和数量对比关系等一般是在一系列复杂因素的影响下形成的。在这些因素中，有起着决定和普遍作用的主要因素，也有起着偶然和局部作用的次要因素。

3．具体性

统计研究不是单纯对数量的研究，是具有明确现实含义的，这一特点是统计学与数学的分水岭。数学是研究事物的抽象空间和抽象数量的科学，而统计学研究的数量是客观存在的，具体实在的数量表现。正因为统计学与数学的区别，它才能独立于客观世界，不以人的主观意志为转移。统计研究的这一特点，也正是统计工作必须遵循的基本原则。

4．广泛性

统计学研究的数量方面非常广泛，统计学研究的领域包括整个社会，它既研究生产关系，又研究生产及生产关系和生产力之间的关系；它既研究经济基础，又研究上层建筑，还研究经济基础和上层建筑之间的关系。此外，它还研究生产、流通、分配、消费等社会再生产的全过程及社会、政治、法律、军事、文化、教育等全部社会现象的数量方面。

1.3 统计学的分科

统计学的分科

随着统计学理论和统计方法研究的逐渐深入和发展，以及统计方法在自然科学和社会科学等众多领域的应用，统计学已发展成由若干分支构成的学科，根据统计方法的构成不同，可将统计学分为描述统计学和推断统计学；根据统计方法研究和应用的侧重不同，可将统计学分为理论统计学和应用统计学。

1.3.1 描述统计学和推断统计学

1．描述统计学

在报纸、杂志、报告和其他出版物中，大多数的统计信息都是由概括性和介绍性的数据组成的，并以数表、图形或数字等形式出现，读者很容易理解。这些以数表、图形或数字等形式表示的统计信息称为描述统计信息。

描述统计学是研究如何取得反映客观现象的数据，并通过图表形式对所搜集的数据进行加工处理和显示，进而通过综合概括与分析得出反映客观现象的规律性数量特征的一门学科。描述统计学的内容包括统计数据的收集方法、数据的加工处理方法、数据的显示方法、数据分布特征的概括与分析方法等。

2．推断统计学

推断统计学是研究如何根据样本数据去推断总体数量特征的方法，它是在对样本数据进行描述的基础上，对统计总体的未知数量特征做出以概率形式表述的推断。

统计学最主要的一个贡献就是可以通过样本数据对总体特征进行参数估计或假设检验，这个过程称为统计推断。我们来看一个统计推断的简单例子。

【例1-1】 某生产灯泡的公司为了增加灯泡的使用寿命，公司的产品设计部门开发了一种新型灯丝，准备投入生产，但采用这种新型灯丝的灯泡的使用寿命未知，也不可能对将要生产的每只灯泡进行检测。为此，公司准备先生产 200 只灯泡并进行寿命检测。在这个例子中，总体定义为采用这种新型灯丝的灯泡。样本为 200 只用于检测的灯泡。现将样本中的每只灯泡进行寿命测试，并记录到烧坏时已知工作的小时数的数据（数据表略）。假设公司关心的是利用样本数据来推断采用新型灯丝的灯泡的平均使用寿命，所以要先将样本的 200 个数值相加，再将总和除以 200，就得到样本的平均寿命。若每只灯泡的平均寿命为 2000 小时，则可以利用样本的结果估计总体的平均寿命，其为 2000 小时，该统计推断过程如图 1-1 所示。

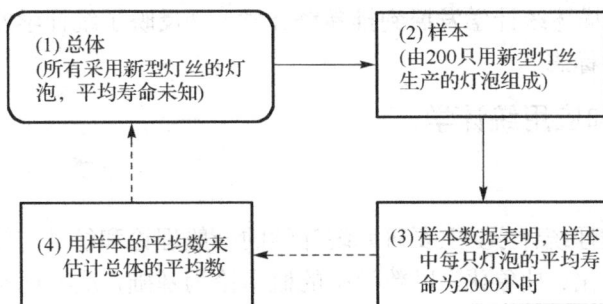

图 1-1　某公司新型灯泡平均寿命的统计推断过程

无论何时，统计人员利用样本去估计所关心的总体特征时，都要给出一项与估计相关的质量或精度的声明。在例 1-1 中，若公司统计人员说新型灯泡总体的平均寿命为 2000 小时，精度为±100 小时，则新型灯泡的平均寿命区间为 1900～2100 小时。另外，统计人员还要说明总体平均数据在区间 1900～2100 小时的置信度是多少。

3．描述统计学和推断统计学的关系

统计学划分为描述统计学和推断统计学，一方面反映了统计方法发展的前后两个阶段，另一方面反映了应用统计方法探索客观现象数量规律性的不同过程，如图 1-2 所示。

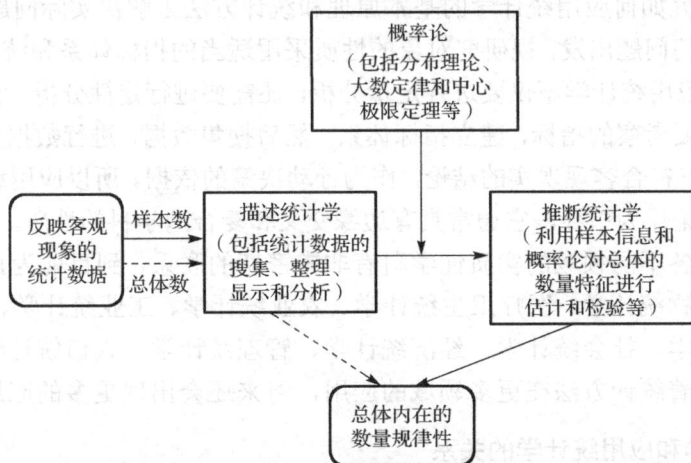

图 1-2　统计方法探索客观现象数量规律性的不同过程

从图 1-2 可以看出，描述统计学和推断统计学在统计方法探索客观现象数量规律性中的地位。其中，统计研究过程的起点是统计数据，终点是探索的客观现象内在的数量规律性。在此过程中，如果获取的是总体数据，则通过描述统计之后就可以达到认识总体数量规律性的目的；如果获得的只是样本数据，要找出总体数量的规律性，则要先对样本数据进行描述及统计，再进行统计推断，以得到总体数量的规律性。

显然，描述统计和推断统计是统计方法的两个组成部分。前者是统计学的基础，后者是现代统计学的主要内容。在现实问题研究中，由于要获得总体数据存在各种各样的困难，能够获得的数据多为样本数据，因此推断统计在现代统计学中的地位和作用越来越重要，已成为统计学的核心内容。当然，这并不等于说描述统计不重要，如果没有描述统计得出可靠的统计数据并为后面的推断统计提供有效的样本信息，即使再科学的统计推断方法也难以得出符合实际情况的结论。统计学由描述统计学发展到推断统计学，既反映了统计学发展的巨大成就，也是统计学发展成熟的重要标志。

1.3.2　理论统计学和应用统计学

1. 理论统计学

理论统计学又叫数理统计学，主要研究统计学的一般理论和统计方法的数学原理。理论统计学能把研究对象一般化、抽象化，以数学中的概率论为基础，从纯理论的角度，对统计方法加以推导及论证，其中心内容是用归纳方法研究随机变量的一般规律，如统计分布理论、参数估计与假设检验理论、相关分析与回归分析、方差分析、时间序列分析、随机过程理论等。不论是自然现象还是社会现象，这些方法都是适用的。因此，理论统计学的特点是计量不计质，它具有通用方法论的理学性质。

现代统计学除以概率论为理论基础外，已用到几乎所有方面的数学知识，因此，从事理论统计学研究的人需要具有坚实的数学基础。理论统计学的主要内容包括概率理论、抽样理论、实验设计、估计理论、检验理论、决策理论、实验理论、非参数统计、时间序列分析、随机过程等。

2. 应用统计学

应用统计学研究如何应用统计学的基本原理和统计方法去解决实际问题。应用统计学从所研究的领域或专门问题出发，视研究对象的性质采用适当的指标体系和统计方法，以解决所需要研究的问题。应用统计学不仅要进行定量分析，还需要进行定性分析。它总是先从现象的质量分析中获得需要考察的指标，建立指标体系；然后搜集数据，进行数据处理，并结合对现象的定性分析，得出符合客观现实的结论，作为行动决策的依据。所以应用统计学需要有关专业实质性科学的理论作为指导，它通常具有边缘交叉和复合型学科的性质。

应用统计学与各不同领域的实质性学科有非常密切的联系，到目前为止，较为成熟的应用统计学分支有生物统计学、医疗卫生统计学、农业统计学、工业统计学、环境与生态统计学、科学技术统计学、社会统计学、经济统计学、管理统计学、人口统计学、教育统计学、国际统计学等。随着统计方法在更多领域的应用，将来还会出现更多的应用统计学分支。

3. 理论统计学和应用统计学的关系

在统计学发展的道路上，理论统计学和应用统计学总是相互促进、共同提高的。理论统计学的研究为应用统计学的数量分析提供了方法论基础，大大提高了统计分析的认识能力，而应用统计学在对统计方法的实际应用中，又常会对理论统计学提出新的问题，开拓了理论统计学的研究领域。

1.4　统计研究方法与研究过程

统计学是自成体系的学科，有自己的研究对象，相应地也有专门的研究方法和研究过程。理解和掌握研究方法和研究过程对于认识统计对象的数量规律性和完成统计工作有重要的意义。

1.4.1　统计研究方法

统计学作为一门方法论科学，统计研究方法是统计学的精髓。统计研究的基本方法有大量观察法、实验设计法、统计分组法、综合指标法、统计推断法和统计模型法等。

1. 大量观察法

社会经济现象的发展是在诸多因素错综复杂的作用下形成的。总体内的各个单位，由于各自的具体条件不同，既受共同起作用因素的支配，又受某些特殊的、暂时的因素影响，使它们的数量变化带有一定程度的偶然性和随机性。因此统计不能任意抽取个别或少数单位进行观察，而要调查及研究总体的足够多数单位，消除偶然性和随机性，才能揭示社会现象的特征和规律性。例如，为了研究城乡人民物质生活的提高程度，就要观察足够多的城市居民、农村居民的收支情况，才能做出正确的结论。

2. 实验设计法

实验设计法是指通过合理的实验设计，经过反复实验获得符合统计分析要求的数据的方法，该方法主要应用于自然科学研究和工程技术领域的统计数据搜集。用于统计分析的实验设计法应遵循以下三个基本原则。

1）重复性原则

重复性原则是指允许在相同的条件下重复多次实验。如果只做一次实验，用所得数据作为总体的估计量精度很差，那么这时的实验误差等于观察误差，观察误差可能是实验误差的结果，因而很难用观察的数据代表总体情况。多次重复实验的好处是显然的，其一可以获得更加精确的效应估计量，其二可以获得实验误差的估计量。这些都能提高估计精度或缩小误差范围。

2）随机化原则

随机化是指在实验中对实验对象的分配和实验次序是随机安排的。这种安排可以使可控的影响因素均匀化，突出不可控的影响因素的作用。例如，在种子品种的实验中，如果不是将 A 品种固定在甲地段、B 品种固定在乙地段，而是甲乙两地段随机选择不同品种进行多次重复实验，可以断定这种安排在不同品种的收获率的差异中，由于土地因素的影响大大减小，会使品种因素的影响大大提高，因此随机化原则是实验设计的重要原则。

3）区组化原则

区组化原则是指利用类型分组技术，先对实验对象按有关标志排队，然后依次将各单位随机分配到各个处理组，使各处理组组内标志值的差异相对扩大，而各处理组组间的差异相对减小，这种实验安排称为随机区组设计，可以提高处理组的估计精度。

3. 统计分组法

社会现象是十分复杂的，具有多种多样的类型。统计分组法是对所研究的现象的总体内部差异进行分析的，通过分组可以研究总体中不同类型的性质及其分布情况，如企业的经济类型及行业分布情况等；也可以研究总体的构成和比例关系，如三次产业的构成、生产要素的比例等；还可以研究总体现象之间的相互依存关系，如企业经营规模和利润率之间的关系等。统计分组法在整个统计工作研究过程中具有重要意义，贯穿于统计工作的全过程。

4．综合指标法

综合指标法是指运用各种统计指标来反映和研究总体现象的一般数量特征和数量关系的方法。通过综合指标的计算可以显示现象在具体时间、地点及各种条件综合作用下所表现的结果，如总量规模、相对水平、集中趋势、差异程度等，并进一步从动态上研究现象的发展趋势和变化规律。常用的综合指标有总量指标、相对指标、平均指标、变异指标等。

5．统计推断法

根据样本资料的特征，对总体特征做出估计和预测的方法称为统计推断法。统计在研究现象的总体数量关系时，需要了解的总体对象的范围往往是很大的，有时甚至是无限的，而由于经费、时间和精力等各种原因，以致有时在客观上只能从中观察部分单位或有限单位进行计算和分析，根据局部观察结果来推断总体。在实际工作中，较常用的统计推断法有参数估计法、假设检验法等。

6．统计模型法

统计模型法是根据一定的理论和假定条件，用数学方程去模拟现实客观现象相互关系的一种研究方法。采用这种方法不仅可以对客观现象和过程中存在的数量关系进行比较完整和近似的描述，还可以对所关心的现象变化进行数量上的评估和预测。统计模型法是统计研究方法系统化和精确化发展的产物，它把客观存在的总体内部结构、各因素的相互关系，通过一定的数学形式有机地结合起来，大大提高了统计的认识能力。

1.4.2 统计研究过程

统计研究过程是一项对社会现象和自然现象总体数量方面进行调查研究的有组织的活动，从理论上讲，一项完整的统计研究工作可分为四个阶段：统计设计、统计调查、统计整理和统计分析。

1．统计设计

统计设计是根据统计研究对象的特点和统计研究的目的、任务，对统计工作的各个方面和各个环节的通盘考虑和安排，是统计认识过程的第一阶段，即定性认识阶段。统计设计之所以必要，是因为统计是一项需要高度集中及统一的工作，没有预先的科学设计及具体的工作规范，就难以达到预期目的。因此在一项大规模的统计活动开始前，必须进行统计设计。

2．统计调查

统计调查是根据统计研究的对象和目的要求，根据统计设计的内容、指标和指标体系的要求，有计划、有目的、有组织地搜集统计原始资料的工作过程，是统计认识过程的第二个阶段，是定量认识的阶段。统计用数字说话，而各种统计数字都来自统计调查，管理者和决策者都需要根据大量翔实的统计信息进行管理和决策，科研工作者也需要根据统计调查得到的资料进行科学研究。调查是统计的基础，没有调查，就没有发言权。

3．统计整理

统计整理是指根据统计研究的目的，将统计调查得到的原始资料和次级资料进行科学的分类和汇总，使其条理化、系统化的工作过程，是统计认识过程的第三个阶段。这个阶段的主要任务是为统计分析阶段准备能在一定程度上说明总体特征的统计资料。但在实际工作中，统计整理与统计调查和统计分析并非总是截然分开的，而是相互交织在一起的，它是统计调查的继续，也是统计分析的开始。统计调查和统计整理都是一种定量认识活动。

4．统计分析

统计分析是统计认识过程的最后阶段，是在统计整理的基础上，根据研究目的和任务，利用科学的统计分析方法，对统计研究对象的数量进行计算、分析的工作过程。统计认识的结论要从统计分析中得出，因此，这一阶段虽然是对统计资料的计算分析，但其目的却是要揭示统计研究的对象的状况、特点、问题、规律性等，所以这是统计认识的定性阶段。

上述四个阶段，是先从定性认识开始，经过定量认识，再到定性认识的循环往复的过程，这四个阶段并不是孤立的，它们是一个紧密联系的整体。

1.5　统计学的基本概念

统计学研究的是自然现象和社会现象的数量方面，并着眼于现象总体，研究其数量特征，因此首先要掌握统计总体这一基本概念。任何总体又是由个体（或总体单位）构成的，总体单位先通过各种不同的标志来表示它的特征，再由标志综合成指标，结合有关指标形成指标体系。由此可以看出，统计总体、总体单位、单位标志、统计指标等是统计学科的基本概念，也是统计研究对象的具体化。

1.5.1　统计总体和总体单位

1．统计总体

1）统计总体的概念

统计学研究的是客观现象与总体的数量特征和数量的关系。所以认识和明确统计总体是统计研究的首要工作。统计总体就是根据一定的目的要求所需要研究的事物的全体。它是由客观存在的、具有某种共同性质的许多个别事物构成的整体。例如，我们要研究全国中小企业的发展情况，就可以将全国中小企业作为一个总体。这是因为中小企业各单位具有共同的性质，称为同质性，即它们都是按国家工商管理规定登记注册的，向社会提供产品，并且市场竞争力都较弱小。有了这个统计总体，就可以研究全国中小企业的各种数量特征，如中小企业的从业人数，资产规模，技术力量，资源获取、利用和开发能力，经济效益情况等。

确定一个统计总体要注意以下事项：一是定出事物同质性的标准，如中小企业根据什么来划分，是依据企业市场竞争力的强弱，还是仅依据企业的资产规模大小来划分的；二是对照具体单位，看是否符合所确定的标准；三是确定统计总体的范围，统计总体的范围通常以地域来划分，也有以某种标准来划分其范围的。例如，研究某地区年收入在 50000 元以下的居民户的家庭生活消费情况，不仅要以地域，还要以年收入某个数量标志来划分居民户的统计总体的范围。

统计总体的一个特点是同质性，同质性是相对的，它根据统计研究的目的而定，目的不同，确定的统计总体则不同，同质性的意义就改变了。例如，研究某市非农业居民户的年收入水平，全体非农业居民户构成了总体，只要是非农业居民户都是同质的。但如果要研究非农业居民困难户的年收入水平，并确定困难线标准为年收入 20000 元以下，则年收入在 20000 元这个界限上下的非农业居民户就是不同质的了。

统计总体的另一个特点是大量性，即统计总体由数量足够多的同质性单位构成，而不是由个别或少数单位构成。这是因为研究统计总体数量特征的目的是要揭示现象的规律性。而现象的规律性，不论是自然现象还是社会现象的规律性，只有在大量现象的汇总及综合中才能充分显示出来，个别单位的现象往往带有很大的偶然性，而大量现象的统计总体则相对稳定，表现了共同性的倾向，这就是现象的必然性。

2）统计总体的分类

根据统计总体大量性的状态，可以将统计总体分为有限总体和无限总体。有限总体是由有限个单位事物构成的总体。例如，检验一批产品的合格率，虽然这批产品量非常大，但其总个数是有限的，所以所观察的总体是有限总体。在统计工作中，我们所需要描述的统计总体多为有限总体，如确定在特定时间点内的全国人口总数、工业企业总数等。对于有限总体来说，既可以通过全面调查，又可以通过抽样调查来分析及推断总体的数量特征。无限总体是指构成统计总体的单位个数是无限的。例如，连续大量生产某种零件，其总产量可以看成是无限的，所以该零件的总体是无限总体。对于无限总体，只能采用抽样调查根据样本数据来推断总体的特征。

2. 总体单位

1）总体单位的概念

构成总体的每个事物或基本单位称为总体单位，它是组成总体的各个个体。从数学的角度来看，如果总体是集合的概念，则单位是集合的元素。在统计调查中，原始资料都来自各个总体单位，所以总体单位是各项统计数量的最原始的承担者。例如，研究某个工业部门的生产情况时，该工业部门的所有企业可作为一个总体，其中每个企业则是总体单位，将每个企业的某些数量特征加以登记并汇总，就得到该工业部门的统计资料。如果研究一个工业企业生产设备的构成情况，则可以把该企业所拥有的各种设备看成一个总体，其中的每个设备就是总体单位，登记并汇总这些设备的有关特征，就可取得企业生产设备的统计资料。

由上述看出，总体和总体单位的概念是相对而言的，随着研究目的的不同、总体范围的不同而相互变化。同一个研究对象，在一种情况下为总体单位，在另一种情况下又变为总体。

2）总体单位的计量

关于总体单位的计量单位的表示，有的以自然计量单位来表示，如人口以人为单位，家庭以户为单位，机床以台为单位等，这种单位是不能再细分的整数计量单位。有的总体单位则是以物理计量单位来表示的，如时间、长度、面积、体积、容积等，这些计量单位可以细分，可大可小。例如，研究农产品的收获率，总体单位的计量单位可以是公顷、亩、平方米等。这种单位从理论上而言，可以细分到无穷小的单位。在实际工作中可根据研究需要的精度而定。

1.5.2　标志和变量

1．标志

1）标志的概念

总体各单位所具有的属性或特征称为标志。在统计中标志是反映总体单位属性和特征的名称。例如，就工业企业这一总体来说，每个企业所属的经济类型、所属行业、从业人员数目、产品产量和产值等特征，可以用来说明企业的情况，这些说明总体单位特征的名称就是标志。又如，在企业从业人员总体中，每个工人的性别、年龄、文化程度、从事的工种、技术等级、工资属性和特征，就是从业人员总体单位的标志。由此可见，总体单位的属性和特征可以是自然属性，也可以是社会属性，而且都是总体中每个单位普遍具有的。如果只是个别单位具有的特殊属性和特征，则不能作为统计的标志。

总体由单位构成，而单位又是标志的承担者，统计研究是从记录标志状况开始的，并通过对标志的综合，反映总体的数量特征。标志是统计研究的基础。

2）标志的分类

标志按其性质分为品质标志和数量标志。品质标志表明单位属性方面的特征，如从业人员的性别、民族、文化程度与工种，设备的种类、企业的经济类型等不能用数量来表示，而只能以性质属性上的差别来表示。数量标志表明总体单位数量方面的特征，如从业人员的年龄、工龄、工资，企业的从业人员人数、产量、产值、固定资产等。虽然总体各单位都有共同的标志，但每个单位对同一标志的具体表现可能不同，而总体各单位在特定时间、地点条件下的具体表现正是统计最关心的问题之一。另外，品质标志的表现和数量标志的表现是不同的。品质标志的表现只能用文字语言来描述。例如，性别是品质标志，而具体表现是男性或女性。职业也是品质标志，其具体表现是工人、农民、军人、医生、教师等。企业的经济类型也是品质标志，而其具体表现则为国有企业、私营企业、股份制企业和外资企业等。数量标志的表现用数值来表示。例如，工龄是数量标志，其具体表现是多少年；企业产值也是数量标志，其具体表现是多少万元等。

标志按其变异情况可分为不变标志和可变标志。如果标志在一个总体的各单位之间的具体表现都相同，则该标志称为不变标志。例如，在工人总体中，若职业这一标志的各单位表现都是工人，则职业就是不变标志。在一个总体中，当一个标志在各单位的具体表现不完全相同时，这一标志称为可变标志。例如，在工人总体中，各单位（每个工人）的工龄可能表现不同，所以工龄这一标志是可变标志。可变标志的属性或特征的具体表现由一种状态变到另一种状态，在统计中称之为变异，故可变标志也被称为变异标志。在一个总体中，不变标志和可变标志各自发挥着重要作用。一个总体中至少要有一个不变标志，才能使各单位结合成一个总体。例如，工人总体中职业标志是不变的，才能使工人结合成一个工人总体。所以，不变标志是构成总体共同性的基础。如果没有不变标志，也就不存在总体。一个总体必须存在可变标志，这表示所研究的现象在各单位之间存在差异，因此才需要做调查，并有各种统计方法。例如，工人的职业是不变标志，但存在工资等可变标志，因此需要展开调查和统计工作，去计算平均工资等指标。如果工人的工资水平都一样，则不必统计，也不需要用统计方法去测度平均工资水平。由此可见，总体的同质性是研究问题的前提，而总体的可变性则是研究问题的本身。

2. 变量

1）变量的概念

可变的数量标志称为变量，各种统计指标也是变量。变量的具体表现就是可变数量标志或统计指标的不同取值，称其为变量值或标志值。例如，工资是一个可变数量标志，也是一个变量，某企业不同类别职工的月工资分别为 3000 元、4000 元、5000 元、6000 元、7000 元等，这些都是工资这一变量的不同取值，即变量值。在实际统计调查中，离不开对总体单位的数量标志进行观察和计量，汇集得来的某一个数量标志的一系列数值在统计上又称为数据，这些数据在一定的时间和空间范围内不断变化，具有变异性的特点，所以称其为变量值。就同一数量标志的变量值而言，少数几个也许是杂乱的，看不出有何规律性，而就足够多个变量值而言，其变化并非无序，通常在一定范围内具有一定的规律性。因此，针对不同类型的变量值，应采用不同的统计方法进行加工处理，探讨其数量特征及规律性。

在统计实践中，按统计研究的目的，需要先采用合适的可变标志将具有同质性的总体划分为若干个类型或组别，然后分门别类地将其中的单位数和变量值加以综合计算和分析。因此，可变的品质标志和可变的数量标志是统计分组和统计计算及分析的基础，而变量值的加工处理，则是统计的一项具体工作。

2）变量的分类

变量按其变量值是否具有连续性，可以分为连续变量和离散变量。连续变量是指它的数值是连续不断的，即在任意两个相邻数值之间还可以取无限多个不同的数值。例如，人的身高、体重等都是连续变量。连续变量的数值通过测量或计算得到，实际测量或计算所得的数据，其精确度只能达到一定的限度，是一种近似结果。离散变量是不连续的变量，其数值是通过逐个计数的方法得出的，所取的可能数值只能按整数计数。例如，职工人数、机器台数、企业数等都是离散变量，其数值的个数通常是有限的，构成有限总体。

变量按其性质可以分为确定性变量和随机变量。在一个系统中，如果某一个变量的值能够由另一个变量或其他若干个变量（因素）的值按一定的规律唯一确定，则该变量称为确定性变量。例如，某商品在销售价格一定的条件下，销售额的变动完全由销售量所确定，销售额就成为确定性变量。所谓随机变量，是指其数值的变化受多种因素的影响，在相同条件下观测，由于影响因素的作用不同，其可能的实现值（观测值）不止一个，数值的大小随机波动，带有偶然性，事先无法确定。例如，除某种不正常的、起决定性的因素外，影响某企业生产同一批次灯泡的质量波动还有其他若干因素，如果抽取一部分灯泡进行检验，被检验灯泡的寿命值不尽相同，数值大小带有偶然性波动且检验前不能事先确定，则灯泡的寿命就是随机变量。随机变量具有随机性或偶然性，但它的数值变动却有一定的规律性，通过大量观察，应用统计技术方法，可以揭示和描述其数量特征及变动的规律性。

1.5.3 统计指标

根据统计研究的目的和要求，在确定了总体、总体单位及各种标志后，就可采用一定的统计方法来对各单位的标志的具体表现进行登记、核算、汇总和综合，以说明总体的数量特征。这个过程主要是通过统计所特有的指标来实现的。

1．统计指标的概念

统计指标是反映统计总体数量特征的概念和数值。与标志不同，统计指标依附于统计总体。例如，人口数量、国内生产总值、土地面积等，这些概念用于反映一定总体的数量方面时，就成为统计指标。任何统计指标必须通过一定统计总体的数值来加以说明，这种数值称为统计指标数值，它是所研究现象的发展变化的规律在一定时间、地点和条件下的数量表现。在统计实践活动中，从不同角度出发，有时把指标概念（名称）理解为统计指标，有时又把指标数值视为统计指标。把统计指标的两部分分开来理解是不全面的，事实上，每种理解必须以另一部分的存在为前提。因此，一个完整的统计指标应该由两部分构成，即指标名称和指标数值。可见，指标名称和指标数值是两个既有联系又有区别的概念。指标名称是对所研究现象本质的抽象概括，能表明现象质的规定性，反映某一现象内容所属的范畴，因此必须有一定的理论依据，使统计指标的名称和相关学科的范畴相吻合；指标数值则是统计所研究现象的具体数量综合的结果，对某一现象总体特征从数量上加以说明。统计指标名称和其指标数值的有机结合，也就是事物质的规定性和量的规定性有机联系的表现。

统计指标一般有六个要素：指标名称、计量单位、计量方法、时间状态、空间范围、指标具体数值。例如，中国 2021 年的国内生产总值为 1143670 亿元，该统计指标就包含了上述六个要素。从事统计指标理论设计主要是制订和规范前 3 个要素，从事具体统计调查和数据整理则是要准确核算后三个要素。

从统计指标的定义可知，统计指标具有以下三个特征。

（1）数量性。由于统计指标反映的是现象的总体特征，因此可以用数字来表现，并且是可计量的。

（2）综合性。统计指标是大量同质总体单位的数量综合的结果，用来反映现象的总体数量特征。

（3）具体性。统计指标是现象在一定时间、地点、条件下的数量特征的具体表现，而不是抽象的概念和数字，它是客观存在的事实的真实反映。

2．统计指标与标志的关系

1）两者的主要区别

（1）反映的范围大小不同。统计指标说明的是总体数量特征的概念和具体数值，而标志说明的是总体单位特征的名称。

（2）表述形式不同。任何统计指标都是由指标名称和指标数值两部分组成的。也就是说，没有不能用数值表示的统计指标。而标志有不能用数值表示的品质标志和能用数值表示的数量标志之分。

2）两者的主要联系

（1）具有汇总关系。如果将某一总体内所有单位的数量标志值汇总，则可求得标志总量，此时标志总量就是统计指标。也就是说，统计指标的数值是由总体单位的数量标志值汇总而来的。例如，某地区工业总产值就是各工业企业产值加总的和，地区工业总产值是统计指标，而企业产值则是标志。

（2）具有变换关系。由于研究目的不同，统计总体和总体单位具有相对性。统计总体和总体单位规定的非确定性，导致相伴而生的统计指标和标志也不是严格明确的。当原来的统计总体随着研究目的的变化而变成总体单位时，原有的统计指标也就转变成标志，反之亦然，说明统计指标与标志之间存在一定的联系和变换关系。

3．统计指标的分类

1）数量指标和质量指标

统计指标按所反映总体的内容不同，可分为数量指标和质量指标。用来说明现象的规模大小或数量多少的指标，称为数量指标，它能说明事物的广度，一般用绝对数表示，如国土总面积、工业企业总产值等。需要注意的是，不要把数量指标仅看成表现事物数量多少的统计指标，这种指标有时也可以说明事物的质量。例如，受过高等教育的人数，该指标除说明人数的多少外，也说明了这些人的文化程度。用来说明现象的相对水平或平均水平的指标称为质量指标。它能说明事物的深度，多用相对数或平均数表示。例如，人均国内生产总值、从业人员的平均工资、农作物的平均产量、劳动生产率、利润率、某班同学的平均身高等。

2）总量指标、相对指标和平均指标

统计指标按其作用不同，可分为总量指标、相对指标和平均指标。总量指标是用来反映社会经济现象在一定条件下的总规模、总水平或工作总量的统计指标。总量指标用绝对数表示，也就是用一个绝对数来反映特定现象在一定时间上的总量状况，它是一种较基本的统计指标，如国内生产总值、职工总人数等。相对指标是质量指标的一种表现形式，它是通过两个有联系的统计指标对比而得到的，其具体数值表现为相对数，一般为无名数，也有用有名数表示的，如产品合格率、人均粮食产量等。平均指标反映的是现象在某一空间或时间上的平均数量状况，多用于社会经济统计中，如工人的平均工资、统计学的平均成绩等。

1.6　统计学的作用和实践应用

随着统计方法在实践中的应用，统计学的价值越来越受到人们的重视，它通过有效的数据分析，为管理者的决策提供了有力依据。特别是当我们进入大数据、云计算、物联网时代后，统计学的重要性更加凸显。

1.6.1　统计学的重要作用

在科学技术飞速发展的今天，统计学广泛吸收和融合了相关学科的新理论，不断开发及应用新技术和新方法，深化和丰富了统计学传统领域的理论与方法，并拓展了新的领域。今天的统计学已展现出强有力的生命力。

（1）对系统性及系统复杂性的认识为统计学的未来发展增加了新的思路。由于社会实践广度和深度的迅速发展，以及科学技术的高度发展，人们对客观世界的系统性及系统的复杂性认识也更加全面和深入。随着科学融合趋势的兴起，统计学的研究触角已经向新的领域延伸，新兴起了对探索性数据的统计方法的研究。研究的领域向复杂客观现象扩展。21 世纪统计学研究的重点由对确定性现象和随机现象的研究转移到对复杂现象的研究，如模糊现象、突变现象及混沌现象等。可以这样说，复杂现象的研究给统计学开辟了新的研究领域。

（2）定性与定量相结合的综合集成法为统计分析方法的发展提供了新的思想。定性与定量相结合的综合集成方法是钱学森教授于 1990 年提出的。这一方法的实质就是先将科学理论、经验知识和专家判断相结合，提出经验性的假设，再用经验数据和资料、模型对它的确实性进

行检测，经过定量计算及反复对比，最后形成结论。它是研究复杂系统的有效手段，而且在问题的研究过程中处处渗透着统计思想，为统计分析方法的发展提供了新的思维方式。

（3）统计学科与其他学科渗透将为统计学的应用开辟新的领域。现代科学发展已经出现了整体化趋势，各学科不断融合，已经形成了一个相互联系的统一整体。由于事物之间具有相互联系性，各学科之间研究方法的渗透和转移已成为现代科学发展的一大趋势。模糊论、突变论及其他新的边缘学科的出现为统计学的进一步发展提供了新的科学方法和思想。将一些前沿科学成果引入统计学，使统计学与其交互发展将成为未来统计学的发展趋势。目前已经有一些先驱者开始将控制论、信息论、系统论及图论、混沌理论、模糊理论等理论引入统计学，这些新的理论的渗透必将对统计学的发展产生深远的影响。

统计学产生于应用，在应用过程中发展壮大。随着经济社会的发展、各学科相互融合趋势的发展和计算机技术的迅速发展，统计学的应用领域、统计理论与分析方法也将不断发展，在所有领域展现它的生命力和重要作用。正如英国作家、社会评论家威尔斯（Wells）所说："统计思维总有一天会像读与写一样，成为一个有效率公民的必备能力。"

1.6.2　统计学的应用领域

统计学不仅在社会学、经济学上被广泛应用，而且被应用在生物学、医学、教育学、心理学、管理学、工程学、体育、法律等领域。本节主要介绍统计学在社会领域和经济领域中的一些应用事例。

1．人口管理

在人口管理学中，常关注一个国家人口的男女性别比例问题和人口出生率、死亡率问题。对于男女性别比例问题，就每个家庭而言，生儿生女没有规律可循，但对大量家庭的新生儿进行观察，就可以发现男女性别比例大致为 1.07∶1 的数量规律。从统计的角度来说，虽然对于个体而言没有规律，但站在总体角度，可以得到人类自然发展的内在规律。对于人口出生率、死亡率问题，不同国家面临着不同的问题。例如，1992—2022 年，俄罗斯人口的死亡率比出生率高，死亡率为出生率的 1.6～2.7 倍；这些年，俄罗斯人口一直处于负增长状态，因而俄罗斯现在实施鼓励生育的政策。由此可以看出，研究不同国家的人口出生率、死亡率问题，对制定相应的人口政策起至关重要的作用。

2．疾病预防

人类很多疾病的发生呈现出一定的倾向性，倾向性可表现为时间、地域、性别等，通过对这些疾病的发生数据进行收集，运用统计学的离散、中位、均数等方法进行分析，从而确认这些疾病发生的季节、性别趋势、年龄段、地域特点等，使疾病的治疗和预防及筛查工作得以顺利开展。例如，普外科的腹疝，儿童好发斜疝，中老年男性好发直疝，而中年妇女好发股疝，这就为腹疝的诊断提供了一定的流行学诊断依据；由于胃癌多发于中年男性，因此中年男性成为胃癌筛查的重点人群；冬春季高发流感，这就为流感的预防提供了依据。

3．企业管理

企业的日常管理离不开统计学的知识。企业的生产部门要想了解产品的质量是否达到了规定要求，就必须依据一定的统计技术从全部产品中抽出部分产品进行检验，据此做出是否对生产过程进行调整的决策；企业的营销部门需要开展广泛的市场调查，并对收集到的信息进行统计及分析，了解市场潜力和消费者行为，以便为企业生产和销售提供依据；企业的人事部门需要利用统计方法对内部员工的日常表现和工作效能进行分析，以此作为奖惩的依据；企业的财务部门通过对企业财务报表及相关统计数据的分析，为企业管理层提供决策参考。

4. 投资管理

股票投资、基金投资均存在着较大的风险，而统计学中的有关方法可以在极大程度上使股民和基金购买者在投资中规避风险，同时获得一定的收益。例如，通过对金融领域中的指标选取，建立市场走势风向标，利用诸如统计学中的马科维茨投资组合理论等分析投资理财中的损失概率分布、可能获得的收益和与其收益的偏离程度等具有指导价值的信息，从而为投资者提供决策依据。

5. 风险管理

统计学中的有关理论和方法为金融行业的风险管理提供了依据。例如，银行的财务结构受汇率、利息、股价的变动影响，其资产价值也在不断变化，这就构成了市场风险。要对市场风险做定量和定性分析，就有必要利用统计学知识构造企业的价值变化随风险要素之股价、汇率等变化的函数，描述其概率样本分布，推定其下限 5% 损失可能的金额，最终建立相关数学模型用于风险评估，进而根据风险评估的结果采取相应的防范对策。

思考与练习

1. 统计学的发展经历了哪些阶段？说明每个阶段的特点。
2. 什么是描述统计学和推断统计学，它们之间有什么联系和区别？
3. 什么是理论统计学和应用统计学，它们之间有什么联系和区别？
4. 统计学的主要研究方法有哪些？统计研究过程包括哪些阶段？
5. 什么是统计指标？统计指标与标志有何区别和联系？
6. 怎样理解统计学与其他学科的关系？
7. 大数据时代，应用统计学的发展有哪些机遇和挑战？
8. 请列举几个统计学在实践中的应用案例。

第2章 统计数据收集

学习目标

◆ 理解统计数据的计量尺度和统计数据的类型。
◆ 深入了解统计数据的来源。
◆ 掌握统计调查的方式与方法。
◆ 掌握统计调查方案设计和问卷设计的基本方法。
◆ 深入了解统计调查误差的产生原因与控制措施。
◆ 了解 SPSS 软件的基本功能和数据文件的编辑方法。

重点与难点

◆ 统计调查的方式与方法。
◆ 统计调查方案设计和问卷设计。

案例导入

一次高质量的国家脱贫攻坚普查

国家脱贫攻坚普查是精准扶贫精准脱贫的重要基础性工作，是对各地脱贫攻坚成效的一次全面检验。普查重点围绕脱贫结果的真实性和准确性，全面了解困困人口的脱贫实现情况，为分析、判断脱贫攻坚成效，总结、发布脱贫攻坚成果提供真实、准确的统计信息，为党中央适时宣布打赢脱贫攻坚战、全面建成小康社会提供数据支撑，确保经得起历史和人民的检验。

国家脱贫攻坚普查范围广、时间紧、任务重、要求高，需要在短时间内分两批集中现场登记 939 个县、19 万个行政村、1563 万建档立卡户。普查所涉地域情况复杂、语言习俗多样、普查对象特殊，困难之多，难度之大，不同寻常。

党中央、国务院提早谋划、周密部署，切实加强组织领导，及时成立了国家脱贫攻坚普查领导小组办公室（简称：国家脱贫普查办），由胡春华担任普查领导小组组长。国家统计局、国家乡村振兴局牵头负责普查的具体工作，18 个有关部门密切配合、通力协作。中西部 22 省（区、市）成立省、市、县、乡四级普查机构，各级党政负责人靠前指挥，全力保障。从中央到地方，从部门到机构，重视程度之高、政策举措之实、工作力度之大非同寻常，形成了强大合力。

国家脱贫普查办根据脱贫攻坚工作的实际，聚焦"两不愁三保障"政策目标，加强顶层设计，通过多项试点，设计切合实际、指标科学、便于操作的普查方案；制定工作细则，细化规范流程，为普查工作提供科学的制度和方法保障。各级普查机构严格落实普查方案和工作要求，扎实选调、培训普查人员、创新普查方式、加强事后质量抽查、建立健全普查数据质量控制办法和监督问责机制，强化普查全流程质量管理，确保普查过程规范扎实，确保普查数据真实准确。

国家分两批共选调21万多名政治素养高、扶贫政策熟、业务能力强、工作作风实的普查人员，分级分类培训。按照"本地回避、互不交叉"原则，选调普查人员组建了939支派驻普查工作组"跨县异地普查"，充分利用部门行政记录和业务资料，编制普查底册。普查人员手持PAD智能终端设备，按照普查底册，逐户访问、实地查看，在线采集源头数据，实时上报。严格按照"逐户核实、逐级审验"要求，进行乡、县、市、省四级审核验收，构筑数据质量保障的层层"防火墙"。按照"国家组织、统一开展、本省回避、互不交叉"原则，开展事后质量抽查，确保普查数据真实有效。

普查要严格依法普查，坚决杜绝人为干扰，严格遵循《中华人民共和国统计法》《中华人民共和国统计法实施条例》和国家脱贫攻坚普查方案开展工作。普查对象要依法、依规、真实、准确、完整、及时地提供普查所需资料。普查机构和普查人员要依法依规、独立调查、独立报告，对于违纪违法行为，要严格依法依规追究责任。

广大普查人员以高度的政治责任感和历史使命感，千方百计攻坚克难，按时、保质地完成了脱贫攻坚普查的各项任务。现场登记期间，各级领导深入一线调研指导，各地组建了318个现场督导工作组，实地督促、指导基层普查机构和普查人员依法依规开展工作，克服新冠疫情、洪涝灾害和低温冰雪天气等各种不利因素的袭扰，保质保量完成现场登记工作。普查结果表明，国家脱贫攻坚普查工作取得了圆满成功，向党和人民交了一份高质量答卷。

国家脱贫攻坚普查调查结果显示，中国脱贫攻坚战取得了全面胜利，中西部22省（区、市）建档立卡户全面实现了不愁吃、不愁穿，义务教育、基本医疗和住房安全有保障，饮水安全也有保障，标志着中国现行标准下的贫困人口全部脱贫。中国如期打赢了脱贫攻坚战，取得了彪炳史册的重大成就，为全球减贫事业做出了重大贡献，谱写了人类反贫困历史的新篇章！

资料来源：《中国统计》编辑部. 一次高质量的国家脱贫攻坚普查[J].中国统计，2021，（2）：1.

2.1 统计数据的计量尺度和类型

2.1.1 统计数据的计量尺度

统计数据的计量尺度

统计数据是对客观现象进行计量的结果，通常以某种数（数字）的形式来表示。在搜集数据之前首先要对客观现象进行计量或测度，这自然就涉及用什么样的计量方法或计量尺度的问题。由于不同的事物能够进行计量或测度的程度不同，有些事物只能对其属性进行分类，如人口的性别和文化程度、商品的型号及质量等级等；有些事物则可用数字来计量，如商品的质量和价值、人的身高等。显然，从计量的精确程度来看，采用数字计量要比采用分类计量更为精确。根据计量学的一般分类方法，按照对事物计量的精确程度要求，可将所采用的计量尺度由低级到高级、由粗略到精确分为四个不同的层次，即定类尺度、定序尺度、定距尺度和定比尺度。

1. 定类尺度

定类尺度又称名义尺度，是对事物较基本的测度，是层次较低、较为粗略的计量尺度。它主要按照事物的某种属性对其进行平行的分类或分组。例如，按照性别将人口分为男性、女性；按照经济性质将全部企业分为国有企业、集体企业、私营企业、混合制企业等。定类尺度只是测度事物间的类别差异，各类别间是平等并列关系，无优劣、大小及顺序之分，这种尺度的主要数学特性是"="或"≠"。

定类尺度的值是以文字表述的，可以用数值标识，但仅起标签的作用。例如，在人口统计中按性别分组，并用数字作为代号，如用"1"表示男性人口、"2"表示女性人口等。定类尺度可用于计算各组数值占总体数值的比例和众数等，但不能对各类编号进行加、减、乘、除运算。对定类尺度的计量结果，常通过计算每一类别中各元素或个体出现的频数或频率来进行分析。

采用定类尺度对事物进行分类时，需要符合穷尽和互斥的要求。类别穷尽是指在所做的全部分类中，必须保证每一个单位都能归属到一个类别而不能有遗漏；类别互斥是指一个单位只能归属于一个类别而不能出现重复归类，如上述企业的经济性质归属问题，如果某个企业归属于国有企业，则不能再归属于其他三个类别中的任何一个类别。

2. 定序尺度

定序尺度又称顺序尺度，是对事物之间等级或顺序差别的一种测度。该尺度不仅可将事物分成不同类别，而且可以确定这些类别的优劣或大小顺序。例如，将合格产品按其质量的好坏，分为一等品、二等品、三等品等；考试成绩按分数分为优、良、中、及格、不及格等；一个人的受教育程度分为小学、初中、高中、中专、大专、本科、研究生等。

显然，定序尺度的计量精度要优于定类尺度。但它只是测试了类别之间的顺序，而未测量类别之间的准确差值，因此该尺度的计量结果只能比较大小，不能进行加、减、乘、除等运算。定序尺度包括定类尺度的特性，还具有">"和"<"的数学特性。

3. 定距尺度

定距尺度又称间隔尺度，是对事物类别或次序之间间距的一种测度，该尺度通常使用自然或物理单位作为计量尺度。定距尺度不仅能将事物区分为不同类型并进行排序，而且可以准确地指出类别之间的差距是多少。例如，考试成绩用"百分制"度量、温度用"度"度量等，又由于这种尺度的每一间隔都是相等的，只要给出一个计量单位，就可以准确地计算两个计数之间的数值差。例如，考试成绩 80 分与 90 分之间的差值是 10 分。

定距尺度的计量结果表现为数值，并能计算差值。显然，定距尺度的精确程度高于定序尺度，其主要数学特性是"+"或"−"。

4. 定比尺度

定比尺度又称比率尺度，它与定距尺度属于同一层，其计量结果也表示为数值。定比尺度除具有前述三种计量尺度的全部特性外，还具有一个特性，那就是可以计算两个测度值之间的比值，用以反映事物的构成、速度、密度等数量关系。

定比尺度的主要数学特性是"×"或"÷"，这就要求定比尺度中必须有一个绝对固定的"零点"，这也是它与定距尺度的唯一差别。换言之，定距尺度中没有绝对零点，即定距尺度的计量值可以是 0，"0"表示一个数值，即"0"水平，而不是表示"没有"或"不存在"。例如，一个学生的统计学课程考试成绩为 0 分，表示他的统计学成绩水平为 0，并不表示他没有考试成绩或没有任何统计学知识；一个地区某时的温度为 0℃，表示那时的温度水平，并不是没有温度。可见，定距尺度中的"0"是一个有意义的数值，而定比尺度则不同，它有一个绝对的"零点"。也就是说，在定比尺度中，"0"表示"没有"或"不存在"。例如，一个人的收入为"0"，表示这个人没有收入；一种产品的产量为"0"，表示没有这种产品等。因此采用定比尺度计量的结果通常不会出现"0"值，定比尺度可以进行加、减、乘、除运算。在现实中，大多数情况下使用的都是定比尺度。

在计量尺度的应用中，需要注意的是，同类事物用不同的尺度计量会得到不同的尺度数据。例如，企业员工收入数据按实际填写就是定距尺度；按高、中、低收入水平分类就是定序尺度；按有无收入计量则是定类尺度；而说某人的收入是另一个人的两倍，则是定比尺度。一般地，因为研究目的和内容的不同，计量尺度也会不同。如果不担心损失信息量，则可以降低计量层次。表 2-1 所示为四种计量尺度的比较，给出了统计数据计量尺度的特征、主要数学特性及运算功能。

表 2-1　四种计量尺度的比较

计量尺度	特征	主要数学特性	运算功能
定类尺度	分类 分组	= ≠	计数
定序尺度	分类 排序	> <	计数 排序
定距尺度	分类 排序 量的差距	+ −	计数 排序 加减
定比尺度	分类 排序 量的差距 有绝对零点	+ − × ÷	计数 排序 加减 乘除

2.1.2　统计数据的类型

区分统计数据的类型是十分重要的，因为对于不同类型的统计数据，需要采用不同的统计方法进行收集、处理和分析。

1. 按计量尺度划分

根据统计数据的四种计量尺度，可将统计数据分为定类数据、定序数据、定距数据和定比数据 4 种。

1）定类数据

定类数据是对客观事物进行分类计量的结果，属于名义（Nominal）级数据，表示个体在属性上的特征或类别上的不同变量，仅是一种标志，没有序次关系。例如，"性别"，"男"编码为 1，"女"编码为 2。

2）定序数据

定序数据是对客观事物进行分类排序计量的结果，属于顺序（Ordinal）级数据，表示个体在某个有序状态中所处的位置，但不能做四则运算。例如，"受教育程度"，文盲半文盲=1，小学=2，初中=3，高中=4，大学=5，硕士研究生=6，博士研究生=7。

3）定距数据

定距数据是对客观事物进行定距计量的结果，属于刻度（Scale）级数据，表现为具体数值，可进行加、减运算，不能做乘、除运算。例如，物体温度、海拔高度等。

4）定比数据

定比数据是对客观事物进行定比计量的结果，属于刻度（Scale）级数据，表现为具体数值，可进行加、减、乘、除运算。例如，企业职工人数、人体身高等。

上述前两种数据说明的是事物的品质特征，其结果均表现为类别，也称为定性数据或品质数据（Qualitative data）；后两种数据说明的是现象的数量特征，因此也称为定量数据（Quantitative data）或数量数据。由于定距尺度和定比尺度属于同一测度层次，所以可以把后两种数据看作同一类数据，统称为定量数据或数值型数据。

2. 按收集方法划分

根据统计数据的收集方法不同，可将统计数据分为两类：观察数据和实验数据。

1）观察数据

观察数据是指在没有对现象进行人为控制的条件下，通过调查或观测而得到的数据。例如，有关社会经济的统计数据基本上都是观察数据。

2）实验数据

实验数据是指在实验中通过控制实验对象而收集的数据。例如，医学、卫生及自然科学的大多数数据都是实验数据。

3. 按照时间状况划分

根据被描述现象与时间的关系，可将统计数据分为两类：横截面数据和时间序列数据。

1）横截面数据

横截面数据又称静态数据，是指在同一时间对同一总体内不同单位的数量进行观测而获得的数据。例如，2022 年全国各省、自治区、直辖市的地区生产总值就是横截面数据。

2）时间序列数据

时间序列数据又称动态数据，是指在不同时间对同一总体的数量进行观测而获得的数据。例如，"十三五"期间中国历年的国内生产总值就是时间序列数据。

2.2 统计数据的来源

统计数据是统计分析和研究的基础，因此，任何统计工作的首要任务都是获取用于分析和研究的统计数据。从统计数据本身的来源看，统计数据最初都来源于直接的调查或实验。但从使用者的角度看，统计数据主要来源于两种渠道：一是通过直接的调查和实验获得数据，由这种渠道获取的数据称为第一手或直接的统计数据；二是利用别人的调查或实验的数据，这是统计数据的间接来源，称为第二手或间接的统计数据。

2.2.1 直接来源

统计数据的直接来源主要有两种途径：一是专门组织的调查，二是科学实验。专门组织的调查是获取社会经济数据的主要手段，其中有统计部门进行的统计调查，也有其他部门或机构为特定的目的而进行的统计调查，如某公司为某商品的市场开发进行的市场调查。在实际中，常用的统计调查方式很多，主要有统计报表、普查、重点调查、典型调查和抽样调查等，这些接下来将逐一介绍。科学实验是取得自然科学和工程技术方面的数据的主要手段。本节主要讨论获取社会经济方面的统计数据的主要方式和方法。

2.2.2 间接来源

如果能通过直接调查或实验取得所需要的第一手数据资料，当然是最好的，但对多数使用者来说，亲自去做调查往往是不可能的，因为做统计调查既需要一定的时间，又需要一定的费用，在这种情况下，可以通过其他途径去获取适合自己需要的别人已经调查或进行实验的第二手数据资料。

第二手数据资料主要是权威网站发布的、公开出版的或公开报道的各种数据和未公开的数据。前者主要来自政府的有关统计部门、报刊、媒体、网络等，一般可以不支出费用或支出少量费用就可获得数据资料。未公开的数据主要是一些专门的咨询机构为了商业服务的目的而搜集、积累的各种数据资料，要使用这种数据资料需要支出一定的费用。

在中国，发布社会经济统计数据的权威网站主要有中华人民共和国国家统计局官方网站、地方统计局官方网站、中国知网（CNKI）等；报道社会经济统计数据的主要公开出版物有《中国统计年鉴》《中国统计摘要》《中国社会统计年鉴》《中国工业统计年鉴》《中国农村统计年鉴》《中国人口与就业统计年鉴》《中国商品交易市场统计年鉴》，以及各省、市、地区的统计年鉴等；提供世界各国经济数据的出版物有《世界经济年鉴》、世界银行各年度的《世界发展报告》等。

利用第二手数据资料对使用者来说既经济又方便，但要注意各种统计数据的含义、计算口径是否一致和计算方法等。另外，除涉及他人商业机密或隐私的情况外，在使用第二手数据资料时，应说明数据的来源，以备查询和尊重他人的劳动成果。

需要明确的一点是，利用第二手数据资料尽管是资料搜集的一种方式，但不是统计调查，统计调查仅指对第一手数据资料（原始资料）的搜集过程。

2.3 统计调查的方式与方法

2.3.1 统计调查要求

统计调查是根据调查的目的，运用科学的调查方法，有计划、有组织地搜集数据信息资料的统计工作过程。统计调查是统计工作的开始阶段，是统计整理和统计分析的前提。统计调查在整个统计工作中，担负着提供基础资料的任务，是一切统计资料的来源。统计工作的各个环节是紧密衔接、相互依存的。一般情况下，统计研究是从统计调查开始的，先通过了解实际情况，收集原始资料，取得感性认识，再经过对资料的系统整理和综合分析，提高到理性认识。统计调查工作的质量如何，直接影响整个统计工作成果的质量。

统计调查的基本要求是准确性、及时性、完整性、真实性和经济性，这是衡量统计调查工作质量的重要标志。统计调查只有做到了准确性，才能为正确的统计分析和管理决策提供客观依据；只有做到了及时性，才能保证统计资料的时效，提高统计资料的使用价值；只有做到了完整性，才能很好地满足决策部门的需要；只有做到了真实性，才能得出最准确的数据。同时，统计调查要求在满足资料质量的前提下，尽可能地降低成本，要力争最大限度地降低人力、物力、财力消耗，以达到尽可能好的效果。

2.3.2 统计调查方式

统计调查方式又称统计调查的组织形式，它是指组织统计调查、搜集信息资料的方式。实践中常用的统计调查方式有统计报表制度、普查、重点调查、典型调查和抽样调查等。如果按调查的范围划分，统计报表制度、普查是全面调查，即对被调查者的所有单位逐一进行调查。而重点调查、典型调查和抽样调查是一种非全面调查，即对被调查者中的一部分单位进行调查，以取得被调查者的一部分资料来推断总体或反映总体的基本情况。

1. 统计报表制度

统计报表是搜集统计资料的一种方式，在中国数十年的政府统计工作中，已经形成了一套较完备的统计报表制度，它已成为国家和地方政府部门统计数据的主要来源。该制度是依照国家有关法规，自上而下统一布置的，以一定的原始记录为依据，按照统一的表式，统一的指标项目，统一的报送时间和报送程序，自下而上地逐级定期提供统计资料。

统计报表制度的主要特点如下：

（1）统计报表资料建立在基层单位的各种原始记录基础上，基层单位也可利用其资料对生产经营活动进行监管。

（2）由于统计报表是自下而上逐级上报和汇总的，各级主管部门能获得管辖范围内的报表资料，有利于了解本地区、本部门的经济和社会发展情况。

（3）由于统计报表属于经常性调查，调查项目相对稳定，有利于积累资料，并对资料进行动态对比分析。

统计报表的类型很多，按报送范围不同可分为全面报表和非全面报表，前者要求被调查者中的每个单位都填报，后者只要求被调查者中的部分单位填报，目前大多数统计报表都是全面报表，按报送时间不同可分为日报、月报、季报、年报等。

2. 普查

普查是为某一特定目的而专门组织的一次性全面调查，主要用以搜集某些采用其他调查方式难以获取的全面的统计资料，以便掌握有关国情、国力的基本情况，为国家发展制定有关政策和措施提供依据。常见的普查有人口普查、经济普查。

普查的主要特点如下：

（1）普查通常是一次性或周期性的。由于普查涉及面广、调查单位多，需要耗费大量的人力、物力、财力及时间，因此不宜经常进行。例如，中国的人口普查通常是每 10 年进行一次。

（2）普查一般需要规定统一的标准调查时间，以避免调查数据的重复或遗漏，保证调查结果的准确性。例如，中国第七次人口普查的标准时间是 2020 年 11 月 1 日零时。

（3）由于普查获得的数据比较准确，规范化程度较高，因此它可以为其他调查提供基本依据。

（4）普查的使用范围较窄，只能用于调查一些较基本及特定的现象。

3. 重点调查

重点调查是指在被调查者的全部单位中，只选择少数重点单位进行的非全面调查。所谓重点单位，是对现象的量的方面而言的，虽然这些单位在全部单位中只是一部分，但其在所研究现象的标志总量中都占有较大的比例，在总体中具有举足轻重的地位。因此，对这些单位的调查结果能够从数量上反映总体在该标志总量方面的基本情况。重点单位的确定，是组织重点调查的一个重要问题，重点单位的选择要看它在所研究现象的标志总量中所占比例的大小。由于重点调查选择的单位较少，因此调查项目可以多一些，所了解的情况也可以详细一些。

一般来说，当调查目的只是掌握总体的基本情况，而少数单位又能比较集中地反映研究的项目时，宜采用重点调查。

4．典型调查

典型调查是一种专门组织的非全面调查，指根据调查目的，在对全部研究对象进行初步分析的基础上，选择一个或几个具有代表性的单位进行详细深入的调查。因此要求所选择的具有代表性的单位要具有所研究问题的本质属性或特征。例如，研究目的是某行业的经济效益问题，那就在该行业中选择一个或几个经济效益突出的单位做深入调查研究，从中找出经济效益好的原因和经验，以便在整个行业中推广。典型调查主要是一种定性调查研究，其着眼点不在数量特征方面，这是与重点调查的区别点之一。

典型调查是有针对性地在总体中选择少数调查单位，具有一定的主观性，因而其调查结果难以用于推断总体。

5．抽样调查

抽样调查是按随机原则从被调查者总体中随机抽取一部分单位作为样本进行调查，并根据样本数据来推断总体数量特征的一种非全面调查。在实际中，抽样调查是应用最为广泛的调查方式之一。

1）抽样调查的主要特点

（1）客观性。抽取样本是按随机原则抽取的，可排除各种主观因素对样本单位的影响，最后得到的推断结果更能客观地反映总体的数量特征。

（2）经济性。这是抽样调查的一个显著优点。由于调查的样本单位仅是总体中的一小部分，调查工作量小，可节省很多人力、物力、财力和调查时间。

（3）时效性。抽样调查可以迅速、及时地获得所需要的信息，调查工作的时间短，能提高统计数据的时效性。与全面调查相比，抽样调查可频繁进行，特别适合对当今快速多变的市场进行调查。

（4）适应性。根据抽样调查的以上特点，可看出这种调查方式适用于对各个领域、各种问题进行调查。从适用的范围来看，抽样调查既可以调查全面调查方式能够调查的现象，又可以调查全面调查方式不能调查的现象，特别适合那些具有特殊现象的调查，如具有破坏性的产品质量检验、农作物试验、医药的临床试验等。

（5）准确性。抽样调查的工作量小，可使调查过程中各环节的工作更为细致，调查中产生的误差更小。当然，用样本数据去推断总体时，不可避免地会有统计推断误差，但这种误差的大小可以事先进行计算和控制，以保证抽样推断结果达到预期的可靠程度。也就是说，抽样调查是根据事先确定的误差允许范围来进行的，因此由部分推断总体具有一定的概率保证程度。

2）抽样调查的组织形式

（1）简单随机抽样。简单随机抽样又称纯随机抽样，它先对总体单位逐一编号，然后按随机原则直接从总体 N 个单位中抽取 n 个单位做样本。这种抽样方式能使总体中每个单位有同等机会被抽中。简单随机抽样是抽样中最基本的方式之一。当总体单位的标志变异程度很小，或者具有某种特征的单位均匀地分布于总体各个部分时，用这种方式最适合。

简单随机抽样的具体工作过程是在确定总体范围的基础上，对总体的各个单位进行编号，以形成明确的抽样框。所谓抽样框是指可以先选择作为样本的许多单位或个体所组成的总体，然后随机抽取，抽取时可用手工抽签或机械抽签，也可用《随机数表》（见附表 5）抽取必要的单位数。

（2）类型随机抽样。类型随机抽样也称分层抽样，它是按与调查目的有关的某个主要标志先将总体单位划分为若干层（类、组），然后从各层（类、组）中按随机原则分别抽取一定数目的单位构成样本。例如，对城市职工收入的调查，先按行业将职工分类，再从各行业中分别抽取若干个职工来调查。

分层抽样是分组法和抽样原理的结合，由于预先将总体单位分类，因此可以把某种性质比较接近的单位划归入同一类型，以保证各组都有选中的机会，从而缩小各单位之间的标志变异程度。一般来说，选出的样本具有较高的代表性，抽样误差较小，尤其在总体情况复杂、总体单位之间标志差异程度大、单位数目多的情况下，其优势更为明显。

（3）机械随机抽样。机械随机抽样又称等距抽样或系统抽样。它是将总体单位按某一标志排队来计算抽样间隔，并在第一个抽样间隔内先随机确定一个抽样起点，再按固定的顺序和间隔来抽取样本单位。具体的做法：先将总体 N 个单位按一定标志排队，然后将 N 个单位划分为 n 个单位相等的部分，每部分都包含 k 个单位，即 $\left[\dfrac{N}{n}\right]=k$。

在第一部分顺序为 1，2，3，…，k 个单位中，随机抽取一个单位 i，在第二部分中抽取第 $i+k$ 个单位，在第三部分中抽取第 $i+2k$ 个单位，以此类推，一直抽取 n 个单位组成一个样本，而且每个样本单位的间隔均为 k。

机械随机抽样的主要优点是简便易行，且当对总体结构有一定了解时，可先充分利用已有信息对总体单位进行排队再抽样，能提高样本单位分布的均匀性，样本代表性较强。

（4）整群随机抽样。整群随机抽样是先将总体分成若干个群（组），再从其中抽取一些群，并对抽中各群的全部单位一一进行调查。各样本群中所包含的单位数可以相同也可以不同。这种抽样方法抽取的基本单位不再是总体单位而是群。例如，对农户经济收入的调查，以村为单位抽选，并对抽中的村的全部农户进行调查；某工厂大量连续生产，如果要掌握某月某种产品的一级品比率，确定抽出 5% 的产品，则可在全月连续生产的 720 小时中，每隔 20 小时抽取 1 小时的全部产品进行检查。

整群随机抽样也常以地理区域划群，称为区域抽样，这样抽样的工作就简单多了。为提高样本的代表性，整群随机抽样一般采用不重复抽样。

（5）阶段随机抽样。阶段随机抽样又称分级抽样。当总体很大、总体单位很多时，如果直接抽选总体单位，技术上是有很大困难的，这时需采用多阶段的抽样方式。例如，对中国不同城市企业职工家庭的生活费用支出情况进行调查，以三阶段抽样而论，第一阶段先抽选调查城市；第二阶段从选择的城市的不同类型企业中抽取调查的具体单位；第三阶段从调查的具体单位中抽选职工，以确定具体的调查户，调查每月实际生活费的支出情况。这种抽样方式的具体步骤，以三步为例叙述如下：

第一步　先将总体划分为 R 组，每组包含 M_i 个单位（$i=1,2,…,R$）。总体单位数 $N=M_1+M_2+…+M_R$。

第二步　从 R 组中随机抽取 r 组（$r<R$）。

第三步　从选中的 r 组中随机抽取 m_j 个单位（$j=1,2,…,r$），构成一个样本。样本单位数 $n=m_1+m_2+…+m_r$。

科学地组织抽样调查，必须遵循一定的原则，以保证抽样符合概率论和数理统计有关定律的要求，这样才能运用这些定律进行推断。首先使用这些定律的前提条件是，被研究的变量是随机变量。所以必须按随机原则抽取调查单位，才能确保被研究的变量是随机变量；其次要遵循最大抽样效果原则。所谓实现最大抽样效果，就是在既定的调查费用下使抽样推断误差最小，或者在给定的精确度下，使调查费用最小。调查费用是指从人力、物力、财力等方面保证调查工作得以顺利进行的物质基础。一般来说，提高调研结果的精确度与节省调查费用这两者不可兼得。往往是抽样误差要求越小，对调查费的要求就越高。但从经济角度看，并非任何一种抽样误差最小的方案都是最优方案。因此，上述原则一般要求在给定的误差条件下选择费用最省的抽样调查设计方案。

2.3.3　统计调查方法

统计调查方法是指搜集被调查者原始资料的方法，即调查者向被调查者搜集资料的方法。常用的方法有直接观察法、报告法、通信法、采访法、登记法、卫星遥感法。任何一种调查都必须采用一定的调查方法去搜集原始资料，即使调查的组织形式相同，其调查方法也可以不同。

1．直接观察法

直接观察法是指由调查人员到现场对被调查者进行观察计量并登记结果。该调查方法的优点是能够保证所搜集资料的准确性，但会耗用大量的人力、物力、财力和时间，是一种经济性不强的调查方法，在应用上受到一定的限制。

2．报告法

报告法是由统计机构将调查表通过分发、邮寄、传真或网络传送的方式送达被调查者，被调查者根据填报要求，将填写好的调查表送（寄）回统计机构。中国现行的统计报表制度采用的就是这种方法。该方法的特点是：有统一的要求，并且以原始记录为依据，可以同时进行大量的调查。如果报告系统健全，原始记录和核算工作完善，则资料的可靠性能得到保证。

3．通信法

通信法是指调查者利用网络、电视、电话、信函、传真等通信中介手段将调查表格或调查问卷传递给被调查者，并请被调查者按照调查内容填写有关信息后反馈给调查者的一种调查方法。常见的通信法有网络调查、电话调查、短信调查、邮寄调查、电子邮件调查等。该方法能节省人力、财力和时间，成本较低，但由于调查的实施没有强制性，往往反馈率较低。

4．采访法

采访法是根据被调查者的答复来搜集原始资料的方法。该方法可以以口头询问或被调查者自己填写的方式实施。口头询问是由调查人员对被调查者逐一采访，当面填写；被调查者自己填写是指调查人员把调查表交给被调查者，并向其说明填表的要求和方法，被调查者填好后交调查人员回收审核。口头询问要求调查人员具备较好的采访技巧，采访时尽量不要直接提让人尴尬、难以回答或涉及个人隐私的问题。

5．登记法

登记法是由有关组织机构发出通告，规定当事人在某事发生后到该机构进行登记，填报所需登记的材料。人口的出生和死亡统计、流动人口统计就是采用规定当事人到公安机构登记的方法。

6．卫星遥感法

卫星遥感法是利用卫星遥感技术对地层、海洋资源及地面农作物等进行监测所提供的各种信息，以估计各种矿藏量和农作物产量的方法。

统计调查中搜集原始资料的方法还有很多种，可依据调查目的与被调查者的具体情况，选择合适的调查方法。

2.4　统计调查方案设计和问卷设计

2.4.1　统计调查方案设计

统计调查是一项非常强的理论和实践紧密结合的系统性工作，一项大型的统计调查往往需要众多单位和人员协同工作，为保证调查的质量和效率，在统计调查工作正式开始之前，需要事先设计一个切实可行、周密细致的调查方案。统计调查方案是统计调查前所制订的实施计划，是全部调查过程的指导性文件，是调查工作有计划、有组织、有系统进行的保证。不同调查目的的调查方案在内容和形式上会有一定差异，但大体上都包括调查目的、被调查者和调查单位、调查项目和调查表、调查方式和方法、调查时间、调查组织和实施计划等内容。

1．明确调查目的

调查目的是指调查活动所要达到的预期结果，也就是说为了什么进行调查和通过调查达到什么目标、发挥什么作用、解决什么问题。一般来说，进行调查的目的，或者是为了理论研究的需要，或者是为了解决和预测某一社会问题。调查目的在统计调查活动中具有十分重要的作用，在调查方案设计中首先要解决的问题就是明确调查目的，调查目的明确后才能确定向谁调查、调查什么及采用什么调查方式、调查方法等，调查目的对整个调查活动具有调节作用，可以避免发生大的偏差。

在设计调查方案时，关于调查目的的阐述，至少应该包括这样一些问题：为什么要进行该项调查？调查要解决一些什么问题？用什么形式来反映调查的最终成果？调查的意义、价值何在？同时应阐述本着怎样的指导思想来进行调查。

2．确定被调查者和调查单位

被调查者是指根据调查目的确定的调查研究总体或调查范围。调查单位是构成被调查者（总体）的每一个具体单位，它是调查项目和指标的承担者或载体，是搜集数据的基本单位。被调查者和调查单位所解决的是向谁调查、由谁来提供所需数据（原始资料）的问题。例如，如果调查目的是获取全国国有工业企业的资产负债分布状况，那么所有的国有工业企业就是被调查者，而具体的每一个国有工业企业就是调查单位。

在实际调查中，调查单位可以是被调查者的全部单位，也可以是部分单位。如果采用全面调查方式，则被调查者中的每一个单位都是调查单位；如果采用非全面调查方式，如抽样调查，则把被抽中的单位作为实施调查的调查单位，通常是全部调查的部分单位。如果调查总体范围大，则一般采用抽样调查的方式。

3．设计调查项目和调查表

调查项目是调查的具体内容，也就是调查中所要登记的调查单位的特征，即调查单位所承担的基本标志，通常由一系列品质标志和数量标志构成。例如，一个人的性别、职业，一个企业所属的行业类别等是品质标志；一个人的年龄、收入，一个企业的资产总额、利润等是数量标志。

在大多数的统计调查中，调查项目会按照一定顺序和格式排列成一张表格，称为调查表。调查表通常由表头、表体和表外三部分组成。表头是调查表的名称，用来说明调查的内容，被调查单位的名称、性质、隶属关系等；表体是调查表的主要部分，包括所有被调查的项目；表外通常由必要的说明、填表人、签名、填表日期等组成。表 2-2 所示为企业基本情况调查表。

表 2-2　企业基本情况调查表

企业名称	企业代码	职工人数（人）	资产总额（万元）	销售收入（万元）	利润（万元）	税金（万元）

填表人：_____　　　　　　　　　　　　　　填表日期：_____

调查表一般有两种形式，一种是一览表，另一种是单一表。一览表是把许多调查单位填写在一张表上，在调查项目不多时，采用此类表较简单，也便于合计和核对数据，表 2-2 就是一览表。单一表是每个调查单位填写一份，可容纳较多的调查项目，以便整理分类，表 2-3 所示为全国第三产业普查基层表（甲表），其是单一表。在统计调查中，具体采用哪一种形式的表，根据调查目的、调查任务而定。

表 2-3　全国第二产业普查基层表（甲表）

单位：千元

指标名称		序号	2010 年							2011 年						
			十亿	亿	千万	百万	十万	万	千元	十亿	亿	千万	百万	十万	万	千元
财务收支情况	一、营业收入	01														
	二、营业成本费用	02														
	1. 工资	03														
	2. 职工福利费	04														
	3. 折旧费	05														
	4. 大修理或计提的大修理基金	06														
	5. 税金	07														
	6. 利息	08														
	7. 上交管理费	09														
	8. 工会经费	10														
	9. 其他	11														
	三、销售（营业）税金	12														
	四、营业利润	13														
	五、政策性补贴	14														
	六、附营业务收支净额	15														
实物资产情况	一年末固定资产原值	16														
	二年末固定资产净值	17														
	三年末库存总值	18														
人员情况	年末职工（从业）人数	19														
	年平均职工（从业）人数	20														

说明：1. 表中数字不保留小数，不足千元的数字四舍五入。

　　　2. 数量指标出现负数时，数字前加"—"号。

单位负责人：_____　　填表人：_____　　报出日期：20_____年_____月___日

4. 确定调查方式和调查方法

调查方式是指调查的组织形式，主要包括统计报表、普查、重点调查、典型调查、抽样调查等。调查方法是指收集被调查者原始资料的具体方法，主要包括直接观察法、报告法、采访法和通信法等。统计调查采用何种方式和调查方法，应当根据统计调查的任务与特点，并结合各种调查方式和调查方法的优缺点来考虑，在权衡利弊之后做出取舍，最终在调查方案中加以明确规定。在一次调查中可以同时采取多种调查方式和调查方法，即使调查的组织形式相同，其调查方法也可以不同。

5. 确定调查时间

在统计调查中，调查时间有两种含义，即调查时间和调查期限。调查时间是指调查资料所属的时间，在调查中，如果所调查的是时期现象，则要明确规定调查资料所反映的起止日期。例如，调查某企业 2022 年第一季度的产品产量，则调查时间是从 2022 年 1 月 1 日起至 3 月 31 日止 3 个月。如果所调查的是时间现象，调查时间则是规定的统一标准时间，如中国第七次人口普查，调查时间是 2020 年 11 月 1 日零时。调查期限是进行调查工作的时限，包括搜集资料和报送资料等所需要的工作时间，应尽可能地缩短，如第七次人口普查规定 2020 年 11 月 1 日至 12 月 10 日以前完成普查登记，则调查期限为 2020 年 11 月 1 日至 2020 年 12 月 10 日共 40 天。

6. 制订调查组织和实施计划

为了保证整个统计调查工作的顺利进行，需要有一套严密、细致的工作组织系统与之匹配，在调查方案中还应有一个考虑周密的组织和实施计划，其主要内容包括调查组织机构、参加调查的单位和人员、调查人员培训、调查步骤、调查资料回收或报送程序、调查地点、调查文件和调查表格准备、费用支出计划等。对于规模较大又缺乏经验的统计调查，在正式调查前，需要进行试点调查，此时还要明确规定试点调查的详细内容。

2.4.2　统计调查问卷设计

几乎在所有的统计调查方式中，都会用到调查表，很多时候调查表又被称作问卷调查表。因而，问卷调查就成为调查中常用的一种调查方法，采用问卷调查的关键问题是问卷设计，问卷设计的好坏，在很大程度上决定着调查问卷的回收率、有效率，甚至关系到整个调查活动的成败。因此，问卷设计的科学性在统计调查中具有极为重要的意义。

1. 问卷基本结构

问卷基本结构一般包括问卷的开头部分、甄别部分、主体部分和结束部分。

1）开头部分

开头部分主要包括问候语、填表说明、问卷编号等内容。不同的问卷所包括的开头部分会有一定的差别。

（1）问候语。问候语也叫作问卷说明，其作用是引起被调查者的兴趣和重视，消除被调查者的顾虑，激发被调查者的参与意识，以争取他们的积极合作。一般问候语中的内容包括称呼、问候、访问员介绍、调查目的、被调查者作答的意义和重要性、说明回答者所需花的时间、感谢语等。问候语一方面要反映以上内容，另一方面要尽量简短。

（2）填写说明。在自填式问卷中要有详细的填写说明，让被调查者知道如何填写问卷，如何将问卷返回调查者手中。

（3）问卷编号。问卷编号主要用于识别问卷、调查者及被调查者的姓名和地址等，以便校对检查、更正错误。

2）甄别部分

甄别部分也被称为问卷的过滤部分，它先对被调查者进行过滤，筛选掉非目标对象，再有针对性地对特定的被调查者进行调查。通过甄别，一方面可以筛选与调查事项有直接关系的人，以达到避嫌的目的；另一方面也可以确定哪些人是合格的被调查者，通过对其进行调查，使调查研究更具有代表性。

3）主体部分

主体部分是问卷的核心部分。它包括了所要调查的全部问题，主要由问题和答案组成。问卷设计的过程其实就是将研究内容逐步具体化的过程。根据研究内容先确定好树干，再根据需要对每个树干设计分支，每个问题是树叶，最终构成一棵树。因此在整个问卷树的设计之前，应该有总体上的大概构想。问卷题目设计必须有针对性，明确被调查人群、被调查者身份，必须充分考虑受访人群的文化水平、年龄层次等；措辞上也应该进行相应的调整，如面对家庭主妇做的调查，在语言上就必须尽量通俗，而对于文化水平较高的城市白领，在题目和语言的选择上就可以提高一定的层次。只有在这样的细节上综合考虑，调查才能够达到预期的效果。

4）结束部分

该部分主要是对被调查者的合作表示感谢，同时可以征询被调查者对问卷设计和问卷调查本身的看法和感受。结束部分一般要简短明了。

2．问卷设计原则

问卷设计的根本目的是设计符合调研与预测需要及能获取足够、适用和准确信息资料的调查问卷。为实现这一目的，问卷设计必须遵循以下原则。

1）目的性原则

问卷的主要目的是提供管理决策所需的信息，以满足决策者的信息需要。问卷设计人员必须透彻了解调研项目的主题，能拟出可从被调查者那里得到最多资料的问题，做到既不遗漏一个问句以致需要的信息资料残缺不全，也不浪费一个问句去取得不需要的信息资料。因此，从实际出发拟题，问题目的明确，重点突出，没有可有可无的问题。

2）逻辑性原则

一份设计成功的问卷，问题的排列应有一定的逻辑顺序，要符合应答者的思维程序。一般是先易后难、先简后繁、先具体后抽象。这样能使调查人员顺利发问、方便记录，并确保所取得的信息资料正确无误。

3）通俗性原则

如果被调查者对调查题目不感兴趣，一般不会参与调查。问卷设计最重要的任务之一就是使问题适合潜在的应答者，使被调查者能够充分理解问卷，乐于回答、正确回答。所以问卷设计人员不仅要考虑主题和被调查者的类型，还要考虑访谈的环境和问卷的长度。问卷必须避免使用专业术语，一般应使用简单用语表述问题。

4）便于处理性原则

便于处理是指要使被调查者的回答便于进行检查、数据处理和分析。设计好的问卷在调查完成后，能够方便地对所采集的信息资料进行检查、核对，以判别其正确性和实用性，也便于对调查结果进行整理和统计分析。如果不注意这一点，很可能出现调查结束，信息资料获得很多，但是统计处理却无从下手的难堪局面。

5）合理的问卷长度原则

调查内容过多，使参与者没有耐心完成全部调查问卷，这是调查最常见的误区之一，应高度重视。如果一份调查问卷在 20 分钟之内还无法完成，一般的被调查者都难以忍受，除非这个调查对他非常重要，或者是为了获得奖品才参与调查，即使完成了调查，也隐含一定的调查风险，如被调查者没有充分理解调查问题的含义，或者没有认真选择问题选项，最终会降低调查结果的可信度。

3. 问卷设计步骤

设计调查问卷的目的是为了更好地搜集满足调查者需要的信息资料。因此，在调查问卷的设计过程中，首先要把握调查目的和要求，同时要争取获得被调查者的充分合作，以保证提供有效的信息。问卷设计具体可分为以下几个步骤。

1）根据调查目的，确定所需要的信息资料

在问卷设计之前，调查人员必须确定在调查过程中需要了解哪些方面的信息资料，才能较好地说明所要调查的问题，以实现调查目的。这就要求调查人员对所要了解的信息资料进行归类，列出具体的调查项目清单。例如，某电视生产企业，要了解消费者对本企业产品的反映情况，那么在确定所需要的信息资料时，应该考虑以下几个方面的内容：被调查者的家庭基本情况，如家庭人口数、人口的年龄结构、家庭收入、主要人口的职业和文化程度等；被调查者对本企业产品的购买情况，如购买时间、地点、型号、数量等；被调查者对本企业产品的态度反映，如对产品的质量、价格、外观、售后服务、广告宣传的反映及对本企业产品的改进意见等。这些基本内容都应该在调查问卷中表达出来。根据调查项目清单，问卷设计人员就可以设计一系列具体的需要被调查者答复的问题，从而获得所需要的信息资料。

2）问题的设计与选择

在确定所要搜集的信息资料后，问卷设计人员就可以着手具体问题的设计。问卷设计人员应根据所列调查项目清单，来决定问卷包括什么类型的问题、问题如何提出。有些信息一个问题不足以答复的，可考虑设计一组问题，以确保获得全面的信息。但是，问题设计并非越多越好，因为问卷的空间有限，一份问卷中问题过多，不仅会使被调查者感到厌烦而拒绝合作，而且会增加调查的成本、时间和信息整理的难度。因此，在设计问题时，应保证每个问题都是必要的，一个问题如不能提供给调查者所需要的信息，就不应该在问卷中出现。

3）确定问题的顺序

在设计好各项单独问题后，应按照问题的类型、难易程度安排询问顺序。问卷中问题的排序同样会对调查结果产生影响。因此，问题的排序要合乎逻辑，使被调查者在回答问题时有循序渐进的感觉，同时能引起使其回答问题的兴趣。

4）问卷的测试与修改

在问卷设计好后，为检查问卷设计是否合理，应在正式调查之前先在小范围内进行试调查，在实际环境中检验每个问题的提法能否使被调查者明确了解，有些问题对于问卷设计人员来说是很容易回答的，但被调查者有时却无从回答，或答非所问。有的问卷在设计阶段看似完善，但在实际应用时，往往会发现有忽略的问题。因此，一份新设计的问卷应先根据试调查结果及时修改和调整，再用于正式调查活动。

4. 问卷设计技术

在问卷设计中，问题设计是核心。在设计问卷时，对问题的表述、问题的排列顺序和选择都必须认真反复地推敲。

1）问题的表述

问题的表述是问卷设计的难点，在问卷调查中，被调查者只能根据问卷来理解和回答问题。因此用准确的文字表述所要调查的问题，就成为问卷设计的关键。通常，问题的表述应注意以下几个方面。

（1）问题的用词用语要通俗、准确和简洁。准确的问题表述才能保证大多数被调查者有同样的理解，便于回答。简洁的提问才能引起被调查者的兴趣，既不会耗费很多时间，又可以发表个人见解。因此，在设计问题时，要认真考虑哪些信息是真正需要的，避免将可有可无的问题列入问卷。另外，如果被调查者的范围广，应尽量避免使用专业化的术语。

（2）问题的内容要具体。每个问题只能包含一项内容，尽量避免将两个或两个以上的问题合在一起来问。例如，某商场要了解顾客对本商场的商品和服务是否满意，不能这样提问：您对本商场的商品和服务是否感到满意？这种提问太笼统。而应具体化，问：您对本商场销售的商品是否感到满意？您对本商场的服务是否感到满意？

（3）问题设计中要避免使用诱导性或倾向性用语。例如，问：大多数人认为海尔电视机质量最好，您是否有同样的看法？该问题本身有较明显的倾向性，被调查者往往会在趋同心理下做出肯定回答。因此，要求在问题设计时，不要显露调查者自己的观点，不引用权威的名称和原话，对涉及调查者自身产品和服务的调查时，不应在问题中特别提醒，而应把它们放在一组产品和服务中。问卷中所有问题的提出要站在客观的立场上，用中立的方式提问，以利于搜集真实、准确的信息。

（4）对敏感性问题的调查，要考虑问题的可行性。这是指要考虑根据调查需要所提出的问题是否都能得到真实回答。因为有时被调查者会认为问卷中的某个问题侵犯了个人隐私，而不愿意提供真实答案，如个人收入、异性交友、女性的年龄等问题。往往因一个问题的提法不当而使被调查者放弃对所有问题的回答的事情经常发生，这就大大影响了问卷的回收率。因此，问题的提问方式要有一定的技巧和艺术，尽量使被调查者愿意并能够真实回答。遇到这样的问题时，可采用以下几种方法。

① 采用间接的方式提问。不直接询问被调查者对某些问题的看法，而是把问题转移到他人身上，请被调查者对他人的回答做出评论。例如，调查从业人员对企业实行民主管理的态度时，人们可能会基于民主管理模式是已经验证了的有效管理模式的印象而做出肯定回答。为得到其真实的想法，可以这样提问：对于实行民主管理，有人认为利大于弊，有人认为弊大于利，您同意哪种看法？

② 在询问被调查者的观点之前，先假设某一情景作为问题的前提。例如，了解从业人员对本企业的忠诚态度时，可以这样问：在有别的择业机会时，您是否愿意留在本企业继续工作？

③ 把被调查者不愿回答的问题放在一组问题中提出。例如，调查人们的月收入时，可将收入分为几个档次，用区间的方式将问题提出：2000 元以下、2001～4000 元、4001～6000 元、6001～10000 元、10001～20000 元、20000 元以上。

④ 在问题之前加一段消除被调查者顾虑的话。例如，由于各人所处的地位和环境不同，对同一个问题有不同的看法是正常现象，每个人都应该有自己的观点，您认为目前本单位所施行的改革方案可行吗？

⑤ 采用关联提问法。对于某些被调查者不愿回答的问题，可以换一个角度，先提问与之相关的问题，然后由调查人员根据被调查者对相关问题的回答进行判断。

⑥ 在提问题之前要声明调查的匿名性和保密性原则，以消除被调查者的顾虑。

2）问题类型确定技巧

通常，调查问卷中的问题有两种：开放型问题和封闭型问题。

（1）开放型问题。这种类型的问题在问卷上不提供任何答案，由被调查者自由回答，无任何限制。开放型问题便于被调查者自由发挥，各抒己见，充分表述自己的意见和观点。调查者搜集到的资料具体、全面，具有启发性，特别适合答案复杂、数量较多或各种可能答案尚属未知的问题。缺点是被调查者的答案可能各不相同，标准化程度较低，资料的整理加工比较困难。此外，回答开放型问题，对被调查者要求较高，要求被调查者具有较高的文化素养和较强的文字表达能力，能够较好地描述自己的观点和看法。

（2）封闭型问题。这种类型的问题由问卷设计人员将所提问题的可能答案列出，由被调查者根据自己的意愿进行选择。封闭型问题有利于被调查者正确理解问题，迅速做出回答，同时有利于调查者对调查资料进行整理和分析。缺点是这种类型的问题会限制被调查者的想法，在回答问题时比较机械，无弹性，难以适应复杂的情况。另外，这种问题设计难度较大，对于一些复杂问题很难把答案设计得十分周全。

总之，不同类型的问题各有利弊，在具体的问卷设计中，应根据调查目标、问题的性质和内容来决定选用。

3）问题的排列技巧

在各项单独的问题设计好后，如何将它们按一定的顺序列入问卷之中，是问卷设计的又一个重要的事情。对问卷中所涉及问题的编排一般遵循如下规律。

（1）按问题的复杂程度，先易后难，由浅入深进行编排。将能够引起被调查者兴趣和注意的问题尽可能地放在问卷的前部，而难度较大和敏感性的问题尽量放在问卷的后部。

（2）问题的排列要有逻辑性，同类性质的问题应安排在一起。问题次序安排可运用"漏斗法"，即先问范围广、一般性的问题，后问范围较窄、针对性较强和专门性的问题。

（3）开放型问题通常放在问卷的后部。在编排问题的时候，问卷设计人员还应把那些无关紧要、脱离实际和被调查者难以回答的问题剔除，以保证问卷设计的客观性、科学性和可行性。

2.5 统计调查误差与控制

2.5.1 统计调查误差的概念和分类

统计调查误差就是调查所得的统计数字与调查总体实际数量之间的差异，即调查所得的数量与被调查者的实际数量的差额。例如，对某所中学学生的平均身高进行调查的结果为 1.59 米，而该所中学学生的平均身高的实际数值为 1.61 米，那么统计调查误差就是 0.02 米。统计调查误差是用来衡量和表述统计调查及资料整理取得的数据质量的，显然误差越大，数据的可靠性越低；误差越小，数据的可靠性就越高。

按误差产生的原因，将统计调查误差分为工作误差和代表性误差。工作误差是由于调查工作的失误所造成的误差，是一种非故意行为造成的误差。代表性误差是指通过调查个体而得出的总体结果与总体实际数值之间的差异，这种误差只存在于非全面性统计调查中。

按误差产生的性质，将统计调查误差分为时间误差、空间误差、人为误差和方法误差。时间误差是指由于被调查者因时间界定不准确而产生的误差；空间误差是指因为统计调查范围而产生的误差；人为误差是指在统计调查过程中因为人们的过错而产生的误差；方法误差是因为使用不同的统计调查方法而产生的误差。

按误差产生的环节，将统计调查误差分为源头误差、中间环节误差和最终误差。源头误差是在统计调查初期因为调查者或被调查者人为因素而产生的误差；中间环节误差是在统计调查数据逐级上报的过程中，加工整理、汇总等环节所产生的误差；最终误差则是由于统计数据汇总值或样本调查得到的总体推算值与最终结果数据之间的差异。

2.5.2 统计调查误差产生的原因

统计调查误差的来源较多，产生的原因也较复杂。通过对统计调查误差产生原因的梳理和归类，主要包括以下三个方面。

1. 统计调查方案设计不完善导致的误差

统计调查方案是根据统计研究目的及研究对象的特点，对统计工作所涉及的各个方面和各个环节事先所进行的统筹考虑和计划安排。统计调查方案的设计者如果对统计调查的目的及任务，统计调查的对象，统计调查的项目，统计调查的方式、方法等设计不完善、不科学，会导致统计调查误差。

统计调查方案设计不完善主要表现在以下七方面：一是对统计调查的目的和任务不够清晰，确定的被调查者过于宽泛或过于狭窄，导致调查样本难以反映总体的实际情况；二是统计调查项目或调查表设计得不够完整，存在项目遗漏或交叉现象；三是统计调查的方式、方法不明确，收集的样本信息代表性不够；四是统计调查问卷设计不科学，问卷可接受性较差；五是调查时间和调查期限界定不清晰，导致在调查时间上不一致；六是对调查人员的培训内容设计不完整，对调查人员培训不到位；七是统计数据质量评估机制不健全，调查数据的真实性难以得到保障。

2. 调查者或被调查者自身因素导致的误差

如果调查者自身素质不高、专业能力不强，会导致统计调查误差，这主要表现在以下六方面：一是对统计调查的目的和任务理解不清晰，对调查的问题理解不到位；二是在调查过程中提问方式不恰当，被调查者难以接受；三是在调查过程中存在故意诱导行为，难以得到被调查者的真实信息；四是在调查过程中遗漏有关问题，导致调查信息不全面；五是在调查过程中使用了不精确的测量或计量工具，导致测量结果不准确；六是在调查过程中将调查结果记录错误，导致调查结果与实际结果不一致。

在调查过程中，被调查者的个人因素容易导致调查误差，这主要表现在以下四方面：一是被调查者存在个性差异，对被调查问题理解不一致，导致调查结果存在差异；二是被调查者对有些问题不重视，填答不认真；三是被调查者对有些问题比较敏感，不愿意回答或有所隐瞒；四是被调查者忽视有些问题，不予回答，导致无法获得有关数据。

3．在统计数据整理中导致的误差

在统计数据整理过程中，需要运用相应的统计技术。如果统计技术处理不当或者工作失误，就会引发误差的产生。

在统计数据整理过程中，统计技术处理不当主要表现在以下四方面：一是对原始资料中出现的个别缺失数据，采用了不科学的填充方法；二是对原始资料中出现的个别异常值，采用平均值替换或将其删除；三是在数据分组时，选择了不恰当的分组变量，或分组数据分布不均衡等；四是在数据汇总时，选择了不合适的计算方法。

在统计数据整理过程中，工作失误主要表现在以下四方面：一是对原始资料没有进行认真审核，未及时发现错误数据；二是将原始数据录入统计软件时，出现数字颠倒或漏填等问题；三是在数据汇总时，虽然选择了正确的计算方法，但计算结果的精度不够；四是对使用的统计软件不熟悉，在数据处理时出现错误。

2.5.3　统计调查误差的控制措施

统计调查误差不可避免，但由于它的负面作用，我们必须采取有力措施，全面控制统计调查误差，把它缩小到最低限度。

（1）加强对统计工作的宣传教育，提高社会群体对统计工作重要性的认识。通过广泛的宣传教育，使公众了解统计工作在国家决策、施政和管理中的关键作用，使公众认识到提供可靠、准确的统计数据是每个公民应尽的责任。

（2）坚持依法统计，依法治统，建立健全统计法律法规和相关制度，促进统计工作健康发展。同时加强对统计人员的教育，提升统计人员的法规意识，确保统计工作的规范性。另外，加大统计执法力度，严厉惩罚那些出于私利而无视法律进行弄虚作假的行为，以维护统计工作的严肃性。

（3）制定科学的统计调查方案。统计调查过程是一项系统工程，必须进行周密的设计和规划。统计调查前，需要明确被调查者的范围，清晰界定调查项目，确定合适的调查方式和方法，以及规定合理的调查时间和地点等。这样可以为调查人员或填报人员提供明确的指导，以确保统计调查工作的统一性和准确性。

（4）搞好统计的基础工作。制定科学合理的统计调查预算，确保统计经费的充足和合理分配。加强对统计人员的业务培训，提高他们的专业水平和素质。此外，建立健全原始记录管理机制，完善统计台账和内部报表，以确保数据来源的可靠性和完整性；建立相应奖惩制度，对现场调查人员进行奖励或惩罚，以保障数据的真实性和准确性。

（5）切实抓好调查实施工作。挑选具有统计知识和统计技能的调查人员，加强对他们的管理和服务；严格按照统计调查方案的要求执行，在调查各个环节上，强化指导和监督，确保操作规范化；及时对调查资料进行审核，第一时间发现和纠正可能存在的差错；强化对调查结果的检验和评估，确保调查结果的可靠度。

（6）随着统计工作的现代化进程不断推进，统计技术手段和种类日益多样化，尤其是计算机技术的广泛应用，极大地提高了统计工作的效率。另外，随着云计算和大数据技术的不断发展，可以借助云端平台和数据挖掘技术，对海量数据进行统计分析，从中发现研究对象的内在关联关系或发展规律。因此，加强技术改进对于进一步提高统计工作的效率和质量至关重要。

2.6　用 SPSS 建立数据文件

SPSS 是 Statistical Product and Service Solutions 的缩写，SPSS 软件即"统计产品与服务解决方案"软件（以下简称 SPSS）。SPSS 是世界上最早的统计分析软件之一，由美国斯坦福大学的三位研究生 Norman H. Nie、C. Hadlai (Tex) Hull 和 Dale H. Bent 于 1968 年研发成功，同时他们成立了 SPSS 公司，并于 1975 年成立法人组织，在芝加哥组建了 SPSS 总部。2009 年 7 月 28 日，IBM 公司宣布用 12 亿美元收购统计分析软件提供商 SPSS 公司。如今 SPSS 已更新至版本 29.0，而且更名为 IBM SPSS（以下介绍仍用 SPSS）。SPSS 具有操作简便、编程方便、功能强大、针对性强等特点。SPSS 对于初学者、熟练者及精通者都比较适用。有关 SPSS 的详细说明及使用方法，读者可以参阅有关书籍。

在统计工作中，通过统计调查或实验收集的数据资料要借助计算机进行分析，首先必须将这些数据资料输入计算机，产生相应的数据文件，建立数据文件是进行统计分析的基础工作。本节通过举例说明如何使用 SPSS 建立一般的数据文件。

2.6.1　SPSS 启动

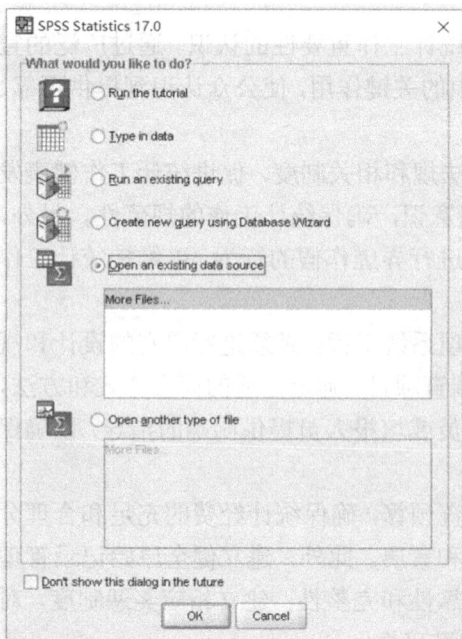

图 2-1　"SPSS Statistics 17.0" 对话框

在计算机上正确安装软件 SPSS 17.0 后，可以在计算机桌面创建快捷方式，通过快捷方式能够快速使用该软件；也可通过依次单击计算机"开始"菜单中的"程序"→"SPSS Statistics"→"SPSS Statistics 17"命令菜单，启动该软件。

首次启动软件 SPSS 17.0，会弹出如图 2-1 所示的"SPSS Statistics 17.0"对话框，该对话框是启动引导窗口的。在这一对话框中提供了进入 SPSS 的各种方式。

- Run the tutorial：运行指南。
- Type in data：数据录入。
- Run an existing query：运行已存在的查询。
- Create new query using Database Wizard：用数据库捕获向导建立新的查询。
- Open an existing data source：打开现有的文件。

注意：在上述对话框底部有一个复选框"Don't show this dialog in the future"，若先勾选该复选框，再启动 SPSS 时将不会显示 SPSS 对话框，软件会直接进入"SPSS Data View"（数据编辑）窗口。

2.6.2　数据编辑窗口

在图 2-1 的对话框中先选择"Type in data"单选按钮，再单击"OK"按钮，软件会进入"Data View"（数据编辑）窗口（见图 2-2）。

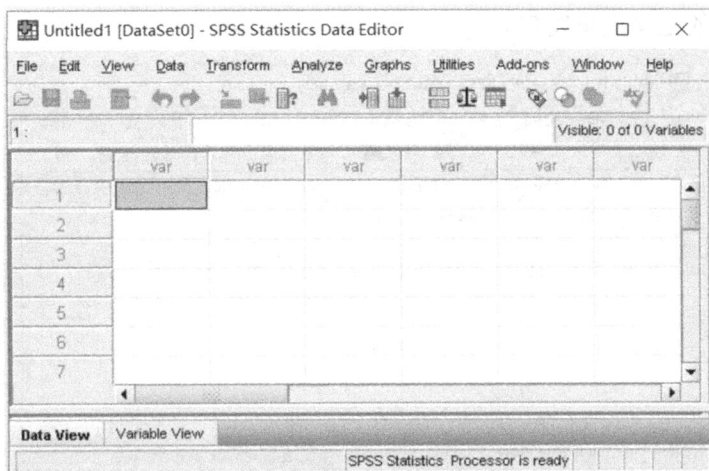

图 2-2　"Data View"（数据编辑）窗口

数据编辑窗口也是 SPSS 默认的启动用户界面，它是 SPSS 的工作台面，用户可以在这里建立、读取、编辑数据文件，开展预想的统计分析工作。

2.6.3　数据文件建立

SPSS 数据文件的建立、编辑及整理主要由主菜单中的 Data 菜单和 Edit 菜单中的功能项来实现。本节将介绍这些功能的使用方法，为利用 SPSS 进行统计分析做必要的准备工作。

1）定义变量

在建立 SPSS 数据文件之前首先要定义变量，即要定义变量名、变量类型、变量宽度、变量标签、变量格式等。为了提高工作效率，建议用户在建立数据文件之前，对掌握的数据资料事先进行一些分析，对需要建立的文件从内容、格式、变量名等方面进行通盘考虑并制订一个简要的计划。为了说明定义变量的步骤，表 2-4 给出了某高校 10 名教师的基本情况。

表 2-4　某高校 10 名教师的基本情况

序号	姓名	性别	校内单位	年龄（岁）	婚否	职称	籍贯	基本工资（元）
1	王大明	男	化工学院	32	已婚	讲师	四川省	3360
2	李大兴	男	中文学院	26	未婚	助教	陕西省	2305
3	王平	女	数学学院	47	已婚	副教授	辽宁省	6200
4	方成	男	化工学院	54	已婚	教授	四川省	7300
5	吴明	女	经济学院	46	已婚	副教授	海南省	6500
6	张莹	女	管理学院	28	未婚	助教	北京市	2538
7	刘静	女	数学学院	34	已婚	讲师	甘肃省	3238
8	黄元	男	物理学院	27	未婚	助教	山东省	2350
9	赵山	男	管理学院	42	已婚	副教授	山西省	6100
10	郭庆	男	历史学院	25	未婚	助教	四川省	2330

根据以上资料可以建立一个包含9个变量的数据文件，不难看出，其中"序号""年龄""基本工资"应定义为测度水平为 Scale 的数值型变量，"姓名""籍贯"应定义为字符型变量，可以将"性别""校内单位""婚否""职称"定义为附有值标签且测度水平为 Ordinal 的数值型变量。

下面给出定义变量的步骤。单击数据窗口下面的"Variable View"（变量视图）选项卡，会出现如图 2-3 所示的定义变量窗口。

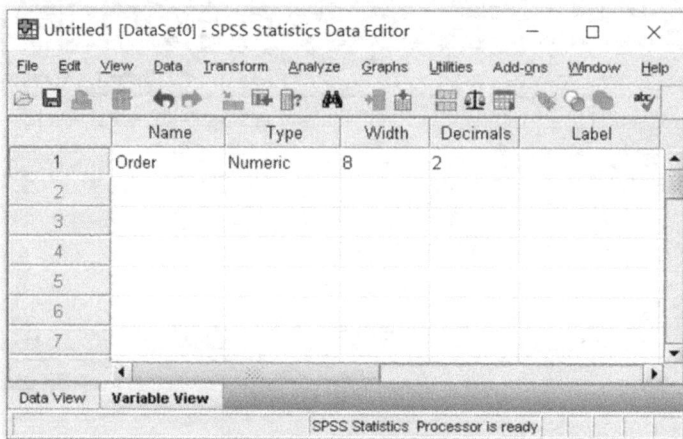

图 2-3　定义变量窗口

（1）定义变量名。在 Name 下的单元格中输入变量名，如图 2-3 中的 Order。

（2）定义变量类型及宽度。在 Type 下的单元格中选择变量类型，先单击该单元格，出现图标，再单击这个图标中的按钮，软件会弹出如图 2-4 所示的"Variable Type"（变量类型）对话框，从中选择变量类型。

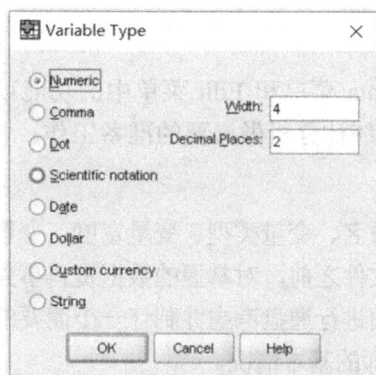

图 2-4　"Variable Type"（变量类型）对话框

例如，选择 Numeric（数值型），Width（变量宽度）：4，Decimal Places（小数位数）：2。变量宽度和小数位数也可以在定义变量窗口中的选项"Width""Decimals"下的单元格中选择，单击它们将出现，单击数值调节按钮可以调大或调小变量宽度的数值。

（3）定义变量标签。在定义变量窗口中"Label"下的单元格中输入标签，如"序号"。SPSS 允许定义长达 255 字节的变量标签。

（4）定义值标签。由于只对定序（或定类）变量的值定义值标签，因此变量 Order 不需要定义值标签。而在定义变量 Sex（性别）、Department（校内单位）、Marriage（婚否）时需要定义值标签。仅以校内单位为例说明，若已经定义了校内单位为数值型变量，则变量标签为"校内单位"。先单击"Values"数值框出现，再单击右边的按钮会弹出如图 2-5 所示的"Value Labels"对话框。

在"Value"数值框中输入"1"，在"Label"文本框中输入对应变量值的标签，如化工学院。下方的较大矩形框能显示值标签清单，当数值框和文本框输入了数值、文字或字符时，左侧第一个按钮"Add"（添加）置亮，可单击它或使用热键"Alt+A"将输入的值标签添加到值标签清单中，接下来可输入第二个值标签，其余类推。

如果对已经列入清单的值标签不满意，则单击它将其置亮，单击左侧的第三个按钮 "Remove" 将其移出。第二个按钮 Change 为改变标签值按钮，若对清单中的标签值不满意，也可以不移出，可先在 "Value" 数值框中输入原值，再在 "Label" 文本框中输入新的文字，此时按钮 "Change" 置亮，单击它，更改后的标签值将代替原来的旧值。

（5）定义缺失值。先单击 Missing 下的单元格，出现图标 ____，再单击右边的按钮会弹出如图 2-6 所示的 "Missing Values" 对话框。

图 2-5　"Value Labels" 对话框　　　　图 2-6　"Missing Values" 对话框

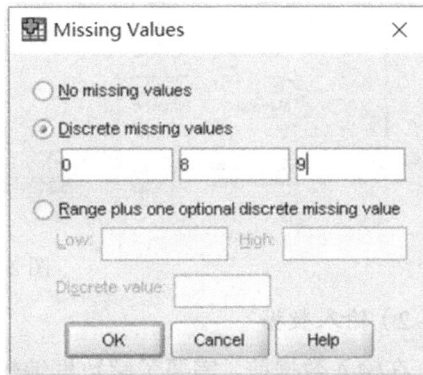

Missing Values 对话框中有 3 个单选项。

① No missing values：无缺失值，为系统默认选项。

② Discrete missing values：离散缺失值，下面有 3 个数值框，选中此选项时，数值框被激活，在各数值框中输入可能出现该变量的观测值中的缺失值，实际输入的数值也可以少于 3 个，如变量 Department 共有从 1～7 的 7 个值，分别代表 7 个学院，在 3 个数值框中分别输入 0、8、9。输入这些值是考虑在建立数据文件时，可能会由于操作中的疏忽误将这些值输入，当然，这 3 个值不一定真的会出现在数据文件中，只是作为预防，当软件在进行系统分析时如果真的遇到了这 3 个值，会将它们作为缺失值对待，可以帮助用户及早地发现错误。

③ Range plus one optional discrete missing value：缺失值范围外加一个离散缺失值，选择此项可以给出一个缺失值的范围，Low 为下限，High 为上限，如果你定义的变量为连续型变量，软件在分析数据时遇到指定的上下限之间的数据，会将其作为缺失值处理。此选项可以看成前两个选项的结合，意义基本同前面一样。

定义了缺失值后，输入变量时需要特别注意，自己定义的缺失值无论是离散型的缺失值还是连续型的缺失值，其值或者它的范围中，绝对不能包括合法值，否则将影响分析结果，反而招致麻烦。

一般来说，定义的缺失值或缺失值范围内未必能把所有的缺失值包括在内，在系统分析时如果发现了定义的缺失值，我们可以先返回数据文件将它们修改、处理，再重新定义其他缺失值或缺失值范围。

（6）定义列宽度。在定义变量窗口中，单击 "Columns" 下面的单元格，会出现 8 数值框，单击数值调节按钮可选定列宽度。

（7）定义对齐格式。在定义变量窗口中，单击 "Align" 下面的单元格，会出现 Right 下拉列表，展开下拉列表，可从中选择 Left（左对齐）、Right（右对齐）、Center（居中对齐）。

（8）定义度量标准。在定义变量窗口中，单击"Measure"下面的单元格，会出现 `Scale ▾` 下拉列表，展开下拉列表可选择一种测度。

按照上述步骤可对各变量进行定义，变量定义完毕的窗口如图2-7所示。

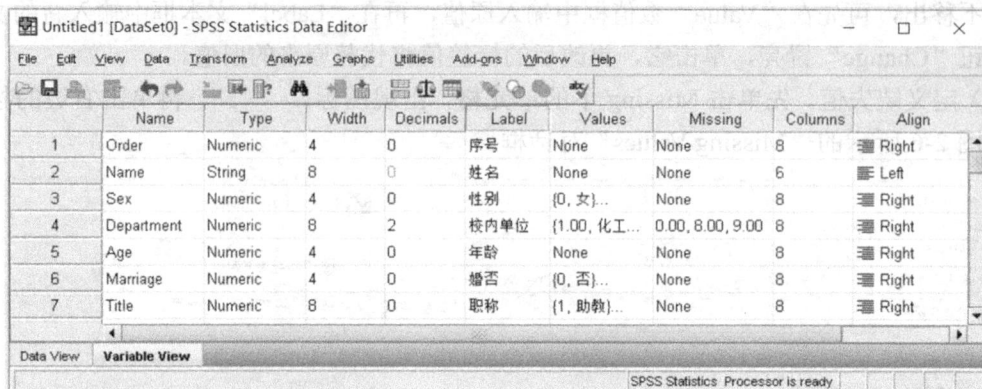

图2-7　变量定义完毕的窗口

2）输入数据

在输入数据前，需要了解数据编辑窗口的结构。图2-8所示为录入表2-4中的变量后的数据窗口。

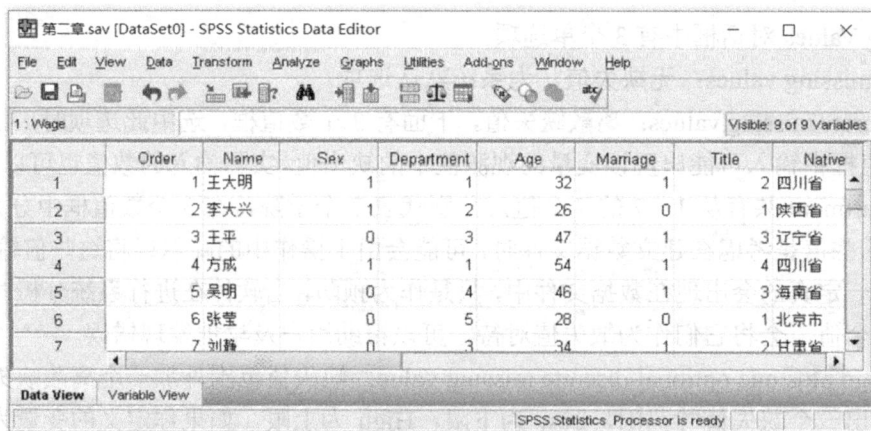

图2-8　录入表2-4中的变量后的数据窗口

数据窗口的第一行是变量名的行。每个变量所在的列将录入这个变量的所有数据。数据窗口最左边的第一列，是软件自动产生的序号。每个被调查者的数据占一行。输入数据时，只要在数据编辑器的数据编辑窗口中，把光标移到需要的位置，输入数据即可。输入数据时可以采用两种方式：依变量按列输入；依观测量按行输入。如果有多个变量（在实际问题中，变量的个数可多达数百甚至上千个），则较简便的方式是一行一行地输入数据。一行称为一个case，从统计学角度看，是一个个体；从调查所得角度看，是一张调查表上的数据。

3）保存数据文件

按照上述方式将表2-4中的数据录入后，数据文件就建立起来。建立数据文件后应该及时进行保存，保存数据文件的方式有两种。

（1）在数据编辑器（Data Editor）状态下，单击屏幕左上角的保存图标即可。

（2）单击主菜单 File，此时软件会出现一个下拉菜单（形式与 Word 软件一致），先选 save（或 save as），再选所要保存的位置，保存即可。此时，保存的文件名的后缀是".sav"。

在保存"确定"前，要输入文件名。如果输入文件名"教师"，则文件将保存在"教师.sav"文件中。

2.6.4　数据文件打开

1．打开 SPSS 格式的数据文件

在启动 SPSSWIN 时，会弹出一个有 6 个选项的小菜单。这个菜单中显示的是 SPSS 格式的数据文件，是不久前使用过的文件。

在所示的菜单中，选择第 5 个选项"Open an existing data source"，在该选项下面的矩形框中，打开一个所需要的数据文件（如".sav 文件"）。如果在这个矩形框中，没有所需要的文件，就关闭这个窗口，按照下一个方法，读入 SPSS 格式的数据文件。

在数据编辑器状态下的数据编辑窗口中，单击屏幕左上角的"打开文件"图标（与 Word 文件的"打开文件"图标相同），或者从主菜单开始，依次单击"File"→"Open"→"Data"菜单命令，软件会弹出一个"Open File"对话框，通过调节"查找范围"，选择所要读入的".sav"文件。

2．读入 Excel 格式的数据

Excel 格式的数据可直接用 SPSS 读。在数据编辑器状态下的数据编辑窗口中，单击屏幕左上角的"打开文件"图标（或依次单击"File"→"Open"→"Data"菜单命令），软件会弹出"Open File"对话框。

在"Open File"对话框的下方选"*.xls"文件类型，"查找范围（I）"路径下的有关 Excel 文件，就会在内容框中显示，找到所需要的 Excel 文件所在的位置，单击"打开"按钮，软件会弹出一个"Opening Excel Data Source"对话框，选择需要数据所在的"工作表（Worksheet）"，单击"OK"按钮，相应数据就会转化为 SPSS 数据，读入 SPSS 的数据窗口中。

3．读入 TXT 格式的数据

TXT 格式的数据能直接用 SPSS 读，软件会自动调用 Wizard 软件来一步步地转换数据。参见下面 4 中的介绍。

4．读入 Power Builder 的".m"格式数据

Power Builder 的".m"格式数据能直接用 SPSS 读，软件会自动调用 Wizard 软件来一步步地转换数据。例如，读"工业.m"文件的数据。单击"SPSS"图标，启动 SPSS 后，先选择"Open an existing data source"选项，再选择"More file"选项。此时，软件会弹出一个"Open File"对话框，在对话框下方，选"All file（*.*）"文件类型，改变对话框上方的"查找范围（I）"，找到".m"文件所在的位置，在 Open File 对话框中，单击"打开"按钮，软件会弹出"Wizard"对话框。按照对话框的提示，一步一步地执行下去，就可以把".m"格式的数据转化为 SPSS 格式的数据并读出。

5．读已有数据库中的数据

SPSS 要读取 Dbase、Foxbase、Foxpro、Oracle 等数据库中的数据，启动 SPSS 时可选"Run an existing query"选项，从一个现存的数据库中读取数据文件；也可以从主菜单开始，依次单击"File"→"Open Database"→"Edit Query"菜单命令，从弹出的对话框中选择所要读入的数据库中的数据文件。具体操作略。

2.6.5 数据文件编辑

1. 修改数据

（1）找到所要修改的数据（所在的单元格：Cell），双击"Cell"单元格，修改就行。

（2）找数据的方法。

方法 1：通过行（个体的序号）与列（变量名）找数据。

① 找数据所在行（个体 case 的序号）。从数据编辑器的主菜单开始，依次单击"Data"→"Go to case"菜单命令，会弹出一个对话框，要求输入序号。输入序号（确认）后，屏幕数据的第一行就是所输入的序号行。或者，单击工具栏中"画着横向尺子"的图标，软件同样会弹出一个对话框，要求输入序号。

② 找到数据所在行后，再找数据所在列。单击工具栏中"画着纵向尺子"的图标，软件会弹出一个对话框，在左边的变量清单中，找到相应的变量名，确认后，用鼠标框出要找的数据（cell）。

方法 2：从变量（Variable）找某个数据值的位置。

① 单击变量名所在列的按钮。

② 从数据编辑器的主菜单开始，依次单击"Edit"→"Find"菜单命令，软件会弹出一个对话框，要求输入数据值。输入数据值（确认）后，屏幕数据的第一行就跳到该数据。这一步也可以直接单击工具栏的"望远镜"图标，插入变量（Insert Variable），同样会弹出一个对话框，要求输入数据值。

2. 插入或删除一行数据（一个 case）

插入行：先单击"所要插入的行号"，再单击工具栏的"插入行 Insert case"图标（望远镜图标的后面），就会在此行增加一行空行，等待填入数据。（同时，把此行后面的数据都后移一行。）

删除行：选中所要删除的行，单击"Delete"键。

3. 插入或删除一列（一个变量）

插入列：找到所要插入的列，单击工具栏的"插入列"图标（望远镜图标后面的第二个），就会在此列增加一列空列，等待填入变量名与数据。（同时，把此列后面的数据都后移一列。）

删除列：选中所要删除的列，单击"Delete"键，该列的数据就会与变量名一起删除。

4. 数据的剪切、复制、粘贴

（1）找到所要操作的数据，单击该数据（如果是一组数据，则要拖黑选中）。

（2）删除，单击"Delete"键，或者依次单击"Edit"→"Cut"菜单命令。

（3）复制：依次单击"Edit"→"Copy"菜单命令。

（4）找到要粘贴的位置（要与粘贴板上的数据格的长宽相同），先单击该数据格（如果是一群数据，则要拖黑选中），然后依次单击"Edit"→"Paste"菜单命令。

以上粘贴操作，可以在两张表之间进行。要反复依次单击"File"→"Open"菜单命令来切换两张表。

思考与练习

1．统计数据可分为哪几种类型？不同类型的数据各有什么特点？

2．什么是"间接数据"？使用间接数据需要注意哪些问题？

3．什么是统计调查？统计调查方式有哪些？统计调查方法有哪些？

4．试述重点调查、典型调查及抽样调查的区别及联系。

5．完整的统计调查方案包括哪些内容？

6．如何减少和防止统计调查误差？请举例说明。

7．调查问卷的基本结构由哪几部分组成？在问卷设计过程中要注意哪些问题？

8．某化妆品生产商欲了解近期推出的一种新产品的使用效果，准备开展市场调查，请问：该调查的对象是谁？调查单位是谁？采取什么调查方式好？

9．某服装生产厂家准备通过市场调查了解以下问题：企业产品知名度、产品市场占有率、用户对产品质量的评价及满意程度。

（1）请你设计一份调查方案。

（2）你认为这项调查采取哪种调查方法比较合适？

（3）请你设计一份调查问卷。

第3章 统计数据整理

学习目标

- ◆ 理解统计数据整理的意义与程序。
- ◆ 深入理解统计分组的方法与过程。
- ◆ 掌握统计图表的编制方法。
- ◆ 了解 SPSS 整理数据的方法。

重点与难点

- ◆ 统计分组的方法与过程。
- ◆ 各种统计图的适用条件。

案例导入

新理念引领新发展　新时代开创新局面

党的十八大以来，面对世界百年未有之大变局和新冠疫情冲击带来的国内外发展环境的深刻复杂变化，以习近平同志为核心的党中央团结带领全党及全国各族人民，攻坚克难、开拓创新，统筹推进"五位一体"总体布局，协调推进"四个全面"战略布局，立足新发展阶段，贯彻新发展理念，构建新发展格局，着力推动高质量发展，使党和国家的事业取得了全方位、开创性成就，发生了深层次、根本性变革，如期全面建成了小康社会、实现了第一个百年奋斗目标，开启了全面建设社会主义现代化国家、向第二个百年奋斗目标进军的新征程，中华民族伟大复兴进入了不可逆转的历史进程。

经济总量连上新台阶。2013—2021 年，中国国内生产总值年均增长 6.6%，高于同期世界 2.6%和发展中经济体 3.7%的年均增长水平。2014 年、2016 年、2017 年、2018 年、2020 年，国内生产总值相继跨越了 60 万亿元、70 万亿元、80 万亿元、90 万亿元、100 万亿元大关，2021 年突破了 110 万亿元，达 114.4 万亿元，按不变价计算为 2012 年的 1.8 倍。中国经济占全球的份额稳步提升，国际影响力与日俱增。按年平均汇率折算，2021 年中国经济总量占世界经济总量的 18.5%，比 2012 年提高了 7.2 个百分点，稳居世界第二位。2013—2021 年，中国对世界经济增长的平均贡献率超过了 30%，居世界第一位。人均国内生产总值（GDP）从 2012 年的 6300 美元提升至 2021 年的 12551 美元，接近世界银行划分的高收入国家门槛值。中国谷物总产量稳居世界首位，220 多种工业产品产量稳居世界第一。中国建成了全球较大的高速铁路网、高速公路网、5G 网，使发展物质基础更加坚实。2013—2022 年国内生产总值及其增长率如图 3-1 所示。

财政实力进一步增强。2021 年，全国一般公共预算收入突破 20 万亿元大关，达到 20.3 万亿元，按同口径计算，2013—2021 年年均增长 5.8%。财政收入规模不断扩大，为促进经济发展、保障改善民生、调整经济结构、有效防范风险提供了坚实的资金保障。

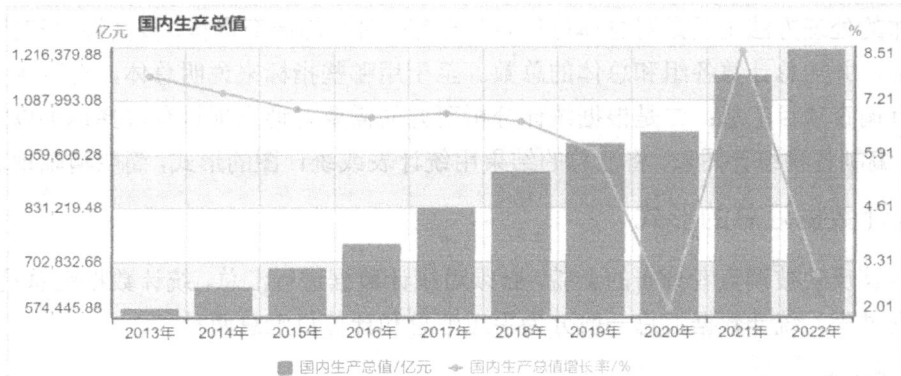

图 3-1　2013—2022 年国内生产总值及其增长率

外汇储备稳居世界第一。国际收支自主平衡总体格局基本形成，跨境资金流动相对均衡，外汇储备总体稳定,党的十八大以来，中国外汇储备稳定在 3 万亿美元以上,2021 年末达 32502 亿美元，稳居世界第一位。在外部形势复杂严峻、不确定性上升的背景下，庞大、稳定的外汇储备规模为中国经济抵御外部风险冲击提供了有力保障。

全球创新指数排名大幅跃升。面对全球新一轮科技革命与产业变革带来的重大机遇与挑战，各地区各部门坚持创新在中国式现代化建设全局中的核心地位，创新驱动发展战略深入实施，经济发展方式加快转变，创新第一动力作用日益凸显。世界知识产权组织发布的《2022 年全球创新指数》报告显示，中国排名第 11 位，比 2012 年上升了 23 位。

资料来源：国家统计局官网。

3.1　统计数据整理概述

3.1.1　统计数据整理的意义

通过各种统计调查所搜集的大量原始资料（严格地说，这些原始资料还不能称为统计数据，只有经过整理后的数据才能称为统计数据）是反映总体单位个别属性的资料，是分散的、零碎的，而且可能存在重复、遗漏和错误。如果不通过统计整理来妥善处理这些问题，人们便难以从总体上分析和认识现象总体的数量特征。

所谓统计数据整理，是根据统计研究目的和任务，对统计调查所搜集的原始资料进行科学的分类和汇总，形成真正统计意义上的统计数据，为统计分析准备系统化的、条理化的综合资料的工作过程。该阶段在统计工作中必不可少，是一个相对独立的统计工作阶段，在统计分析中起着承前启后的作用。

3.1.2　统计数据整理的程序

第一，审核和订正原始资料。在统计数据整理汇总之前，必须对调查搜集的原始资料进行认真审核，检查原始资料是否完整和准确。完整是指搜集的原始资料是否齐全，是否按规定的份数、项目和时间上报。准确是指原始资料是否真实、可靠。若有问题出现，则要及时订正和补充。

第二，根据研究目的设计整理汇总方案。汇总方案包括两个方面：一方面是对于总体的处理方法；另一方面是确定用哪些指标来说明总体。

对总体的处理方法主要是对总体进行各种分组，对全部调查资料，按其性质和特点划分为若干个类别，并加总计算各组和总体的总数。至于用哪些指标来说明总体，有两种处理方法：一是对所有调查项目汇总；二是根据统计分析研究的需要对调查项目有选择地加以汇总。

第三，编制各种统计图表。将汇总的结果用统计表或统计图的形式，简明清晰地表现出来。

3.1.3 统计数据汇总的形式

为了能够反映被调查者分布的全貌，必须对统计数据进行汇总，统计数据汇总是统计资料的汇集整理过程。统计数据汇总一般分为手工汇总和计算机汇总两种。

1．手工汇总

手工汇总是利用计算器进行汇总的，利用手工整理数据有悠久的历史，即使在计算机广泛应用的情况下，运用这种方法整理数据仍然有一定的必要性，一般适用于小规模调查资料的整理。手工汇总的方法如下：

1）划记法

划记法是用点、线等符号代表每个单位，汇总时视总体单位属于哪一组就在哪一组栏内点一个点或者画一条线，最终得出各组的单位数，如写"正"字统计个数。

2）折叠法

折叠法是将反映所有调查表中需要汇总的某一纵栏或横行的项目、数据全部折在边上，并一个一个地叠放在一起，将这些调查表同一纵栏或横行的项目、数据逐项汇总。

3）卡片法

卡片法是利用专门制作的卡片作为分组记数的工具进行汇总的方法。大体步骤如下：

（1）编号。根据分组标志，对每种分组按组的顺序编号，并且在调查表的有关项目中注明所属的编号。

（2）摘录。将调查表中注明的组号和标志值分别摘录在卡片的相应格中，每张卡片只摘录一个调查单位的材料。

（3）分组计数。将卡片按组号分为若干组。分组后各种卡片数就是各组的单位数。汇总标志值时，将各组卡片重叠起来，只露出边缘数字进行加总。最后将各组单位数和标志值填入统计表中。

这种汇总方法比较准确，一般适用于小规模专门调查资料的汇总。

2．计算机汇总

计算机汇总是指利用计算机对统计调查资料进行汇总整理，这是目前广泛使用的统计资料汇总方法，适用于大中型统计调查资料的汇总。利用现代计算机技术来进行统计调查资料的汇总和计算工作，是统计汇总技术的新发展，也是统计现代化的一个重要标志。

计算机汇总的步骤如下：

1）编码

编码的主要任务是用不同的数字符号标记统计调查内容的不同类别，编码可在调查前或调查后进行。

2）数据录入

数据录入是把编码和实际数据由录入人员通过录入设备记载到计算机中。

3）数据处理

数据处理是利用计算机软件进行汇总的，如 SPSS、Office 软件中的 Excel 软件、R 语言软件等。

4）制表出图

输出数据处理的结果，按照研究目的的需要生成各种统计图表。

3.2　数据预处理

3.2.1　数据审核

在对数据进行整理时，首先要进行审核，以保证数据的质量，为进一步的整理与分析打下基础。由于数据是从不同渠道收集的，因此审核的内容和方法有所不同。

对于通过统计调查获得的原始数据，应该从完整性和准确性两个方面审核。完整性审核主要是检查应调查的单位或个体是否有遗漏，所有的调查项目或指标是否填写齐全。准确性审核主要包括两方面：一方面是检查数据资料是否真实地反映客观实际情况，内容是否符合实际；另一方面是检查数据是否有错误，计算是否正确等。审核数据准确性的方法主要有逻辑检查和计算检查。逻辑检查主要是审核数据是否符合逻辑，内容是否合理，各项目或数字之间有无相互矛盾的现象，此方法主要适合对定性（品质型）数据进行审核。计算检查是检查调查表中的各项数据在计算结果和计算方法上有无错误，主要用于对定量（数值型）数据进行审核。

对于通过其他渠道取得的二手资料，除对其完整性和准确性进行审核外，还应该着重审核数据的适用性和时效性。二手资料来自多种渠道，有些数据可能是为特定目的通过专门调查而获得的，或者是已经按照特定目的需要做了加工处理。对于使用者来说，首先应该弄清楚数据的来源、数据的口径及有关的背景资料，以便确定这些资料是否符合自己分析、研究的需要，是否需要重新加工整理等，不能盲目地生搬硬套。此外，还要对数据的时效性进行审核，对于时效性较强的问题，如果取得的数据过于滞后，则可能失去了研究意义。一般来说，应尽可能地使用最新的统计数据。数据经审核后，确认适合实际需要，才有必要做进一步的加工整理。

3.2.2　数据筛选

对审核过程中发现的错误应尽可能地予以纠正。调查结束后，当发现数据的错误不能予以纠正，或者有些数据不符合调查要求而又无法弥补时，就需要对数据进行筛选。数据筛选是根据研究的需要找出符合特定条件的某类数据，如找出销售额在 100 万的企业；找出统计学成绩在 85 分以上的学生等。数据筛选在市场调查、经济分析、管理决策中是十分重要的。

数据筛选包括两方面内容：一方面是将某些不符合要求的数据或有明显错误的数据予以剔除；另一方面是将符合某种特定条件的数据筛选出来，对不符合特定条件的数据予以剔除。

3.2.3　数据排序

数据排序是按照一定顺序排列数据，以便研究者能通过浏览数据发现一些明显的特征或趋势，找到解决问题的线索。除此之外，数据排序还有助于对数据进行检查、纠错，为重新归类或分组等提供依据。在某些场合，数据排序本身就是分析的目的之一，数据排序可借助计算机很容易地完成。

对于分类数据，如果是字母型数据，则排序有升序与降序之分，但升序使用得更普遍，因为升序与字母的自然排列相同；如果是汉字型数据，则排序方式有很多，如按汉字的首位拼音字母排列，这与字母型数据的排序完全一样，也可按笔画排序，其中也有笔画多少的升序降序之分。交替运用不同的方式排序，在汉字型数据的检查、纠错过程中十分有用。

对于数值型数据，排序只有两种，即递增和递减。排序后的数据也被称为顺序统计量。

3.3 统计分组

3.3.1 统计分组的概念及作用

1. 统计分组的概念

统计分组根据统计研究的目的和客观现象的内在特点，按某个标志（或几个标志）把被研究的总体划分为若干个不同的组。统计分组的对象是总体，分组的标志既可以是品质标志，也可以是数量标志。

2. 统计分组的作用

将搜集到的现象总体资料按照一定的标志进行分组，并非人们的主观意愿，而是因为现象总体是复杂的，现象之间有其共性的一面，也有其个性的一面。共性构成了事物的同质总体；个性使个体各单位之间存在某些差别，有了这些差别才有可能和需要进行分组。统计分组的目的是将同质总体中有差别的单位区分开来，同时将性质相同的某些单位组合在一起，以便通过相应的指标，对总体中所有单位在质量上、数量上、空间上存在的差异进行分析，进一步认识事物的本质特征及其发展规律。由此可见，统计分组不仅是统计数据整理的基础，也是使认识深化的重要手段，已成为统计研究中最基本的方法之一。

1）从不同角度区分现象的类型，可以表明统计总体的基本性质和特征

由于现象（自然现象或社会现象）复杂多样，客观上存在各种不同类型，并有各自的运动形式和本质特征，受其内在规律所支配，因此决定了各类现象在规模、水平、速度、结构、比例关系等方面的数量表现有所不同或具有差异。利用统计分组，就能根据研究目的，把现象区分为各种性质不同的类型，来研究各类现象的数量差异、特征及相互关系。例如，中国的企业按照所有制形式划分为国有企业、集体企业、私营企业、混合经济企业，在此基础上，统计这四类企业的有关指标数值，并加以比较及分析，就可以反映不同类型企业的数量特征及相互关系，充分揭示各类企业的本质及其发展规律。

2）刻画现象总体的内部结构及其特征

现象总体的内部结构（或构成）就是总体内部各组成部分的占比。利用统计分组计算各组数值在总体中的占比对现象内部结构进行研究，可说明现象总体的基本性质和特征。同时，对现象内部结构的变化进行动态研究，还可以发现现象总体发展变化的过程、趋势和规律。例如，从表3-1中，不仅可以看出中国各时期第一产业、第二产业、第三产业在国内生产总值中所占的比例，而且各时期所占比例的变化反映了中国第一产业、第二产业、第三产业在国内

生产总值中的发展变化趋势。

表 3-1　中国第一产业、第二产业、第三产业在国内生产总值中所占的比例

按产业分组	1978 年	2000 年	2010 年	2020 年	2021 年
国内生产总值（%）	100.0	100.0	100.0	100.0	100.0
第一产业（%）	27.7	14.7	9.5	7.7	7.3
第二产业（%）	47.7	45.5	46.4	37.8	39.4
第三产业（%）	24.6	39.8	44.1	54.5	53.3

资料来源：中国统计年鉴 2022 年。

3）分析各类现象之间的依存关系

各类现象之间有时存在不同程度的相互联系、相互制约的依存关系。例如，施肥量与亩产量、原材料消耗量与单位产品成本、商品价格与商品销售量之间都存在一定的依存关系，利用统计分组可以揭示现象之间的联系和依存关系。在统计中，把表现事物发展变化原因的事项称作因素标志，而把表现事物发展结果的标志称作结果标志。通常分析现象间的依存关系，就是通过大量观察，利用因素标志对总体单位分组，并计算结果标志的数值，借以说明两个标志的联系和方向，具体表明现象之间相互依存关系的程度。例如，某年某地区商店按销售额分组的商品流通费用率的依存关系如表 3-2 所示。

表 3-2　商店按销售额分组的商品流通费用率的依存关系

商店按销售额分组（万元）	商店数目（个）	商品流通费用率（%）
100 以下	12	9.7
100～300	10	8.6
300～500	13	7.5
500～700	9	6.5
700～900	8	5.7
900 以上	5	5.4

从表 3-2 可以看出，随着销售额的增加，商品流通费用率逐渐降低，两者之间表现出负的依存关系。

以上统计分组三方面的作用往往是相互联系、相互补充的，在分析某个具体问题时，可以部分实现或同时实现。

3.3.2　统计分组的种类

统计分组根据研究目的可以按照不同的标志进行分类。分组标志是划分资料的标准和依据，分组标志选择是否得当，关系到能否正确反映总体数量特征及其变化规律。常见的统计分组有以下三种。

1．按分组标志的多少，统计分组分为简单分组和复合分组

简单分组是对研究现象按一个标志进行分组的，它只能从某一个方面反映事物的分布状况和内部结构。多个简单分组从不同的角度说明同一总体，就构成了一个平行的分组体系。例如，为了了解企业从业人员的基本情况，可以选择年龄、文化程度等标志进行简单分组。企业从业人员年龄构成和企业从业人员文化程度构成分别如表 3-3 和表 3-4 所示。

表 3-3 企业从业人员年龄构成

年龄（岁）	人数（人）
18~20	10
21~30	30
31~40	45
41~50	40
51~60	25
合计	150

表 3-4 企业从业人员文化程度构成

文化程度	人数（人）
大专及大专以上	65
中专、技工	10
高中	20
初中	10
小学	5
合计	110

复合分组是对同一个总体采用两个或两个以上的标志结合起来进行的分组。例如，工业企业先按所有制标志进行分组，再按规模大小标志将已划分的各组划分为大、中、小型企业三组，结果形成了如下双层重叠的组别。

$$
\text{国有企业} \begin{cases} \text{大型企业} \\ \text{中型企业} \\ \text{小型企业} \end{cases} \qquad \text{股份企业} \begin{cases} \text{大型企业} \\ \text{中型企业} \\ \text{小型企业} \end{cases}
$$

$$
\text{私营企业} \begin{cases} \text{大型企业} \\ \text{中型企业} \\ \text{小型企业} \end{cases} \qquad \text{混合经济企业} \begin{cases} \text{大型企业} \\ \text{中型企业} \\ \text{小型企业} \end{cases}
$$

2．按分组标志的性质不同，统计分组分为品质分组和数量分组

品质分组（或称属性分组）是按品质标志进行分组的。一般地，对于类别数据，采用品质分组，如人口按性别分组、企业按经济所有制类型分组等，品质分组所形成的数列称为品质数列。

数量分组（或称变量分组）是按数量标志进行分组的，数量标志的变异性体现在它不断变动自身的数量上，因此也称为变量分组，如企业按产值、从业人员多少分组。变量分组所形成的数列称为变量数列。

3．按分组的作用和任务不同，统计分组分为类型分组、结构分组和分析分组

把复杂的现象总体划分为若干个不同性质的部分，就是类型分组。在对总体分组的基础上计算各组对现象总体的比例，借以研究总体各部分的结构，即结构分组。类型分组与结构分组往往紧密联系在一起（见表 3-1）。为研究现象之间的依存关系而进行的分组，即分析分组（见表 3-2）。

3.3.3 统计分组的方法

根据研究目的科学地选择适当的分组标志进行分组，是保证正确地反映总体性质特征，完成统计研究目的和任务的前提之一。在分组标志确定后，具体进行分组时又有不同的处理方法。在统计分组中，较常见的是按分组标志的性质不同分类，对其两种分组的处理方法存在不同的特点。

1．品质分组的方法

按品质标志分组，有些分组比较简单，分组标志一经确定，组的名称和组数也随之确定，如人口按性别只能分为男、女两组。但有的品质分组比较复杂，组与组之间的界限难以确定，如人口的职业、农业机器的种类、工业产品的种类等，这类标志分组的详细程度一般要根据分

析任务的要求，经过事先研究并规定统一划分标准，编制统一分类目录作为分组的统一依据。在统计工作中，对这类问题采用统一分类标准。这种具体规定的分类（组）的标准，为统计整理提供了统一依据。

2．数量分组的方法

按数量标志分组，应注意以下两个问题：一是分组时各组数量界限的确定必须能反映事物质的差别。例如，考试成绩为百分制，60 分为及格时，不能把 55 分和 65 分合为同一组。因为这样的分组未区分及格与不及格的质的差别。二是应根据现象总体的数量特征，采用适当的分组形式，确定相宜的分组及组限。

1）单项式分组和组距式分组

按数量标志分组，数量标志的表现就是变量的取值，又称变量值。如果变量值是离散型变量且变化范围不大，则每个组可以只用一个变量值来表示。若采用单项式分组，如工人看管机器数只可能为 1、2、3，则工人按看管机器数分组，分为 1、2、3 三个组。当变量值是离散型变量且很多时，如工人看管机器数可能为 50~100 的任意数，再采用单项式分组就会出现很多组，显得烦琐冗长，且数据的特征难以明显地表现出来，这时应采用组距式分组。组距式分组中的每个组由表示一定距离的两个变量值之间的数据组成，如工人按看管机器数分组，可分为 50~69、60~69、70~79、80~89、90 以上。若变量值是连续型的，则根本无法一一列出变量值，只能采用组距式分组。例如，有 110 户农村居民户，人均年收入最低为 3500 元，最高为 20000 元，多数在 5000~15000 元，根据研究目的可以按 5000 元以下、5000～8000 元、8000～12000 元、12000～15000 元、15000 元以上进行分组。

2）组限、组距及组中值

在组距式分组中，每个组由表示一定距离的两个变量值之间的数据组成。在统计学中把确定界限的两个数量值称为组限，其中较小的一个称为下限，较大的一个称为上限，组距为上限减去下限。例如，按 5000 元以下、5000～8000 元、8000～12000 元、12000～15000 元、15000 元以上进行分组，在 5000～8000 元组中，下限为 5000 元，上限为 8000 元，即该组组距为 8000- 5000 = 3000 元。

显然，与单项式分组相比，组距式分组掩盖了分布在各组内的每个总体单位的实际变量值。例如，在 5000～8000 元组中，如果有 30 户，即 30 户的人均年收入为 5000～8000 元，但具体到每户的实际人均收入却被掩盖。那为什么还要按此分组呢？如前所述，由于所研究的 110 户的人均年收入彼此相异，如果采用单项式分组，则组数会很多，这样不便于分析问题，因此就有增加各组所包含的变量值范围，减少组数的必要。在采用组距式分组的情况下，为了反映各组中个体变量值的一般水平，统计工作中通常用组中值来近似代表一般水平，组中值的计算公式：

$$组中值 = \frac{上限 + 下限}{2} \tag{3-1}$$

3）间断组距式分组和连续组距式分组

在组距式分组中，凡是组限不能相连的，称为间断组距式分组，如前述工人按看管机器数分组，又如某地区全部工业企业按从业人员的人数分组，可分为 99 人以下、100～199 人、200～299 人、300～399 人、400～499 人、500 人以上。

凡是组限相连（有重叠组限），即以同一数值作为相邻两组的共同界限，如前述 110 户农村居民户按人均年收入分组，8000 元这一数值既是 5000～8000 元组的上限，又是 8000～12000 元组的下限，这种分组称为连续组距式分组。

如果变量值只是在整数之间变动，即离散型变量，可采用间断组距式分组，也可采用连续组距式分组。如果变量值在一定范围内的表现既可以是整数，又可以是小数，如身高、体重、产值等连续型变量，则只能采用连续组距式分组。在连续组距式分组时，有可能会遇到重叠组限的情况，为了保证遇到重叠组限的总体单位按统一规定只列入一个组内，在统计工作中，通常规定各组只包括本组下限变量值的总体单位，而不包括本组上限变量值的总体单位。例如，人均年收入为 8000 元的农村居民户只列入第三组而不列入第二组，这个规定称为"上组限不在内"原则。

在组距式分组中，有时采用"开口组"。例如"5000 元以下"和"15000 元以上"的组都是开口组。采用这种无下限或无上限的形式，是为了避免出现空设组（组中无单位数）。若个别农村居民户的人均年收入与 5000 元相差很远，则不便为其个别单位数值设组，故采用"开口组"的形式来包容这部分个别总体单位数值。"开口组"的组限如何确定？一般按相邻组的组距来计算"开口组"的假定组限。计算公式如下：

$$首组假定下限 = 首组上限 - 邻组组距 \qquad (3\text{-}2)$$
$$末组假定上限 = 末组下限 + 邻组组距 \qquad (3\text{-}3)$$

4）等距分组和异距分组

等距分组是指标志值在各组中保持相同的组距，即各组的标志值变动都限于相同的范围。凡是标志值变动比较均匀的情况，都可采用等距分组。此时组数与组距的关系如下：

$$组数 = \frac{最大变量值 - 最小变量值}{组距}$$

显然，组距大，组数少，资料中的许多细节就被掩盖。反之，如果分组过细，组数过多，则无法起到化繁为简的作用。因此，组距多大，组数多少，应根据所研究的具体问题凭经验而定，并无统一的规则。本节介绍由美国学者斯特杰斯（H·S·Sturges）创用的关于确定组数和组距的经验公式。

$$n = 1 + 3.3 \lg N \qquad (3\text{-}4)$$
$$d = \frac{R}{n} = \frac{X_{\max} - X_{\min}}{1 + 3.3 \lg N} \qquad (3\text{-}5)$$

式中，n 为组数；N 为总体单位数；d 为组距；R 为全距，即最大变量值 $X_{\max}$ 与最小变量值 $X_{\min}$ 的差。

根据这一公式，可以得出表 3-5 所示的分组组数参考标准表。

表 3-5　分组组数参考标准表

N	15～24	25～44	45～89	90～179	180～359
n	5	6	7	8	9

异距分组是指统计分组时各组组距各不相等的分组，下列情况可以考虑采用异距分组。

（1）标志值分布很不均匀的场合。例如，学生考试成绩密集于某一范围，如 60～80 分或 70～90 分，其他分数段则分布十分稀少，这时若仍以 10 分为组距进行等距分组，则无法显示分布的规律性，使密集的分数段分布的信息损失过大。合理的分组是在分布密集的分数段采用较小的组距，在分布稀少的分数段采用较长的组距，以形成各组距不相等的异距分组。

（2）标志值相等的量具有不同意义的场合。例如，生命的每一个月对于新生婴儿和对于成人来说是大不一样的，此时，进行人口疾病研究的年龄分组应采用异距分组，即 1 岁以下按月分组，1～10 岁按年分组，11～20 岁按 5 年分组，21～60 岁按 10 年或 20 年分组，60 岁以上按 5 年分组等。

（3）标志值按一定比例发展的场合。例如，城市中百货商店的营业额（同一时段内）差别是很大的，假设以 5 万元～5000 万元这样一个较大的变化范围为研究范围，此时可采取公比为 10 的不等距分组：5 万元～50 万元、50 万元～500 万元、500 万元～5000 万元。

对于异距分组方法的运用，也无固定模式可言，还是要根据总体单位的变量值的变化情况，以及研究目的和任务要求，凭借统计工作人员的经验来确定。

3.3.4　分配数列

1．分配数列的概念

在统计分组的基础上，将总体中所有单位按组归类整理，并按一定顺序排列形成总体中各个单位在各组间的分布，称为分配数列或次数分布。分配数列包含两个基本要素：总体按某标志所分的组和各组所分布的单位数。

分配数列能反映总体中所有单位在各组的分布状况和分布特征，是统计整理结果的一种重要表现形式，研究这种分布特征是统计分析的一项重要内容。

2．分配数列的种类

根据分组标志选择的不同，分配数列可分为品质数列和变量数列。

1）品质数列

品质数列是按品质标志分组形成的分配数列，由各组名称和各组次数组成。

各组次数也称频数，是指出现在各组中的单位个数，频率是各组频数与总体单位总数的比值，它反映了各组频数的大小对总体所起作用的相对强度。如果用 f_i 表示分组中第 i 组的频数，则与之对应的频率的计算公式为

$$频率 = \frac{f_i}{\sum f_i} \tag{3-6}$$

某单位职工按学历分组，形成相应的品质数列，如表 3-6 所示。

表 3-6　某单位职工按学历分组表

按学历分组	频数（人）	频率（%）
高中	20	16.26
大学	82	66.67
研究生	21	17.07
合计	123	100

从表 3-6 可以看出，大学学历的人数最多，有 82 人，频率为 66.67%，说明职工学历的一般情况就是大学；研究生人数只有 21 人，频率为 17.07%，说明还有很大的提升空间。

2）变量数列

（1）变量数列的编制。变量数列是按变量标志分组形成的分配数列，由变量值所形成的各个组和总体单位在各组中分配的次数两部分构成。变量数列可分为单项式变量数列和组距式

变量数列。

某车间工人按看管的机器台数分组，如表 3-7 所示。

表 3-7　某车间工人按看管的机器台数分组表

按看管的机器台数分组（台）	频数（人）	频率（%）
1	49	32.67
2	81	54.00
3	20	13.33
合计	150	100

从表 3-7 可以看出，看管 2 台机器的人数最多，有 81 人，频率为 54.00%，说明一般水平就是 2 台；看管 3 台机器的为 20 人，频率为 13.33%，说明有 20 人比较优秀。

某村 110 户农村居民户按人均年收入分组如表 3-8 所示。

表 3-8　某村 110 户农村居民户按人均年收入分组表

按人均年收入分组（元）	频数（户）	频率（%）
5000 以下	10	9.09
5000～8000	30	27.27
8000～12000	35	31.82
12000～15000	22	20.00
15000 以上	13	11.82
合计	110	100

通过对总体各单位分组形成变量数列，显示了各变量值在各组间的分布状况，使原杂乱无章的原始数据显示出一定的规律性。从表 3-8 可以看出，收入在 8000~12000 元的户数最多，有 35 户，频率为 31.82%，收入在 5000~15000 元的户数有 87 户，频数为 79.09%，说明大多数农村居民户是这个收入水平，收入比较低和比较高的是少数。频数分布显现了一种近似正态分布的特征。

（2）频数密度和频率密度。从表 3-6～表 3-8 可以看出：各组频数之和等于总体单位数；任何频率都是介于 0 和 1 之间的一个分数，即 $0 \leqslant \dfrac{f_i}{\sum f_i} \leqslant 1$；各组频率之和等于 1，即 $\sum \dfrac{f_i}{\sum f_i} = 1$。

对于异距分组，由于各组单位数的多少受组距不同的影响，各组频数会随组距扩大而增加，随组距缩小而减少。为消除异距分组造成的影响必须计算频数密度（或次数密度）和频率密度，其计算公式如下：

$$频数密度 = 频数/组距 \tag{3-7}$$
$$频率密度 = 频率/组距 \tag{3-8}$$

（3）累计频数与累计频率。累计频数（或频率）是指将各组的频数（或频率）逐级累加起来。通过累计频数（或频率）很容易看出某一类别（或数值）以下及某一类别（或数值）以上的频数（或频率）之和。累计频数（或频率）可以向上累计频数（或频率），也可以向下累计频数（或频率）。累计频数（或频率）的特点是：第一组的累计频数（或频率）等于第一组本身的频数（或频率）；最后一组的累计频率等于 1。

向上累计频数（或频率）的分布方法是先列出各组的上限，然后由标志值低的组向标志值高的组依次累计频数（或频率）。某组向上累计频数表明该组上限以下的各组单位数之和是多少，某组向上累计频率表明该组上限以下的各组单位数之和占总体单位数的比例。

向下累计频数（或频率）的分布方法是先列出各组的下限，然后由标志值高的组向标志值低的组依次累计频数（或频率）。某组向下累计频数表明该组下限以上的各组单位数之和是多少，某组向下累计频率表明该组下限以上的各组单位数之和占总体单位数的比例。

【例3-1】 根据抽样调查，获得某市某月 50 户居民购买某类消费品的支出资料，如下（单位：元）。

1830	1880	2230	2100	2180	2580	2210	2460	2170	2080
2050	2100	2070	2370	2200	2630	2250	2360	2270	2420
2180	2030	1870	2150	2410	2170	2230	2260	2380	2510
2010	1860	1810	2130	2140	2190	2260	2350	1930	2420
2080	2010	2050	2250	2160	2320	2380	2316	2270	2250

请对上述资料进行分组整理，并进行向上累计和向下累计。

解1：采用等距分组分为 9 组，组距为 100，以 1800 为第一组下限。经整理得出计算结果，50 户居民某月购买某类消费品的支出分组情况如表3-9所示。表中第 1 列是变量（记为 x），第二列是各组的频数，第三列是频率。

表 3-9　50 户居民某月购买某类消费品的支出分组情况

按用户月消费品支出额分组（x）/元	频数（f_i）	频率（$f_i / \sum f_i$）
1800～1900	5	0.10
1900～2000	1	0.02
2000～2100	8	0.16
2100～2200	11	0.22
2200～2300	11	0.22
2300～2400	7	0.14
2400～2500	4	0.08
2500～2600	2	0.04
2600～2700	1	0.02
合计	50	1.00

解2：50 户居民某月购买消费品的支出累计表如表3-10所示。

表 3-10　50 户居民某月购买消费品的支出累计表

消费品支出额的分组上限（元）	向上累计				消费品支出额的分组下限（元）	向下累计			
	频数	累计频数	频率（%）	累计频率（%）		频数	累计频数	频率（%）	累计频率（%）
1900	5	5	10	10	1800	5	50	10	100
2000	1	6	2	12	1900	1	45	2	90
2100	8	14	16	28	2000	8	44	16	88
2200	11	25	22	50	2100	11	36	22	72
2300	11	36	22	72	2200	11	25	22	50
2400	7	43	14	86	2300	7	14	14	28
2500	4	47	8	94	2400	4	7	8	14
2600	2	49	4	98	2500	2	3	4	6
2700	1	50	2	100	2600	1	1	2	2
合计	50	—	100	—	合计	50	—	100	—

从表3-10可以看出，月消费品支出额在 2100 元以下的有 14 户，占总户数的 28%；2100 元

以上的有 36 户，占总户数的 72%。月消费品支出额在 2400 元以下的有 43 户，占总户数的 86%；2400 元以上的有 7 户，占总户数的 14%。由此可见，累计频数和累计频率可以简要地概括及反映总体各单位的分布特征。

3.4 统计图表

统计表

3.4.1 统计表

1. 统计表的定义

统计调查获得原始资料后，经过整理（加工处理）可得到说明各种类现象及其发展过程的统计数据，把这些数据按一定顺序和格式排列在表格上，就形成了统计表。从广义上来说，统计表是以纵横线条交叉结合成的表格，用来表现统计资料的一种形式，用于统计工作的各个阶段的一切表格，如调查表、汇总表或整理表、统计分析表、时间数列表等。狭义的统计表指统计分析表和容纳各种统计数据的表格，也就是通常所说的统计表。它能清晰地、有条理地显示统计数据，直观地反映统计分布特征，是统计分析的一种重要工具。统计表的结构可以从表的形式和内容两方面来认识。

2. 统计表的结构

统计表的结构可以从表的形式和内容两方面来认识。

1）从表的形式上看

统计表是一种表格，包括总标题、横行标题、纵栏标题和指标数值四部分。总标题是统计表的名称，它能简要说明该表的基本内容、时间和范围，置于表格上方正中。横行标题是横行的名称，一般置于表格左方。纵栏标题是纵栏的名称，一般置于表格上方的格子内。横行标题和纵栏标题两者共同说明了填入表格中统计数字所指的内容。指标数值列于横行和纵栏的交叉处，用来说明总体及组成部分的数量特征，是填写统计表的核心工作（见表 3-11）。

2）从表的内容上看

统计表的内容包括主词栏和宾词栏两部分。主词栏是统计表要说明的总体及组成部分，一般列在表的左边。宾词栏是用来说明总体数量特征的各个统计指标，一般列在表的右边。如表 3-11 所示。

表 3-11 2022 年中国国内生产总值及构成

按产业分组	国内生产总值	
	总数（亿元）	比重（%）
第一产业	88345	7.30
第二产业	483164	39.92
第三产业	638698	52.78
合计	1210207	100

资料来源：国家统计局网站。

3. 统计表设计

统计表设计总的要求是简练、明确、实用、美观，便于比较。

1）统计表表式设计注意事项

（1）设计为长方形表格。长与宽保持适当比例。

（2）线条的绘制。表的上下端应以粗线条绘制，表内纵横线应以细线条绘制。表的左右端一般不画线，采用"开口式"。

（3）合计栏的设置。若统计表各纵列需要合计时，则应将合计行放在最后一行，若各横行需要合计时，则将合计列放在最前一栏或最后一栏。

（4）栏数的编号。如果栏数较多，则应顺序编号，习惯上主词栏部分以"甲、乙、丙、丁、……"为序号，宾词栏以（1）、（2）、（3）、（4）、…为序号。

2）统计表内容设计注意事项

（1）标题设计。统计表的总标题、横行标题、纵栏标题应简明扼要，以简练而又准确的文字表达统计资料的内容、资料所属的空间和时间范围。

（2）指标数值。表中数字应填写整齐。当数字太小而忽略不计时，可写上"0"；当某项缺数字资料时，可用符号"……"表示；不应有数字时用符号"—"表示。

（3）计量单位。统计表必须注明数字资料的计量单位。当全表只有一种计量单位时，可以把它写在表头右上方。如果表中各栏的指标数值的计量单位不同，则在横行标题后添加一列计量单位。

（4）注明资料来源。为保证统计资料的科学性与严肃性，在统计表下，应注明资料来源，以便查考。必要时，可以在统计表下加注解或说明。

3.4.2　统计图

我们用统计表可以清晰地、有条理地显示统计数据的统计分布特征。如果运用统计图来描述数据的统计分布的类型特征，往往能更鲜明地表明总体单位的分布状态的规律性。统计图的类型很多，除可以绘制二维平面图外，还可以绘制三维立体图。图形的制作可由计算机来完成。

常用的统计图有条形图、圆形图、直方图、折线图、曲线图等。

1. 条形图

条形图是用宽度相同的条形的高度或长度表示次数分布的图形。条形图可以横置或纵置，纵置时又称柱形图。

条形图适用于顺序级以上的数据集合，若不考虑坐标的大小之分，则适用于名义级数据集合。对刻度级数据，要求不重复数据的个数较少，采用单项式分组。

【例 3-2】　一家广告公司在某城市随机抽取 200 人，以"您比较关心哪类广告？"为题进行访问，获取的资料整理成次数分布表，如表 3-12 所示，并根据表 3-12 的资料绘制条形图。

表 3-12　某市居民关注广告类型的次数分布表

广告类别	次数（人）	频率（%）
商品广告	112	56.0
服务广告	51	25.5
金融广告	9	4.5
房地产广告	16	8.0
招生招聘广告	10	5.0

广告类别	次数（人）	频率（%）
其他广告	2	1.0
合计	200	100

解：某市居民关注不同类型广告的人数分布如图 3-2 所示。

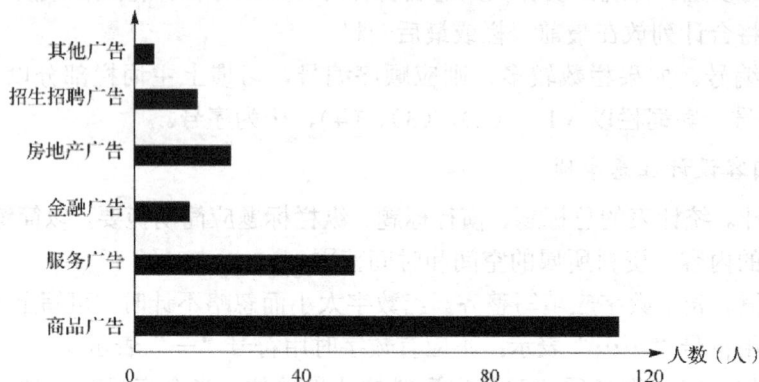

图 3-2　某市居民关注不同类型广告的人数分布

2. 圆形图

圆形图又称饼图，是用圆形及圆内扇形的面积来表示次数分布的图形，圆形图对于研究结构性问题十分有用，适用于所有测度级的数据，要求不重复数据的个数较少。

在绘制图形时，总体各部分所占的百分比用圆内各个扇形面积表示，这些扇形的中心角度是按各部分百分比占 360 度的相应比例确定的。

【**例 3-3**】 根据表 3-12 的资料绘制的某市居民关注不同类型广告的人数分布圆形图，如图 3-3 所示。

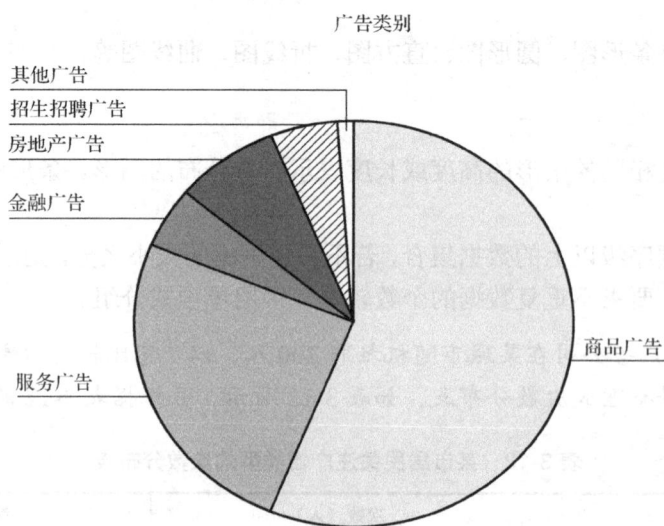

图 3-3　某市居民关注不同类型广告的人数分布圆形图

3. 直方图

直方图是用直方形的宽度和高度来表示次数分布的图形。绘制直方图时，横轴表示各组的组限，纵轴表示次数（一般在左侧）和频率（一般在右侧），无频率的直方图只保留左侧的次数。依据各组组距的宽度与次数的高度绘制直方图。

直方图不适用于名义级数据和顺序级数据，其适用于刻度级数据，且不重复数据的个数较多，采用组距式分组。

【例3-4】　某班40名学生某课程考试成绩的次数分布表如表3-13所示，试采用条形图来描述学生考试成绩的分布状况。

表3-13　某班学生某课程考试成绩的次数分布表

按考分分组（分）	频数（f）	频率（%）
50～60	2	5.0
60～70	7	17.5
70～80	11	27.5
80～90	12	30.0
90～100	8	20.0
合计	40	100.0

解：根据以上数据绘制的学生成绩分布直方图如图3-4所示。

对于不等距变量数列，只有以频数密度绘制直方图，才能准确地反映客观实际情况。例如，上述40名学生的考试成绩按不等距分组，制作表3-14所示的某班学生某课程考试成绩次数分布表，以此为资料绘制学生成绩频数密度分布直方图，如图3-5所示。

表3-14　某班学生某课程考试成绩次数分布表

按考分分组（分）	组距	次数 f_i	频数密度=次数/组距
56～60	4	2	0.50
60～66	6	5	0.83
66～82	16	14	0.88
82～92	10	11	1.10
92～100	8	8	1.00
合计	——	40	——

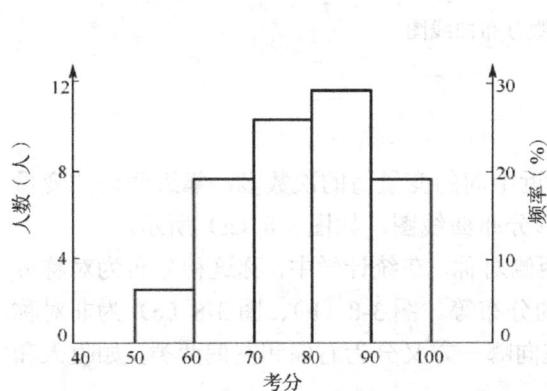

图3-4　学生成绩分布直方图　　图3-5　学生成绩频数密度分布直方图

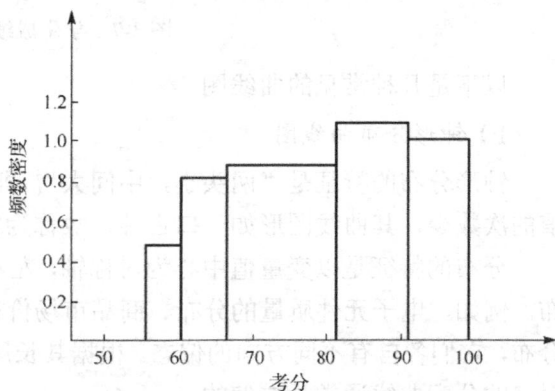

4. 折线图

折线图可以在直方图的基础上，用折线将各组次数高度的坐标连接而成，也可以用组中值与次数求坐标点连接而成。图 3-6 所示为根据表 3-13 的资料绘制的学生成绩次数分布折线图。

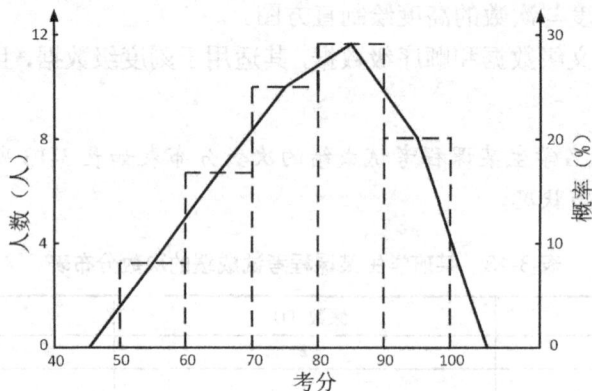

图 3-6　学生成绩次数分布折线图

5. 曲线图

当变量数列的组数无限增加时，折线便近似表现为一条平滑曲线，从而得到曲线图。曲线图的绘制方法与折线图基本相同，只是连接各组次数坐标点时应当用平滑曲线，而不是用折线，将图 3-6 的折线平滑化，即得到学生成绩次数分布曲线图，如图 3-7 所示。

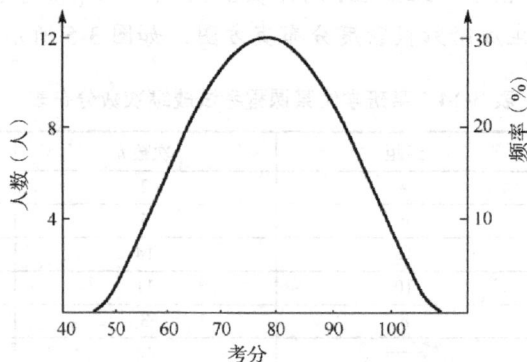

图 3-7　学生成绩次数分布曲线图

以下是几种常见的曲线图。

1）钟形分布曲线图

钟形分布的特征是"两头小，中间大"，即靠近中间的变量值的次数多，靠近两边的变量值的次数少，其曲线图形如一口古钟，故称为钟形分布曲线图，如图 3-8（a）所示。

分布的特征是以变量值中心为对称轴，左右两侧对称，在统计学中，称这种分布为对称分布。例如，电子元件质量的分布、商品市场价格的分布等。图 3-8（b）、图 3-8（c）为非对称分布，它们各自有不同方向的偏态。根据其长尾拖向哪一方又分为右偏和左偏两类，如收入和财富的分配曲线通常是右偏的。

2）U 形分布曲线图

U 形分布的形状与钟形相反，靠近中间的变量值分布次数较少，靠近两侧的变量值分布次数较多，其曲线图呈"两头大，中间小"的 U 形。例如，人口死亡率分布，人口总体中婴幼儿和老年人的死亡率高于中青年人。U 形分布曲线图如图 3-9 所示。

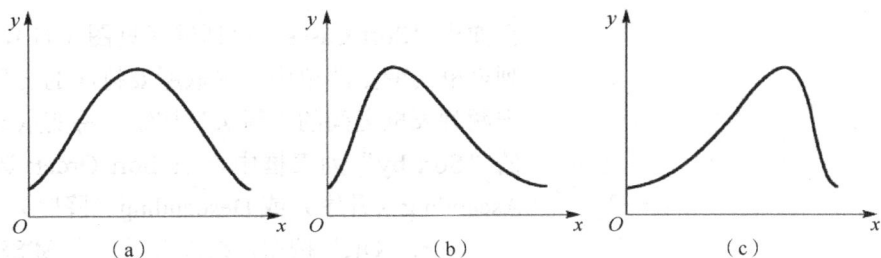

图 3-8　钟形分布曲线图

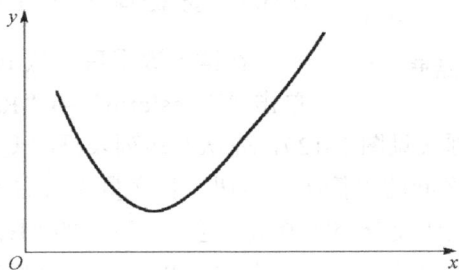

图 3-9　U 形分布曲线图

3）J 形分布曲线图

J 形分布有两种类型，一种是次数随变量值的增大而增多；另一种是次数随变量值的增大而减少。J 形分布曲线图呈"一边小，一边大"的 J 形，分为正 J 形分布曲线图和反 J 形分布曲线图。例如，老年人数量按年龄大小分组，表现出年龄越大，人数越少，呈反 J 形分布，如图 3-10 所示。

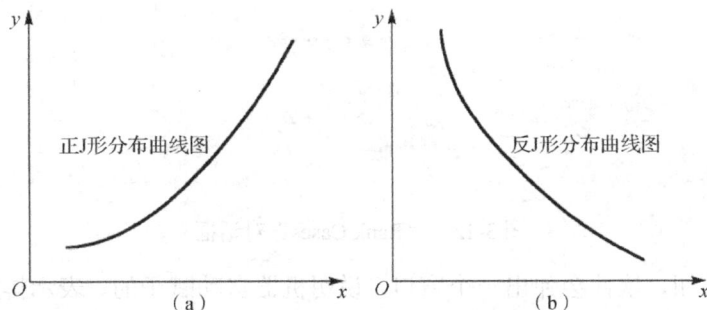

图 3-10　J 形分布曲线图

3.5　用 SPSS 整理数据

统计数据整理可以很方便地使用 SPSS 来进行，本节通过实例来说明如何用 SPSS 对数据进行排序、分组，频数和频率的分析，以及绘制统计图表等。对于应用 SPSS 而言，重要的不是记住烦琐的选项过程，而是知道主要的统计计算任务应当由哪些分析模块（Process）来完成，使用的细节可以在实践中熟悉。

3.5.1　数据排序介绍

在读入数据后，从主菜单 Data 开始，依次单击"Data"→"Sort Cases"菜单命令，软件

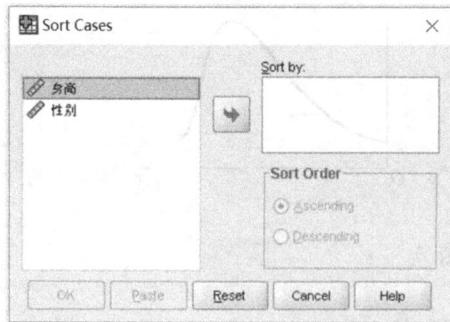

图 3-11 "Sort Cases"对话框

会弹出"Sort Cases"对话框（见图 3-11），先从左边列表框的变量清单中，选取所要排序的变量，然后单击两列表框之间的"箭头"按钮，将变量送入右上方的"Sort by"列表框中，在 Sort Order 选区可选择 Ascending（升序）或 Descending（降序）。

单击"OK"按钮，结果会显示在 SPSS 的数据窗口中，按照所选中的变量的顺序重新排列。

3.5.2 数据排名次介绍

在读入数据后，从主菜单 Transform 开始，依次单击"Transform"→"Rank Cases"菜单命令，软件会弹出"Rank Cases"对话框（见图 3-12），先从左边列表框的变量清单中，选取所要排名次的变量，然后单击两列表框之间的"箭头"按钮，将变量送入右上方的"Variable(s)"列表框中，可直接排名次，也可选取所要分类的变量，送入右下方的"By"列表框中，进行分类及排名次。Assign Rank 1 to 选区能选择排名次的规则，以大或小为顺序。

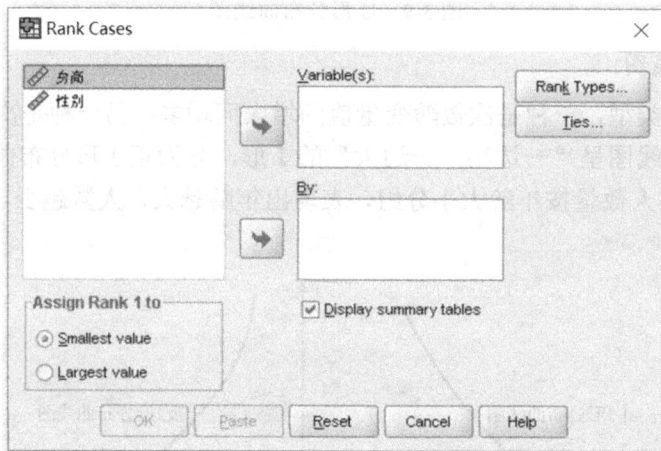

图 3-12 "Rank Cases"对话框

单击"OK"按钮，软件会弹出一个窗口，说明机器自动赋予的、表示排序结果的变量名，即在原变量名前加一个字母 r，以及机器自动给出的该变量名的标签（Label）。

当屏幕转换到 SPSS 的数据窗口时，会显示所选中变量的排名情况。如果有并列的个体，则先把这些名次加起来，再除以同名次的个体数。若有两个第 1 名，则设其中一个为第 1 名，另一个为第 2 名，这两个的名次都排 1.5 名，接下去的就只能排第 3 名，以后的名次都类似处理。

【例 3-5】某班级学生身高数据（单位：厘米）如下：

男生：168 167 175 159 177 178 165 180 174 168 167 171 175 176 169 168 170 166

女生：155 156 168 165 160 159 158 154 162 170 157 155 160 161 163 152 154 167

试将学生的身高数据分别排序和排名次。

解：先录入数据。

（1）依次单击"Data→Sort Cases"菜单命令，在 Sort Cases 对话框中，从左边列表框的变量清单中选取"身高"变量送入右边的列表框中，在 Sort Order 选区，选择"Descending"（降序), 单击 "OK" 按钮。身高排序结果如图 3-13 所示。

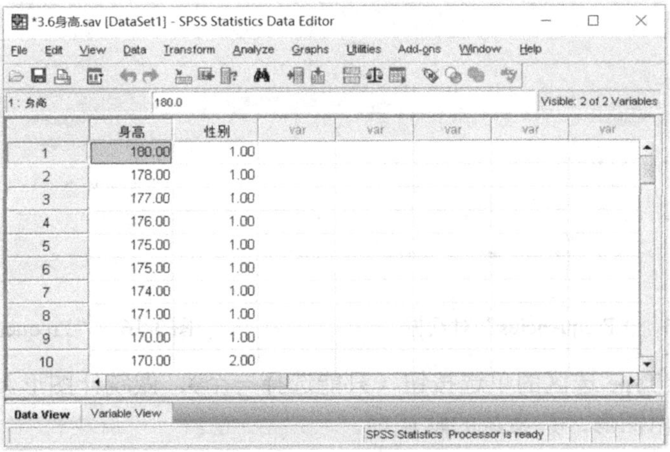

图 3-13 身高排序结果

（2）依次单击 "Transform" → "Rank Cases" 菜单命令，在 Rank Cases 对话框中，从左边列表框的变量清单中选取 "身高" 变量送入右上方的 "Variable(s)" 列表框中，可直接排名次，也可选取所要分类的 "性别" 变量，送入右下方的 "By" 列表框中，进行分类排名次。在 "Assign Rank 1 to" 选区选择排名次的规则，单击 "OK" 按钮。身高排名次结果如图 3-14 所示。

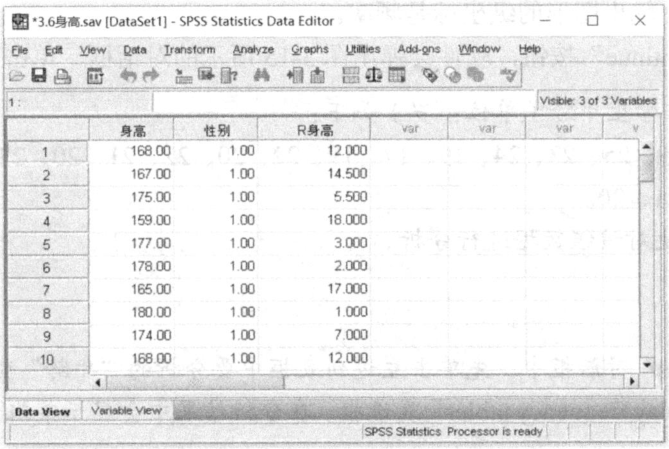

图 3-14 身高排名次结果

3.5.3 数据的频次及频率分析

频率分析模块可以分析一组数据的频数、频率、统计图形，还可以描述统计数据的集中和离散特征（将在第 4 章介绍）。

在读入数据后，从主菜单 Analyze 开始，依次单击 "Analyze" → "Descriptive Statistics" → "Frequencies" 菜单命令进入频次分析模块。"Frequencies" 对话框如图 3-15 所示。

首先单击左边列表框中要分析的变量名（可以选多个），然后单击两列表框之间的 "箭头" 按钮，选中的变量名就会进入右边列表框中。若勾选 "Display frequency tables" 复选框，则会在分析结果中显示频率分析表。最后单击 "Charts" 按钮，软件会弹出 "Frequencies:Charts" 对话框，如图 3-16 所示。

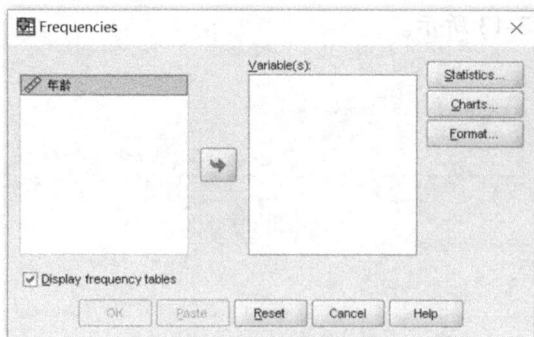

图 3-15   "Frequencies" 对话框

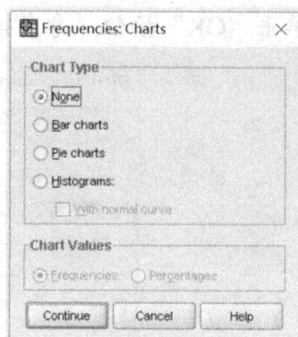

图 3-16   "Frequencies:Charts" 对话框

（1）选择 Chart Type 选区的单选按钮（只能选择一个），做统计图形。

- None：不输出图形，是系统的默认项。
- Bar charts：输出条形图。
- Pie charts：输出圆形图。
- Histogr ams：输出直方图，选择此单选按钮，其下方的"With normal curve"复选框会被激活，勾选"With normal curve"复选框，在输出的直方图中会带有正态曲线。

（2）选择 Chart Values 选区的单选按钮。

- Frequencies：输出图形的纵坐标是频次。
- Percentages：输出图形的纵坐标是频率。

（3）单击"Continue"按钮，软件会弹出图 3-15 所示的对话框，单击"OK"按钮。

【例 3-6】 某班学生年龄（单位：岁）如下：

18、23、22、19、25、23、24、19、17、19、22、20、22、21、20、23、19、18、20、21、22、20、23、20、21、20。

用频率分析模块对该组数据进行分析。

解：

1. 做频数分析

在"Frequencies"对话框中，先单击左边列表框中要分析的"年龄"变量，送入右边列表框中，再勾选"Display frequency tables"复选框，在分析结果中会显示某班学生的年龄分组表，如表 3-15 所示。

表 3-15   某班学生的年龄分组表

	Frequency	Percent	Valid Percent	Cumulative Percent
17.00	1	3.8	3.8	3.8
18.00	2	7.7	7.7	11.5
19.00	4	15.4	15.4	26.9
20.00	6	23.1	23.1	50.0
21.00	3	11.5	11.5	61.5
22.00	4	15.4	15.4	76.9
23.00	4	15.4	15.4	92.3
24.00	1	3.8	3.8	96.2
25.00	1	3.8	3.8	100.0
Total	26	100.0	100.0	

如果不勾选"Display frequency tables"复选框，在分析结果中则不会显示上述分组表。

2. 显示频数分布条形图

在"Frequencies"对话框中，单击"Charts"按钮，软件会弹出如图 3-16 所示的对话框，选择"Bar charts"和"Frequencies"单选按钮，会得到年龄分布条形图，如图 3-17 所示。

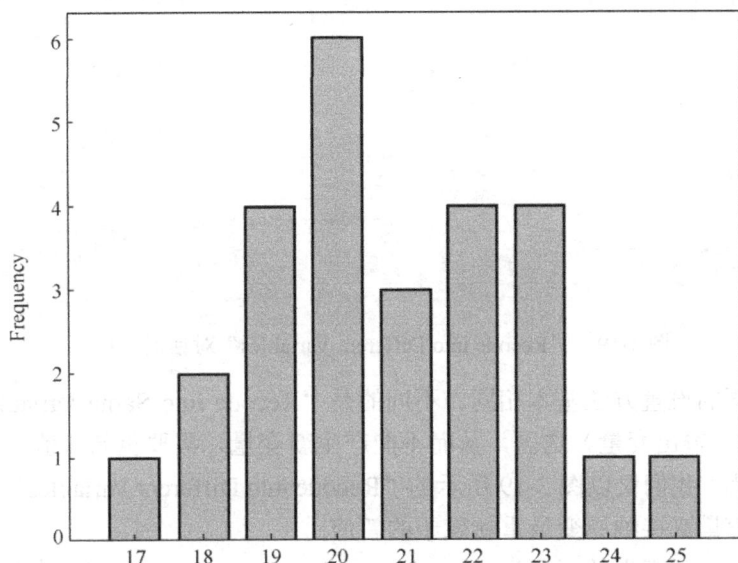

图 3-17 年龄分布条形图

3.5.4 数据重新赋值

在统计分析中，经常会遇到为变量重新赋值或重新编码的情况。在统计分组中，将学生的成绩分为 60 分以下、60～70 分、……、90 分以上的不同分组，并按统计学规定，以各组中值作为各组的代表值，这类工作可以使用 SPSS 的重新赋值功能来完成。

（1）在读入数据后，从主菜单 Transform 开始，依次单击"Transform"→"Recode"→"Into Same Variables"（重新赋值给同一变量）或"Into Different Variables"（重新赋值给不同变量）菜单命令，进入"Recode into Same variables"对话框或"Recode into Different Variables"对话框（1），分别如图 3-18 和图 3-19 所示。

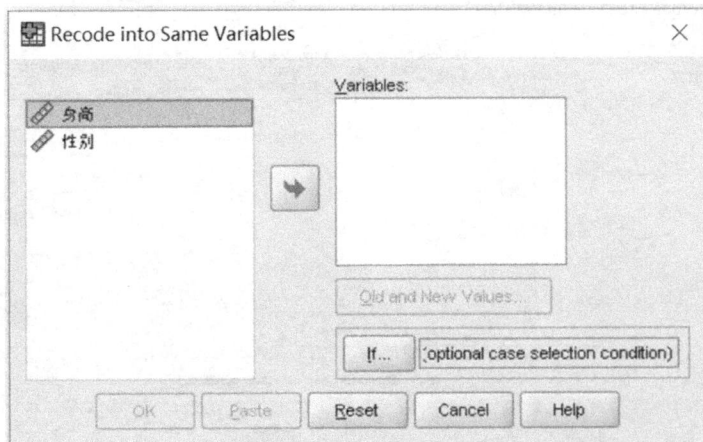

图 3-18 "Recode into Same Variables"对话框

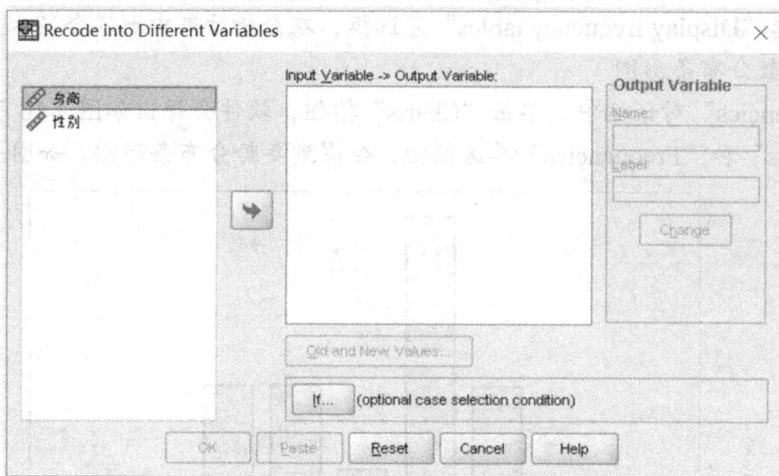

图 3-19　"Recode into Different Variables"对话框（1）

这两个对话框的设置方法基本相同。不同的是"Recode into Same Variables"对话框中没有 Output Variable（输出变量）选区，从而不能产生新变量，需要重新赋值的原变量的旧值会被指定的新值取代。我们仅以图 3-19 所示的"Recode into Different Variables"对话框说明，它将产生一个新的变量来接纳原变量重新赋予的新值。

（2）对话框中间列表框的标题为"Input Variable→Output Variable"，单击左边列表框中要分析的数值型（字符型）变量移入该列表框时，标题会改为"Numeric Variable→Output"，列表框中会显示"变量名→?"，在被激活的 Output Variable 选区中的"Name"文本框中输入新变量名，单击"Change"按钮，新变量名便取代"变量名→?"。在"Label"文本框中输入标签（可缺省）。需要注意，移入"Input Variable→Output Variable"列表框中的变量若有多个，则它们的变量类型必须相同，"Recode into Different Variables"对话框（2）如图 3-20 所示。

（3）单击"Old and New Values"（新旧变量）按钮，软件会弹出图 3-21 所示的"Recode into Different Variables: Old and New Values"对话框。

（4）在 Old Value 选区选择某一单选按钮，将原变量的有效值或原值的范围输入被激活的矩形框中，在 New Value 选区可以对将要给新变量赋予的新值做出如下选择。

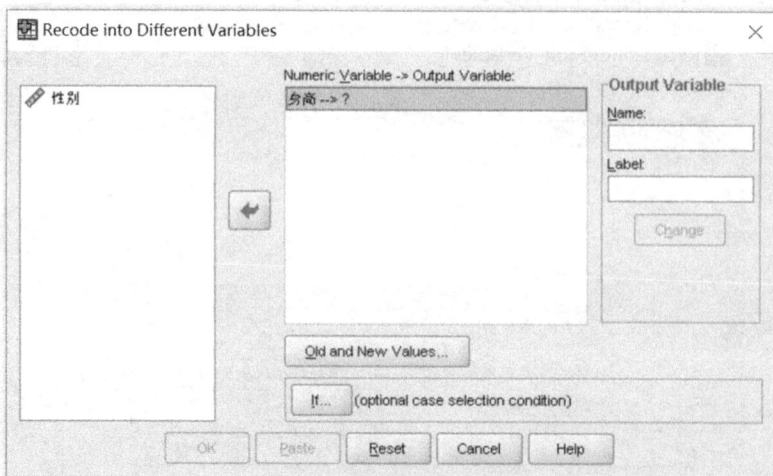

图 3-20　"Recode into Different Variables"对话框（2）

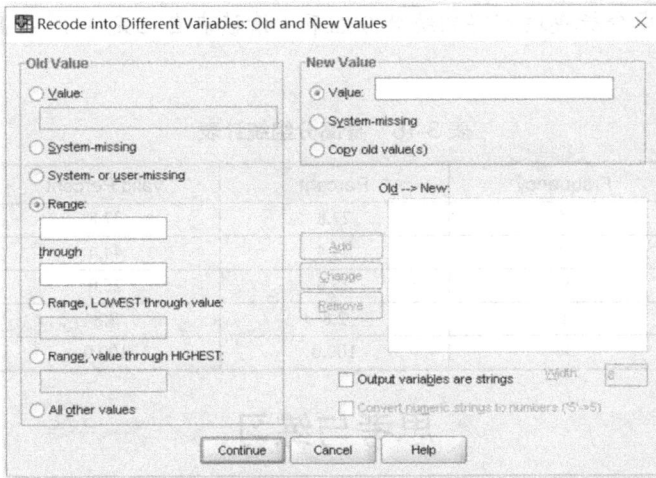

图 3-21　"Recode into Different Variables: Old and New Values"对话框

在"Value"数值框中输入新值，单击"Add"按钮添加到"Old→New"列表框中，列表框中会显示"原值（原值的范围）→新值"。

先选择"System-missing"单选按钮，再单击"Add"按钮，软件会将变量移入"Old→New"列表框中，表明原变量的旧值被定义为新变量的系统缺失值。

选择"Copy old value(s)"单选按钮，表明在 Old Value 选区指定的原变量旧值仍作为新变量的值予以保留，而那些没有指定的值将不再包括在新变量的值中，作为系统缺失值。

（5）确定好后，单击"Continue"按钮软件会返回图 3-20 所示的对话框；先单击"Change"按钮，再单击"OK"按钮，会弹出原变量的"Recode into Different Variables: Old and New Values"对话框。

【例 3-7】　对例 3-5 的数据做统计分组。

解：在读入数据后，依次单击"Transform"→"Recode"→"Into Different Variables"菜单命令，进入图 3-19 所示的对话框，给原变量"身高"重新赋值"shengao"。在"Recode into Different Variables: Old and New Values"对话框中选择"Range"单选按钮，软件会将原值的范围划分为 4 个组，分别赋予新值各组的中值，变量重新赋值结果如图 3-22 所示。

图 3-22　变量重新赋值结果

进一步，应用频率分析模块可得到统计分组表（请读者自己完成），身高分组统计表如表3-16 所示。

表 3-16 身高分组统计表

	Frequency	Percent	Valid Percent	Cumulative Percent
150～160	10	27.8	27.8	27.8
160～170	16	44.4	44.4	72.2
170～180	9	25.0	25.0	97.2
180 以上	1	2.8	2.8	100.0
Total	36	100.0	100.0	

思考与练习

1. 统计数据整理的意义和程序包含哪些内容？

2. 何谓统计分组？统计分组与统计指标有何关系？

3. 间断组距式分组和连续组距式分组各有什么特点？

4. 何谓频数分布？频数分布在统计分析研究中有何作用？

5. 统计表由哪几个部分组成？制作统计表应注意哪些问题？

6. 统计图有哪几种类型？各自的适用条件是什么？

7. 社会经济现象的次数分布主要有哪几种类型？其分布特征如何？各举一例说明。

8. 为了解某企业生产的灯泡的使用寿命（小时），在该企业生产的一批灯泡中随机抽取 100 只进行测试，获取数据如下（单位：小时）。

1700	1716	1728	1719	1685	1709	1691	1684	1705	1718
1706	1715	1712	1722	1691	1708	1690	1692	1707	1701
1708	1729	1694	1681	1695	1685	1706	1661	1735	1665
1668	1710	1693	1697	1674	1658	1698	1666	1696	1698
1706	1692	1691	1747	1699	1682	1698	1700	1710	1722
1694	1690	1736	1689	1696	1651	1673	1749	1708	1727
1688	1689	1683	1685	1702	1741	1698	1713	1676	1702
1701	1671	1718	1707	1683	1717	1733	1712	1683	1692
1693	1697	1664	1681	1721	1720	1677	1679	1695	1691
1713	1699	1725	1726	1704	1729	1703	1696	1717	1688

（1）利用计算机对上面的数据排序。

（2）进行等距分组，整理成频（次）数分布表，并绘制直方图。

第4章　统计数据特征测度

学习目标

◆ 理解总量指标的概念及分类。

◆ 深入理解相对指标的分类及计算方法。

◆ 掌握各类平均指标的适用条件及计算方法。

◆ 深入理解变异指标的分类及计算方法。

◆ 理解偏态及峰态的概念。

◆ 了解 SPSS 分析数据特征的方法。

重点与难点

◆ 各类平均指标的适用条件及计算方法。

◆ 合理运用统计指标来描述统计数据的特征。

案例导入

从统计数据看社会保障基本公共服务均等化

为了不断增进人民福祉、增强人民获得感、幸福感、安全感，保障人人享有基本公共服务，党和国家以推进基本公共服务均等化为着力点不断努力。2017 年国务院印发了《"十三五"推进基本公共服务均等化规划》，提出了涵盖教育、就业、社会保险、医疗卫生、公共服务、住房保障、文化体育等领域，包括服务清单、重点任务、保障措施和实施机制在内的制度框架。党的十九届五中全会提出，"十四五"时期基本公共服务均等化水平明显提高；到 2035 年，基本公共服务实现均等化。2021 年 4 月，国家发展改革委同教育部、国家卫生健康委等 20 个部门共同研究起草了《国家基本公共服务标准（2021 年版）》，明确了现阶段国家提供基本公共服务项目的基础标准，有利于引导各地和各级政府对照中央要求优化资源配置，兜牢民生底线，保障基本生活。

目前，中国政府在基本公共服务范畴内致力于提供覆盖面尽可能大的基本保障，社会保险制度坚持广覆盖、保基本、多层次、可持续的方针，涉及人民群众的切身利益，关乎社会和谐稳定与公平正义的基本风险，如贫困、疾病、失业、失能等，满足人民群众病有所依、老有所养的基本生存发展需求。在党中央、国务院的高度重视和大力推动下，中国社会保障事业取得了长足进步。

中国建成了世界上规模较大的社会保障体系。截至 2021 年底，中国基本养老保险、失业保险及工伤保险的参保人数分别达 10.3 亿人、2.3 亿人和 2.8 亿人，比 2016 年分别增加了 1.42 亿人、4869 万人和 1071 万人。2020 年基本医疗保险参保率连续多年稳定在 95% 以上。2020 年每千人医疗卫生机构床位数达 6.51 张，比 2016 年的 5.37 张提高了 21.2%。2020 年底，全国社会保障卡持卡人数为 13.35 亿人，覆盖了所有地市和 95.4% 的人口。

中国待遇保障的重大制度安排逐步建立健全。在待遇保障方面，中国的大病保险、社会救助制度，社会保险转移接续机制等关系人民群众基本生活保障的重大制度、机制逐步建立健全；职业年金制度、医保异地就医结算制度、长期护理保险制度等制度安排逐步探索实施。

中国社会保障水平的区域发展不够平衡。以基本养老金转移支付为例，2020 年中央财政决算数为 7885.9 亿元，其中对西部地区补助最多，为 2707.5 亿元，占 34.3%；对中部地区补助 2502.4 亿元，占 31.7%；对东北地区补助 1565.7 亿元，占 19.9%；对东部地区补助 1111.9 亿元，占 14.1%。中央对地方的转移支付，有助于促进基本公共服务均等化，实现社会保障均衡发展。

资料来源：许晓莉. 从统计数据看社会保障基本公共服务均等化[J]. 中国统计，2022，（4）：77-78.

4.1　总量特征测度

4.1.1　总量指标的概念

统计数据经过整理后，能够反映一些统计数据的分布特征，为进一步反映总体数量特征，首先需要测度总体的总量特征，一般用总量指标来描述。总量指标是指在一定时间、地点条件下，说明现象总体的规模和水平的指标。例如，《中华人民共和国 2021 年国民经济和社会发展统计公报》显示：全年国内生产总值为 1143670 亿元，年末全国总人口为 141260 万人，比上年末增加了 48 万人，年末全国就业人员为 74652 万人等，这些都是说明 2021 年全国在生产建设和人口方面的总规模或总水平的总量指标。由于总量指标的表现形式为绝对数，因此总量指标又被叫作统计绝对数。

4.1.2　总量指标的分类

1. 总体单位总量和总体标志总量

总量指标按所反映的内容不同，分为总体单位总量和总体标志总量。总体单位总量（总体单位数）是反映总体或总体各组单位的总量指标，它是总体内所有单位的合计数，主要用来说明总体本身规模的大小。总体标志总量是反映总体或总体各组标志值总和的总量指标，它是总体各单位某一标志值的总和，主要用来说明总体各单位某一标志值总量的大小。例如，设一个生产小组有 6 名工人，每人的日产量分别为 15 件、16 件、17 件、18 件、19 件、20 件。总体单位总量是 6 人，说明了生产小组的规模；而总体总量是 105 件，它是生产小组中每个工人日产量的总和。

不过，一个总量指标是总体单位总量还是总体标志总量，并不是固定不变的，它会因研究目的和研究对象的不同而变化。例如，如果研究工业企业的生产情况，职工人数是一个总体标志总量指标；如果研究企业职工的收入情况，职工工资总额是一个总量标志指标，而职工人数则是总体单位总量指标。

2. 时点指标和时期指标

总量指标按其反映的时间状况不同，可分为时点指标和时期指标。时点指标反映的是现象在某一瞬间（时刻）状况的总量，如全国人口数、资金存量等。时期指标反映的是现象在某一时期（时段）内过程的总数量，如国内生产总值、资金流量、人口出生数、人口死亡数等。

3．实物指标、价值指标和劳动量指标

总量指标按其指标数值采用的计量单位不同，分为实物指标、价值指标和劳动量指标。实物指标是以实物单位计量的总量指标，用于反映各同类实物的总量，但不能用于不同类别的总量的汇总，如人口按人、汽车按辆、彩电按台计算等。价值指标是以货币单位计量的总量指标，如某商场彩电销售额为 35 万元，某企业产值为 1.5 亿元，价值指标具有综合和概括的能力。劳动量指标是以劳动单位计量的总量指标，如工人的工时、教师的课时等。

4.1.3　总量指标的度量

1．直接计算法

直接计算法先通过全面调查，对研究对象用直接的计数、点数和测量等方法，登记各单位的具体数值，然后加以汇总得到总量指标。例如，统计报表或普查中的总量资料，基本上都是用直接计算法计算出来的。

2．间接推算法

间接推算法是采用社会经济现象之间的平衡关系、因果关系、比例关系或利用非全面调查资料推算总量的方法，如利用样本资料推断某种农产品的产量；利用平衡关系推算某种商品的库存量等。

4.1.4　总量指标的运用

总量指标是具有一定社会经济内容的统计指标，能否正确运用，是一个理论联系实际的问题，要正确地运用总量指标，必须遵循以下原则。

1．正确确定指标的含义和计算范围

指标的含义和计算范围界定了总量指标所反映的事物某方面的特征、总体范围和计算口径。例如，在统计人口数时，需要确定是在户籍所在地进行登记还是在常住地进行登记。再如，统计职工工资总额时，必须明确职工的哪些收入应列入"工资总额"的统计范围。只有这样，计算的总量指标才能反映社会经济现象总体内容的真实情况。

2．计算实物总量指标时只有同类的才能相加

实物指标的同类性是由产品的使用价值决定的，只有使用价值相同的产品才能加起来计算其总量指标。把不同使用价值的产品产量简单加总，如简单地把钢、石油、粮食等产品产量相加是没有意义的。

3．使用统一计量单位

总量指标的计量单位必须按照国家统一规定的计量单位进行计量。只有这样，才不会造成统计计量方面的差错或混乱，才能客观地统计社会经济现象总体的数量。

4．总量指标和相对指标、平均指标要结合运用

总量指标虽然是综合指标的基本指标，但它只能说明事物的规模、水平，而不能说明事物之间的相互联系、发展变化的程度和效益的高低。因此要全面说明事物的规模、水平、相互联系、发展变化的程度、内部构成等，必须把总量指标和相对指标、平均指标结合起来运用。

4.2　相对变化测度

4.2.1　相对指标的概念

利用总量指标反映客观事物的规模、水平是很重要的，但仅有总量指标有时不便于对比、分析统计研究对象在不同时间、不同空间、不同总体单位之间的差异和探寻其中的规律性。因此还需要测度总体的相对变化，一般用相对指标来描述。相对指标是用两个有联系的指标进行对比的值来反映社会经济现象的数量特征和数量关系的综合指标，又称"相对数"。例如，男女性别比例、计划完成程度、人均国内生产总值等。

4.2.2　相对指标的分类

相对指标按其作用不同可划分为六种：结构相对指标、比较相对指标、比例相对指标、强度相对指标、动态相对指标和计划完成程度相对指标。

1．结构相对指标

结构相对指标又称结构相对数，是总体的某一部分与总体数值相对比求得的比率指标。结构相对指标通常用来反映总体的结构和分布状况等。

2．比较相对指标

比较相对指标又称比较相对数或同类相对数，是同类指标在不同空间进行静态对比形成的相对指标，可以比较不同国家、不同地区、不同单位等的经济实力、发展水平和工作优劣。

3．比例相对指标

比例相对指标又称比例相对数或比例指标，是反映总体中各组成部分之间数量联系程度和比例关系的相对指标。

4．强度相对指标

强度相对指标又称强度相对数，是有一定联系的两种性质不同的总量指标相比较形成的相对指标，通常以复名数、百分数（%）、千分数（‰）表示。

5．动态相对指标

动态相对指标又称动态相对数或时间相对指标，是将同一现象在不同时期的两个数值进行动态对比而得出的相对数，借以表明现象在时间上发展变动的程度，通常以百分数（%）或倍数表示，也被称为发展速度。

6．计划完成程度相对指标

计划完成程度相对指标又称计划完成百分数，是以计划为比较标准，将实际完成数与计划任务数相比较，用以表明计划完成情况的相对指标，通常用百分数（%）表示。

4.2.3　相对指标的度量

相对指标的数值有两种表现形式：一种是无名数；另一种是复名数。无名数是一种抽象化的数值，多以系数、倍数、成数、百分比或千分比（当数值很小时用）等来表示。复名数主要用来表示强度相对指标的数值，它能将相对指标的分子指标与分母指标的计量单位同时使用，作为计量单位并用以表明事物的密度、程度和强度。例如，全国人均粮食消费量用"千克/人"、人口密度用"人/平方千米"等作为计量单位。

本节介绍结构相对指标、比较相对指标、比例相对指标、强度相对指标、动态相对指标和计划完成程度相对指标的计算方法。

1．结构相对指标

结构相对指标是利用统计分组法，将总体区分为不同性质的若干部分，以总体部分数值与总体全部数值对比求得的比率，来反映总体内部构成及其特征的综合指标。例如，总人口中的性别构成、年龄构成，国内生产总值中的产业构成等均属于结构相对指标。其一般计算公式为

$$结构相对指标=\frac{总体部分数值}{总体全部数值}\times100\% \tag{4-1}$$

2．比较相对指标

比较相对指标是不同单位的同类现象数量对比而确定的相对指标，用以说明某一同类现象在同一时间内各单位发展的不平衡程度，以表明同类现象在不同条件下的数量对比关系。

$$比较相对指标=\frac{甲地区（单位或企业）某类指标数值}{乙地区（单位或企业）同类指标数值} \tag{4-2}$$

3．比例相对指标

比例相对指标是总体中不同部分数量对比的相对指标，用以分析总体范围内各个局部、各个分组之间的比例关系和协调平衡状况。

$$比例相对指标=\frac{总体中某一部分数值}{总体中另一部分数值} \tag{4-3}$$

4．强度相对指标

强度相对指标是指同一时期两个性质不同，但有一定联系的总量指标对比，用来表明现象的强度、密度和普遍程度的一种相对数。

$$强度相对指标=\frac{某一总量指标}{另一有联系而性质不同的总量指标} \tag{4-4}$$

例如，粮食产量与人口数相比得到人均粮食产量，人口数与国土面积相比得到人口密度等。强度相对指标的单位，有时以复名数表示，有时以无名数表示。由于强度相对指标常带有平均的意义，因此易与平均指标混淆。但两者有明显的不同之处，初学者务必注意。

5．动态相对指标

动态相对指标是将同类指标在不同时间上进行对比，即纵向对比，用以说明现象发展变化的方向与速度的一种相对数。在实际工作中，通常把用来作为比较标准的时期称为"基期"，把和基期对比的时期称为"报告期"，多用百分数或系数表示。其计算公式为

$$动态相对指标=\frac{报告期水平}{基期水平}\times100\% \tag{4-5}$$

纵向对比和横向对比有同样的要求，即用于对比的指标在计算范围、计算方法、计量单位

等方面应该一致。

6. 计划完成程度相对指标

计划完成程度相对指标是某现象在某一段时间内的实际完成数与计划任务数相比，以表明所研究现象计划完成程度的综合指标。其一般计算公式（绝对数情况下）为

$$计划完成程度相对指标 = \frac{已完成数}{全期计划数} \times 100\% \qquad (4-6)$$

以上各种相对指标从不同方面反映了某些事物之间数量的联系程度。在对较复杂现象的分析中，应根据研究目的和掌握的数据资料，灵活应用各种相对指标，将某种相对指标或几种相对指标结合起来使用，又或将相对指标与相应的总量指标结合运用，这样才有助于全面而深入地分析问题和认识问题。

【例 4-1】 假定某企业 2022 年度的计划产值及实际产值如表 4-1 所示。

表 4-1　某企业 2022 年度的计划产值及实际产值

产品	2022 年计划产值（万元）	2022 年实际产值（万元）
甲	—	4500
乙	—	1500
合计	5000	6000

根据表 4-1，计算结构相对指标、比例相对指标、计划完成程度相对指标。

解：甲产品结构相对指标 $= \dfrac{4500}{6000} \times 100\% = 75\%$；

比例相对指标 $= \dfrac{4500}{1500} = 3 : 1$；

计划完成程度相对指标 $= \dfrac{6000}{5000} \times 100\% = 120\%$

4.2.4　相对指标的运用

若使相对指标在统计分析中起到应有的作用，则在运用相对指标时应该遵循以下原则。

1. 两个对比指标要有可比性

相对指标是两个有联系的统计指标对比，要使对比的结果能正确反映社会经济现象之间的数量对比关系，必须使对比指标有可比性。可比性包括对比指标的经济内容、口径范围、计算时间、计算方法、计算价格等的可比性。

例如，检查计划的完成程度时，必须检查实际的完成数和计划数所包含的指标内容是否一致；计算动态相对指标时，要注意指标总体范围的一致性，如有无机构的变更、行政区域的变更等造成的总体范围的变更；计算比较相对指标时，要注意同类指标的计算方法、计算价格是否一致，如人均国内生产总值是用现行价格还是不变价格计算的。

2. 相对指标要与总量指标结合运用

相对指标一方面能把社会经济现象间的数量对比关系反映得突出鲜明，另一方面有时两个相对指标的数值虽然相同，但其绝对量可能差异很大。由于相对指标把绝对量的差异抽象化，因此掩盖了绝对量的具体差别，应当把相对指标和总量指标结合起来进行分析，才能说明

社会经济现象的真实情况。

3．各种相对指标结合运用

各种相对指标作用不同，每种相对指标只能说明事物的某一方面，要正确认识事物，必须把各种相对指标结合起来运用。

4.3　集中趋势测度

4.3.1　平均指标的概念

为反映总体数量特征的一般水平，还需要测度总体的集中变化趋势，一般用平均指标来描述。平均指标是反映社会经济现象总体各单位某一数量标志在一定时间、地点条件下所达到的一般水平的综合指标。平均指标是统计中应用最广泛的综合指标之一，如平均身高、平均成绩、平均工资、平均速度等。

4.3.2　平均指标的分类

平均指标按计算和确定的方法不同，分为算术平均数、调和平均数、几何平均数、中位数、众数和分位数等。前三种平均数是根据总体各单位的标志值计算得到的平均值，称作数值平均数。后三种平均数是根据标志值在分配数列中的位置确定的，称为位置平均数。

1．数值平均数

1）算术平均数

算术平均数也称均值，是最常用的平均指标之一。它的基本公式形式是总体标志总量除以总体单位总量。算术平均数分为简单算术平均数和加权算术平均数。

2）调和平均数

调和平均数是总体各单位标志值倒数的算术平均数的倒数，又称倒数平均数，分为简单调和平均数和加权调和平均数。

3）几何平均数

几何平均数是 n 个变量值乘积的 n 次方根。在统计中，几何平均数常用于计算平均速度和平均比率。几何平均数也有简单几何平均数和加权几何平均数两种。

2．位置平均数

1）中位数

将总体各单位的标志按大小顺序排列，处于中间位置的标志值就是中位数。由于中位数是位置平均数，不受极端值的影响，在总体标志值差异很大的情况下，中位数具有很强的代表性。

2）众数

众数是指总体中出现次数最多的数据，在实际工作中往往可以代表现象的一般水平。但只有在总体单位数多且有明显的集中趋势时，才用计算众数。

3）分位数

将中位数的概念推广，可得到各种分位数。分位数是指按顺序排列的一组数据被划分为若干相等部分的分割点的数值。常用的分位数有四分位数、十分位数和百分位数。

4.3.3 平均指标的度量

1. 算术平均数

算术平均数是最常用的集中趋势描述指标之一，其基本计算公式为

$$算术平均数 = \frac{总体标志总量}{总体单位总量} \tag{4-7}$$

由于所掌握的数据资料不同，因此算术平均数有两种具体计算形式。

1）简单算术平均数

假设一组数据有 n 个数值 $x_1, x_2, \cdots, x_n$，用 $\bar{x}$ 表示这 n 个数值的算术平均数，则有

$$\bar{x} = \frac{x_1 + x_2 + \cdots + x_n}{n} = \frac{\sum\limits_{i=1}^{n} x_i}{n} \tag{4-8}$$

【例 4-2】 某企业有一个生产小组有 12 名工人，他们某月的绩效工资（单位：元）分别为 2720、2720、2780、2930、2930、2985、2985、3024、3045、3075、3134、3256。计算该生产小组工人这月的平均绩效工资。

解：

$$\bar{x} = \frac{2720 + 2720 + 2780 + 2930 + 2930 + 2985 + 2985 + 3024 + 3045 + 3075 + 3134 + 3256}{12}$$

$$= 2965.33(元)$$

2）加权算术平均数

由于根据分组资料计算算术平均数，每个数值出现的次数不同，因此要用次数做权数，计算加权算术平均数。这里的"权"是指每个数值出现的次数或各个次数占总次数的比率。

设有 k 组变量值，x_i 表示第 i 组变量值或组中值，f_i 表示第 i 组的次数，则有

$$\bar{x} = \frac{\sum\limits_{i=1}^{k} x_i f_i}{\sum\limits_{i=1}^{k} f_i} = \sum_{i=1}^{k} x_i \frac{f_i}{\sum\limits_{i=1}^{k} f_i} \tag{4-9}$$

【例 4-3】 某企业有 4 个车间，每个车间的工人数量及平均工资如表 4-2 所示，计算该企业工人的月平均工资。

表 4-2　每个车间的工人数量及平均工资

车间	工人数 f（人）	月平均工资 x（元）	全部工人的工资总额 xf（元）	工人数比率（%）
一车间	12	4965.00	59580	19.35
二车间	14	4987.00	69818	22.58
三车间	20	4998.00	99960	32.26
四车间	16	5024.00	80384	25.81
合计	62	4995.84	309742	100.00

解：根据式（4-9）有

$$该企业工人的月平均工资 \quad \bar{x} = \frac{\sum\limits_{i=1}^{k} x_i f_i}{\sum\limits_{i=1}^{k} f_i} = \frac{309742}{62} = 4995.84（元）$$

或

$$\bar{x} = \sum_{i=1}^{k} x_i \frac{f_i}{\sum\limits_{i=1}^{k} f_i}$$

$$= 4965 \times 19.35\% \times 4987 \times 22.58\% + 4998 \times 32.26\% + 5024 \times 25.81\%$$

$$= 4995.84（元）$$

【**例 4-4**】　某企业职工工资分布情况如表 4-3 所示，计算该企业职工的平均工资。

表 4-3　某企业职工工资分布情况

工资（元）	组中值 x	人数 f	人数比率（%）
4600～4800	4700	10	7.03
4800～5000	4900	18	12.68
5000～5200	5100	35	24.65
5200～5400	5300	40	28.17
5400～5600	5500	28	19.72
5600～5800	5700	11	7.75
合计	—	142	100.00

解：

$$\bar{x} = \frac{\sum\limits_{i=1}^{k} x_i f_i}{\sum\limits_{i=1}^{k} f_i} = \frac{742400}{142} = 5228.17（元）$$

从以上两例的计算过程可看出，均值的大小不仅受各组数值大小的影响，而且受各组次数大小的影响，次数起权数的作用。在组距分组的情况下，由于资料没有给出观测值的原始数据，因此只能用组中值代表实际变量值。这实际上是假定各组中的观测值都是均匀分布于该组之内的。

算术平均数具有以下两个特征。

（1）各变量值与其算术平均数的离差之和等于零。

（2）各变量值与其算术平均数的离差平方和为最小。

算术平均数的数值大小容易受极大值或极小值的影响，当一组数据中存在极端值时，平均数的代表性就会受到很大影响。

【**例 4-5**】　假设某村有 10 个家庭，他们的年收入（单位：万元）分别为 2.5、2.6、2.6、2.7、2.7、2.8、3.1、3.25、3.5、20.0。计算这 10 个家庭的平均年收入。

计算得到这 10 个家庭的平均年收入为 4.575 万元。显然，4.575 万元作为这 10 个家庭的平均年收入，其代表性是很差的。

2．调和平均数

在实际工作中，有时会遇到只有各组标志值和各组标志值总量，而缺少总体单位数的情况，不能直接计算算术平均数，必须采用调和平均数进行计算。调和平均数又称倒数平均数，是一组观测值的倒数的算术平均数的倒数，用 H 表示调和平均数。根据掌握的资料不同，调和平均数可分为简单调和平均数和加权调和平均数两种。

1）简单调和平均数

设有 n 个观测值，则这 n 个观测值 $x_1, x_2, \cdots, x_n$ 的调和平均数为

$$H = \cfrac{1}{\cfrac{\frac{1}{x_1} + \frac{1}{x_2} + \cdots + \frac{1}{x_n}}{n}} = \cfrac{n}{\sum\limits_{i=1}^{n} \frac{1}{x_1}} \tag{4-10}$$

【例 4-6】 菜市场上某种蔬菜早、中、晚的价格分别为 1.5 元/斤、1.3 元/斤、1 元/斤，某人早、中、晚各花 10 元钱购买了该蔬菜，问其平均每斤花了多少钱？

解： 由于早、中、晚购买的斤数未知，因此要用调和平均数计算。

根据式（4-10）有

$$H = \frac{n}{\sum\limits_{i=1}^{n} \frac{1}{x_i}} = \frac{3}{\frac{1}{1.5} + \frac{1}{1.3} + \frac{1}{1}} = \frac{3}{2.44} = 1.23 \ （元/斤）$$

2）加权调和平均数

当资料经过分组，且各组次数不同时，就需要计算其加权调和平均数。

设有 k 组变量值，x_i 表示各组变量值，f_i 表示各组变量值重复出现的次数，若令 $x_i f_i = m_i$，m_i 为各组的标志总量，则加权调和平均数的计算公式为

$$H = \cfrac{\sum\limits_{i=1}^{k} m_i}{\sum\limits_{i=1}^{k} \frac{1}{x_i} m_i} \tag{4-11}$$

【例 4-7】 某商店销售一种产品，三批产品的价格和销售额如表 4-4 所示，计算这三批产品的平均价格。

表 4-4　三批产品的价格和销售额

产品批次	价格 x（元）	销售额 m（元）	销售量（m/x）（个）
第一批	4.00	8000	2000
第二批	5.00	7500	1500
第三批	6.00	6000	1000
合计	—	21500	4500

解： 由于资料中没有每批产品的销售量，只有销售额，因此可通过计算加权调和平均数来计算平均价格：

$$H = \cfrac{8000 + 7500 + 6000}{\dfrac{8000}{4} + \dfrac{7500}{5} + \dfrac{6000}{6}} = \frac{21500}{4500} = 4.78 \ （元/个）$$

从以上各例的计算可知,调和平均数是算术平均数的另一种表现形式。二者在本质上是一致的,其主要区别在于,在计算过程中使用了不同的数据。调和平均数易受极端值的影响,只要有一个标志值为 0,就不能用调和平均数计算平均数。

3. 几何平均数

几何平均数是另一种平均指标,它是 n 个变量值乘积的 n 次方根。用符号 G 表示。根据所掌握的数据不同,几何平均数可分为简单几何平均数和加权几何平均数两种。

几何平均数主要通过对比率的平均,计算经济变量时间序列的平均增长率。几何平均数在实际经济活动中应用很多,这是因为人们很重视诸如销售收入、利润、工资和 GDP 等经济指标的百分比变化情况。

1)简单几何平均数

设有 n 个观测值 $x_1, x_2, \cdots, x_n$,则这 n 个观测值的几何平均数为

$$G = \sqrt[n]{x_1 x_2 \cdots x_n} \tag{4-12}$$

【例 4-8】　某企业生产某种产品,要经过铸造、金加工和电镀三个连续作业的车间,各车间的产品合格率如表 4-5 所示,求该产品的平均合格率。

表 4-5　各车间的产品合格率

车间	铸造车间	金加工车间	电镀车间
平均合格率（%）	95.0	95.8	93.0

解: $G = \sqrt[3]{95.0\% \times 95.8\% \times 93.0\%} = 94.59\%$;
该企业各车间产品的平均合格率为 94.59%。

2)加权几何平均数

若掌握的数据已经分组,每个数据出现的次数不同,则用加权几何平均数计算。
设观测值 $x_1, x_2, \cdots, x_n$ 分别出现了 $f_1, f_2, \cdots, f_n$ 次,则这些观测值的加权几何平均数为

$$G = \sqrt[\sum_{i=1}^{n} f_i]{x_1^{f_1} x_2^{f_2} \cdots \cdots x_n^{f_n}} \tag{4-13}$$

【例 4-9】　将一笔钱存入银行,存期 10 年,以复利计息,10 年的利率分配:第 1 年至第 4 年为 3.5%,第 5 年至第 8 年为 4%,第 9 年至第 10 年为 4.5%,计算平均年利率。

解:先将各年利率加 100%,换算为各年本利率,然后以年数为权数计算年平均年本利率,再减 100% 即得平均年利率。

$$G = \sqrt[10]{1.035^4 \times 1.04^4 \times 1.045^2} = 1.0390$$

所以平均年利率为 3.90%。

应该注意的是,若观测值有一项为零或负值时,则不宜计算几何平均数。

4. 中位数

将一组变量值按大小顺序排列起来,居于中间位置的那个数就是中位数,用 M_e 表示。计算中位数首先要找到中位数所在的位置。

1）由未分组资料确定中位数

一组按大小顺序排列的 n 个数据 $x_1, x_2, \cdots, x_n$，其中位数的公式为

$$中位数 M_e = \begin{cases} x_{n+1/2}, & n为奇数时 \\ \dfrac{x_{n/2} + x_{n/2+1}}{2}, & n为奇数时 \end{cases} \tag{4-14}$$

例如，9 名工人生产某种产品，日产量（件）分别为 5、6、8、9、10、12、14、15、15。中位数等于第 5 个工人的日产量，即 M_e=10 件。

又如，10 名工人生产某种产品，日产量（件）分别为 5、6、8、9、10、12、14、15、15、17。中位数等于第 5 个和第 6 个工人日产量的算术平均数，即 M_e=(10+12)/2=11 件。

2）由组距数列确定中位数

如果数据是组距分组的资料，就不能直接用上面的方法来计算中位数。在这种情况下可利用下面的方法进行计算。

假设组距分组数据的次数分配表如表 4-6 所示。

表 4-6　次数分配表

组别	组界	次数	累计次数
1	$L_1 \sim U_1$	f_1	F_1
2	$L_2 \sim U_2$	f_2	F_2
$\vdots$	$\vdots$	$\vdots$	$\vdots$
$i-1$	$L_{i-1} \sim U_{i-1}$	f_{i-1}	F_{i-1}
i	$L_i \sim U_i$	f_i	F_i
$i+1$	$L_{i+1} \sim U_{i+1}$	f_{i+1}	F_{i+1}
$\vdots$	$\vdots$	$\vdots$	$\vdots$
K	$L_k \sim U_k$	f_k	F_k

首先找出中位数所在的位置，也就是确定它在哪一组。确定中位数所在位置的计算公式为 $\dfrac{n}{2}$，假设 $\dfrac{n}{2}$ 位置上的数在第 i 组，则根据插值法即可求出中位数。

具体方法：U_{i-1} 的值出现在第 F_{i-1} 次，U_i 的值出现在第 F_i 次，M_e 出现在第 $\dfrac{n}{2}$ 次，且 M_e 位于 U_{i-1} 与 U_i 之间，$\dfrac{n}{2}$ 位于 F_{i-1} 与 F_i 之间，假设这些数据是均匀分配的，则可用线性比例的内插法来计算 M_e，即

$$\frac{M_e - U_{i-1}}{U_i - U_{i-1}} = \frac{\dfrac{n}{2} - F_{i-1}}{F_i - F_{i-1}}$$

由此得中位数的近似公式：

$$M_e = U_{i-1} + \frac{\dfrac{n}{2} - F_{i-1}}{F_i - F_{i-1}}(U_i - U_{i-1}) \tag{4-15}$$

【例 4-10】 某小区房屋租金的统计资料如表 4-7 所示，计算房屋租金的中位数。

表 4-7 某小区房屋租金的统计资料

每月租金（元）	房屋套数（套）	累计房屋套数（套）
2300～2350	15	15
2350～2400	25	40
2400～2450	33	73
2450～2500	46	119
2500～2550	63	182
2550～2600	42	224
2600～2750	30	254
2750～2800	23	277
2850～2900	16	293
2900～2950	7	300

累计房屋有 300 套，中位数应在全部数据依序排列的第 150 套，第 150 套属第 5 组，第 5 组下限为 2500 元，上限为 2550 元，套数为 63 套，由中位数的计算公式可得

$$M_e = U_{i-1} + \frac{\frac{n}{2} - F_{i-1}}{F_i - F_{i-1}}(U_i - U_{i-1}) = 2500 + \frac{\frac{300}{2} - 119}{182 - 119} \times (2550 - 2500) = 2524.6 （元）$$

中位数位于依序排列数据的中间位置，是一种位置平均数。由于其位置在正中间，可以代表一般水平，并且它还可避免极端数值造成的影响，因此中位数在社会经济分析中具有重要的适用性。例如，在例 4-5 中，中位数 M_e=（2.7+2.8）/2=2.75 万元，显然它比算术平均数 4.575 万元更能代表这 10 个家庭的年收入状况。对于有开口组的频数分布数据，只要中位数不位于开口组中，就可以计算中位数的值。

5. 众数

由于众数是一组数据中出现次数最多的那个数据，因此可以代表数据的集中趋势。用 M_o 表示众数。

假设有如下三组数据：

（1）10、3、8、9、7、6、11。

（2）10、5、8、10、9、7、10。

（3）10、6、10、7、6、8、6、10、9。

第一组数据中的每个数均出现了一次（各数出现的次数相同），因此众数不存在。第二组数据中 10 出现的次数最多，因此众数为 10。第三组数据中出现次数最多的是 10 和 6，因此 10 和 6 都是众数。由此可知：众数可能不存在，也可能不止一个。这说明众数的应用有条件限制（这一点与中位数不同）。

如果数据是组距分组的资料，则确定其众数同中位数类似，也需要利用公式近似计算。

计算等距变量数列的众数可分为两个步骤。

第一步，确定次数最多的一组为众数组。

第二步，利用公式计算众数。

下面通过例 4-11 来说明等组距变量数列的众数的计算方法。

【例 4-11】 某企业员工的年收入的等组距变量数列如表 4-8 所示，计算其众数。

表4-8　某企业员工的年收入的等组距变量数列

年收入（元）	人数	年收入（元）	人数
52000~53000	100	57000~58000	280
53000~54000	124	58000~59000	220
54000~55000	157	59000~60000	190
55000~56000	245	60000~61000	116
56000~57000	360	合计	1792

第一步：确定众数组。

由表4-8可知，次数最多的人数是360人，因此众数位于56000~57000元，即56000~57000元为众数组。

第二步：利用公式计算众数。

假设第i组为众数组，组界为$L_i \sim U_i$，次数为f_i，众数的具体数值要根据众数组相邻两组次数的多少来确定。如果众数组相邻两组的次数相等，则众数组的组中值就是众数。如果众数组相邻两组的次数不相等，第$i-1$组的次数f_{i-1}小于第$i+1$组的次数f_{i+1}，则众数的具体数值更靠近众数组的上限；反之，则众数的具体数值更靠近众数组的下限。

计算众数的近似公式：

下限公式：

$$M_o = L_i + \frac{f_i - f_{i-1}}{(f_i - f_{i-1}) + (f_i - f_{i+1})}(U_i - L_i) \tag{4-16}$$

上限公式：

$$M_o = U_i - \frac{f_i - f_{i+1}}{(f_i - f_{i-1}) + (f_i - f_{i+1})}(U_i - L_i) \tag{4-17}$$

下面计算例4-11中的众数。

下限公式：

$$M_o = L_i + \frac{f_i - f_{i-1}}{(f_i - f_{i-1}) + (f_i - f_{i+1})}(U_i - L_i) = 56000 + \frac{360 - 245}{(360 - 245) + (360 - 280)} \times 1000$$
$$= 56589.74(元)$$

上限公式：

$$M_o = U_i - \frac{f_i - f_{i+1}}{(f_i - f_{i-1}) + (f_i - f_{i+1})}(U_i - L_i) = 57000 - \frac{360 - 280}{(360 - 245) + (360 - 280)} \times 1000$$
$$= 56589.74(元)$$

上限公式和下限公式计算结果相等。事实上，很容易证明由这两个公式计算出来的众数是相等的。因此，在计算时可选用其中任何一个公式进行计算。

6. 分位数

分位数是指按顺序排列的一组数据被划分为若干个相等部分的分割点的数值。常用的分位数有四分位数、十分位数和百分位数。将数据按大小顺序排列后分割成四等份，得到三个分割点，每个分割点上的数值称为四分位数。可类似地给出十分位数和百分位数的定义。

下面主要讨论四分位数的计算。

1）计算未分组数据的四分位数

假设有某一未分组的 N 个数据，其四分位数计算步骤如下：

（1）将数据按大小顺序排列。

（2）计算第 i 个四分位数 Q_i 的位置 $W_i = \dfrac{i}{4}(N+1)$。

（3）若 W_i 是整数，则所求四分位数为该位置上的数值；若 W_i 不是整数，则取第 $[W_i]$ 与第 $[W_i]+1$ 位置上的两个数值的平均数为所求四分位数（这里 [ ] 表示不大于 W_i 的最大整数，如 [3.25]=3）。

【例 4-12】 某企业 25 名员工的年龄（单位：岁）如下（已按大小顺序排列）：

25、27、29、30、30、32、33、35、37、38、38、39、40、41、43、44、45、47、49、50、51、52、53、55、56，求 Q_1 和 Q_3。

解：第一个四分位数 Q_1 的位置 $W_1 = \dfrac{1}{4}(25+1) = 6.5$，所以 $Q_1 = \dfrac{32+33}{2} = 32.5$

第三个四分位数 Q_3 的位置 $W_3 = \dfrac{3}{4}(25+1) = 19.5$，所以 $Q_3 = \dfrac{49+50}{2} = 49.5$

2）计算分组数据的四分位数

对于分组数据，用 $\dfrac{iN}{4}$（i=1,2,3）来确定第 i 个四分位数所在的位置，四分位数的近似值可用下列公式计算。

$$Q_1 = L_i + \dfrac{\dfrac{iN}{4} - F_{i-1}}{f_i} d_i \qquad (4\text{-}18)$$

式中，L_i 表示第 i 个四分位数所在组的下限；f_i 表示第 i 个四分位数所在组的次数；N 表示总次数；F_{i-1} 表示累计至第 i 个四分位数所在组前一组的累计次数；d_i 表示第 i 个四分位数所在组的组距。

【例 4-13】 某企业 150 名员工的年龄分布表如表 4-9 所示。

表 4-9 年龄分布表

年龄（岁）	20～29	30～39	40～49	50～59	合计
人数	31	45	48	26	150

求 Q_1 和 Q_3。

解：Q_1 所在的位置 $W_1 = \dfrac{1 \times 150}{4} = 37.5$，所以 Q_1 位于第二组，由式（4-18）可得

$$Q_1 = 30 + \dfrac{37.5 - 31}{45} \times 9 = 31.3 \text{（岁）}$$

Q_3 所在的位置 $W_3 = \dfrac{3 \times 150}{4} = 112.5$，所以 Q_3 位于第三组，由式（4-18）可得

$$Q_3 = 40 + \dfrac{112.5 - 76}{48} \times 9 = 46.8 \text{（岁）}$$

4.3.4 平均指标的运用

平均指标在统计分析中应用非常广泛，但它是一个抽象化的指标，它掩盖了现象总体各单位标志值的具体差异，因此在运用平均指标分析问题时，应该遵循如下原则。

1．必须在同质总体中应用平均指标

社会经济现象总体的同质性是应用平均指标的基本要求，要使平均指标真正成为反映现象总体数量特征的代表值，它就只能对同质总体加以计算。同质性是指构成现象总体的各个单位都具有某一共同的标志表现。例如，在计算居民平均收入时，要按城镇居民、农村居民分别来计算；社会成分都表现为"工人"，才能计算工人的平均工资。

2．根据数据特征及说明对象选择合适的平均指标

对名义级数据通常运用众数；对顺序级数据通常运用众数和中位数；对刻度级数据，同样可以运用众数和中位数，还可以运用算术平均数或几何平均数。对于同一组刻度级数据来说，平均数、众数、中位数往往不同。作为集中趋势度量究竟哪一个的代表性更强一些，不能一概而论，还需要考虑数据的分布状况。若用算术平均数作为集中趋势度量，则要求各单位标志值变化差异不大；当单位标志值变化差异较大时，可考虑使用中位数；若某一标志值的次数占总次数的比例较大时，则应使用众数。若数据的乘积有一定的经济意义，则可以运用几何平均数来反映现象变化的一般水平。

3．总平均数要和组平均数结合运用

总平均数是根据总体各单位标志值计算的平均数，组平均数是由组内各单位标志值计算的。总平均数能反映总体的一般水平，却掩盖了内部各组成部分的数量差异。所以，在分析现象总体的一般水平时，可将总平均数和组平均数相结合应用，才能正确认识事物的实质。

4.4 离中趋势测度

4.4.1 变异指标的概念

平均指标用来反映现象的集中趋势，也就是说它能反映总体中各单位相互差异标志值的共性。但为了更全面地研究总体的数量状况，还需要测度总体中各单位相互差异的程度，也就是现象的离中趋势，一般用变异指标（或称变动指标、标志变动度）来描述。变异指标是反映总体各单位标志值分布特征的重要综合指标，它能反映总体各单位标志值的差异大小或程度，也就是能反映分配数列中以平均数为中心各标志值的大小范围或差异程度。

4.4.2 变异指标的分类

变异指标分为绝对变异指标和相对变异指标两类。绝对变异指标包括极差、四分位差、平均差、方差、标准差等，相对变异指标包括极差系数、平均差系数和标准差系数等。

1．绝对变异指标

1）极差

极差又称全距，是总体单位中变量的最大值与最小值之差，一般用 R 表示。

2）四分位差

四分位差也称内距或四分间距，它是指上四分位数（位于 75%）与下四分位数（位于 25%）的差。四分位差能够避免次数分配数列中两端极端数值的影响，中间部分数列分配越集中，标志值的差异越小，四分位差也越小。

3）平均差

平均差是总体各单位标志值与算术平均数的离差绝对值的算术平均数。它表示总体各单位标志值与算数平均数的平均差异程度。平均差越大，表明各标志值与算术平均数的差异程度越大，该算术平均数的代表性越小。

4）方差

方差是总体各单位标志值与其算术平均数的离差平方和的平均数。由于方差的计量单位和量纲不便于从经济意义上进行解释，所以在实际统计工作中多用方差的算术平方根——标准差来测度统计数据的差异程度。

5）标准差

标准差是总体各单位标志值与平均数离差平方的算术平均数的平方根。它是最常用、最重要的标志变异指标之一，是反映标志变动度最合理的指标之一。

2．相对变异指标

相对变异指标是指极差、平均差和标准差与其算术平均数的比值，分别称为极差系数、平均差系数和标准差系数，其中标准差系数是应用较广泛的一种。

4.4.3　变异指标的度量

1．极差

极差用字母 R 表示，其计算公式为

$$R = 最大标志值 - 最小标志值 \tag{4-19}$$

【例 4-14】 假设有两组学生，他们的身高数据（单位：厘米）如下：

第一组：110、111、112、113、113、114、115、116、117、119

第二组：101、108、108、110、114、115、120、120、121、123

计算这两组学生的身高极差。

解：上述两组学生身高的极差分别为

第一组　$R_1 = 119 - 110 = 9$ 厘米

第二组　$R_2 = 123 - 101 = 22$ 厘米

由极差的定义可知，可用极差来度量一组数据的离中趋势，其优点是容易理解、计算简便，其缺点是只考虑最大和最小这两个极端数值，因而易受极端值影响，并且未考虑数据的分布情况。

【例 4-15】 假设有如下两组数据资料。

第一组：3、3、4、5、6、6、7、9、10、11、12

第二组：3、8、8、9、9、9、10、11、11、12

两组数据的极差都是 9，第一组数据的均值为 7，第二组数据的均值为 9。从数据的分布可以看出，第一组数据分散分布在 3～12 之间，而第二组数据大部分分布在均值周围，说明极差相同的几组数据其数据的分布情况也可能差异很大。

极差简单易测，虽然有较严重的缺陷，但在实际工作中还是应用较多，如在正常生产情况下用极差来检测产品质量的稳定性。在沪深股市中，要记录各股票当天的最高价和最低价，极差能说明当天成交价格的变动范围。

2．四分位差

四分位差是上四分位数（Q_3）与下四分位数（Q_1）的差。其计算公式为

$$Q_d = (Q_3 - Q_1) \tag{4-20}$$

在例 4-13 中，某企业 150 名员工年龄的四分位差为 $Q_d=Q_3-Q_1=47.6-31.44=16.16$。表明该企业 150 名员工中有 50%的人年龄集中在 31.44～47.6 岁，最大差异为 16.16 岁。

四分位差反映了中间 50%数据的离散程度，其数值越小，说明中间的数据越集中；其数值越大，说明中间的数据越分散。四分位差不受极值的影响。此外，由于中位数处于数据的中间位置，因此四分位差的大小在一定程度上也说明了中位数对一组数据的代表程度。四分位差主要用于测度顺序数据的离散程度。对于数值型数据也可以计算四分位差，但不适合分类数据。

3．平均差

平均差是总体各单位标志值对其算术平均数的离差绝对值的算术平均数。平均差之所以用离差的绝对值，是因为任何数列各标志值与算术平均数的正负离差之和都等于 0，而取绝对值可以不考虑离差的正负号，只考虑离差数的大小。平均差通常用 M_d 表示。

（1）计算未分组数据，平均差的计算公式如下。

$$M_d = \frac{\sum_{i=1}^{n}|x_i - \bar{x}|}{n} \tag{4-21}$$

【例 4-16】 某班 5 位学生的数学成绩分别为 60 分、70 分、80 分、90 分、100 分，计算平均差。

解：根据式（4-21）计算，得

$$M_d = \frac{|60-80|+|70-80|+|80-80|+|90-80|+|100-80|}{5} = 12（分）$$

（2）计算分组数据，要用加权平均差公式。

$$M_d = \frac{\sum_{i=1}^{n}|x_i - \bar{x}|f_i}{\sum_{i=1}^{n}f_i} \tag{4-22}$$

【例 4-17】 某企业的季度奖金分组的组距数列如表 4-10 所示的某企业职工工资分布情况中的前两列，计算平均差。

表 4-10 某企业职工工资分布情况

季度奖金（元）	组中值 x	人数 f	xf	$x-\bar{x}$	$|x-\bar{x}|f$
2500~2700	2600	15	39000	−500	7500
2700~2900	2800	25	70000	−300	7500
2900~3100	3000	35	105000	−100	3500
3100~3300	3200	65	208000	100	6500
3300 以上	3400	40	136000	300	12000
合计	—	180	558000	—	37000

解：根据式（4-22）计算得

$$M_{\mathrm{d}} = \frac{\sum_{i=1}^{n} |x_i - \bar{x}| f_i}{\sum_{i=1}^{n} f_i} = \frac{37000}{180} = 200.6 \ （元）$$

4. 方差和标准差

方差和标准差是测算离中趋势较重要、较常用的方法，方差通常用 σ^2 表示，标准差用 σ 表示。其计算公式分别为

$$\sigma^2 = \frac{\sum_{i=1}^{n} (x_i - \bar{x})^2}{n}, \quad \sigma = \sqrt{\frac{\sum_{i=1}^{n} (x_i - \bar{x})^2}{n}} \tag{4-23}$$

对于分组数据资料，则以次数加权，有

$$\sigma^2 = \frac{\sum_{i=1}^{n} (x_i - \bar{x})^2 f_i}{\sum_{i=1}^{n} f_i}, \quad \sigma = \sqrt{\frac{\sum_{i=1}^{n} (x_i - \bar{x})^2 f_i}{\sum_{i=1}^{n} f_i}} \tag{4-24}$$

从方差和标准差的定义和计算公式可看出，方差和标准差通过对离差进行平方来避免正负离差的互相抵消，其优点不仅在于它在度量数据离散程度的大小时利用了所有数据，而且避免了绝对值计算，使数学上的处理更加方便。此外，方差在统计推断上具有较佳的统计与数学性质，这就使方差与标准差成为较重要的离中趋势度量。

【例 4-18】 假设有两组学生的英语考试成绩（单位：分）如下：

第一组：54、58、61、72、83、85、92、95

第二组：31、47、60、75、76、84、92、93、95、97

计算其方差和标准差。

解：这两组数据的均值均为 75，直接将这两组数据代入计算公式，有

$$\sigma_1^2 = \frac{\sum_{i=1}^{8} (x_i - \bar{x})^2}{8} = 223.5, \quad \sigma_2^2 = \frac{\sum_{i=1}^{10} (x_i - \bar{x})^2}{10} = 452.4$$

相应地有 $\sigma_1 = \sqrt{\sigma_1^2} = \sqrt{223.5} = 14.95$，$\sigma_2 = \sqrt{\sigma_2^2} = \sqrt{452.4} = 21.27$。

计算结果表明：这两组学生的英语平均成绩相同，但第一组学生的英语平均成绩的方差和标准差小于第二组学生的英语平均成绩的方差和标准差，说明第一组学生的英语成绩的差异比第二组学生的英语成绩的差异小，因而第一组学生的英语平均成绩比第二组学生的英语平

均成绩更有代表性。

5. 相对变异指标

前面介绍的极差、四分位差、平均差、方差和标准差都属于绝对变异指标，共同点是它们都带有与原资料相同的计量单位。当几个数列的平均水平相等时，对比数列标志值间的变异程度及平均水平的代表性，可用绝对数形式的变异指标。指标值越大，说明变异程度越大，平均水平的代表性越差。但在对两个或多个变量数列的离散程度进行比较时，如果绝对变异指标的单位不同，或者这些变量数列的均值不同，则不能用绝对变异指标来比较它们的离散程度，这时就需要计算变异系数。变异系数是以相对数形式表示的变异指标，它反映的是单位平均水平下标志值的离散程度。

变异系数的计算公式为

$$变异系数 = \frac{绝对数变异指标}{相对应的算术平均数} \times 100\% \tag{4-25}$$

下面介绍几种常用的相对变异指标。

1）极差系数

用 V_R 表示极差系数，其计算公式为

$$V_R = \frac{R}{\bar{x}} \times 100\% \tag{4-26}$$

【例4-19】 假设有两个生产小组，其中甲组有 5 名工人，乙组有 8 名工人，两组的日产量数据分别为

甲组日产量（件）：30、35、40、42、43

乙组日产量（台）：6、6、7、7、7、8、9、9

解：甲组的极差 $R_甲$=13（件），均值 $\bar{x}_甲 = 38$（件）；

乙组的极差 $R_乙$=3（台），均值 $\bar{x}_乙 = 7.375$（台）；

极差系数分别为

$$V_{R甲} = \frac{R_甲}{\bar{x}_甲} \times 100\% = \frac{13}{38} \times 100\% = 34.21\%$$

$$V_{R乙} = \frac{R_乙}{\bar{x}_乙} \times 100\% = \frac{3}{7.375} \times 100\% = 40.68\%$$

虽然 $R_甲 > R_乙$，但还不能据此就得出甲组日产量的离散程度大于乙组日产量的离散程度，甲组日产量均值的代表性小这一结论。事实上，由于甲组日产量的极差系数小于乙组日产量的极差系数，因此，相对而言，甲组日产量的离散程度越小，其均值的代表性越大。

2）标准差系数

用 V_σ 表示标准差系数，其计算公式为

$$V_\sigma = \frac{\sigma}{\bar{x}} \times 100\% \tag{4-27}$$

【例4-20】 两组学生的身高数据（单位：厘米）如下：

第一组：156、158、160、163、169、169、170、171、175、181、167、155

第二组：131、133、137、141、143、145、146、147、150、156、143

解：第一组学生身高的均值和标准差分别为 $\bar{x}_1 = 166.2\text{cm}$，$\sigma_1 = 7.61\text{cm}$。

第二组学生身高的均值和标准差分别为 $\bar{x}_2 = 142.9\text{cm}$，$\sigma_2 = 7.29\text{cm}$。

两组学生身高的标准差系数分别为

$$V_{\sigma_1} = \frac{\sigma_1}{\bar{x}_1} \times 100\% = \frac{7.61}{166.2} \times 100\% = 4.58\%$$

$$V_{\sigma_2} = \frac{\sigma_2}{\bar{x}_2} \times 100\% = \frac{6.95}{142.9} \times 100\% = 4.86\%$$

因此第一组数据平均值的代表性大。

4.4.4　变异指标的运用

变异指标可以揭示数据偏离中心的程度，还可以反映数据的均衡性，在运用变异指标来反映总体特征时，要遵循如下原则。

1．选择合适的变异指标补充说明平均指标

在统计分析中，要注意运用变异指标补充说明总平均数代表性的高低。在对比分析两个或者两个以上的同类现象时，如果它们的平均水平相同或差异很小，则可直接依据绝对变异指标的大小对现象进行评价；如果它们的平均水平差异很大，则需要依据相对变异指标才能对现象做出恰当评价。

2．变异指标和总量指标、相对指标结合运用

在分析生产经营情况的均衡性、节奏性及产品的稳定性等方面时，标志变异指标都具有广泛的运用。但在运用过程中，要注意相应的总量指标、相对指标是否达到要求，不是越均衡越稳定就越好。例如，某生产小组每个月都完不成计划任务，产量数据的标准差比较小，数据相对稳定，但总产量任务未完成，这样的均衡是没有意义的。

4.5　分布形态测度

上两节中讨论了集中趋势和离中趋势度量。然而，当两组数据的平均指标和变异指标都相同时，其次数分布的形状可能并不完全一样。因此要完整地描述数据分布的特征，还需要引入偏态和峰态的度量。

4.5.1　偏态的度量

"偏态"一词是由统计学家皮尔逊于 1895 年首次提出的，它是对数据分布对称性的度量。虽然两组数据的平均数与标准差都相同，但可能由于各自不同的偏斜情况，使次数分配的形状不相同。度量偏态的统计量是偏态系数。

偏态系数是指用算术平均值与中位数之差对标准差的比率来度量偏斜的程度。用 SK 表示偏态系数，其计算公式为

$$\text{SK} = \frac{3 \times (\text{算术平均值} - \text{中位数})}{\text{标准差}} = \frac{3 \times (\bar{x} - M_e)}{\sigma} \tag{4-28}$$

或

$$SK = \frac{\text{算术平均值－众数}}{\text{标准差}} = \frac{\bar{x} - M_0}{\sigma} \qquad (4-29)$$

当次数分布的形态为偏态分布时，算术平均值、中位数和众数是互不相同的；当次数分布的形态为对称分布时，算术平均值、中位数和众数三者相等。算术平均值与众数分别位于中位数的两侧。偏态系数就是用来度量这种分布的非对称程度的指标。偏态系数不仅可以度量非对称（偏态）程度的大小，还可以说明偏斜的方向。当 $\bar{x} > M_e$ 时，偏态系数为正值，是一种右偏的分布；当 $\bar{x} < M_e$ 时，偏态系数为负值，是一种左偏的分布。

【例 4-21】 计算下面两组数据的偏态系数。

第一组：5、6、8、9、11、14、17

第二组：3、4、5、7、9、10、11、12、12、14、15

解： 这两组数据的均值分别为 10、9.27；标准差分别为 4.32、4.05；中位数分别为 9、10。

两组数据的偏态系数为

$$SK_1 = \frac{3 \times (10-9)}{4.32} = 0.69, \quad SK_2 = \frac{3 \times (9.27-10)}{4.05} = -0.54$$

第一组数据的偏态系数大于 0，是一种右偏的分布。

第二组数据的偏态系数小于 0，是一种左偏的分布。

4.5.2 峰态的度量

"峰态"一词是由统计学家皮尔逊于 1905 年提出的，是对数据分布平峰和尖峰程度的测度。两组数据的偏态系数相同，但其次数分配的形状不一定相同，如有两组数据，其次数分布表如表 4-11 所示。

表 4-11 次数分布表

数值	1	2	3	4	5	6	7
第一组次数	0	3	3	4	3	3	0
第二组次数	1	1	1	10	1	1	1

两组数据的平均数都是 4，标准差分别为 1.37 和 1.32，偏态系数都是 0，将两组数据描绘在次数分布图上（如图 4-1 所示），可以看出两个图形明显不同。

虽然两组数据的标准差有所不同，但这并不是导致两个图形明显不同的主要原因。事实上，即使两组数据的平均数相等、标准差相等、偏态系数也相等，这两组数据的次数分布图也可能不同。比较这两组数据的次数分布图发现：第二组数据的高峰高于第一组数据的高峰。

度量次数分布曲线的扁平程度的统计量是峰态系数。用 K 表示峰态系数，K 的计算公式为

$$K = \frac{m_4}{\sigma^4} \qquad (4-30)$$

式中，m_4 表示变量 X 的四阶中心矩，即 $m_4 = \frac{1}{n} \sum_{i=1}^{n} (x_i - \bar{x})^4$；$\sigma^4$ 表示标准差的四次方。

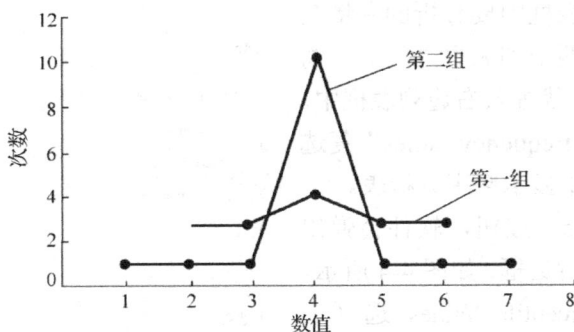

图 4-1　次数分布图

通过计算得到标准正态分布的峰态系数为 3，可根据峰态系数的大小对峰态进行分类。K = 3，峰态适中，称为常态峰；$K > 3$，称为高狭峰（对应的分布称为尖峰分布），数据分布集中；$K < 3$，称为低阔峰（对应的分布称为扁平分布）。数据分布图如图 4-2 所示。

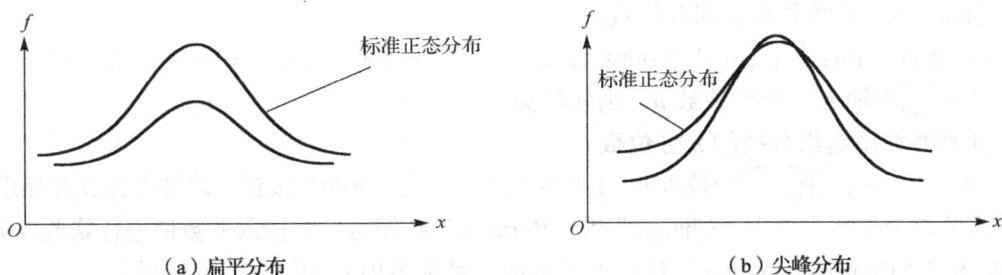

（a）扁平分布　　　　　　　　　　　　　（b）尖峰分布

注：峰态系数的计算公式也可以是 $K = \dfrac{m_4}{\sigma^4} - 3$。

图 4-2　数据分布图

4.6　用 SPSS 分析数据特征

度量统计数据特征的指标可以很方便地使用统计软件 SPSS 来进行计算，本节通过实例来说明如何用 SPSS 度量数据的集中趋势、离中趋势，以及偏态和峰态等。

4.6.1　测度数据模块介绍

测度一组数据的均值、中位数、众数、最大值、最小值、分位数（四分位数、十分位数和百分位数）、极差、方差、标准差等指标使用 SPSS 中的频率分析模块（Frequency Process）。

在启动 SPSS，读入数据后，从主菜单 Analyze 开始，依次单击 "Analyze" → "Descriptive Statistics" → "Frequencies" 菜单命令，软件会弹出 "Frequencies" 对话框，如图 4-3 所示。

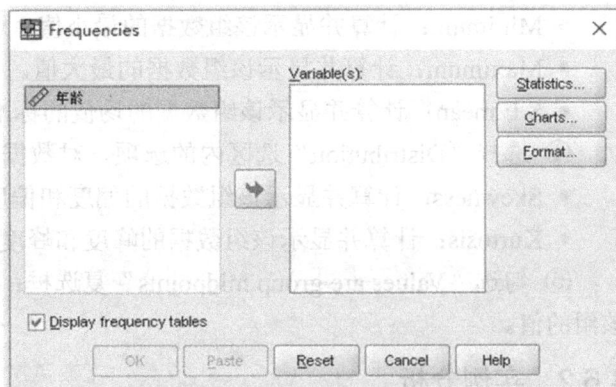

图 4-3　"Frequencies" 对话框

（1）先单击左边列表框中要分析的变量名（可选多个），然后单击两个列表框之间的"箭头"按钮，选中的变量名就进入右边列表框中。

（2）勾选"Display frequency tables"复选框，软件会在分析结果中显示频率分析表。

（3）单击"Statistics"按钮，软件会弹出"Frequencies: Statistics"对话框，如图4-4所示。

该对话框分为 Percentile Values 选区、Central Tendency 选区、Values are group midpoints 复选框、Dispersion 选区和 Distribution 选区五部分。下面分别说明各部分的意义。

① 选择"Percentile Values"选区内的选项（可选多项），做分位数分析。

- Quartiles：计算并显示四分位数。
- Cut points for：□ equal Qroups 选项：若在□中输入一个正整数 n，则软件会计算并输出这组数据的 n 分位数。

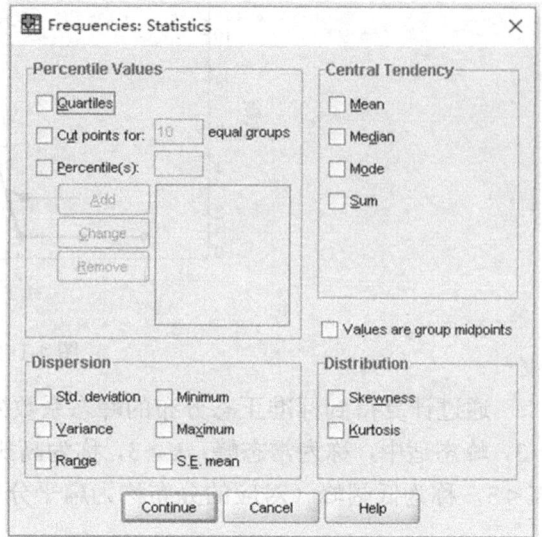

图4-4 "Frequencies: Statistics"对话框

- Percentile(s)：在□中输入0～100的数值，单击"Add"按钮，软件会计算并显示所选择的百分位数。单击"Change"或"Remove"按钮可以对输入的数值进行修改或删除。

② 选择"Central Tendency"选区内的选项（可选多项），做集中趋势分析。

- Mean：计算并显示该组数据的均值。
- Median：计算并显示该组数据的中位数。
- Mode：计算并显示该组数据的众数。
- Sum：计算并显示该组数据的累加和。

③ 选择"Dispersion"选区内的选项（可选多项），做离中趋势分析。

- Std.deviation：计算并显示该组数据的标准差。
- Variance：计算并显示该组数据的方差。
- Range：计算并显示该组数据的极差。
- Minimum：计算并显示该组数据的最小值。
- Maximum：计算并显示该组数据的最大值。
- S.E.mean：计算并显示该组数据的均值的标准误差。

④ 选择"Distribution"选区内的选项，对数据分布的偏斜度进行分析。

- Skewness：计算并显示该组数据的偏度和偏度的标准误差。
- Kurtosis：计算并显示该组数据的峰度和峰度的标准误差。

⑤ 勾选"Values are group midpoints"复选框：如果数据已分组，就用各组的中位数代表该组的值。

4.6.2 实例分析

【例4-22】某班学生年龄（单位：岁）如下：

18、23、22、19、25、23、24、19、17、19、22、20、22、21、20、23、19、18、20、21、

22、20、23、20、21、20

用频率分析模块对该组数据进行分析。

解:

1. 集中趋势分析

在图 4-4 所示的对话框中，勾选 "Quartiles" "Cut points for: □ equal groups" 复选框: 在 □ 中输入一个正整数 10, 则软件会计算并输出这组数据的四分位数和十分位数。分位数表如表 4-12 所示。

勾选 "Mean" "Median" "Mode" 复选框, 软件会输出集中趋势表, 如表 4-13 所示。

表 4-12　分位数表

年龄

N		valid	26
		Missing	0
Percentiles		10	18.00
		20	19.00
		25	19.00
		30	20.00
		40	20.00
		50	20.50
		60	21.20
		70	22.00
		75	22.25
		80	23.00
		90	23.30

表 4-13　集中趋势表

年龄

N	valid	26
	Missing	0
Mean		20.81
Median		20.50
Mode		20

2. 离中趋势分析

在图 4-4 所示的对话框中, 勾选 "Std.deviation" "Variance" "Range" 复选框, 软件会输出离中趋势表, 如表 4-14 所示。

表 4-14　离中趋势表

年龄

N	valid	26
	Missing	0
Std.Deviation		2.000
Variance		4.002
Range		8

3. 偏态与峰态分析

在图 4-4 所示的对话框中, 勾选 "Skewness" "Kurtosis" 复选框, 软件会输出偏斜度与峰度,如表 4-15 所示。

表 4-15 偏斜度与峰度

年龄

N		valid	26
		Missing	0
Skewness			0.156
Std.Error of Skewness			0.456
Kurtosis			−0.560
Std.Error of Kurtosis			0.887

思考与练习

1．常用的度量总体的总量特征的指标是什么？如何分类？

2．常用的度量集中趋势和离中趋势的指标有哪些？如何计算？

3．标准差系数和标准差有何区别？什么情况下要用标准差系数？

4．现有甲、乙两国钢产量和人口资料如表 4-16 所示。

表 4-16 甲、乙两国钢产量和人口资料

指标名称	甲国		乙国	
	2021 年	2022 年	2021 年	2022 年
钢产量（万吨）	3000	3300	5000	5250
年平均人口数（万人）	6010	6056	7143	7192

要求：通过计算动态相对指标、强度相对指标和比较相对指标来简单分析甲、乙两国钢产量的发展情况。

5．2022 年 3 月，甲、乙两农贸市场某农产品的价格、成交额和成交量资料如表 4-17 所示。

表 4-17 甲、乙两农贸市场某农产品的价格、成交额和成交量资料

品种	价格（元/斤）	甲市场成交额（万元）	乙市场成交量（万斤）
甲	2.0	2.0	1.9
乙	2.2	2.5	2.0
丙	2.4	1.8	1.6
合计	—	6.3	5.5

试问哪个市场农产品的平均价格较高？

6．甲、乙两城市大学生个人月消费额分组资料如表 4-18 所示。

表 4-18 甲、乙两城市大学生个人月消费额分组资料

月消费额（元）	人数（人）	
	甲城市	乙城市
1000 以下	200	150
1000~1200	300	240
1200~1400	600	380
1400~1600	500	510
1600~1800	400	400

月消费额（元）	人数（人）	
	甲城市	乙城市
1800～2000	300	280
2000 以上	200	240
合计	2500	2200

试比较两城市大学生月消费额的离散程度。

7. 某厂甲、乙两个生产小组，每组有 10 名工人，每个小组工人的日生产量（单位：台）记录如下：

甲组：48、54、58、72、80、95、104、105、110、118

乙组：58、60、65、69、71、72、73、75、80、88

计算：

（1）甲、乙两组工人的平均日产量。

（2）极差、标准差及标准差系数。

（3）比较甲、乙两组的平均产量的代表性。

8. 某企业的销售额 2017 年比 2016 年增长了 7.5%，2018 年比 2017 年增长了 9.8%，2019 年比 2018 年增长了 6.3%，2020 年比 2019 年增长了 11.4%，2021 年比 2020 年增长了 1.4%；计算 2017 年至 2021 年该企业销售额的平均增长速度。

9. 某生产车间 60 名工人日加工零件数（件）如下：

21、24、26、50、48、27、32、38、45、39、29、46、46、50、31、35、38、47、49、29、27、49、32、36、41、40、33、39、28、44、48、39、28、45、45、36、21、48、24、27、33、43、44、46、29、28、37、31、28、44、46、37、41、46、49、29、21、48、39、41

要求：

（1）根据以上资料分成如下几组：21～25、26～30、31～35、36～40、41～45、46～50，计算各组的频数和频率，编制次数分布表。

（2）根据整理表计算工人的平均日产零件数。

（3）根据分组后的数据计算日加工零件数的中位数和众数。

10. 测度数据分布形状的统计量有哪些？如何度量？

第5章　参数估计

◆ 学习目标

学习目标

- ◆ 理解参数估计的基本概念。
- ◆ 理解点估计与区间估计的区别。
- ◆ 了解评价估计量优良性的标准。
- ◆ 熟练掌握单个总体参数的区间估计方法。
- ◆ 掌握样本容量的确定方法。
- ◆ 了解 SPSS 参数估计的方法。

重点与难点

- ◆ 根据不同情况选择适当的统计量做参数估计。
- ◆ 单个总体参数的区间估计方法中置信区间的构成。

案例导入

新型冠状病毒感染潜伏期分布的参数估计

2020 年初在中国湖北省武汉市陆续发现了多例新型冠状病毒感染（COVID-19）的患者，随着 COVID-19 的蔓延，中国其他地区也相继发现了此类病例。截至 2020 年 3 月 7 日，国内已报告 COVID-19 的病例 8 万余例，造成 3000 多例死亡，全球除中国外已报告 COVID-19 超过 20000 例（据百度网站及丁香医生网站上 COVID-19 实时大数据报告）。我们对于 COVID-19 的流行病特征等仍不是很了解，其中一项很重要的特征就是 COVID-19 的潜伏期。

疾病潜伏期是指某病患者从感染到最早临床症状出现的这一段时间区间。潜伏期的估计在流行病学调查和制定疾病防治措施中具有重要的意义和用途。潜伏期的取值范围对流行病学病例的定义是至关重要的，并可以用来确定合适的隔离时间，此外，对潜伏期的了解有助于评估入境筛查和接触者追踪的有效性。在估计 COVID-19 的规模和传播潜力时，需要用到潜伏期分布。对 COVID-19 潜伏期分布情况所做的精确估计能为灵活确定感染人群的医学观察期或隔离观察期提供重要的支持证据。中国疾病预防控制中心对截至 2020 年 2 月 11 日报告的 COVID-19 病例的流行病学特征进行了描述和分析，为国际社会提供了有关 COVID-19 的重要信息。其指出"一些重要的科学问题仍待回答，包括动物宿主的识别、传染期的确定、传播途径的识别、有效治疗和预防方法的开发"。

本报告数据采用从 2020 年 1 月 13 日到 2020 年 2 月 18 日，共 543 个 COVID-19 确诊病例，其中 291 例来自中国内地及港澳台地区以外的 23 个国家与地区，其余 252 例来自中国内地 25 个省及港澳台地区，男性 281 人（52%），女性 198 人（36%），未给出性别 64 人。武汉接触史情况：武汉居民 186 人（34%），访问过武汉 152 人（28%），武汉接触史未知 205 人

（38%）。本研究根据中国省级疾病控制中心等机构公开报道的信息整理而来的流行病学数据，对 COVID-19 的潜伏期分布进行参数估计。根据计算，潜伏期中位数约为 5.5 天，在对数正态假设下潜伏期以 95%的可能性落在[2.01,15.36]。以对数正态分布进行分析，得到潜伏期服从的对数正态分布为 $\log(T)\sim N(1.712,0.514)$，进一步计算发现，潜伏期超过 14 天的概率为 3.56%，潜伏期超过 24 天的概率为 0.22%，潜伏期超过 34 天的概率只有 0.02%。通过随机模拟，我们得到如下结论：95%的人潜伏期在 13 天以内，通过观察 70000 个病例，发现最长潜伏期中位数为 49.6 天。

自 COVID-19 发生以来，中国坚持把人民生命安全和身体健康放在第一位，提出了"坚定信心、同舟共济、科学防治、精准施策"的总要求，明确"坚决遏制疫情蔓延势头、坚决打赢疫情防控阻击战"的总目标，用 3 个月左右的时间取得武汉保卫战、湖北保卫战的决定性成果。从提出"早发现、早报告、早隔离、早治疗"到实现"应检尽检、应隔尽隔、应收尽收、应治尽治"，从集中收治的 COVID-19 患者治疗费用由国家承担到全民免费接种新冠疫苗、新冠治疗药物纳入医保，党和国家领导人始终以人民为中心，中国防控措施减少了数以百万计的人员病亡。此外，2020 年，中国在全球主要经济体中率先实现了经济正增长，2021 年、2022 年经济总量接连突破 110 万亿元、120 万亿元，2020—2022 年国内生产总值年均增长率约为 4.5%，远高于世界同期的平均水平和美国、欧盟、日本等的年均增长率。中国在统筹疫情防控和经济社会发展均取得了重大、积极的成果。

资料来源：邱明悦，胡涛，崔恒建. 双区间删失下新冠病毒肺炎潜伏期分布的参数估计[J]. 应用数学学报，2020，43（2）：200-210.

5.1　参数估计的基本概念

抽样调查是从被调查者中按随机化的原则抽取一部分单位进行调查，并用这部分单位的数据资料推断总体数量特征的一种非全面调查方法。抽样推断是在抽样调查的基础上，采用抽样单位的实际资料去推算相应的总体特征的一种统计分析方法。抽样推断包括参数估计和假设检验两部分，本章讨论参数估计，介绍参数估计的基本概念、点估计和区间估计、样本容量的确定，以及如何用 SPSS 进行参数估计等。

5.1.1　全及总体和抽样总体

根据一定的研究目的和要求所确定的研究对象的全体称为全及总体，简称总体。例如，研究中国城镇居民家庭的收入情况，所有的城镇居民户就构成了一个全及总体。全及总体所包含的单位数称为总体容量，用 N 表示。

从全及总体中按随机原则抽取一部分单位所构成的集合体称为抽样总体，简称子样或样本。前述研究中国城镇居民家庭的收入情况，若从全部家庭户中抽取 500 万户进行调查，这 500 万户所构成的总体就是一个抽样总体。抽样总体所包含的单位数称为样本容量，用 n 表示。至于抽样总体的单位数是多少才算合适，必须根据研究目的、任务和研究对象的特点来决定。一般情况下，当 $n\geq30$ 时，称为大样本；当 $n<30$ 时，称为小样本。n/N 称为抽样比例。

实际上，抽样本身是一种手段，我们在研究中往往只关心总体的某些数量特性和分布情况。上例中城镇居民家庭的收入、消费、储蓄等都是我们关注的数量特征，通常用变量 X 来代表总体的数量特征。设 X 是一个随机变量，$X_1, X_2, \cdots, X_n$ 是一组相互独立且与 X 具有相同分布的随机变量，称 X 为总体，$X_1, X_2, \cdots, X_n$ 为来自总体的简单随机样本，简称样本。若无特殊说明，则以下所说的样本都是指简单随机样本。

5.1.2 总体指标和样本指标

根据总体计算的综合指标称为总体指标。由于研究某一特定问题时，总体是唯一确定的，根据总体计算的总体指标也是唯一确定的，但往往是未知的，称为总体参数。总体参数主要有总体均值、总体成数、总体方差和总体标准差。

根据抽样总体计算的综合指标称为样本指标。研究某一特定问题时，样本指标不是唯一确定的，而是一个随样本不同而变化的随机变量。样本指标要和总体指标相对应，主要有样本平均数、样本成数、样本方差和样本标准差，抽取出一个样本后可以计算其数值，得到一组样本的观察值。

5.1.3 重复抽样和不重复抽样

重复抽样是指先从总体中随机抽出一个单位记录其特征，再放回总体中参加下一次抽取，每次抽取时总体单位数相同，每个单位被抽中和不被抽中的机会在各次是相同的，即每次抽样是相互独立的。

不重复抽样是先从总体中随机抽出一个单位记录其特征，不再放回总体中，下一个样本单位从余下的总体单位中抽取，每次抽取时总体单位数不同。不重复抽样的总体单位数随抽取次数的增加而逐渐减少。每个单位被抽中和不被抽中的机会在各次是不同的，即每次抽样不是相互独立的。

例如，在商场的促销活动中，一个大盒子里有四种颜色的乒乓球，分别代表一、二、三等奖和参与奖，某位顾客先从中抽取一个乒乓球，观察其颜色，确定所获奖的等级，然后将球放回盒子中，下一位顾客再抽奖。对参加抽奖的每位顾客而言，中奖的机会是一样的，这属于重复抽样。

5.2 统计量与抽样分布

统计量与抽样分布

5.2.1 统计量

统计量是统计学中的一个重要概念。当总体分布或总体分布参数未知时，需要依据样本资料进行推断。由于样本来自总体，其中必含有与总体有关的信息，通过科学方法抽取出来的样本，能够在一定程度上代表总体。但仅有样本资料还不够，还必须学会对样本信息进行有针对性的加工和提炼。这些加工处理的办法，就构成了统计推断模型，统计量就是相对于统计推断模型而言的。

定义：设 $X_1, X_2, \cdots, X_n$ 是总体 X 的样本，$g(X_1, X_2, \cdots, X_n)$ 是一个连续函数，若此函数中不含任何未知参数，则称函数 $g(X_1, X_2, \cdots, X_n)$ 为一个统计量。

例如，样本均值 $\bar{X} = \frac{1}{n}\sum_{i=1}^{n} X_i$，样本方差 $S^2 = \frac{1}{n-1}\sum_{i=1}^{n}(X_i - \bar{X})^2$ 等，便是统计量。

如果 $X_1, X_2, \cdots, X_n$ 只能取 0 或 1 这样的值，则样本成数 $p = \bar{X} = \frac{1}{n}\sum_{i=1}^{n} X_i$ 也是统计量。样本

本均值、样本方差和样本成数，是较为常用的几个统计量。

如果观察到样本 $X_1, X_2, \cdots, X_n$ 的数值，把它们代入统计量中，就得到一个具体的数值，这个数值就是统计量的一个值。不难理解，统计量的值是随样本的不同而发生变化的。需要指出，一个样本不是只能建立一个统计量，其能构造若干个统计量。例如，要估计总体的平均指标，可以选择样本均值、样本众数、样本中位数等作为估计量。究竟选择什么样的统计估计办法，主要取决于统计推断的目的和要求，以及对估计结果好坏的考虑。因此，对样本信息进行加工，需要注意不同的推断要求，以构造合适的统计量。

5.2.2　抽样分布

统计量是样本的函数，那么随着样本的变化，统计量的值彼此之间是有差异的，这说明统计量也是一个变量，而且是一个随机变量。例如，5 名学生的统计学成绩分别是 80 分、85 分、96 分、92 分、78 分，从中任取两名学生的成绩为一个样本，并据此计算样本均值。显然，样本均值随着抽取的样本不同而变化，是一个随机变量，自然就有与概率分布相联系的问题。我们把统计量的概率分布称为抽样分布。

在概率论与数理统计中，我们已经学习了（0,1）分布、二项分布、泊松分布、均匀分布、正态分布和指数分布。除此之外，常见的分布还有 χ^2 分布、t 分布和 F 分布，它们是在正态分布的基础上导出的，一般的抽样推断问题都建立在这些分布的应用上。

1．χ^2 分布

设 $X_1, X_2, \cdots, X_n$ 是相互独立的，且服从标准正态分布 $N(0,1)$ 的随机变量，令 $\chi^2 = X_1^2 + X_2^2 + \cdots + X_n^2$，则称 χ^2 服从自由度为 n 的 χ^2 分布，记作 $\chi^2 \sim \chi^2(n)$。

χ^2 分布有如下性质：

（1）若 $X_1 \sim \chi^2(n_1), X_2 \sim \chi^2(n_2)$，且相互独立，则有 $X_1 + X_2 \sim \chi^2(n_1 + n_2)$。$\chi^2$ 分布具有可加性，可以推广到 k 个 χ^2 变量的情形。

若 $X_1 \sim \chi^2(n_1), X_2 \sim \chi^2(n_2), \cdots, X_k \sim \chi^2(n_k)$，它们都相互独立，则有 $X_1 + X_2 + \cdots + X_k \sim \chi^2(n_1 + n_2 + \cdots + n_k)$。

（2）χ^2 分布曲线的形状随 n 的变化而变化，如图 5-1 所示。

2．t 分布

如果 $X \sim N(0,1), Y \sim \chi^2(n)$，且 X 与 Y 相互独立，则称 $t = \dfrac{X}{\sqrt{\dfrac{Y}{n}}}$ 服从自由度为 n 的 t 分布，记作 $t \sim t(n)$。

t 分布的性质：

（1）t 分布关于 $x = 0$ 对称。

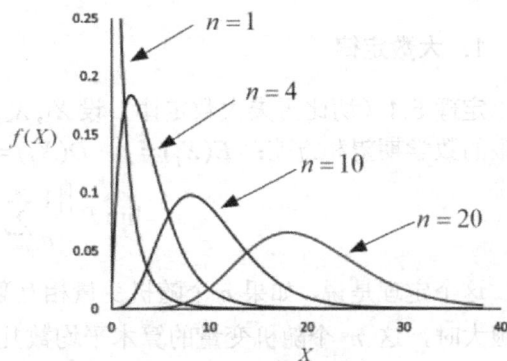

图 5-1　χ^2 分布曲线

（2）t 分布曲线的形状随 n 的变化而变化，随着自由度 n 的增加，t 分布曲线越来越逼近标准正态分布，一般自由度大于 45 时，可用正态分布来近似代替 t 分布，如图 5-2 所示。

3. F 分布

如果 $X \sim \chi^2(n)$，$Y \sim \chi^2(m)$，且 X 与 Y 相互独立，则称 $F = \dfrac{X/n}{Y/m}$ 服从自由度为 (n, m) 的 F 分布，记作 $F \sim F(n, m)$。

F 分布的性质：

（1）如果 $X \sim F(n, m)$，则 $\dfrac{1}{X} \sim F(m, n)$。

（2）F 分布曲线是右偏型的，并且随着自由度 (n, m) 取值的变小，F 分布曲线的偏斜程度会变大，如图 5-3 所示。

χ^2 分布、t 分布和 F 分布的应用相当广泛。χ^2 分布可以用来估计和检验总体的方差；t 分布可以用来估计和检验总体的均值；F 分布可以用来检验两个正态总体的方差是否相等，检验回归方程是否有代表性，在方差分析中也是重要的检验手段。

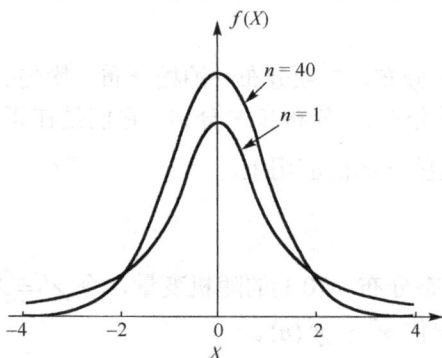

图 5-2　t 分布曲线

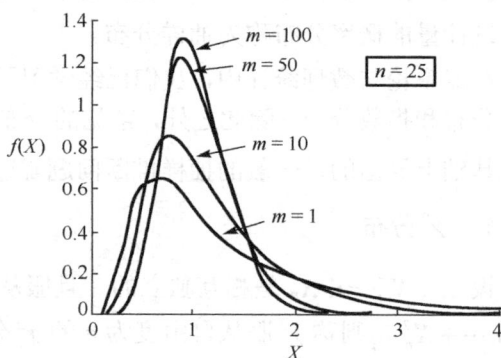

图 5-3　F 分布曲线

5.2.3　与抽样分布有关的定理

我们主要介绍几个常用的抽样分布定理，为下面的参数估计和假设检验提供重要的理论依据。

1. 大数定律

定理 5.1（切比雪夫大数定律）设 $X_1, X_2, \cdots, X_n$ 是独立同分布的随机变量，且有相同的、有限的数学期望和方差：$E(X_i) = \mu$，$D(X_i) = \sigma^2 (i = 1, 2, \cdots, n)$，则对任意的 $\varepsilon > 0$，有

$$\lim_{n \to \infty} P\left\{ \left| \frac{1}{n} \sum_{i=1}^{n} X_i - \mu \right| < \varepsilon \right\} = 1$$

这个定理是说，如果 n 个随机变量相互独立，且具有有限、相同的数学期望和方差，那么 n 很大时，这 n 个随机变量的算术平均数几乎是一个常数，这个常数就是它们共同的数学期望。说明从总体中抽取的简单随机样本的样本均值 $\bar{X}$ 以总体分布的数学期望 μ 为其抽样分布的数学期望。

定理 5.2（伯努利大数定律）设 m 是 n 次试验中事件 A 发生的次数，p 是事件 A 在每次试验中发生的概率，则对于任意的 $\varepsilon > 0$，有

$$\lim_{n \to \infty} P\left\{ \left| \frac{m}{n} - p \right| < \varepsilon \right\} = 1$$

伯努利大数定律以严格的数学形式证明了频率的稳定性。这个定律说明，当观察次数 n 很大时，用某随机现象在大量观察中发生的实际频率来代替该现象发生的真实概率的差别是很小的。

2．抽样分布定理

定理 5.3　设 $X_1, X_2, \cdots, X_n$ 是独立同分布的随机变量，且每个随机变量都服从正态分布 $N(\mu, \sigma^2)$，则有

（1）$\bar{X} \sim N\left(\mu, \dfrac{\sigma^2}{n} \right)$，进一步有 $Z = \dfrac{\bar{X} - \mu}{\sigma / \sqrt{n}} \sim N(0,1)$。

（2）$T = \dfrac{\bar{X} - \mu}{S / \sqrt{n}} \sim t(n-1)$。

（3）$\dfrac{(n-1)S^2}{\sigma^2} \sim \chi^2(n-1)$。

这个定理说明，对于 n 个独立的且都服从相同的正态分布的随机变量而言，它们的均值仍然服从正态分布，所改变的只是分布的参数。也就是说，从服从正态分布的总体中抽取的简单随机样本的样本均值仍服从正态分布。当总体方差 σ^2 未知时，以样本方差来代替，相应的统计量则服从 t 分布。

3．中心极限定理

定理 5.4　设 $X_1, X_2, \cdots, X_n$ 是独立同分布的随机变量，且每个随机变量都满足均值 μ、方差 σ^2，当 n 充分大时，$\bar{X}$ 近似服从 $N\left(\mu, \dfrac{\sigma^2}{n} \right)$。

这个定理说明，只要 n 充分大，不论总体是否服从正态分布，其样本均值都近似服从正态分布。究竟 n 等于多少，才算充分大，不同的图书有不同的说法，有的图书要求 $n \geqslant 30$，也有的图书要求 $n > 45$。其实，n 等于多少算充分大应当根据具体问题而定。在处理非特定问题时，我们采纳 $n \geqslant 30$ 就可以用中心极限定理的说法。

5.3　点估计

参数估计是抽样推断的重要内容之一，它是根据抽样指标估计相应的总体参数的，如用样本均值 $\bar{X}$ 去估计总体均值 μ；用样本方差 S^2 去估计总体方差 σ^2；用样本成数 p 去估计总体成数 π 等。如果我们将总体参数笼统地用一个符号 θ 来表示，则参数估计就是如何用样本统计量来估计总体参数。参数估计有两种基本方法，一种是点估计，另一种是区间估计。

5.3.1　估计量的概念

根据样本 $X_1, X_2, \cdots, X_n$ 构造一个统计量 $\hat{\theta}(X_1, X_2, \cdots, X_n)$ 作为参数 θ 的估计，$\hat{\theta}$ 称为 θ 的估计量。它是用来估计总体参数的统计量的名称，如样本均值、样本方差、样本成数等都可以看

成一个估计量。对应于一组样本观察值 $x_1, x_2, \cdots, x_n$，$\hat{\theta}(x_1, x_2, \cdots, x_n)$ 称为参数 θ 的估计值。

例如，在某城市居民家庭户中随机抽取 2500 户进行调查，得出他们的年人均收入为 52300 元，则认为该城市的居民家庭户的年人均收入为 52300 元，相当于用样本均值去估计总体均值。又如，对中央电视台春节联欢晚会收视率的调查，在中央电视台的抽样调查网络中抽 5000 户进行调查，得出相对于这部分家庭户而言，中央电视台春节联欢晚会收视率为 75%，则认为整台中央电视台春节联欢晚会的收视率为 75%，相当于用样本成数去估计总体成数。

5.3.2 评价估计量的标准

一般来说，样本容量越大，点估计方法越可信。但无论如何，抽样误差是难免的，估计量作为样本的函数，是一个随机变量，随着抽取的样本不同会产生不同的估计值。因此要判断一个估计量的好坏，仅从某次试验结果来判断是不行的，需要进行多次反复的试验。一个估计量若满足下面三个准则：无偏性、有效性、一致性，就称该估计量是最优估计量。

1．无偏性

设总体参数为 θ，其估计量为 $\hat{\theta}$，若 $E(\hat{\theta}) = \theta$，则称 $\hat{\theta}$ 为参数 θ 的无偏估计量。

例如，样本平均数是总体平均数的无偏估计，$E(\overline{X}) = \mu$。

假设 $X_1, X_2, \cdots, X_n$ 是来自总体 X 的随机样本，$E(X) = \mu$，则有

$$E(X_1) = E(X_2) = \cdots = E(X_n) = E(X) = \mu$$

进一步有

$$E(\overline{x}) = E\left(\frac{1}{n}\sum_{i=1}^{n}X_i\right) = \frac{1}{n}E\left(\sum_{i=1}^{n}X_i\right) = \frac{1}{n}\sum_{i=1}^{n}E(X_i) = \frac{1}{n}\sum_{i=1}^{n}\mu = \mu$$

总体参数的估计量仅满足无偏性是不够的，一个总体参数的无偏估计量可能有多个，还需要考察有效性和一致性。

2．有效性

设 $\hat{\theta}_1$ 与 $\hat{\theta}_2$ 都是总体参数 θ 的无偏估计量，若 $D(\hat{\theta}_1) < D(\hat{\theta}_2)$，则称 $\hat{\theta}_1$ 比 $\hat{\theta}_2$ 有效。

如果对于总体 X 有 $E(X) = \mu$，$D(X) = \sigma^2$，则有

$$D(\overline{X}) = D\left(\frac{1}{n}\sum_{i=1}^{n}X_i\right) = \frac{1}{n^2}D\left(\sum_{i=1}^{n}X_i\right) = \frac{1}{n^2}\sum_{i=1}^{n}D(X_i) = \frac{1}{n^2}\sum_{i=1}^{n}\sigma^2 = \frac{\sigma^2}{n}$$

上式说明，随着样本容量 n 的增加，$\overline{X}$ 的方差越来越小，即 $\overline{X}$ 的取值越来越集中于 μ 的附近，估计的效果就越有效。

3．一致性

设 $\hat{\theta}$ 为总体参数 θ 的估计量，若对于任意 $\varepsilon > 0$，总有 $\lim\limits_{n \to \infty}\left\{\left|\hat{\theta} - \theta\right| < \varepsilon\right\} = 1$，则称 $\hat{\theta}$ 为参数 θ 的一致估计量。

例如，样本均值能满足一致性的要求，因为由均值的无偏估计可知，样本均值的期望值等于总体均值，当样本单位数无限增加时，根据大数定律有

$$\lim_{n \to \infty}P\left\{\left|\frac{1}{n}\sum_{i=1}^{n}X_i - \mu\right| < \varepsilon\right\} = 1$$

数理统计知识已经证明，样本均值、样本成数和样本方差是总体平均数、总体成数和总体方差的最优估计量。

5.4　区间估计

我们在用点估计值代表总体参数值的同时，还必须给出一个用于衡量点估计值可靠性的量度。也就是说，必须说出点估计值与总体参数的真实值接近的程度。但遗憾的是，点估计难以做到这点，即使是最优估计量也是如此。因此，我们需要进行区间估计。

区间估计是参数估计的另一种形式，它是在点估计的基础上，用两个估计值所构成的实轴区间作为总体参数取值的可能范围，将估计结果和概率保证程度联系起来。在进行区间估计时，根据样本统计量的抽样分布，能够对样本统计量与总体参数的接近程度进行一个概率度量。

5.4.1　区间估计的基本问题

假设 $\hat{\theta}_1(X_1, X_2, \cdots, X_n)$、$\hat{\theta}_2(X_1, X_2, \cdots, X_n)$ 分别是参数 θ 的两个估计量，如果用 $(\hat{\theta}_1, \hat{\theta}_2)$ 估计 θ，这便是区间估计。区间估计只给出了参数 θ 的可能取值范围，并没有明确指出参数 θ 究竟取什么样的数值。从这一点来看，区间估计似乎没有点估计具体、明确。区间估计的优点是，它能够说明估计结果的概率保证程度，并能把估计的置信度与估计误差有机地联系起来，可以计算估计区间 $(\hat{\theta}_1, \hat{\theta}_2)$ 能够包含总体参数 θ 的概率度量，实际上，就是用这个概率度量作为估计可信度的一个衡量标准。

区间估计用两个估计量构成区间去估计总体参数。由于估计量是随机变量，因此由估计量构成的区间是一个随机区间。既然是随机区间，它可能包含总体参数，也可能不包含总体参数，那么给出的区间包含总体参数的可能性有多大呢？这种把估计区间与概率保证程度（可信度）联系起来的区间，统计上称为置信区间。

设 $X_1, X_2, \cdots, X_n$ 是来自总体 X 的一个简单随机样本，θ 是总体参数，由样本确定的估计量为 $\hat{\theta}_1 = \hat{\theta}_1(X_1, X_2, \cdots, X_n)$ 和 $\hat{\theta}_2 = \hat{\theta}_2(X_1, X_2, \cdots, X_n)$，对于给定的 $\alpha\,(0 < \alpha < 1)$，如果有

$$P(\hat{\theta}_1 \leqslant \theta \leqslant \hat{\theta}_2) = 1 - \alpha \qquad (5\text{-}1)$$

则称 $(\hat{\theta}_1, \hat{\theta}_2)$ 为 θ 的置信区间。其中，$\hat{\theta}_1$ 为置信区间的下限值，$\hat{\theta}_2$ 为置信区间的上限值，$1 - \alpha$ 为置信度或置信水平。

建立估计区间一般需要经过以下几个步骤：

第一，明确被估计参数和事先确定的置信水平。

第二，根据问题的要求，构造如式（5-1）所示的"概率"事件。

第三，进行转化处理，以期找出估计量及其分布类型。

第四，利用估计量的分布求置信区间。

5.4.2　总体均值的估计区间

在进行总体均值的估计区间时，为了确定相应的统计量的分布，需要考虑总体的分布类型，考虑总体的方差是否已知，对非正态总体还要考虑样本容量的大小。

1. 设 $X \sim N(\mu, \sigma^2)$，当 σ^2 已知时，求 μ 的置信区间

设 $X_1, X_2, \cdots, X_n$ 是来自总体 X 的简单随机样本，且总体 X 服从正态分布 $N(\mu, \sigma^2)$，由定

理 5.3 有 $\bar{X} \sim N\left(\mu, \dfrac{\sigma^2}{n}\right)$，进一步有 $Z = \dfrac{\bar{X}-\mu}{\sigma/\sqrt{n}} \sim N(0,1)$，给定 α=0.05，查正态分布表有

$$P\left\{\left|\dfrac{\bar{X}-\mu}{\sigma/\sqrt{n}}\right| \leqslant 1.96\right\} = 1-0.05$$

即有

$$P\left\{-1.96\dfrac{\sigma}{\sqrt{n}} \leqslant \bar{X}-\mu \leqslant +1.96\times\dfrac{\sigma}{\sqrt{n}}\right\} = 1-0.05$$

进一步有

$$P\left\{\bar{X}-1.96\dfrac{\sigma}{\sqrt{n}} \leqslant \mu \leqslant \bar{X}+1.96\times\dfrac{\sigma}{\sqrt{n}}\right\} = 0.95$$

于是我们得到了以样本均值 $\bar{X}$ 为中心构造的一个置信区间，这个置信区间以 95%的置信水平包含总体参数 μ。当然，上面所估计的置信区间可能并不包含总体均值，此时就犯了错误，不过犯错误的可能性较小，仅有 5%。如果希望进一步缩小犯错误的概率，则扩大置信度，置信区间也随之扩大，估计的精确度将下降。

一般地，若给定 $\alpha(0 < \alpha < 1)$，则 μ 的置信区间为

$$P\left\{\bar{X}-Z_{\alpha/2}\dfrac{\sigma}{\sqrt{n}} \leqslant \mu \leqslant \bar{X}+Z_{\alpha/2}\dfrac{\sigma}{\sqrt{n}}\right\} = 1-\alpha \tag{5-2}$$

【例 5-1】 某灯泡厂某天生产了一大批灯泡，从中抽取了 16 个灯泡进行寿命试验，测得其平均寿命为 $\bar{X} = 2147$（小时），若灯泡的寿命服从正态分布，标准差为 8，试以 95%的置信水平保证程度估计灯泡平均寿命的所在范围。

解：已知 $X \sim N(\mu, \sigma^2)$，且 $\sigma = 8$，$\bar{X} = 2147$，$n = 16$。

当 $\alpha = 0.05$ 时，查正态分布表有 $Z_{0.025} = 1.96$，根据式（5-2）有

置信区间下限：$\bar{X}-Z_{0.025}\dfrac{\sigma}{\sqrt{n}} = 2147 - 1.96\times\dfrac{8}{\sqrt{16}} = 2143.08$。

置信区间上限：$\bar{X}+Z_{0.025}\dfrac{\sigma}{\sqrt{n}} = 2147 + 1.96\times\dfrac{8}{\sqrt{16}} = 2150.92$。

以 95%的置信水平保证程度估计灯泡平均寿命在 2143.08 小时到 2150.92 小时之间。

2. 设 $X \sim N(\mu, \sigma^2)$，当 σ^2 未知时，求 μ 的置信区间

设 $X_1, X_2, \cdots, X_n$ 是来自总体 X 的简单随机样本，且总体 X 服从正态分布 $N(\mu, \sigma^2)$，当 σ^2 未知时，由定理 5.3 有 $T = \dfrac{\bar{X}-\mu}{S/\sqrt{n}} \sim t(n-1)$。

给定 $\alpha(0 < \alpha < 1)$，查 t 分布表有

$$P\left\{\left|\dfrac{\bar{X}-\mu}{S/\sqrt{n}}\right| \leqslant t_{\alpha/2}(n-1)\right\} = 1-\alpha$$

即有

$$P\left\{t_{\alpha/2}(n-1)\frac{S}{\sqrt{n}}\leqslant \bar{X}-\mu\leqslant t_{\alpha/2}(n-1)\frac{S}{\sqrt{n}}\right\}=1-\alpha$$

进一步有

$$P\left\{\bar{X}-t_{\alpha/2}(n-1)\frac{S}{\sqrt{n}}\leqslant \mu\leqslant \bar{X}+t_{\alpha/2}(n-1)\frac{S}{\sqrt{n}}\right\}=1-\alpha \qquad (5\text{-}3)$$

【例 5-2】 某研究机构进行了一项调查来估计吸烟者一个月花在吸烟上的平均支出。假定吸烟者买烟的月支出近似服从正态分布，该机构随机抽取了容量为 25 的样本进行调查，得到样本平均数为 240 元，样本标准差为 100 元。试以 95%的把握估计全部吸烟者月均烟钱支出的置信区间。

解： 已知 $X\sim N(\mu,\sigma^2)$，且 σ^2 未知，$S=100$，$\bar{X}=240$，$n=25$。当 $\alpha=0.05$ 时，查 t 分布表有 $t_{0.025}(24)=2.064$。

根据式（5-3）有

置信区间下限：$\bar{X}-t_{0.025}(24)\frac{S}{\sqrt{n}}=240-2.064\times\frac{100}{\sqrt{25}}=198.72$。

置信区间上限：$\bar{X}+t_{0.025}(24)\frac{S}{\sqrt{n}}=240+2.064\times\frac{100}{\sqrt{25}}=281.28$。

有 95%的把握估计全部吸烟者月均烟钱支出的置信区间为[198.72,281.28]。

3. 非正态总体或总体分布未知时，求 μ 的置信区间

当总体为非正态分布，或不知道总体的分布时，只要知道总体的方差 σ^2，则根据定理 5.4 有：当 n 充分大时（一般认为 $n\geqslant 30$），样本均值近似服从正态分布，统计量 $Z=\dfrac{\bar{X}-\mu}{\sigma/\sqrt{n}}$ 近似服从正态分布 $N(0,1)$。

类似于上面的讨论，若给定 $\alpha(0<\alpha<1)$，则 μ 的置信区间为

$$P\left\{\bar{X}-Z_{\alpha/2}\frac{\sigma}{\sqrt{n}}\leqslant \mu\leqslant \bar{X}+Z_{\alpha/2}\frac{\sigma}{\sqrt{n}}\right\}=1-\alpha \qquad (5\text{-}4)$$

在实际中，总体方差往往是未知的，应用时，只要样本容量 $n\geqslant 30$，仍然可以用样本方差代替统计量 Z 中的总体方差，并以标准正态分布作为统计量 Z 的近似分布。

这时，μ 的置信区间为

$$P\left\{\bar{X}-Z_{\alpha/2}\frac{S}{\sqrt{n}}\leqslant \mu\leqslant \bar{X}+Z_{\alpha/2}\frac{S}{\sqrt{n}}\right\}=1-\alpha \qquad (5\text{-}5)$$

【例 5-3】 某企业生产某种产品的工人有 1000 人，某日采用重复抽样从中抽取 100 人调查他们的当日产量，样本人均产量为 35 件，产量的标准差为 4.5 件，试以 90%的置信度估计人均产量的置信区间。

解： $n=100$，大样本情形，$\bar{X}=35$，$S=4.5$。当 $\alpha=0.01$ 时，查正态分布表有 $Z_{0.05}=1.645$。

根据式（5-5）有

置信区间下限：$\bar{X}-Z_{0.05}\frac{S}{\sqrt{n}}=35-1.645\times\frac{4.5}{\sqrt{100}}=34.26$

置信区间上限：$\bar{X} + Z_{0.05}\dfrac{S}{\sqrt{n}} = 35 + 1.645 \times \dfrac{4.5}{\sqrt{100}} = 35.74$

该企业人均产量 90%的置信区间为[34.26, 35.74]。

5.4.3 总体成数的区间估计

在实际工作中，往往需要估计具有某种特征的单位数占总体单位总数的比例。例如，一批电子元件的合格率、中央电视台某电视栏目的收视率、某城镇全部家庭中夫妻不和家庭数所占的比例等。这时，我们把总体中具有某种特征的单位数占总体单位数的比例称为总体成数，记为 π；把样本中某种特征的单位数占样本全部单位数的比例称为样本成数，记为 p。

假设抽取容量为 n 的样本，$X_1, X_2, \cdots, X_n$ 只能取 0 或 1 这样的值，我们做如下定义：

$$X_i = \begin{cases} 1, & \text{当第 } i \text{ 个单位具有某种性质时} \\ 0, & \text{当第 } i \text{ 个单位不具有某种性质时} \end{cases}$$

则 $\bar{X} = \dfrac{1}{n}\sum_{i=1}^{n} X_i = \dfrac{n_1}{n} = p$，为具有某种性质的单位数占全部单位数的比例。

此处仅讨论大样本情况下的总体成数的估计问题。根据定理 5.4，在大样本情况下（对一个具体的样本成数，若 $np \geq 5$，$n(1-p) \geq 5$，就可以认为样本容量足够大），样本成数的抽样分布可用正态分布来近似表示，p 的数学期望为 $E(p)=\pi$；p 的方差为 $\sigma_p^2 = \dfrac{\pi(1-\pi)}{n}$，即

$$p \sim N\left(\pi, \dfrac{\pi(1-\pi)}{n}\right)$$

进一步有

$$Z = \dfrac{p - \pi}{\sqrt{\pi(1-\pi)/n}} \sim N(0,1)$$

类似于上面的讨论，若给定 $\alpha(0 < \alpha < 1)$，则 π 的置信区间为

$$P\left\{p - Z_{\alpha/2}\sqrt{\dfrac{\pi(1-\pi)}{n}} \leq \pi \leq p + Z_{\alpha/2}\sqrt{\dfrac{\pi(1-\pi)}{n}}\right\} = 1-\alpha \tag{5-6}$$

用以上公式来计算总体成数 π 的置信区间时，π 应该是已知的。但实际上，总体成数往往是未知的，且恰好是需要估计的。因此用式（5-6）来计算总体成数 π 的置信区间时，通常用样本成数 p 来代替总体成数 π，这时总体成数 π 的置信区间为

$$P\left\{p - Z_{\alpha/2}\sqrt{\dfrac{p(1-p)}{n}} \leq \pi \leq p + Z_{\alpha/2}\sqrt{\dfrac{p(1-p)}{n}}\right\} = 1-\alpha \tag{5-7}$$

【例 5-4】 某厂对一批产品的质量进行抽样检验，随机抽取样品 200 只，样品优质品率为 85%，试计算总体优质品率 π 的置信度为 90%的置信区间。

解：$n = 200$，$p = 85\%$，$np = 170 > 5$，$n(1-p) = 30 > 5$。置信水平：$1-\alpha = 90\%$

当 $\alpha = 0.1$ 时，查正态分布表有 $Z_{\alpha/2} = Z_{0.05} = 1.645$

$$p \sim N\left(\pi, \dfrac{\pi(1-\pi)}{n}\right)$$

根据式（5-7）有

置信区间下限：$p - Z_{\alpha/2}\sqrt{\dfrac{p(1-p)}{n}} = 85\% - 1.645\sqrt{\dfrac{85\%(1-85\%)}{200}} = 80.85\%$

置信区间上限：$p + Z_{\alpha/2}\sqrt{\dfrac{p(1-p)}{n}} = 85\% + 1.645\sqrt{\dfrac{85\%(1-85\%)}{200}} = 89.15\%$

即总体优质品率的 90%的置信区间为[80.85%，89.15%]。

5.4.4　总体方差的区间估计

以上讨论了对总体均值和比例的区间估计问题，然而在现实问题中，我们时常还需要对作为衡量变量偏离总体平均数尺度的方差进行区间估计。例如，虽然一批电池的平均使用寿命合乎要求，但各个电池的使用寿命可能相差很大，即方差很大，那么这批电池的质量是有问题的。因此，我们要知道总体方差或标准差的大小。

总体方差 σ^2 通常是未知的，必须通过样本对其做出估计。一般情况下，可根据统计量 $\dfrac{(n-1)S^2}{\sigma^2}$ 来求总体方差 σ^2 的置信区间。由定理 5.3 可知，在正态分布总体下，统计量 $\dfrac{(n-1)S^2}{\sigma^2}$ 近似服从自由度为（$n-1$）的 χ^2 分布，记作 $\chi^2(n-1)$。

给定 $\alpha(0 < \alpha < 1)$，查 χ^2 分布表有

$$P\left\{\chi_{1-\alpha/2}^2(n-1) \leqslant \frac{(n-1)S^2}{\sigma^2} \leqslant \chi_{\alpha/2}^2(n-1)\right\} = 1 - \alpha$$

进一步有

$$P\left\{\frac{(n-1)S^2}{\chi_{\alpha/2}^2(n-1)} \leqslant \sigma^2 \leqslant \frac{(n-1)S^2}{\chi_{1-\alpha/2}^2(n-1)}\right\} = 1 - \alpha \tag{5-8}$$

式（5-8）即总体方差 σ^2 的 $100(1-\alpha)\%$ 的置信区间。

【例 5-5】 某制造厂的一名生产管理者需要知道完成某件工作所需要的时间。为此他进行了一项调查，得出 31 个观察值组成的随机样本，并计算出样本方差为 0.3 小时，试构造总体方差 σ^2 的 95%的置信区间。假设总体服从或近似服从正态分布。

解：已知 $n=31$，$S^2=0.3$。当 $\alpha=0.05$ 时，查 χ^2 分布表有

$$\chi_{1-\alpha/2}^2(30) = \chi_{0.975}^2(30) = 16.791, \quad \chi_{\alpha/2}^2(30) = \chi_{0.025}^2(30) = 46.979$$

根据式（5-8）有

置信区间下限：$\dfrac{(n-1)S^2}{\chi_{\alpha/2}^2(30)} = \dfrac{30 \times 0.3}{46.979} = 0.1916$

置信区间上限：$\dfrac{(n-1)S^2}{\chi_{1-\alpha/2}^2(30)} = \dfrac{30 \times 0.3}{16.791} = 0.5360$

即总体方差 σ^2 的 95%的置信区间为[0.1916，0.5360]。

5.5　样本容量的确定

样本容量的确定

以上分析都假设了样本容量 n 为确定数。实际上，在统计推断时，我们面临的第一个问题就是如何确定样本容量，即应该从总体中抽取多少个单位组成样本，才能保证抽样误差不超过允许的误差范围。正确地确定样本容量，不但能节约抽样调查费用，而且能有效地控制

抽样误差。

假设用样本统计量 $\hat{\theta}$ 估计总体参数 θ，由于总体参数是一个确定量，样本统计量是一个随机变量，所以样本统计量是围绕总体参数左右变动的，它可能大于总体参数，也可能小于总体参数，从而产生正误差或负误差。二者都可以用绝对值表示为 $|\hat{\theta}-\theta|$，这种以绝对值表示的抽样误差的可能范围，称为极限误差或允许误差。必要的抽样数目是在一定条件下，为了使抽样误差不超过给定的允许范围至少应抽取的样本单位数。

记 $\Delta_{\bar{x}}=|\bar{X}-\mu|$，即 $\Delta_{\bar{x}}$ 为抽样平均数的极限误差。

记 $\Delta_p=|p-\pi|$，即 Δ_p 为抽样成数的极限误差。

事实上，影响抽取的样本单位数的因素有以下几方面。

（1）若被研究总体的标志变动程度，总体方差大，抽样误差大，则应多抽一些样本单位，它与 n 成正比。

（2）若要求允许的误差范围推断比较精确，允许误差应该小一些，则应多抽一些样本单位，它与 n 成反比。

（3）抽样推断估计的可信程度要求可信程度高，所需的样本单位数多，它与 n 成正比。

（4）不同的抽样方式和方法，需要不同的样本单位数。

5.5.1 测定平均数的样本单位数

在重复抽样时，当 $X\sim N(\mu,\sigma^2)$，σ^2 已知时，或非正态总体、总体分布未知时的大样本情形，总体均值 μ 的置信区间为

$$P\left\{\bar{X}-Z_{\alpha/2}\frac{\sigma}{\sqrt{n}}\leqslant\mu\leqslant\bar{X}+Z_{\alpha/2}\frac{\sigma}{\sqrt{n}}\right\}=1-\alpha$$

这时允许误差的公式可表示为

$$\Delta_{\bar{x}}=Z_{\alpha/2}\frac{\sigma}{\sqrt{n}}$$

从上式可求出

$$n=\frac{Z_{\alpha/2}^2\sigma^2}{\Delta_{\bar{x}}^2} \tag{5-9}$$

这是在重复抽样条件下确定样本容量的计算公式。当采用不重复抽样时，要采用修正系数。现实中 σ^2 往往是未知的，可采用下列替代方法。

（1）用类似的同类资料或历史资料作为近似值，若同时有多个，则选择其中最大者。

（2）用样本标准差来代替。

【例5-6】 某食品厂要检验本月生产的10000袋产品的质量，根据上个月的资料，这种产品每袋质量的标准差为25克。要求在95.45%的概率保证程度下，平均每袋质量的误差范围不超过5克，应抽查多少袋产品。

解：当 $1-\alpha=95.45\%$ 时，查表得 $Z_{\alpha/2}=2$，又 $\sigma=25$，$\Delta_{\bar{x}}=5$，则有

$$n=\frac{Z_{\alpha/2}^2\sigma^2}{\Delta_{\bar{x}}^2}=\frac{2^2\times25^2}{5^2}=100$$

即应抽查100袋产品。

5.5.2　测定成数的样本单位数

在重复抽样时，大样本条件下，总体成数 π 的置信区间为

$$P\left\{p-Z_{\alpha/2}\sqrt{\frac{\pi(1-\pi)}{n}}\leqslant\pi\leqslant p+Z_{\alpha/2}\sqrt{\frac{\pi(1-\pi)}{n}}\right\}=1-\alpha$$

这时允许误差的公式可表示为

$$\Delta_p=Z_{\alpha/2}\sqrt{\frac{\pi(1-\pi)}{n}}$$

从上式可求出

$$n=\frac{Z_{\alpha/2}^2\pi(1-\pi)}{\Delta_p^2} \qquad (5\text{-}10)$$

这是在重复抽样条件下确定样本容量的计算公式。当采用不重复抽样时，要采用修正系数。现实中总体成数 π 往往是未知的，可采用下列替代方法：

（1）用类似的同类资料或历史资料作为近似值，若同时有多个，应选择其中最接近 0.5 的比率。

（2）用样本成数来代替。

（3）在缺乏 π 的情况下，可选择 $\pi=0.5$。

【例 5-7】　一纯净水生产厂家为了解某城区居民纯净水的消费使用情况，决定进行一次市场抽样调查，方案中规定比例估计的误差不超过 2%，问：（1）对于 90% 的置信水平，需要多大的简单随机样本？（2）如果经过初步调查后发现，使用纯净水的居民户的比例为 30%，在同样的置信水平下，需要抽取多少样本？

解：当 $1-\alpha=90\%$ 时，查表得 $Z_{\alpha/2}=1.65$，又 $\Delta_p=2\%$。

（1）选择 $\pi=0.5$。

$$n=\frac{Z_{\alpha/2}^2\pi(1-\pi)}{\Delta_p^2}=\frac{1.65^2\times0.5(1-0.5)}{0.02^2}=1701.5625$$

因为 n 不是整数，所以应多抽取一个样本单位数，即应抽取 1702 户居民。

（2）选取 $\pi=0.3$。

$$n=\frac{Z_{\alpha/2}^2\pi(1-\pi)}{\Delta_p^2}=\frac{1.65^2\times0.3(1-0.3)}{0.02^2}=1429.3125$$

因为 n 不是整数，所以应多抽取一个样本单位数，即经初步调查后，应抽取 1430 户居民。

5.6　用 SPSS 做参数估计

本章的 5.3 节、5.4 节讨论了总体参数的点估计和区间估计，主要是根据样本数据来推算，也给出了样本均值（Mean）$\bar{X}$、样本方差（Variance）S^2 和样本标准差（Std.deviation）S 的计算公式。在实际中，我们可利用 SPSS 来计算相应的样本指标，以此来估计总体参数，并进一步得出总体参数的置信区间。

5.6.1 μ 和 σ^2 的点估计

1. 用频次分析模块来计算

在启动 SPSS，读入数据后，从主菜单 Analyze 开始，依次单击"Analyze"→"Descriptive Statistics"→"Frequencies"菜单命令，软件会弹出"Frequencies"对话框，如图 5-4 所示。

（1）从原变量清单中选择一个或多个待分析的变量，将它们移至右边的 Variable(s)列表框中。

（2）单击"Statistics"按钮，软件会弹出"Frequencies:Statistics"对话框，如图 5-5 所示。在此对话框中，勾选"Dispersion"选区的"Std.deviation"复选框和"Variance"复选框，以及"Central Tendency"选区的"Mean"复选框。

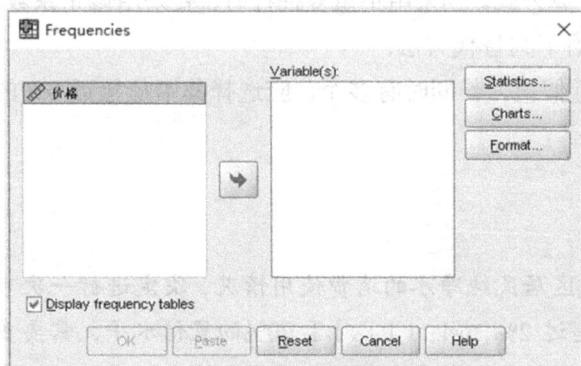

图 5-4　"Frequencies"对话框

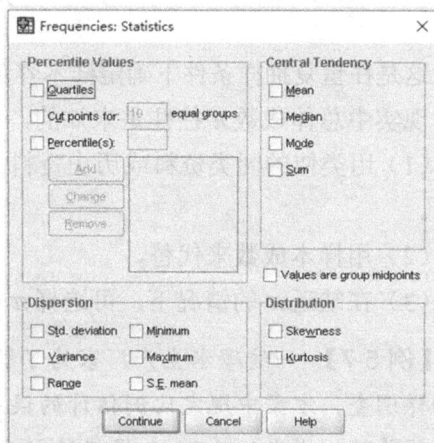

图 5-5　"Frequencies:Statistics"对话框

（3）单击"Continue"按钮，软件会回到图 5-4 所示的对话框，单击"OK"按钮，即可得到结果。

2. 用描述统计模块来计算

在启动 SPSS，读入数据后，从主菜单 Analyze 开始，依次单击"Analyze"→"Descriptive Statistics"→"Descriptives"菜单命令，软件会弹出"Descriptives"对话框，如图 5-6 所示。

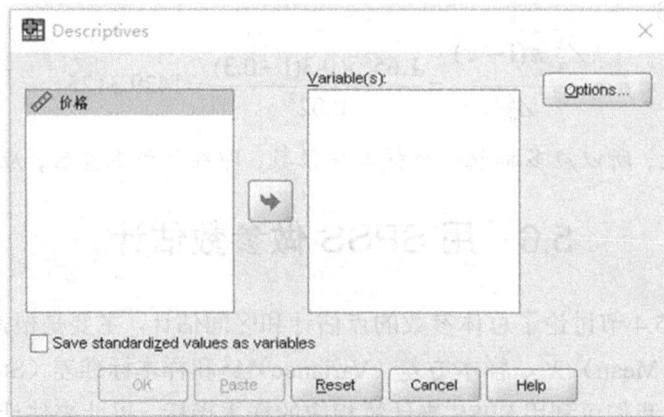

图 5-6　"Descriptives"对话框

（1）从原变量清单中选择一个或多个分析变量移至"Variable(s)"列表框中。在对话框左下方有一个"Save standardized value as variables"（将标准化值作为新变量保存）复选框，勾选此复选框，软件会根据选定变量的观测值产生一个相应的标准化变量，称为原变量的 Z 得分，并在数据窗口中产生相应的新变量，新变量名是在原变量名前加前缀 z 而成的。

标准化按下列公式计算：$Z_i = \dfrac{X_i - \bar{X}}{S}$，其中 X_i 为原变量的第 i 个观测值，$\bar{X}$ 为所有观测值的平均数，S 为标准差。

（2）单击"Options"按钮，软件会弹出"Descriptives:Options"对话框，如图 5-7 所示。在此对话框中，勾选左列的"Mean""Std.deviation"和"Variance"复选框。

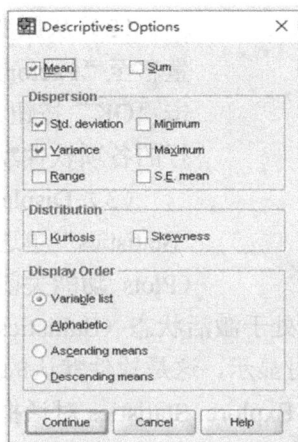

图 5-7　"Descriptives:Options"对话框

（3）单击"Continue"按钮，软件会回到图 5-6 所示的对话框，单击"OK"按钮，即可得到结果。

【例 5-8】从某城市中抽出的 22 个商店中，调查某种商品的价格数据，如表 5-1 所示。

表 5-1　某商品在抽样商店的单价

单位：元

单价	12.00	11.60	11.50	12.10	12.30	12.60	12.60	12.03	11.20	11.03	12.01
单价	12.80	12.30	11.68	11.56	10.98	12.30	11.89	12.00	11.58	12.20	11.88

试计算总体均值、方差的点估计。

解：在启动 SPSS，录入数据后，从主菜单 Analyze 开始，依次单击"Analyze"→"Descriptive Statistics"→"Descriptives"菜单命令，软件会弹出"Descriptives"对话框（见图 5-6）。

从原变量清单中选择"价格"变量移至"Variable(s)"列表框中。单击"Options"按钮，软件会弹出图 5-7 所示的对话框。选择相关统计量，单击"Continue"按钮，软件会回到图 5-6 所示的对话框，单击"OK"按钮，即可得到结果。描述统计量如表 5-2 所示。

表 5-2　描述统计量（Descriptive Statistics）

	N	Mean	Std. Deviation	Variance
价格	22	11.9155	0.49058	0.241
Valid N (listwise)	22			

5.6.2　总体均值的置信区间的计算

总体均值的置信区间用探索分析模块（Explore Process）来计算。在启动 SPSS，读入数据后，从主菜单 Analyze 开始，依次单击"Analyze"→"Descriptive Statistics"→"Explore"菜单命令，软件会弹出"Explore"对话框，如图 5-8 所示。

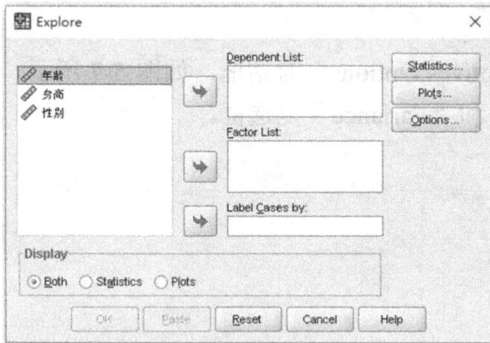

图 5-8　"Explore"对话框

（1）从原变量清单中选择一个或几个数值型变量移至"Dependent List"（因变量）列表框中，若此时单击"OK"按钮，则可获得所有软件默认选项下做出的数据探索结果。

（2）从原变量清单中选择一个或几个分组变量移至"Factor List"（因素）列表框中，若此时单击"OK"按钮，则可获得因变量按各分组变量进行的各项软件默认的分组探索结果。

（3）Display 选区中有 3 个单选按钮，选择"Statistics"单选按钮，Statistics 功能处于激活状态（Plots 功能关闭），输出时仅显示描述统计量表；选择"Plots"单选按钮，Plots 功能处于激活状态（Statistics 功能关闭），输出时只显示图形；选择"Both"单选按钮，则二者同时显示，这是软件默认的选项。为求出置信区间，我们选择"Statistics"单选按钮，软件会弹出 Explore: Statistics 对话框，如图 5-9 所示。

- Descriptives：输出结果显示均值、中位数、5%调整平均数等描述统计量值。
- Confidence Interval for Mean：显示总体均值的 95%的置信区间，95%为系统默认的置信水平，可以改变此数值，其取值范围为 1～99。
- M-estimators：输出结果显示 4 种描述集中趋势的稳健极大似然估计量。
- Outliers：输出结果将分别显示 5 个较大的和较小的观测值。
- Percentiles：输出结果将显示 5%、10%、25%、50%、75%、90%、95%的百分位数。

（4）在图 5-8 所示的对话框中，单击"Options"按钮软件会弹出"Explore: Options"对话框，如图 5-10 所示。

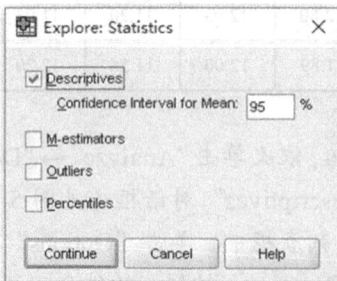
图 5-9　"Explore: Statistics"对话框

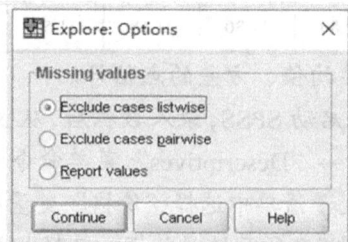
图 5-10　"Explore: Options"对话框

- Exclude cases listwise：剔出分析的因变量观测值中的缺失值，它是系统默认选项。
- Exclude cases pairwise：凡有缺失值的观测量全部剔出。
- Report values：将分组变量中的缺失值归结为一组，输出时作为附加组列出。

（5）单击 Continue 按钮，软件会回到图 5-8 所示的对话框中，单击"OK"按钮，即可得到结果。

【例 5-9】 从某系一年级学生中随机抽取 24 名学生，调查资料表如表 5-3 所示。

表 5-3　调查资料表

年龄	18	19	18	18	17	17	18	19	18	20	21	21
身高（米）	1.60	1.75	1.62	1.52	1.56	1.62	1.71	1.68	1.56	1.62	1.51	1.56
性别	男	男	男	女	女	男	男	女	男	女	女	女
年龄	20	17	18	19	19	18	17	20	19	21	18	19
身高（米）	1.60	1.58	1.59	1.70	1.78	1.69	1.58	1.62	1.71	1.78	1.80	1.60
性别	男	女	女	男	男	女	女	男	男	男	男	男

试求该系一年级学生平均年龄 95% 的置信区间，男女生平均身高 90% 的置信区间。

解：在启动 SPSS，录入数据后，从主菜单 Analyze 开始，依次单击"Analyze"→"Descriptive Statistics"→"Explore"菜单命令，软件会弹出如图 5-8 所示的对话框。

（1）从原变量清单中选择"年龄"变量移至"Dependent List"（因变量）列表框中，单击"Statistics"按钮，软件会弹出图 5-9 所示的对话框，选用软件的默认项。

单击"Continue"按钮，软件会回到图 5-8 所示的对话框，单击"OK"按钮，即可得到观测量概述表和描述统计量表，如表 5-4 和表 5-5 所示。

表 5-4　观测量概述表（Case Processing Summary）

	Cases					
	Valid		Missing		Total	
	N	Percent	N	Percent	N	Percent
年龄	24	100.0%	0	0.0%	24	100.0%

表 5-5　描述统计量表（Descriptives）

			Statistic	Std. Error
年龄	Mean		18.7083	0.25875
	95% Confidence Interval for Mean	Lower Bound	18.1731	
		Upper Bound	19.2436	
	5% Trimmed Mean		18.6759	
	Median		18.5000	
	Variance		1.607	
	Std. Deviation		1.26763	
	Minimum		17.00	
	Maximum		21.00	
	Range		4.00	
	Interquartile Range		1.7500	
	Skewness		0.464	0.472
	Kurtosis		-0.653	0.918

结果说明：

① 在表 5-5 中，从上到下依次为均值，均值的 95% 置信区间的下限、上限，5% 的调整均值，中位数，方差，标准差，最小值，最大值，极差，内四分位数间距，偏度和峰度。

② Std. Error 为标准误差值，依次为均值、偏度和峰度的标准误差。

③ 观察这些数值发现，该年级学生平均年龄的点估计值为 18.7083 岁，平均年龄 95%的置信区间为[18.1731，19.2436]。

（2）从原变量清单中选择"身高"变量移至"Dependent List"（因变量）列表框中，选择"性别"变量移至"Factor List"（因素）列表框中。

单击"Statistics"按钮，软件会弹出图 5-9 所示的对话框，在此对话框中，将置信水平改为 90%。

单击"Continue"按钮，软件会回到图 5-8 所示的对话框，单击"OK"按钮，即可得到观测量概述表和描述统计量表，如表 5-6 和表 5-7 所示。

表 5-6　观测量概述表（Case Processing Summary）

性别		Cases					
		Valid		Missing		Total	
		N	Percent	N	Percent	N	Percent
身高	男性	14	100.0%	0	0.0%	14	100.0%
	女性	10	100.0%	0	0.0%	10	100.0%

表 5-7　描述统计量表（Descriptives）

	性别			Statistic	Std. Error
身高	男性	Mean		1.6750	0.02168
		90% Confidence Interval for Mean	Lower Bound	1.6366	
			Upper Bound	1.7134	
		5% Trimmed Mean		1.6744	
		Median		1.6600	
		Variance		0.007	
		Std. Deviation		0.08112	
		Minimum		1.56	
		Maximum		1.80	
		Range		0.24	
		Interquartile Range		0.1575	
		Skewness		0.253	0.597
		Kurtosis		-1.525	1.154
	女性	Mean		1.5790	0.01975
		90% Confidence Interval for Mean	Lower Bound	1.5428	
			Upper Bound	1.6152	
		5% Trimmed Mean		1.5767	
		Median		1.5700	
		Variance		0.004	
		Std. Deviation		0.06244	
		Minimum		1.51	
		Maximum		1.69	
		Range		0.18	
		Interquartile Range		0.0925	
		Skewness		0.939	0.687
		Kurtosis		0.012	1.334

结果说明：

类似于情形（1），只分男生和女生进行讨论。该年级学生中，男生和女生的平均身高点估计分别为 1.6750 米和 1.5790 米。男生和女生平均身高 90%的置信区间分别为[1.6366，1.7134]和[1.5428，1.6152]。

思考与练习

1．抽样成数的概念表示什么含义？试举例说明。

2．什么是点估计和区间估计？两者有何联系和区别？

3．如何理解置信水平？

4．影响抽样单位数的因素有哪些？如何计算必要的抽样单位数？

5．类型随机抽样、整群随机抽样和两阶段抽样有何区别？

6．针对你感兴趣的问题，设计一个简单的抽样调查方案。

7．某大学为了解学生的每天上网时间，在全校 7500 名学生中采取重复抽样的方法随机抽取 36 人，调查他们的每天上网时间，测得平均上网时间为 $\bar{x}$ =3.2（小时），若学生上网时间服从正态分布，标准差为 0.2，试估计该校大学生每天平均上网时间的置信区间，置信水平为 95%。

8．为了估计一分钟一次广告的平均费用，随机抽取了 15 家电视台作为样本。样本均值为 200000 元，样本标准差为 3000 元。假定电视台一分钟一次的广告费用近似服从正态分布，试计算总体均值的置信度为 95%的置信区间。

9．某企业为了解工人日产量（单位：件）资料，采用重复抽样方法随机抽取了 36 人进行调查，调查结果如下：

| 25 | 23 | 24 | 25 | 26 | 23 | 24 | 27 | 26 | 22 | 23 | 24 | 26 | 27 | 22 | 20 | 25 | 26 |
| 24 | 26 | 25 | 25 | 24 | 27 | 23 | 24 | 22 | 24 | 26 | 25 | 24 | 26 | 25 | 26 | 26 | 26 |

假设工人日产量服从正态分布，试以 95%的置信水平保证程度估计该企业工人的人均日产量所在范围。

10．本题估计某城镇有多少家夫妻不是双职工。从一个随机样本（n=100）中知道有 20%的家庭非双职工，试以 95%的置信水平估计非双职工家庭比例 π 的置信区间。

11．在一项舆论调查中，就获得新闻的来源问题，调查人员随机访问了 200 人，其中有 110 人认为，他们获得新闻来源的主要渠道是电视。问题：

（1）就总人群中认为电视是获取新闻来源主要渠道的比例进行区间估计，置信水平为 95%。

（2）置信水平为 90%，抽样容许误差不超过 0.05，问样本规模应多大才能达到要求？

12．为配备所需的售货员人数，商场管理部门想了解一名售货员接待顾客平均花费的时间，要求估计误差不超过两分钟。假定一名售货员接待一位顾客所花费的平均时间的标准差是 4 分钟，问在 99%的置信水平下，平均要观察多少名顾客？

第6章 参数假设检验

学习目标

◆ 理解假设检验的基本问题及一般步骤。

◆ 能对实际问题提出假设，区分单侧检验与双侧检验。

◆ 熟练掌握单个总体下总体参数的假设检验方法。

◆ 理解两个总体下总体参数的假设检验方法。

◆ 理解 P 值进行假设检验的原理。

◆ 了解 SPSS 假设检验的方法。

重点与难点

◆ 单个总体下总体参数的假设检验。

◆ 独立样本 T 检验和配对样本 T 检验的适用条件。

◆ 左侧检验与右侧检验的判断。

案例导入

移动购物时，你愿意披露个人信息吗？

移动购物又称手机购物，是指用户以手机为终端，通过移动通信网络连接互联网进行的电子商务活动。随着智能终端和移动互联网的快速发展，移动购物的便利性越来越突出，在主流电商平台的大力推动下，用户的移动购物习惯已经养成。据 CNNIC 第 37 次互联网统计报告指出：截至 2015 年 12 月，中国手机网络购物用户规模增长迅速，达 3.4 亿人，增长率为 43.9%，手机网络购物的使用比例由 42.4% 提升至 54.8%。为此，了解用户的需求，为用户提供个性化的产品和服务，改善用户参与移动购物的体验，是移动购物企业在激烈的竞争中要夺得一席之地所必须考虑的严肃问题。

显然，了解用户的需求就必须获取相应的用户信息，用户信息对于移动购物企业的生存和发展至关重要。一方面，用户披露真实的个人信息有助于企业通过专业化的数据分析获得具有商业价值的资料，从而有效地为用户定制个性化的服务，为自身创造盈利空间；另一方面，过多的信息披露可能会给用户带来一些意想不到的隐私风险和损失，导致用户在提供个人信息时心存疑虑，拒绝提供个人信息或提供虚假信息。为解决这一矛盾，就必须研究移动购物用户披露个人信息意愿的影响因素，以促进移动购物企业的健康有序发展。

理性行为理论认为：任何个体的行为均由其行为意图引起，行为意图是由个人对行为的态度和主观规范决定的，而行为态度又进一步受到个体对行为的信念和结果评价的影响。基于理性行为理论，将用户对移动购物的态度具体划分为消极态度，包括隐私担忧；积极态度，包括信任、感知愉悦，探究其对用户个人信息披露意愿的影响。"隐私担忧"是指个体对其个人信息披露所引起的潜在隐私损失的担忧。例如，用户使用在线医疗服务系统时，对个人医疗隐私信息的担忧会导致用户不愿意提供个人医疗信息或提供虚假的医疗信息。"信任"是指用户对移动服务商的能力、诚实、友善的信心，对移动服务商信任的感知能够激励用户主动提供个人信息。"感知愉悦"是指用户感知到使用某个特定系统的愉悦程度。当用户觉得使用某项技术能够带来愉悦感和乐趣时，便能产生一种精神激励，促进用户使用该技术并向其提供个人信息。

基于理性行为理论，构建移动购物环境下用户个人信息披露意愿的影响因素研究模型，假设如下：

H1：隐私担忧负向影响用户的个人信息披露意愿。

H2：信任正向影响用户的个人信息披露意愿。

H3：感知愉悦正向影响用户的个人信息披露意愿。

研究调研对象包括学生、企业职员、公务员等职业群体，地理位置涉及湖北、江苏、上海、北京等几大省市。研究共回收问卷 383 份，其中有效问卷 300 份，有效回收率为 78.3%。本研究采用 Amos 22.0 对假设模型进行验证，利用拟合度指标检验假设模型与样本数据的适配度，模型拟合结果显示各项拟合度指标基本符合判别标准，说明假设模型与实际数据的拟合程度良好。假设模型的检验结果显示，H1 与 H3 在 0.01 水平上显著，H2 在 0.001 水平上显著。信任和感知愉悦及隐私担忧对用户的个人信息披露意愿会产生显著影响，且三者对用户个人信息披露意愿的解释力达 46.3%，三类态度对用户信息披露意愿发挥着重要的作用。

资料来源：刘百灵，夏惠敏，李延晖. 移动购物用户信息披露意愿影响因素的实证研究——基于公平理论和理性行为理论视角[J]. 实践研究，2017，40（5）：87-93.

6.1　假设检验的基本概念

假设检验是统计推断的又一重要内容，它与参数估计类似，但角度不同。假设检验先对统计总体的分布、数量特征及总体之间的关系等提出各种推测，然后抽取随机样本，以样本的观察资料来推断相应的假设是否成立。假设检验分为参数假设检验和非参数假设检验两大类，参数假设检验是在已知总体分布的前提下，根据样本统计量推断总体参数的一种检验。本章将讨论参数假设检验，主要介绍单个和两个总体的均值、成数、方差的假设检验，以及怎样运用 SPSS 来进行假设检验等。

6.1.1　假设检验的基本问题

在学习统计参数假设检验方法之前，我们先来对有关假设检验的几个基本问题做个介绍。它们是原假设与备择假设、假设检验的原理、拒绝域和接受域、假设检验的两类错误。除此之外，还将对显著性水平、假设检验结果的解释、假设检验的程序等做一个大致的介绍。

1. 原假设与备择假设

在现实生活中，人们经常要对某个"假设"做出判断，决定它是真的还是假的，这是一般意义上的假设检验。用统计语言来说，"假设"是关于总体参数的一个猜想。但无论是使用通俗的还是专业的表达方式，某个假设的提出都应该以一定的理由为基础，而同时这些理由又不是完全充分的，因而产生了一个检验需求，也就是要进行判断。

【例 6-1】 对刚刚运到的一批货物，质量检验员必须决定是接受这批货物，还是以这批货物不符合供应合同要求将它们退还给供应商。假定合同规定，供应商提供的零件内径平均为1.5 厘米。

【例 6-2】 在对某一品牌洗衣粉的抽检中，抽检人员需要判断其净含量是否达到了说明书中所声明的质量 500 千克。

在统计学中，我们需要将类似于上述这样的实际问题转化为规范的假设检验问题。一般地，原假设（Null Hypothesis）是要进行检验的假设，用一个等式或不等式来表示，通过样本观测信息，以获得量化的分析结果来推断它正确与否。

在例 6-1 中，原假设采用等式的方式：H_0: $\mu = 1.5$(厘米)。

原假设的下标用 0 修饰，有的文献将此称为"零假设"，μ 是我们关心的参数。如果原假设不成立，则要拒绝原假设，需要在另一个假设中做出选择，这个假设称为备择假设（Alternative Hypothesis），也有的文献将此称为"替换假设"，表示原假设不成立时的替换。

在例 6-1 中，备择假设的表达式：H_1: $\mu \neq 1.5$(厘米)。

原假设与备择假设相互排斥，是一个完备事件组，也就是说，在假设检验中，原假设与备择假设只有一个成立，而且必有一个成立。那么，所谓的统计假设检验，就是根据样本信息在原假设 H_0 和备择假设 H_1 之间做出选择。

也许会有这样的疑问：对两个相互排斥的假设，究竟应该把哪个作为原假设，哪个作为备择假设呢？实际上在假设检验中区分原假设和备择假设是非常重要的。从人们的情理出发，由于原假设是作为检验的前提被提出来的，所以它通常受到保护，在没有充足的证据时是不能遭到拒绝的。但遗憾的是，很多场合下，原假设和备择假设的选择仍然是比较模糊的。

关于一个总体参数 μ 的假设检验有 3 种基本形式：

$$H_0: \mu = \mu_0 \qquad H_0: \mu \geqslant \mu_0 \qquad H_0: \mu \leqslant \mu_0$$
$$H_1: \mu \neq \mu_0 \qquad H_1: \mu < \mu_0 \qquad H_1: \mu > \mu_0$$

假设表达式中的等号部分（包括=、≥及≤）总是出现在原假设中，这是我们需要遵循的。在例 6-2 中，原假设与备择假设为 H_0: $\mu \geqslant 500$，H_1: $\mu < 500$。

2. 假设检验的原理

假设检验的基本思想是基于小概率原理，即小概率事件在一次试验或观察中不会发生。如果事件发生的概率小，说明事件出现的可能性小，那么这样的事情在一次或少量观察中，往往是不会出现的。统计假设检验便是依据这一原理，对提出的假设做出拒绝与否的判断。假定某经销商承诺在他的这批货物中，不合格品率在 0.1%以下，即平均 1000 件里面只有 1 件不合格品。为检验经销商的说法是否可靠，从这批货物中随机抽取 1 件作为样品，我们知道不合格品出现的概率为 0.1%，如果抽取的这件样品经检查发现是不合格品，则有理由认为经销商的承诺是值得怀疑的。原因是 0.1%的概率是个很小的数，可以断言，随机抽取一件产品恰好是不合格品几乎是不可能的事情，但事实却相反，那么就等于找到了一个比较有说服力的证据，表明这批货物的不合格品率不可能小于 0.1%，从而推断经销商的承诺存在虚假问题。

概率值为多小才称得上是小概率呢？应根据检验问题的具体情况来确定。在进行假设检验的时候，人们总是视问题的要求，首先规定一个小概率的参考值 α（$0 < \alpha < 1$），然后把事件发生的概率 p 与 α 进行比较，如果 $p \leqslant \alpha$，则认为该事件发生的概率很小，在一次试验或观察中

基本不可能出现。显然，我们可以得出一条结论，α 的值越小，拒绝原假设 H_0 的说服力就越强，反之则相反。但事件发生的概率小，只能说该事件发生的可能性小，并不能表明小概率事件永远不会发生。因此，依据小概率原理做统计假设检验，有可能导致检验结果出错，学习统计学的人，要能清晰地认识这一点。

3．拒绝域和接受域

怎样检验原假设 H_0 呢？基本上是依据抽样分布定理，以正态分布为例，先确定显著性水平 α，然后根据相应的统计量在正态分布的情况下找出分位点，将整个样本的取值区间分为两部分：一部分是接受域，另一部分是拒绝域（有时称临界域）。当统计量的值落入接受域时就接受 H_0，反之就拒绝 H_0 而接受 H_1。

如果临界域在两端，则称为双侧检验。双侧检验的拒绝域和接受域如图 6-1 所示。如果临界域只在一端，则称为单侧检验，可以在右侧，也可以在左侧。右侧检验的拒绝域和接受域如图 6-2 所示。何时选用双侧检验或单侧检验，一般的做法是，在建立备择假设时，若能定出方向，待检验的参数大于或小于某一个数，则用单侧检验；若不能定出方向，则用双侧检验。

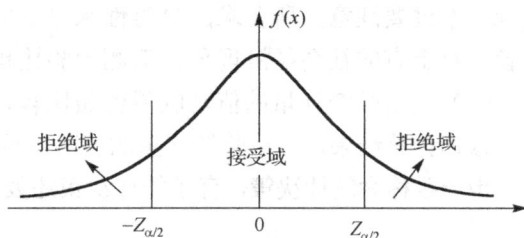

图 6-1　双侧检验的拒绝域和接受域

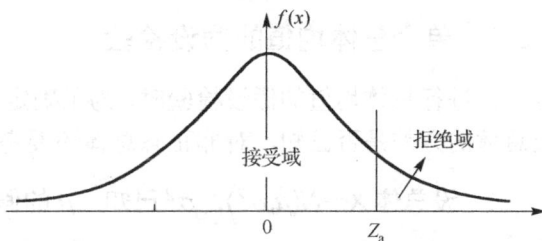

图 6-2　右侧检验的拒绝域和接受域

4．假设检验的两类错误

进行假设检验，需要建立一个判别规则。这一规则要能够帮助我们把假设是真是伪识别出来。统计检验规则实际上是随机样本取值集合的两个对立的划分，如果由样本资料计算出来的检验统计量的值落在接受域，则表明还未找到理由拒绝 H_0，所以只好接受 H_0；如果检验统计量的值落在拒绝域，则表明小概率事件发生了，可以拒绝 H_0。由于样本是随机变化的，根据样本资料计算出来的检验量的值，可能落在接受域，也可能落在拒绝域，会出现 4 种情况。假设检验的可能结果如表 6-1 所示。

表 6-1　假设检验的可能结果

检验结果		总体情况	
		H_0 为真	H_0 为假
决策	接受 H_0	正确	第 II 类错误（β 错误或取伪错误）
	拒绝 H_0	第 I 类错误（α 错误或弃真错误）	正确

在样本容量 n 一定的条件下，若要减少犯 α 错误（弃真错误）的概率，必然会增加犯 β 错误（取伪错误）的概率，要同时减少犯两类错误的概率是不可能的。只有增大样本容量，才是使两类错误同时减少的唯一途径。在实际中，主要考虑由选定的显著性水平 α 来控制犯 α 错误的概率。

6.1.2　假设检验的一般步骤

在搞清楚上述基本概念后，为便于操作，将介绍假设检验的一般步骤，但这不是绝对的，实际操作时步骤的划分可粗可细。

（1）根据问题的要求，提出原假设与备择假设。

（2）找出适当的检验统计量及其分布。

当假设确定以后，决定接受还是拒绝，都是根据某一统计量出现的数值从概率意义上来判断的，至于在具体问题里选择什么统计量作为检验统计量，所考虑的因素与参数估计中的相同。

（3）由样本资料和已知的参数值，计算检验统计量的具体数值。

（4）在给定显著性水平的基础上，找出检验的临界值。

根据检验统计量所服从的分布及备择假设 H_1 的性质，查表确定临界值，决定拒绝域和接受域。不过要注意，所要求的显著性水平不同，拒绝域就不同，拒绝域越小就越难否定 H_0。再者，对于有的社会经济现象，双侧检验比单侧检验更难否定 H_0。

（5）把检验统计量的值与临界值做比较，进行决策。

根据计算结果，当检验统计量的值落入接受域时，就接受 H_0，反之就拒绝 H_0 而接受 H_1。这一步一般称为统计决策，有了统计决策还要付诸行动，即要最后根据统计决策做出行动决策。

6.2　总体均值的假设检验

6.2.1　单个总体均值的假设检验

在进行总体均值的假设检验时，为了确定相应的统计量的分布，需要考虑总体的分布类型及总体的方差是否已知，对非正态总体还要考虑样本容量的大小。

1. 设总体 $X \sim N(\mu, \sigma^2)$，σ^2 已知，μ 的假设检验

首先讨论双侧检验，按照上述假设检验的步骤来进行。

（1）建立假设 $H_0: \mu = \mu_0$，$H_1: \mu \neq \mu_0$。

（2）选择检验统计量：由于 σ^2 已知，根据定理 5.3 有

$$Z = \frac{\bar{X} - \mu}{\sigma/\sqrt{n}} \sim N(0,1) \tag{6-1}$$

（3）计算检验统计量的数值：$Z = \dfrac{\bar{X} - \mu_0}{\sigma/\sqrt{n}}$，式中 $\bar{X}$ 是样本均值，μ_0 是所假设的总体均值。

（4）给定显著性水平 α，查正态分布表，确定临界值 $Z_{\alpha/2}$，从而确定拒绝域为 $(-\infty, -Z_{\alpha/2}]$ 和 $[Z_{\alpha/2}, +\infty)$，接受域为 $(-Z_{\alpha/2}, +Z_{\alpha/2})$。

（5）统计决策：若 $|Z| \geq Z_{\alpha/2}$，则拒绝 H_0；否则接受 H_0。

对于单侧检验有下面两种情形：

① 右侧检验 $H_0: \mu \leq \mu_0$，$H_1: \mu > \mu_0$，拒绝域为 $[Z_\alpha, +\infty)$，接受域为 $(-\infty, Z_\alpha)$。

② 左侧检验 $H_0: \mu \geq \mu_0$，$H_1: \mu < \mu_0$，拒绝域为 $(-\infty, -Z_\alpha]$，接受域为 $(-Z_\alpha, +\infty)$。

其余检验过程可参照上述步骤。

【例 6-3】 某车间生产一种机器零件，已知其零件直径服从正态分布，直径平均长度 μ_0 为 32，方差 σ^2 为 1.21。现在进行了某种工艺改革，需要检验零件的直径是否发生变化，假设方差 σ^2 不变，随机抽取 8 个零件，测得它们的直径（单位：厘米）分别为 32.56、29.66、31.64、29.51、30.00、31.03、33.05、31.87（$\alpha = 0.05$）。

解： 建立假设 H_0：$\mu = 32$，H_1：$\mu \neq 32$。

$\sigma^2 = 1.21$，根据式（6-1），选择检验统计量 $Z = \dfrac{\overline{X} - \mu_0}{\sigma / \sqrt{n}}$。

根据给定的样本数据有 $\overline{X} = 31.165$。

进一步有

$$Z = \frac{\overline{X} - \mu_0}{\sigma / \sqrt{n}} = \frac{31.165 - 32}{1.1 / \sqrt{8}} = -2.147$$

$\alpha = 0.05$ 时，查正态分布表 $Z_{0.025} = 1.96$。

由于 $|Z| = 2.147 > Z_{0.025} = 1.96$，所以拒绝 H_0，接受 H_1。表明工艺改革后，零件直径发生了显著性变化。

2. 设总体 $X \sim N(\mu, \sigma^2)$，σ^2 未知，μ 的假设检验

当 σ^2 未知时，用样本方差 S^2 来代替，由定理 5.3 知

$$T = \frac{\overline{X} - \mu}{S / \sqrt{n}} \sim t(n-1)$$

所以选择检验统计量

$$T = \frac{\overline{X} - \mu_0}{S / \sqrt{n}} \tag{6-2}$$

式中，$\overline{X}$ 为样本均值；μ_0 为所假设的总体均值。

在双侧检验 H_0：$\mu = \mu_0$，H_1：$\mu \neq \mu_0$ 中，当 $|T| \geq t_{\alpha/2}(n-1)$ 时，拒绝 H_0，否则接受 H_0。

在右侧检验 H_0：$\mu \leq \mu_0$，H_1：$\mu > \mu_0$ 中，当 $T \geq t_\alpha$ 时，拒绝 H_0，否则接受 H_0。

在左侧检验 H_0：$\mu \geq \mu_0$，H_1：$\mu < \mu_0$ 中，当 $T \leq -t_\alpha$ 时，拒绝 H_0，否则接受 H_0。

【例 6-4】 某房地产母公司给其一家子公司下达的指标任务是每套住宅的平均销售时间为 40 天或更少。假设每套住宅的平均销售时间服从正态分布，抽取子公司 20 套住宅，发现其平均销售时间是 45 天，而样本标准差是 10 天。问：以 5% 的显著性水平来检验，该子公司是否完成了母公司的指标任务？

解： 建立假设 H_0：$\mu \leq 40$，H_1：$\mu > 40$。

σ^2 未知，已知 $S = 10$，根据式（6-2），选择检验统计量 $T = \dfrac{\overline{X} - \mu_0}{S / \sqrt{n}}$。

又 $\overline{X} = 45$，$n = 20$，进一步有

$$T = \frac{\overline{X} - \mu_0}{S / \sqrt{n}} = \frac{45 - 40}{10 / \sqrt{20}} = 2.24$$

当 $\alpha = 0.05$ 时，查 t 分布表 $t_\alpha(19) = 1.729$。

由于 $T = 2.24 > t_\alpha(19) = 1.729$，所以拒绝 H_0，接受 H_1。

表明该子公司没有完成母公司的指标任务。

3. 非正态总体或总体分布未知时，μ 的假设检验

当总体为非正态分布，或不知道总体的分布时，只要知道总体的方差 σ^2，根据定理 5.4 有：当 n 充分大时（一般认为 $n \geq 30$），样本均值近似服从正态分布，即近似有 $\overline{X} \sim N\left(\mu, \dfrac{\sigma^2}{n}\right)$，所以选择检验统计量

$$Z = \frac{\overline{X} - \mu_0}{\sigma / \sqrt{n}} \qquad (6\text{-}3)$$

式中，$\overline{X}$ 为样本均值；μ_0 为所假设的总体均值。

在实际中，总体方差往往是未知的，应用时，只要样本容量 $n \geq 30$，仍然可以用样本标准差 S 代替统计量 Z 中的总体标准差 σ。

【例 6-5】 某一汽车装配线完成时间的计划均值为两分钟，由于完成装配时间既受上一道工序的影响，又要考虑下一道工序的进度，所以从流程的技术上要求每道工序只保持两分钟的标准就很好。随机进行 45 次观察，测得的平均时间为 2.39 分钟，样本标准差为 0.20 分钟。试在显著性水平为 0.05 的要求下，检验装配工作是否达到了两分钟的规程要求。

解：建立假设 H_0: $\mu = 2$，H_1: $\mu \neq 2$。

$n = 45$，大样本情形，根据式（6-3），选择检验统计量 $Z = \dfrac{\overline{X} - \mu_0}{\sigma / \sqrt{n}}$。

以样本标准差 $S = 0.20$ 代替总体标准差 σ，又 $\overline{X} = 2.39$，进一步有

$$Z = \frac{\overline{X} - \mu_0}{S / \sqrt{n}} = \frac{2.39 - 2}{0.2 / \sqrt{45}} = 13.08$$

当 $\alpha = 0.05$ 时，查正态分布表 $Z_{0.025} = 1.96$。

由于 $|Z| = 13.08 > Z_{0.025} = 1.96$，所以拒绝 H_0，接受 H_1。

表明装配工作没有达到两分钟的规程要求。

4. p 值

P 值是一个与统计假设检验相联系的概率，国际通用的几个统计软件（如 SPSS、SAS 等）在某种计算结果中都有一个 p 值，P 值即为拒绝 H_0 的最低显著性水平。

在上述讨论中，我们通过比较统计量的绝对值和临界值的大小，或比较统计量的值和临界值的大小，来判断是接受 H_0 还是拒绝 H_0。例如，在双侧检验中，当 $|T| \geq t_{\alpha/2}(n-1)$ 时，拒绝 H_0，否则接受 H_0。显然，临界值的大小与显著性水平 α 有关，因而拒绝 H_0 还是接受 H_0 也与显著性水平 α 有关，我们自然希望找到拒绝 H_0 的最低显著性水平。

在双侧检验中，假设已算出统计量的值 T_0，记 $|T_0| = t$，我们定义 t 统计值的 p 值为 $\dfrac{p}{2} = P(T \geq t)$，如图 6-3（a）所示。

在单侧检验中，假设已算出统计量的值 T_0，记 $T_0 = t$，我们定义 t 统计值的 p 值为 $p = P(T \geqslant t)$，如图 6-3（b）所示。

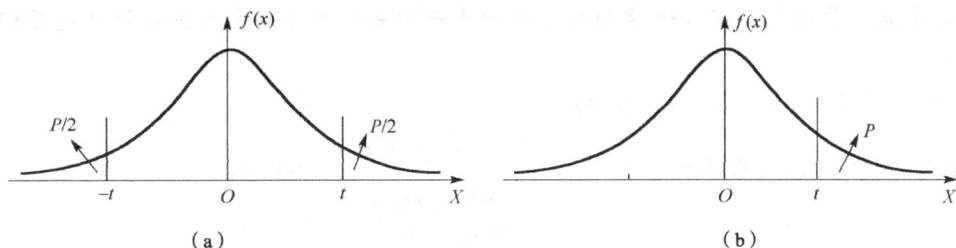

图 6-3　判别规则图解

在双侧检验中，给定的显著性水平 α：

（1）当 $p < \alpha$ 时，有 $t_{\alpha/2} < t$，表明 t 落在由 α 确定的临界值的外侧，应当拒绝 H_0，接受 H_1。

（2）当 $p \geqslant \alpha$ 时，有 $t_{\alpha/2} > t$，表明 t 落在由 α 确定的临界值的内侧，应当接受 H_0。

当然，除可以针对 t 统计值定义 p 值外，还可以针对其他统计值，如 Z 统计值、χ^2 统计值、F 统计值等类似定义 p 值，在 SPSS 中，用 P 值的判别规则来判别是接受还是拒绝 H_0。

P 值的判别规则：

（1）当 $p < \alpha$ 时，拒绝 H_0，接受 H_1。

（2）当 $p \geqslant \alpha$ 时，接受 H_0。

6.2.2　两个总体均值差异的假设检验

比较两个总体均值是否有显著差异是应用统计学中较常见的问题。在实际中，分别从两个总体中独立地抽取样本，通过比较其样本均值 $\bar{X}$ 和 $\bar{Y}$，来判断总体均值 μ_1 和 μ_2 是否有显著差异，检验 $H_0: \mu_1 = \mu_2$，$H_1: \mu_1 \neq \mu_2$，分以下几种情况来研究。

1．两个总体为正态分布，且已知总体方差 σ_1^2 和 σ_2^2

设 $X \sim N(\mu_1, \sigma_1^2)$，$Y \sim N(\mu_2, \sigma_2^2)$。根据定理 5.3 有

$$\bar{X} \sim N\left(\mu_1, \frac{\sigma_1^2}{n_1}\right), \quad \bar{Y} \sim N\left(\mu_2, \frac{\sigma_2^2}{n_2}\right)$$

由正态分布的性质有

$$\bar{X} - \bar{Y} \sim N\left(\mu_1 - \mu_2, \frac{\sigma_1^2}{n_1} + \frac{\sigma_2^2}{n_2}\right)$$

所以，选择检验统计量

$$Z = \frac{(\bar{X} - \bar{Y}) - (\mu_1 - \mu_2)}{\sqrt{\dfrac{\sigma_1^2}{n_1} + \dfrac{\sigma_2^2}{n_2}}} \sim N(0,1) \tag{6-4}$$

当 $|Z| \geqslant Z_{\alpha/2}$ 时，拒绝 H_0，说明两个总体均值 μ_1 和 μ_2 有显著差异。

当 $|Z| < Z_{\alpha/2}$ 时，接受 H_0，说明两个总体均值 μ_1 和 μ_2 无显著差异。

【例 6-6】　有两种方法可分别用于制造以抗拉强度为重要特征的产品。经验表明，用这两种方法生产出来的产品的抗拉强度都近似服从正态分布。两种方法生产出来的产品的抗拉强

度标准差分别为 6 千克、8 千克。现从方法 1 生产的产品中抽取样本容量为 12 的一个样本，得到样本均值为 40 千克；从方法 2 生产的产品中抽取样本容量为 16 的一个样本，得到样本均值为 34 千克。管理部门想知道这两种方法所生产出来的产品的平均抗拉强度是否相同（设 $\alpha=0.05$）。

解：建立假设 $H_0: \mu_1=\mu_2$，$H_1: \mu_1\neq\mu_2$。

根据式（6-4），选择检验统计量 $Z=\dfrac{(\bar{X}-\bar{Y})-(\mu_1-\mu_2)}{\sqrt{\dfrac{\sigma_1^2}{n_1}+\dfrac{\sigma_2^2}{n_2}}}\sim N(0,1)$。

代入数据计算得

$$Z=\frac{40-34}{\sqrt{\dfrac{6^2}{12}+\dfrac{8^2}{16}}}=2.27$$

当 $\alpha=0.05$ 时，查正态分布表 $Z_{0.025}=1.96$。

由于 $|Z|=2.27>1.96$，所以拒绝 H_0，接受 H_1。

表明两种方法所生产出来的产品的平均抗拉强度有显著差异。

2. 两个总体为正态分布，且未知总体方差 σ_1^2 和 σ_2^2，但已知 $\sigma_1^2=\sigma_2^2=\sigma^2$

根据定理 5.3 有 $\bar{X}-\bar{Y}\sim N\left(\mu_1-\mu_2,\dfrac{\sigma^2}{n_1}+\dfrac{\sigma^2}{n_2}\right)$

$$\frac{(n_1-1)S_1^2}{\sigma^2}\sim\chi^2(n_1-1),\quad \frac{(n_2-1)S_2^2}{\sigma^2}\sim\chi^2(n_2-1)$$

进一步有

$$\frac{(n_1-1)S_1^2}{\sigma^2}+\frac{(n_2-1)S_2^2}{\sigma^2}\sim\chi^2(n_1+n_2-2)$$

所以，可选择检验统计量

$$T=\frac{(\bar{X}-\bar{Y})-(\mu_1-\mu_2)}{\sqrt{S^2\left(\dfrac{1}{n_1}+\dfrac{1}{n_2}\right)}}\sim t(n_1+n_2-2) \tag{6-5}$$

式中，$S^2=\dfrac{(n_1-1)S_1^2+(n_2-1)S_2^2}{n_1+n_2-2}$，$S_1^2$ 和 S_2^2 分别为两个总体的样本方差。

当 $|T|\geq t_{\alpha/2}(n_1+n_2-2)$ 时，拒绝 H_0，说明两个总体均值 μ_1 和 μ_2 有显著差异。

当 $|T|<t_{\alpha/2}(n_1+n_2-2)$ 时，接受 H_0，说明两个总体均值 μ_1 和 μ_2 无显著差异。

3. 两个总体为正态分布，且未知总体方差 σ_1^2 和 σ_2^2，但 $\sigma_1^2\neq\sigma_2^2$

选择检验统计量

$$T=\frac{(\bar{X}-\bar{Y})-(\mu_1-\mu_2)}{\sqrt{\left(\dfrac{S_1^2}{n_1}+\dfrac{S_2^2}{n_2}\right)}} \tag{6-6}$$

此时的抽样分布已经不服从自由度为 (n_1+n_2-2) 的 t 分布，而是近似服从自由度为 f 的 t

分布。f 的计算公式如下：

$$f = \frac{\left(\dfrac{S_1^2}{n_1} + \dfrac{S_2^2}{n_2}\right)^2}{\dfrac{\left(\dfrac{S_1^2}{n_1}\right)^2}{n_1 - 1} + \dfrac{\left(\dfrac{S_2^2}{n_2}\right)^2}{n_2 - 1}} \tag{6-7}$$

上述两种情形，首先需要检验两个总体的方差是否相等，即做方差齐性检验，我们将在 6.4 节中介绍其方法。根据方差齐性检验的结果，再选择合适的检验统计量。由于其分布较为复杂，一般通过 SPSS 来完成。

4. 总体分布未知，对大样本情形：$n_1 \geq 30$ 和 $n_2 \geq 30$，已知总体方差 σ_1^2 和 σ_2^2

选择检验统计量

$$Z = \frac{(\bar{X} - \bar{Y}) - (\mu_1 - \mu_2)}{\sqrt{\dfrac{\sigma_1^2}{n_1} + \dfrac{\sigma_2^2}{n_2}}} \sim N(0,1) \tag{6-8}$$

当 $|Z| \geq Z_{\alpha/2}$ 时，拒绝 H_0，说明两个总体的均值 μ_1 和 μ_2 有显著差异。

当 $|Z| < Z_{\alpha/2}$ 时，接受 H_0，说明两个总体的均值 μ_1 和 μ_2 无显著差异。

在实际中，总体的方差往往是未知的，大样本情形下可以用样本方差 S_1^2、S_2^2 分别代替总体方差 σ_1^2、σ_2^2。

对于单侧检验，同样分各种不同的情形，选择同样的检验统计量，主要是临界值有所不同（Z_α 或 T_α），接受域和拒绝域有所不同。

【例 6-7】 有许多研究表明，在非商业环境（如学术环境）中，具有工作流动倾向的人都是一些特别优秀的工作者。为了考察在商业环境中业绩与流动性之间是否有相反的关系，一名研究人员考察了一家大型国有石油公司的人事记录。样本由 174 名"留下者"雇员和 355 名"离去者"雇员组成。公司对这两类雇员最初几年的业绩进行评估，汇总表如表 6-2（业绩按 5 分制评定：1=差，5=优）所示，问"留下者"雇员和"离去者"雇员最初几年业绩的平均分是否有显著差异（显著性水平 $\alpha = 0.01$）？

表 6-2 雇员工作业绩汇总表

留下者	离去者
$n_1 = 174$	$n_2 = 355$
$\bar{X} = 3.51$	$\bar{Y} = 3.24$
$S_1 = 0.51$	$S_2 = 0.52$

解： 建立假设 H_0：$\mu_1 = \mu_2$，H_1：$\mu_1 \neq \mu_2$。

这是一个大样本的双侧检验，根据式（6-8），选择检验统计量

$$Z = \frac{(\bar{X} - \bar{Y}) - (\mu_1 - \mu_2)}{\sqrt{\dfrac{\sigma_1^2}{n_1} + \dfrac{\sigma_2^2}{n_2}}} \sim N(0,1)$$

用样本方差代替总体方差，检验统计量的近似值为

$$Z = \frac{(\bar{X} - \bar{Y}) - (\mu_1 - \mu_2)}{\sqrt{\dfrac{\sigma_1^2}{n_1} + \dfrac{\sigma_2^2}{n_2}}} = \frac{3.51 - 3.24}{\sqrt{\dfrac{0.51^2}{174} + \dfrac{0.52^2}{355}}} = 5.68$$

当 $\alpha = 0.01$ 时，查正态分布表 $Z_{0.005} = 2.58$。

由于 $|Z| = 5.68 > Z_{0.005} = 2.58$，所以拒绝 H_0，接受 H_1。

这说明"留下者"雇员和"离去者"雇员最初几年的业绩的平均分有显著差异。

6.2.3 配对样本 T 检验

在某些对比实验中，数据总是成对出现的。例如，用两套问卷测试同一实验组的每个人，所得到的两套问卷的测试成绩就是成对出现的，每个被测试的人员有两个分值 $(x_i, y_i)(i = 1, 2, \cdots, n)$，不能独立地颠倒其中任何一组样本的顺序。这时就不再用上述方法进行两个总体均值差异的检验，而是简单地先令 $\mu_i = x_i - y_i (i = 1, 2, \cdots, n)$，然后用单样本的 T 检验方法，检验 μ_i 的均值与 0 是否有显著差异，从而得出两个总体的均值是否有显著差异。这种检验方法称为配对样本 T 检验。

【例 6-8】 一个以减肥为主要目标的健美俱乐部宣称，参加他们的训练班至少可以使肥胖者平均体重减少 8 千克。为了验证该宣称是否有效，调查人员随机抽取了 8 名参加者，得到他们训练前后的体重记录，如表 6-3 所示。

表 6-3　训练前后的体重记录

单位：千克

项	参加者 1	参加者 2	参加者 3	参加者 4	参加者 5	参加者 6	参加者 7	参加者 8
训练前	94.5	110.0	103.5	97.0	88.5	96.5	101.0	104.0
训练后	85.0	101.5	96.0	86.0	80.0	87.8	93.5	93.0

在 $a = 0.05$ 时，调查结果是否支持该俱乐部的宣称？

解：建立假设 $H_0: \mu_1 - u_2 \leqslant 8$，$H_1: \mu_1 - u_2 > 8$。

我们关心的是训练前后的体重差值与 8 是否有显著差异，其体重差值如表 6-4 所示。

表 6-4　训练前后的体重差值

单位：千克

项	参加者 1	参加者 2	参加者 3	参加者 4	参加者 5	参加者 6	参加者 7	参加者 8
训练前	94.5	110.0	103.5	97.0	88.5	96.5	101.0	104.0
训练后	85.0	101.5	96.0	86.0	80.0	87.8	93.5	93.0
差值 X	9.5	8.5	7.5	11.0	8.5	8.7	7.5	11.0

计算得出差值 X 的样本均值、标准差：$\bar{X} = 9.025$，$S = 1.3802$。

检验统计量 $T = \dfrac{\bar{X} - \mu_0}{S / \sqrt{n}} = \dfrac{9.025 - 8}{1.3802 / \sqrt{8}} = 2.1005$。

当 $a = 0.05$ 时，查 t 分布表 $t_a(7) = 1.895$。

由于 $T = 2.1005 > t_a(7) = 1.895$，所以拒绝 H_0，接受 H_1。

上述结果可以支持该俱乐部的宣称。

如果调查人员随机抽取 8 名参加者，得到他们训练前的体重资料，又随机抽取另外 8 名参加者，得到他们训练后的体重资料，这属于两个独立样本，同样是上面的数据，可以用独立样本 T 检验来完成（请读者自行完成），并比较两者的结果。

6.3 总体成数的假设检验

6.3.1 单个总体成数的假设检验

从统计学的角度来说，总体比例假设检验与总体均值假设检验实质上具有相同的思想，区别只在于参数和检验统计量的形式不同，所以总体均值假设检验的整个程序可以作为总体比例假设检验的参考，甚至有很多内容是可以完全"照搬"的。基于这一点，本节将尽可能综合地介绍总体比例假设检验方法。

总体比例假设检验的三种基本形式：

$$H_0 : \pi = \pi_0 \qquad H_0 : \pi \geq \pi_0 \qquad H_0 : \pi \leq \pi_0$$
$$H_1 : \pi \neq \pi_0 \qquad H_1 : \pi < \pi_0 \qquad H_1 : \pi > \pi_0$$

与总体成数的区间估计类似，我们只考虑大样本情形，当 n 充分大时，总体成数 π 的假设检验，可选择检验统计量

$$Z = \frac{p - \pi_0}{\sqrt{\pi_0(1-\pi_0)\big/ n}} \tag{6-9}$$

Z 近似服从标准正态分布 $N(0, 1)$。式中 p 是样本成数，π_0 是所假设的总体成数。

在双侧检验 $H_0 : \pi = \pi_0$，$H_1 : \pi \neq \pi_0$ 中，当 $|Z| \geq Z_{\alpha/2}$ 时，拒绝 H_0，接受 H_1，否则接受 H_0。

在右侧检验 $H_0 : \pi \leq \pi_0$，$H_1 : \pi > \pi_0$ 中，当 $Z \geq Z_\alpha$ 时，拒绝 H_0，接受 H_1，否则接受 H_0。

在左侧检验 $H_0 : \pi \geq \pi_0$，$H_1 : \pi < \pi_0$ 中，当 $Z \leq -Z_\alpha$ 时，拒绝 H_0，接受 H_1，否则接受 H_0。

【例 6-9】 某城市管理部门要检验本市的固定宽带家庭普及率，随机抽取了 50 户家庭，其中装有固定宽带的家庭有 35 户。试问能否接受本市的固定宽带家庭普及率为 65% 的假设（$\alpha = 0.05$）？

解：建立假设 $H_0 : \pi = 0.65$，$H_1 : \pi \neq 0.65$。

根据式（6-9），选择统计量 $Z = \dfrac{p - \pi_0}{\sqrt{\pi_0(1-\pi_0)\big/ n}}$。

又 $p = 35/50 = 0.7$，进一步有

$$Z = \frac{p - \pi_0}{\sqrt{\pi_0(1-\pi_0)\big/ n}} = \frac{0.7 - 0.65}{\sqrt{0.65 \times (1 - 0.65)}} = 0.74$$

当 $\alpha = 0.05$ 时，查正态分布表 $Z_{0.025} = 1.96$。

由于 $|Z| = 0.74 < Z_{0.025} = 1.96$，所以接受 H_0。

某城市管理部门接受本市的固定宽带家庭普及率为 65% 的假设。

【例 6-10】 某单位调查职工对现在居住环境是否满意，抽查了 157 人，其中有 110 人表示更加满意，问总体满意的百分比是否超出去年的百分比（去年只有 58% 的职工表示满意），显著性水平 $\alpha = 0.05$。

解： 建立假设 $H_0 : \pi \leqslant 0.58$，$H_1 : \pi > 0.58$。

根据式（6-9），选择统计量 $Z = \dfrac{p - \pi_0}{\sqrt{\pi_0(1-\pi_0)\big/n}}$

又 $p = 110/157 = 0.70$，进一步有

$$Z = \frac{p - \pi_0}{\sqrt{\pi_0(1-\pi_0)\big/n}} = \frac{0.70 - 0.58}{\sqrt{0.58(1-0.58)/157}} = 3.05$$

当 $\alpha = 0.05$ 时，查正态分布表 $Z_{0.05} = 1.645$。

由于 $Z = 3.05 > Z_{0.05} = 1.645$，所以拒绝 H_0。

某单位认为目前职工对居住环境更加满意。

6.3.2 两个总体成数之差的假设检验

检验两个总体中具有某种特性的比例是否有显著差异，可在两个总体中，相互独立地抽取数量足够大的样本 $X_1, X_2, \cdots, X_{n1}$ 和 $Y_1, Y_2, \cdots, Y_{n2}$，选择检验统计量

$$Z = \frac{(p_1 - p_2) - (\pi_1 - \pi_2)}{\sqrt{\dfrac{\pi_1(1-\pi_1)}{n_1} + \dfrac{\pi_2(1-\pi_2)}{n_2}}} \tag{6-10}$$

Z 近似服从标准正态分布 $N(0,1)$。式中 p_1 和 p_2 分别是两个样本的样本成数，π_1 和 π_2 分别是所假设的两个总体的总体成数。

当假设 $H_0 : \pi_1 = \pi_2$ 成立时，有 $\pi_1 = \pi_2 = \pi$，先要解决 π 的估计问题。

设样本 $X_1, X_2, \cdots, X_{n1}$ 中，具有某种特性的单位数为 m_1，样本 $Y_1, Y_2, \cdots, Y_{n2}$ 中，具有某种特性的单位数为 m_2，则我们用两组样本的综合比例来估计 π。

$$\pi = \frac{m_1 + m_2}{n_1 + n_2}$$

于是有

$$Z = \frac{p_1 - p_2}{\sqrt{\dfrac{\pi(1-\pi)}{n_1} + \dfrac{\pi(1-\pi)}{n_2}}} \text{ 近似服从标准正态分布} N(0,1)$$

在双侧检验 $H_0 : \pi_1 = \pi_2$，$H_1 : \pi_1 \neq \pi_2$ 中，当 $|Z| \geqslant Z_{\alpha/2}$ 时，拒绝 H_0，接受 H_1，否则接受 H_0。

在右侧检验 $H_0 : \pi_1 \leqslant \pi_2$，$H_1 : \pi_1 > \pi_2$ 中，当 $Z \geqslant Z_\alpha$ 时，拒绝 H_0，接受 H_1，否则接受 H_0。

在左侧检验 $H_0 : \pi_1 \geqslant \pi_2$，$H_1 : \pi_1 < \pi_2$ 中，当 $Z \leqslant -Z_\alpha$ 时，拒绝 H_0，接受 H_1，否则接受 H_0。

【例 6-11】 一保险机构称，人们对于新出台的某一险种，沿海地区人们的喜好程度高于其他地区的人们。为进一步了解事实，保险机构进行了一次抽样调查，了解沿海地区和其他地区喜好该险种的人数比例，调查资料表如表 6-5 所示，试以 0.01 的显著性水平来检验。

表 6-5 调查资料表

调查项目	沿海地区	其他地区
样本数	$n_1 = 300$	$n_2 = 400$
喜好险种的人数	$m_1 = 195$	$m_2 = 220$
样本比例	$p_1 = 0.65$	$p_2 = 0.55$

解：建立假设 $H_0: \pi_1 \leqslant \pi_2$，$H_1: \pi_1 > \pi_2$。

$$\pi = \frac{m_1 + m_2}{n_1 + n_2} = \frac{195 + 220}{300 + 400} = 0.59$$

$$Z = \frac{p_1 - p_2}{\sqrt{\dfrac{\pi(1-\pi)}{n_1} + \dfrac{\pi(1-\pi)}{n_2}}} = \frac{0.65 - 0.55}{\sqrt{\dfrac{0.59(1-0.59)}{300} + \dfrac{0.59(1-0.59)}{400}}} = 2.66$$

当 $\alpha = 0.01$ 时，查正态分布表 $Z_{0.01} = 2.323$。

由于 $Z = 3.45 > Z_{0.01} = 2.323$，所以拒绝 H_0。

保险机构认为沿海地区的人们喜好该险种的程度高于其他地区的人们。

6.4　总体方差的假设检验

6.4.1　单个总体方差的假设检验

在假设检验中，有时不仅需要检验总体的均值、成数，而且需要检验总体的方差。例如，在产品质量检验中，质量标准是通过不同类型的指标反映的，有些属于均值类型，如尺寸、质量、抗拉强度等；有些属于成数类型，如产品合格率、废品率等；有些属于方差类型，如尺寸的方差、质量的方差、抗拉强度的方差等。本节方差能反映产品的稳定性。方差大，说明产品的性能不稳定，波动大。凡与均值有关的指标，通常也与方差有关，方差能从另一个方面说明研究现象的状况。例如，居民的平均收入说明了收入达到的一般水平，是衡量经济发展阶段的一个重要指标，而收入的方差则反映了收入分配的情况，可以用于评价收入的合理性。

对方差进行检验的程序，与均值检验、成数检验是一样的，它们之间的主要区别是选择的检验统计量不同。类似于前面的区间估计，对于正态总体 $N(\mu, \sigma^2)$，由定理 5.3 知：$\dfrac{(n-1)S^2}{\sigma^2} \sim \chi^2(n-1)$，所以检验方差选取检验统计量

$$\chi^2 = \frac{(n-1)S^2}{\sigma_0^2} \tag{6-11}$$

式中，S^2 为样本方差；σ_0^2 为所假设的总体方差。

在双侧检验 $H_0: \sigma^2 = \sigma_0^2$，$H_1: \sigma^2 \neq \sigma_0^2$ 中，当 $\chi^2 \leqslant \chi^2_{1-\alpha/2}(n-1)$ 或 $\chi^2 \geqslant \chi^2_{\alpha/2}(n-1)$ 时，拒绝 H_0，接受 H_1，否则接受 H_0。χ^2 双侧检验示意图如图 6-4 所示。

在右侧检验 $H_0: \sigma^2 \leqslant \sigma_0^2$，$H_1: \sigma^2 > \sigma_0^2$ 中，当 $\chi^2 \geqslant \chi^2_{\alpha}(n-1)$ 时，拒绝 H_0，接受 H_1，否则接受 H_0。

在左侧检验 $H_0: \sigma^2 \geqslant \sigma_0^2$，$H_1: \sigma^2 < \sigma_0^2$ 中，当 $\chi^2 \leqslant \chi^2_{1-\alpha}(n-1)$ 时，拒绝 H_0，接受 H_1，否则接受 H_0。

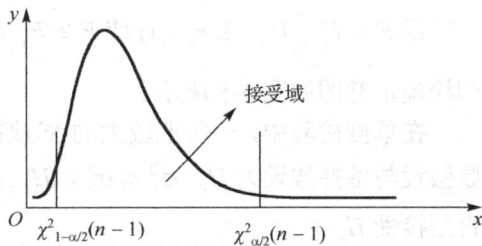

图 6-4　χ^2 双侧检验示意图

【例 6-12】　某公共汽车公司鼓励其员工遵守时间，以在公众面前树立值得信赖的形象，作为一个规范制度，该公司要求各辆汽车的到站时间变化不大。公司规定到站时间的方差不超过 4 分钟。在某个市中心车站随机抽取了 24 辆公共汽车的到站时间组成一个样本，得到样本方差为 $S^2 = 4.9$。假设到站时间的总体分布近似服从正态分布，试以 $\alpha = 0.05$ 的显著性水平检验该公司汽车到站时间的总体方差是否过大？

解： $S^2 = 4.9$。建立假设 $H_0 : \sigma^2 \leq 4$，$H_1 : \sigma^2 > 4$。

根据式（6-11），选择检验统计量 $\chi^2 = \dfrac{(n-1)S^2}{\sigma_0^2}$，所以

$$\chi^2 = \frac{(n-1)S^2}{\sigma_0^2} = \frac{(24-1) \times 4.9}{4} = 28.175$$

$\alpha = 0.05$，查 χ^2 分布表：$\chi_{0.05}^2(23) = 35.1725$。

由于 $\chi^2 < \chi_{0.05}^2(23)$，因此接受 H_0。

某公共汽车公司认为该公司汽车到站时间的总体方差达到了规定要求。

6.4.2　两个总体方差比的假设检验

要检验两个总体方差是否相等，可以通过两个方差之比是否等于 1 来判断。在实际中会遇到关于两个总体方差是否相等的问题，如比较两个生产过程的稳定性、比较两种投资方案的风险等。前面讨论了两个总体均值之差检验时，假定两个总体方差相等或不相等。实际上，在许多情况下总体方差是否相等事先往往并不知道，因此在进行两个总体均值之差检验之前，通常先进行两个总体方差是否相等的检验，由此获得所需要的信息。

比较两个未知的总体方差 σ_1^2 和 σ_2^2，我们用两个样本方差的比来判断，如果 S_1^2 / S_2^2 接近于 1，则说明两个总体方差 σ_1^2 和 σ^2 很接近；如果比值结果远离 1，则说明 σ_1^2 和 σ^2 之间有较大的差异。

检验假设 $H_0 : \sigma_1^2 = \sigma_2^2$，$H_1 : \sigma_1^2 \neq \sigma_2^2$。

根据定理 5.3 有

$$\frac{(n_1-1)S_1^2}{\sigma_1^2} \sim \chi^2(n_1-1), \quad \frac{(n_2-1)S_2^2}{\sigma_2^2} \sim \chi^2(n_2-1)$$

所以，选择检验统计量

$$F = \frac{S_1^2 / \sigma_1^2}{S_2^2 / \sigma_2^2} \sim F(n_1-1, n_2-1) \tag{6-12}$$

当 $F \leq F_{1-\alpha/2}(n_1-1, n_2-1)$ 或 $F \geq F_{\alpha/2}(n_1-1, n_2-1)$ 时，拒绝 H_0，接受 H_1，否则接受 H_0，F 双侧检验示意图如图 6-5 所示。

在单侧检验中，一般把较大的 S^2 放在分子 S_1^2 的位置，此时 $F>1$，拒绝域在 F 分布的右侧。原假设与备择假设为 $H_0 : \sigma_1^2 \leq \sigma_2^2$，$H_1 : \sigma_1^2 > \sigma_2^2$。当 $F \geq F_\alpha(n_1-1, n_2-1)$ 时，拒绝 H_0，接受 H_1，否则接受 H_0。

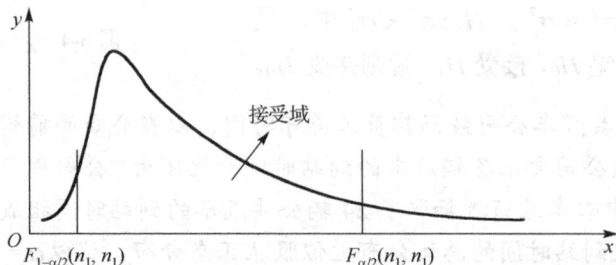

图 6-5　F 双侧检验示意图

【例 6-13】 有两种能使从事紧张工作的职员解除精神紧张的药物。在一项旨在比较这两种药物效果的研究中，医疗小组让两个小组的职员分别服用这两种药，两个月后搜集了关于这两组接受试验者紧张水平的数据，由样本数据得出方差 $S_1^2 = 4626$，$S_2^2 = 2916$，每个小组均有 8 名接受试验者。试问：在 0.05 的显著性水平下，这些数据是否提供了充分证据，是否支持关于这些样本所代表的两个总体的紧张水平的方差有显著性差别的看法？

解： 建立假设 $H_0 : \sigma_1^2 = \sigma_2^2$，$H_1 : \sigma_1^2 \neq \sigma_2^2$。

由式（6-12），选择检验统计量 $F = \dfrac{S_1^2 / \sigma_1^2}{S_2^2 / \sigma_2^2}$。

计算统计量的值 $F = \dfrac{S_1^2}{S_2^2} = \dfrac{4626}{2916} = 1.586$。

当 $\alpha = 0.05$，查 F 分布表：$F_{0.025}(7, 7) = 4.99$，$F_{0.975} = 0.20$。

由于 $F_{0.975} = 0.20 < F_{0.025}(7, 7) = 4.99$，因此接受 H_0。

说明两个总体的方差无显著性差别。

6.5　用 SPSS 做假设检验

前面介绍了有关总体均值、总体成数和总体方差的假设检验，对于两个总体的均值检验，由于总体方差往往未知，先要对总体方差做齐性检验，步骤较多且计算较复杂，我们更需要借助 SPSS 来完成。在 SPSS 中，有关均值的假设检验主要通过均值比较（Compare Means）模块来完成。

6.5.1　均值比较过程

在均值比较模块中，第一个子模块（Means）是按分组变量计算因变量的描述统计量的，如均值、方差、标准差、偏度、峰度等，并按计算结果并列显示，可用来比较及分析各组变量值的差异，基本步骤如下：

在启动 SPSS，读入数据后，从主菜单 Analyze 开始，依次单击 "Analyze" → "Compare Means" → "Means" 菜单命令，软件会弹出 "Means" 对话框，如图 6-6 所示。

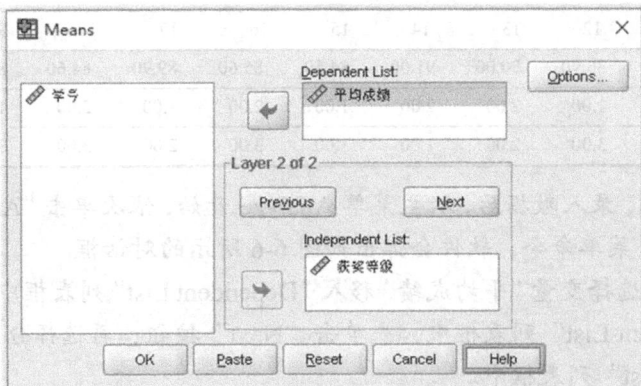

图 6-6　"Means" 对话框

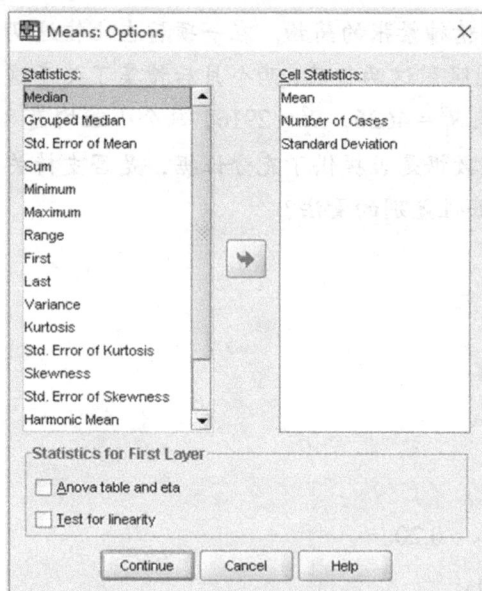

图 6-7   "Means: Options" 对话框

（1）从原变量清单中选择一个或几个数值变量移入"Dependent List"列表框中，并选择分组变量移入"Independent List"列表框，选择分组变量有两种方法，一种方法是直接选择一个或几个变量移入"Dependent List"列表框，不单击"Next"按钮，输出报告中将按每个自变量产生一张均值比较结果表；另一种方法是选择一个或几个变量移入"Dependent List"列表框后，单击"Next"按钮，形成层控制变量，在每层进一步划分样本，按层报告的形式输出结果。如果每层仅有一个自变量，则对每个自变量以复合表的形式输出结果。

（2）单击"Options"按钮，软件会弹出"Means: Options"对话框，如图 6-7 所示。

对话框左边 Statistics 列表框中有 20 余个统计量，右边 Cell Statistics 列表框中的 Mean、Number of Cases 和 Standard Deviation 为默认输出的统计量。

根据统计要求选择适当的统计量移入"Cell Statistics"列表框中，输出报告会按选入统计量的顺序显示它们的计算结果。

（3）单击"Continue"按钮，软件会回到图 6-6 所示的对话框，单击"OK"按钮，即可得到结果。

【例 6-14】 设某校某专业学生获奖学金的调查资料如表 6-6 所示，其中在"性别"变量中，1=男生，2=女生，试比较及分析在获奖学生中，男生、女生的平均成绩，各等级奖学金获得者的平均成绩之间的差异。

表6-6   某校某专业学生获奖学金的调查资料

学生编号	1	2	3	4	5	6	7	8	9	10
平均成绩（分）	91.11	88.90	82.10	90.40	89.50	90.10	87.50	85.60	86.50	88.70
性别	2.00	1.00	1.00	1.00	2.00	1.00	2.00	1.00	2.00	1.00
获奖等级	1.00	2.00	3.00	1.00	2.00	2.00	3.00	3.00	3.00	2.00
学生编号	11	12	13	14	15	16	17	18	19	20
平均成绩（分）	89.90	86.90	90.00	91.00	84.50	85.60	89.90	84.60	82.80	84.90
性别	2.00	1.00	2.00	2.00	1.00	2.00	1.00	2.00	1.00	2.00
获奖等级	2.00	3.00	2.00	1.00	3.00	3.00	2.00	3.00	3.00	3.00

解：在启动 SPSS，录入数据后，从主菜单 Analyze 开始，依次单击"Analyze"→"Compare Means"→"Means"菜单命令，软件会弹出如图 6-6 所示的对话框。

从原变量清单中选择变量"平均成绩"移入"Dependent List"列表框中，选择分组变量"性别"移入"Independent List"列表框中，先单击"Next"按钮，再选择分组变量"获奖等级"移入"Independent List"列表框中。

单击"Options"按钮，软件会弹出如图 6-7 所示的对话框。分组的均值比较报告表如表 6-7

所示。

表 6-7 分组的均值比较报告表（Report）

性别	获奖等级	Mean	N	Std. Deviation	Maximum	Minimum
男性	一等奖学金	90.4000	1	.	90.40	90.40
	二等奖学金	89.4000	4	0.70238	90.10	88.70
	三等奖学金	84.4667	6	1.77614	86.90	82.10
	Total	86.8000	11	2.99867	90.40	82.10
女性	一等奖学金	91.0550	2	0.07778	91.11	91.00
	二等奖学金	89.8000	3	0.26458	90.00	89.50
	三等奖学金	86.0500	4	1.23962	87.50	84.60
	Total	88.4122	9	2.41927	91.11	84.60
Total	一等奖学金	90.8367	3	0.38214	91.11	90.40
	二等奖学金	89.5714	7	0.56188	90.10	88.70
	三等奖学金	85.1000	10	1.71270	87.50	82.10
	Total	87.5255	20	2.80609	91.11	82.10

6.5.2 单样本 T 检验

单样本 T 检验用于检验正态总体的均值是否发生变化，单样本 T 检验的步骤如下：

在启动 SPSS，读入数据后，从主菜单 Analyze 开始，依次单击"Analyze"→"Compare Means"→"One-Sample T Test"菜单命令，软件会弹出"One-Sample T Test"对话框，如图 6-8 所示。

（1）从原变量清单中选择一个或几个数值型变量移入"Test Variable(s)"（检验变量）列表框中。

在 Test Value 数值框中输入一个指定值 μ_0（假设检验值），这相当于假设检验问题中提出的原假设 $H_0: \mu = \mu_0$。

（2）单击"Options"按钮，软件会弹出"One-Sample T Test: Options"对话框，如图 6-9 所示。在此对话框中可以设置置信水平及缺失值的处理方式。

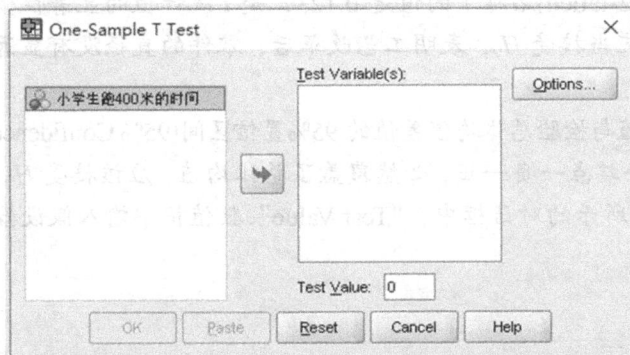

图 6-8 "One-Sample T Test"对话框　　图 6-9 "One-Sample T Test: Options"对话框

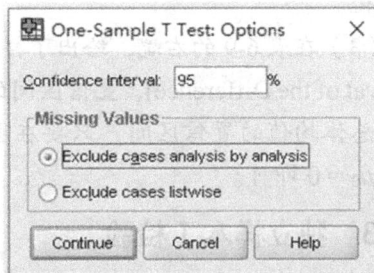

① 在 Confidence Interval（置信区间）数值框中输入 1～99 中的一个数值，输出结果将给出样本均值与指定的检验值之差的置信水平为该数值的置信区间。软件默认的置信水平为 95%。

② 在 Missing Values 选区有两个选项。

- 选择 Exclude cases analysis by analysis，只排除分析变量的缺失值。
- 选择 Exclude cases listwise，将剔除有缺失值的所有观测量。

（3）单击"Continue"按钮，软件会回到图 6-8 所示的对话框，单击"OK"按钮，即可得到结果。

【例 6-15】 某车间生产一种机器零件，已知其零件直径服从正态分布，平均直径 μ_0 为 32，现在进行了某种工艺改革，需要检验零件的直径是否发生变化，随机抽取了 8 个零件，测得它们的直径（单位：厘米）分别为 32.56、29.66、31.64、29.51、30.00、31.03、33.05、31.87（ $\alpha = 0.05$ ）。

解：建立假设 $H_0: \mu = 32$，$H_1: \mu \neq 32$。

在启动 SPSS，录入数据后，从主菜单 Analyze 开始，依次单击"Analyze"→"Compare Means"→"One-Sample T Test"菜单命令，软件会弹出图 6-8 所示的对话框。

从原变量清单中选择数值型变量"直径"移入"Test Variable(s)"（检验变量）列表框中，在"Test Value"数值框中输入一个指定值 $\mu_0 = 32$，单击"OK"按钮。

输出有关参数统计结果和单样本 T 检验结果，如表 6-8 和表 6-9 所示。

表 6-8　有关参数统计结果（One-Sample Statistics）

	N	Mean	Std. Deviation	Std. Error Mean
零件的直径	8	31.1675	1.34323	0.47491

表 6-9　单样本 T 检验结果（One-Sample Test）

	Test Value = 32					
	t	df	Sig. (2-tailed)	Mean Difference	95% Confidence Interval of the Difference	
					Lower	Upper
零件的直径	−1.753	7	0.123	−.8325	−1.9555	0.2905

结果说明：

（1）样本均值 $\bar{X} = 31.167$，样本标准差 $S = 1.3432$，样本均值的标准差是 0.47491。

（2）检验统计量 $|t| = 1.753$，在 Sig.(2-tailed) 名称下的值是 0.123，是 t 统计值的显著性概率 p 值。在此问题中，$p = 0.123 > 0.05$，应当接受 H_0，表明工艺改革后，零件的直径没有显著性变化。

（3）在表 6-9 的右端，给出了样本均值与检验总体均值差值的 95% 置信区间 (95% Confidence Interval of the Difference)。置信区间的两个端点一负一正，必然覆盖了总体均值，应该接受 H_0。要求总体均值的置信区间，只要在图 6-8 所示的对话框中，"Test Value"数值框中输入假设检验值 $\mu_0 = 0$ 即可。

6.5.3　独立样本 T 检验

独立样本 T 检验用于检验来自正态总体的两个彼此独立的样本之间的差异，独立样本 T 检验步骤如下：

在启动 SPSS，读入数据后，从主菜单 Analyze 开始，依次单击"Analyze"→"Compare Means"→"Independent-Samples T Test"菜单命令，软件会弹出"Independent-Samples T Test"对话框，如图 6-10 所示。

（1）从原变量清单中选择一个或几个数值型变量移入"Test Variable(s)"列表框中。

（2）选择分组变量移入"Grouping Variable"列表框中，这时框内显示"变量名(？？)"，单击"Define Groups"按钮，软件会弹出如图 6-11 所示的对话框。

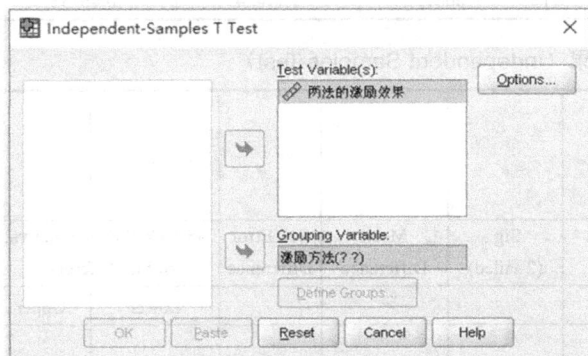

图 6-10 "Independent-Samples T Test"对话框　　　图 6-11 "Define Groups"对话框

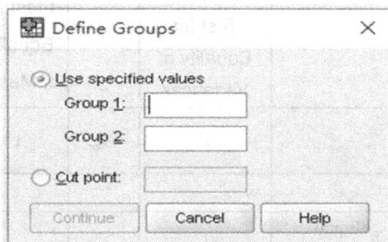

选择"Use specified values"单选按钮，表示用分组变量的值进行分组，并在 Group 1 和 Group 2 数值框中分别输入指定的分组变量的不同数值，以区分两个独立样本。

如果选择的分组变量为连续型的数值变量，则可单击"Cut point"数值框，在其框中输入变量取值范围内的一个值，将观测量分成大于或等于该值和小于该值的两组，产生以此值为分界点的两个独立样本。

（3）单击"Options"按钮，软件会弹出图 6-9 所示的对话框，设置置信水平及缺失值的处理方式，它与单个样本 T 检验的设置完全相同。

（4）单击"Continue"按钮，软件会回到图 6-10 所示的对话框，单击"OK"按钮，即可得到结果。

【例 6-16】 某证券公司宣称，工业股票的平均收益率与公共事业股票的平均收益率并无差别。某投资者为验证此说法，随机选择了 7 只工业股票和 6 只公共事业股票，计算其平均收益率，如表 6-10 所示。试问这两种类型股票的平均收益率是否有显著差异（$\alpha=0.05$）？

表 6-10　两种类型股票的平均收益率

工业股票	8.80	10.50	9.40	10.90	15.30	12.40	13.50
公共事业股票	9.20	9.60	8.60	10.90	8.60	7.50	

解：建立假设 $H_0: \mu_1=\mu_2$，$H_1: \mu_1\neq\mu_2$。

在启动 SPSS，录入数据后，从主菜单 Analyze 开始，依次单击"Analyze"→"Compare Means"→"Independent-Sample T Test"菜单命令，软件会弹出图 6-10 所示的对话框。

从原变量清单中选择数值型变量"平均收益率"移入"Test Variable(s)"列表框中，选择分组变量"股票类型"移入"Grouping Variable"列表框中，单击"Define Groups"按钮，软件会弹出如图 6-11 所示的对话框。输入两个组的变量值，分别输入 1=工业股票，2=公共事业股票。

单击"Continue"对话框，软件会回到图 6-10 所示的对话框，单击"OK"按钮，软件会输出两种股票的平均收益率统计结果和独立样本 T 检验结果，如表 6-11 和表 6-12 所示。

表 6-11　两种股票的平均收益率统计结果（Group Statistics）

	股票类型	N	Mean	Std. Deviation	Std. Error Mean
平均收益率	工业股票	7	11.5429	2.32010	0.87691
	公共事业股票	6	9.0667	1.14484	0.46738

表 6-12　独立样本 T 检验结果（Independent Samples Test）

		Levene's Test for Equality of Variances		t-test for Equality of Means					95% Confidence Interval of the Difference	
		F	Sig.	t	df	Sig. (2-tailed)	Mean Difference	Std. Error Difference	Lower	Upper
平均收益	Equal variances assumed	3.872	0.075	2.368	11	0.037	2.4762	1.04556	0.17493	4.77745
	Equal variances not assumed			2.492	9.020	0.034	2.4762	0.99369	0.22905	4.72333

结果说明：

（1）由方差齐性检验可知，$F = 3.872$，F 统计量的显著性概率 $p = 0.075 > 0.05$，接受 H_0，表明两种类型股票的平均收益率的方差没有显著差异。

（2）观察 T 检验统计量的值，应当是 Equal variances assumed，此时，t 统计量的显著性概率 $p = 0.037 < 0.05$，拒绝 H_0，认为两种不同类型股票的平均收益率有显著差异。

（3）观察样本均值差值的 95% 置信区间（95% Confidence Interval of the Difference），置信区间的两个端点都为正，表明落在这个区间的均值差值不可能为 0，应该拒绝 H_0，这与上面的检验结果一致。

【例 6-17】　某城市某商业银行营业点抽样调查了 100 名客户的有关资料，包括职业、性别、年龄、文化程度、年末储蓄存款余额（单位：万元）、年收入（单位：万元）等，试考虑不同文化程度客户的储蓄存款余额（10 万元以内）的平均值是否有显著差异（$\alpha = 0.05$）。

部分客户信息表如表 6-13 所示。其中文化程度的表示方法：1 = 初中及以下，2 = 高中，3 = 大专，4 = 大学，5 = 研究生，储蓄存款的单位为万元。

表 6-13　部分客户信息表

编号	文化程度	储蓄存款	编号	文化程度	储蓄存款	编号	文化程度	储蓄存款	编号	文化程度	储蓄存款	编号	文化程度	储蓄存款
1	1	2.0	21	3	3.0	41	4	8.2	61	2	9.5	81	2	6.5
2	2	3.0	22	2	3.6	42	1	3.2	62	3	3.2	82	4	3.2
3	2	2.1	23	1	2.0	43	1	2.0	63	5	2.2	83	1	2.4
4	5	3.2	24	1	2.3	44	2	3.6	64	5	4.5	84	3	5.1
5	1	0.8	25	2	2.6	45	3	3.6	65	1	5.6	85	5	5.9
6	2	3.6	26	3	1.2	46	3	2.0	66	2	2.6	86	3	8.2
7	2	2.5	27	3	1.0	47	2	2.1	67	4	2.1	87	4	3.2
8	3	6.6	28	4	5.0	48	2	1.0	68	1	4.6	88	1	1.2

续表

编号	文化程度	储蓄存款	编号	文化程度	储蓄存款	编号	文化程度	储蓄存款	编号	文化程度	储蓄存款	编号	文化程度	储蓄存款
9	4	1.8	29	4	6.5	49	3	6.5	69	2	0.8	89	2	2.1
10	3	3.2	30	4	2.0	50	5	9.9	70	2	5.2	90	2	9.6
11	3	3.2	31	5	3.0	51	4	1.0	71	1	3.6	91	2	3.2
12	2	8.9	32	4	5.3	52	4	9.6	72	1	2.3	92	1	5.2
13	3	5.0	33	4	2.2	53	5	2.1	73	3	5.6	93	3	4.1
14	4	2.0	34	3	5.6	54	4	3.0	74	3	3.0	94	1	2.6
15	4	9.8	35	3	2.0	55	4	2.0	75	4	5.6	95	2	3.2
16	1	3.0	36	2	2.0	56	2	5.0	76	5	4.5	96	4	3.2
17	2	6.0	37	4	2.0	57	4	4.1	77	1	5.1	97	5	3.2
18	2	2.0	38	2	2.5	58	1	5.6	78	2	5.4	98	4	9.5
19	1	2.0	39	3	9.0	59	4	9.6	79	5	9.8	99	4	5.5
20	5	1.0	40	3	8.8	60	1	2.6	80	1	2.0	100	4	2.0

解：建立假设 H_0: $\mu_1=\mu_2$，H_1: $\mu_1\neq\mu_2$。

在启动 SPSS，录入数据后，从主菜单 Analyze 开始，依次单击"Analyze"→"Compare Means"→"Independent-Sample T Test"菜单命令，软件会弹出如图 6-10 所示的对话框。

从原变量清单中选择数值型变量"储蓄存款"移入"Test Variable(s)"列表框中，选择分组变量"文化程度"移入"Grouping Variable"列表框中，单击"Define Groups"按钮，软件会弹出如图 6-11 所示的对话框。在 Group1 和 Group2 数值框中输入分组变量的分界点的数值，在 Cut point 数值框中输入数值 3，表明将文化程度为大专及以上的客户分为一组，高中及以下的客户分为一组。

单击"Continue"按钮，软件会回到图 6-10 所示的对话框；单击"OK"按钮，即可输出两组客户的储蓄存款统计结果和独立样本 T 检验结果，如表 6-14 和表 6-15 所示。

表 6-14　两组客户的储蓄存款统计结果（Group Statistics）

	文化程度	N	Mean	Std. Deviation	Std. Error Mean
储蓄存款	>= 3.00	56	4.4446	2.65809	0.35520
	< 3.00	44	3.5500	2.14926	0.32401

表 6-15　独立样本 T 检验结果（Independent Samples Test）

		Levene's Test for Equality of Variances		t-test for Equality of Means					95% Confidence Interval of the Difference	
		F	Sig.	t	df	Sig. (2-tailed)	Mean Difference	Std. Error Difference	Lower	Upper
储蓄存款	Equal variances assumed	3.963	0.049	1.814	98	0.073	0.8946	0.49314	−.08398	1.87326
	Equal variances not assumed			1.861	97.906	0.066	0.8946	0.48078	−.05947	1.84875

结果说明：

（1）由方差齐性检验可知，$F = 3.963$，F 统计量的显著性概率 $p = 0.049 < 0.05$，拒绝 H_0，表明两种文化程度不同的客户的储蓄存款的方差有显著差异。

（2）观察 T 检验统计量的值（Equal variances not assumed），此时，t 统计量的显著性概率 $p = 0.066 > 0.05$，接受 H_0，认为两种文化程度不同的客户的储蓄存款没有显著差异。

（3）观察样本均值差值的 95% 置信区间（95% Confidence Interval of the Difference），置信区间的两个端点一负一正，表明均值差值 0 落在这个区间，应该接受 H_0，这与上面的检验结果一致。

输入分组变量的分界点的其他数值，可以比较文化程度其他分组的客户的储蓄存款是否有显著差异（读者可以自己做相应练习）。

6.5.4　配对样本 T 检验

配对样本 T 检验用于检验来自正态总体的两个彼此相关的样本均值之间的差异。配对样本 T 检验的步骤如下：

在启动 SPSS，读入数据后，从主菜单 Analyze 开始，依次单击"Analyze"→"Compare Means"→"Paired Samples T Test"菜单命令，软件会弹出"Paired-Samples T Test"对话框，如图 6-12 所示。

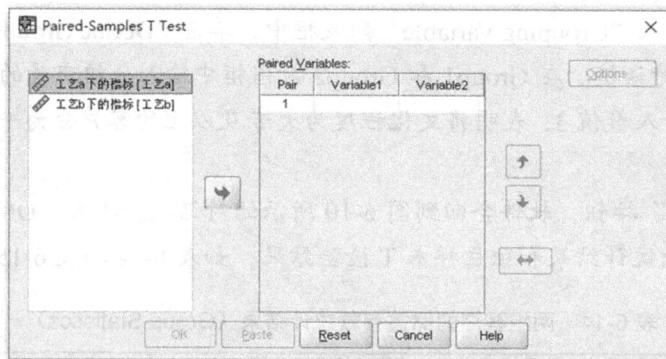

图 6-12　"Paired-Samples T Test"对话框

（1）从原变量清单中选择一对或几对成对数值型变量，移入"Paired Variables"（配对变量）列表框中，框内显示"甲变量–乙变量"，表示这对变量将作为比较的检验变量。

（2）单击"Options"按钮，软件会弹出与图 6.9 完全相同的对话框，设置置信水平及缺失值的处理方式。

（3）单击"Continue"按钮，软件会回到图 6-12 所示的对话框，单击"OK"按钮，即可得到结果。

【例 6-18】　为了鉴定两种工艺方法对产品某项性能指标有无显著影响，现用两种工艺方法对 9 批材料进行生产，得到该指标的 9 对数据资料，如表 6-16 所示，试判断有无显著影响（$\alpha = 0.05$）？

表 6-16　配对实验的数据资料

工艺 a 下的指标	0.47	1.02	0.33	0.70	0.94	0.85	0.39	0.52	0.47
工艺 b 下的指标	0.41	1.00	0.46	0.61	0.84	0.87	0.36	0.52	0.51

解：建立假设 H_0: $\mu_1-\mu_2=0$，H_1: $\mu_1-\mu_2\neq0$。

在启动 SPSS，录入数据后，从主菜单 Analyze 开始，依次单击"Analyze"→"Compare Means"→"Paired Samples T Test"菜单命令，软件会弹出图 6-12 所示的对话框。

选择一对变量（两种工艺下的指标）分别移入"Paired Variables"列表框中，单击"OK"按钮，即可得到配对样本统计量和配对样本 T 检验的结果。如表 6-17 和表 6-18 所示。

表 6-17 配对样本统计量（Paired Samples Statistics）

		Mean	N	Std. Deviation	Std. Error Mean
Pair 1	工艺 a 下的指标	.6322	9	0.25307	0.08436
	工艺 b 下的指标	.6200	9	0.22771	0.07590

表 6-18 配对样本 T 检验（Paired Samples Test）

		Paired Differences					t	df	Sig. (2-tailed)
		Mean	Std. Deviation	Std. Error Mean	95% Confidence Interval of the Difference				
					Lower	Upper			
Pair 1	工艺 a 下的指标-工艺 a 下的指标	0.0122	0.07120	0.02373	−0.0425	0.0670	0.515	8	0.620

结果说明：

表 6-18 中列出了成对样本数值差的统计量值，平均值为 0.0122，标准差为 0.07120，平均标准误差为 0.02373，95% 的置信区间的两端点一正一负，表明应接受 H_0。

T 检验的最后结果（$p=0.620>0.05$）也显示，两种工艺方法对产品某项性能指标的平均值没有显著影响。

思考与练习

1. 如何理解假设检验的原理？
2. 影响拒绝域和接受域的因素有哪些？
3. 如何理解假设检验的两类错误？
4. 一汽车零件装配线要求平均完成时间为 2.2 分钟，因为较早或较晚完成均会对公司产生不利影响。一组随机样本包含 40 次装配时间，平均完成时间为 2.3 分钟，且已知总体的标准差为 0.2 分钟。试用 5% 的显著性水平来检验该生产线的装配时间是否为 2.2 分钟？
5. 某旅馆的经理认为其客人平均每天的花费至少为 1000 元。假如抽取了一组 50 张账单作为样本资料，样本平均数为 900 元，且已知 $\sigma=200$ 元，试以 5% 的显著性水平检验该经理的说法。
6. 某行业员工平均每小时工资为 19 元，从该行业中，按随机抽样的方式抽取 36 人作为样本，调查结果表明，他们每小时工资为 18.5 元，标准差为 0.6 元。如果给定的显著性水平为 0.05，试对假设 $\mu\geq19$ 进行检验。
7. 某工厂准备调查有多少工人对自己的工作环境是持满意态度的。假设全厂的工人超过 35% 是满意工作环境的。该厂有关部门从全厂中随机抽取 150 名工人来调查，其中满意工作环境的有 69 人，试问这次民意测验应做何结论（$\alpha=0.05$）？
8. 一项统计结果声称，某市老年人口（年龄在 65 岁以上）的比例为 14.7%，该市老年人口研究会为了检验该项统计是否可靠，随机抽选了 400 名居民，发现其中有 57 名年龄在 65 岁以上。调查结果是否支持该市老年人口比例为 14.7%的看法（α=0.05）？

9．某机构声称 5 年来各种新发行债券的承销价高于面值的比率没有超过 50%，为检验此说法，随机抽选了 60 只新发行债券，其中有 24 只债券的承销价高于面值。试以 α=0.10 的显著性水平进行检验。

10．用两种激励方法分别对两个片区的销售人员进行激励，测得激励后的业绩增长率(%)，如表 6-19 所示，假设两个总体为正态分布，且两个总体方差相等，问两种激励方法的平均激励效果是否有显著差异（α=0.05）？

表 6-19　两种激励方法不同的业绩增长率

激励法 1	15.3	12.6	13.5	16.2	14.8	13.8	14.2	15.1	
激励法 2	13.6	14.5	15.6	13.8	15.9	13.4	13.9	14.8	15.5

11．在被调查的 510 名男性中，有 16%的人赞成公共场所禁烟立法；而被调查的 324 名女性中，有 29%的人赞成公共场所禁烟立法。问男性和女性对公共场所禁烟立法的态度是否有显著差异（显著性水平为 0.05）？

第7章 方差分析

学习目标

◆ 理解方差分析的基本思想和概念。
◆ 掌握单因素方差分析的步骤。
◆ 掌握双因素方差分析的步骤。
◆ 了解 SPSS 做方差分析的方法。

重点与难点

◆ 方差分析的步骤。
◆ 有交互作用的双因素方差分析。

案例导入

碳排放与方差分析

碳排放是温室气体排放的一个总称或简称，由于温室气体中主要的就是二氧化碳，所以大家用"碳"来代替温室气体。碳排放过多会产生温室效应。根据预测，如果大气中的温室气体含量增加一倍，地球温度将升高 2.6~3.9℃，进而导致冰川融化、海平面上升，陆地被淹没，随之而来的还有洪水、物种灭绝等自然灾害。因此，控制温室气体的排放将事关整个地球的命运，势在必行。

中国是世界上最大的温室气体排放国之一。在全球积极应对气候变化的大背景下，不论从自身经济发展需要，还是遵从国际相关条款，中国当前及未来都面临巨大的碳减排压力。伴随着经济的高速增长，中国能源消耗迅速提高。据统计,2022 年中国的二氧化碳排放量为 1147700 万吨，约占全球二氧化碳排放总量的 31%。中国当前较大的碳排放量及较快的经济增长速度都使中国碳减排面临巨大的压力。为减少碳排放，自 2005 年起，中国不断"加码"碳减排目标，并实现了中国向国际社会承诺的碳减排目标，中国碳排放强度开始向世界平均水平逐渐接近。2020 年中国正式提出"双碳"目标，并计划到 2030 年，碳排放强度比 2005 年下降 65%以上。

在众多碳排放来源中，如何采用科学方法有效地甄别导致当前中国碳排放量大的主要原因，找到碳减排的关键点，对中国制定相关碳减排政策和应对全球气候变化具有重大理论价值和现实意义。从排放来源看，电、热生产活动，交通运输业，制造产业和建筑业是碳排放的主要来源。目前供电行业依然以煤炭、石油、天然气等化石燃料燃烧作为主要的发电方式，供热产业也以燃烧化石燃料作为主要的供热方式，而化石燃料燃烧会带来大量的碳排放。交通运输产业是全球第二大碳排放来源。目前陆上交通、航空、航海依然以燃油作为最主要的动力来源之一，对燃油的高需求也会带来大量碳排放；制造产业与建筑业是另一个重要的碳排放来源；钢铁冶炼、化工制造、采矿、建筑等行业对能源需求量大，生产过程中的原材料分解也会带来碳排放。

方差分析就是一种找出碳排放量主要影响因素的有效手段。方差分析能通过两个及两个以上样本均值差别的显著性检验，找到众多影响因素中哪些是重要的影响因素。如果我们能够掌握在众多的碳排放来源中，哪些因素对中国碳排放量起主要的、关键性的作用，我们就可以根据实际情况对这些因素加以控制，从而实现碳减排目标。

资料来源：1. 崔琦，杨军，董琬璐. 中国碳排放量估计结果及差异影响因素分析[J]. 中国人口·资源与环境，2016，26（2）：35-41.

2. 国务院新闻办公室《中国应对气候变化的政策与行动》。

7.1 方差分析引论

7.1.1 问题的提出

在生产经营管理中，经常需要开展一些试验活动。例如，几个不同供应商提供的同种零部件对同一产品的质量有无显著影响？同种商品的不同广告创意及不同广告发布方式对商品销售量是否产生影响、影响程度如何？以及化工生产中，原料的成分、反应温度、压力、时间、催化剂等因素对产品的得率和质量有何影响？这些问题都可以通过试验研究，帮助我们找出最优的生产经营管理方案。试验的目的是要观察某一种或多种因素的变化，对试验结果的观测数值是否具有显著性影响，从而选取最优生产经营管理方案。

当方差分析只涉及一个自变量时，称为单因素方差分析（One-Way Analysis of Variance）；当涉及两个自变量时，称为双因素方差分析（Two-Way Analysis of Variance）。

为了便于理解方差分析的含义，我们先看一个例子。

【例7-1】 消费者常会因产品或服务质量问题向消费者协会投诉。为了对交通货运4个部门的服务质量进行评价，消费者协会在航空货运业、铁路货运业、公路货运业及水路货运业分别抽取了不同的企业作为样本。每个行业所抽取的企业，在服务对象、服务内容、企业规模等方面基本上是相同的，其中航空货运业抽取了6家，铁路货运业抽取了5家，公路货运业抽取了7家，水路货运业抽取了6家。最近一年消费者对24家企业的投诉次数统计如表7-1所示。

表7-1 最近一年消费者对24家企业的投诉次数统计

观测值	航空货运业	铁路货运业	公路货运业	水路货运业
1	32	44	48	44
2	41	37	29	55
3	34	64	39	64
4	35	52	51	73
5	53	48	45	58
6	45		68	60
7			56	

一般而言，受到的投诉次数越多，服务质量越差。消费者协会想知道这几个部门之间的服务质量是否有显著差异。

实际上要分析4个部门之间的服务质量是否有显著差异，就是检验"部门"对"投诉次数"的影响是否显著，最终归结为检验4个部门被投诉次数的均值是否相等。如果它们的均值相等，就意味着"部门"对"投诉次数"是没有影响的，也就是它们之间的服务质量没有显著差异；如果均值不全相等，则意味着"部门"对"投诉次数"是有影响的，它们之间的服务质量有显著差异。

在方差分析中，所要检验的对象，如"部门"，称为因素（Factor）。因素在方差分析中的不同表现（或所分的等级），如"航空货运业""铁路货运业"等，称为因素的水平（Level of Factor）或处理（Treatment）。在每个因子水平下得到的样本数据，如"投诉次数"，称为观测值。

在例 7-1 中，航空货运业抽取了 6 家企业观测其被投诉次数，称为在"航空货运业"水平下重复试验 6 次。如果方差分析在每一水平下重复试验的次数相等，则称等重复（试验）方差分析。显然，例 7-1 是一个不等重复（试验）方差分析。

7.1.2　方差分析的基本思想

方差分析利用各因素水平下重复试验样本观测值来检验各水平总体的均值是否相等。如果各水平总体的均值相等，则可以期望各样本的均值会接近。反之，各样本的均值越接近，我们推断各水平总体均值相等的证据也就越充分。然而，样本观测值之间始终存在差异，甚至找不到两个样本的均值完全相等（如例 7-1），此时，若判断各水平总体均值是否相等，则必须对差异产生的原因进行具体分析。

事实上，样本观测值的差异来源有二：一是由因素的水平不同造成的，如不同的部门带来不同的投诉次数，称之为系统差异；二是由样本抽取的随机性所产生的差异，如同一部门内的不同企业被投诉的次数不同，称之为随机差异。

上述两类差异可以用两个方差来计量，一个称为水平间方差（也称组间方差），另一个称为水平内方差（也称组内方差）。前者既包含系统差异，也包含随机差异；后者则仅包含随机差异。如果不同的因素水平对试验结果没有影响，如例 7-1 不同的货运部门对投诉次数不产生影响，那么组间方差就仅有随机差异，而无系统差异，它与组内方差就应该近似，两个方差的比值就会接近"1"。反之，如果不同的因素水平对试验结果产生影响，那么组内方差就不仅包含随机差异，也包含系统差异。这时，该方差就会大于组内方差，两个方差的比值就会显著大于"1"。当这个比值大到某种程度，或者说达到某个临界点时，就可以推断不同的因素水平之间存在显著差异，该因素对试验观测值具有显著影响。因此，方差分析就是通过不同方差的比较，来检验自变量对因变量影响的显著性的。

7.1.3　方差分析的基本假定

一般地，方差分析中有 3 个基本假定：

（1）每个总体都服从正态分布。也就是说，对于因素的每个水平，其观测值来自正态分布总体的简单随机样本。

（2）各个总体的方差 σ^2 必须相同。也就是说，各因素水平的观察数据组是从具有相同方差的正态总体中抽取的。

（3）观测值是独立的。不同观测结果之间不会相互影响。

方差分析就是在上述假定成立的前提下，分析自变量对因变量的影响是否显著，实际上也就是检验自变量的各个水平总体的均值是否相等。在实际应用，特别是对社会经济现象的分析中，上述假定确实过于苛刻，但一般应近似地符合上述要求。

在例 7-1 中，如果每个部门被投诉的次数服从正态分布，且方差相等，每个被抽中的企业被投诉的次数都与其他企业被投诉的次数独立，那么要判断部门对投诉次数的影响是否显著，实际上也就是检验具有同方差的四个正态总体的均值（被投诉次数的均值）是否相等。

7.2 单因素方差分析

7.2.1 样本数据结构

在单因素方差分析中，常用 A 表示因素，用 $A_1, A_2, \cdots, A_k$ 分别表示因素的 k 个水平总体，用 $x_{ij} (i=1,2,\cdots,k, j=1,2,\cdots,n_i)$ 表示第 i 个水平总体的第 j 个样本观测值，其中 n_i 表示第 i 个水平总体抽取的样本容量（重复试验次数），n_i 可以相等，也可以不相等。单因素方差分析的样本数据结构如表 7-2 所示。

表 7-2 单因素方差分析的样本数据结构

观测值	因 素 A			
	A_1	A_2	$\cdots$	A_k
1	x_{11}	x_{21}	$\cdots$	x_{k1}
2	x_{12}	x_{22}	$\cdots$	x_{k2}
$\vdots$	$\vdots$	$\vdots$		$\vdots$
n_i	x_{1n_i}	x_{2n_2}	$\cdots$	x_{kn_i}

7.2.2 单因素方差分析的步骤

为检验自变量对因变量是否有显著影响，首先要提出原假设"两个变量在总体中没有关系"，然后构造一个检验统计量来检验这一假设是否成立。具体来说，方差分析包括提出假设、构造检验统计量、统计检验、方差分析表等步骤。

1．提出假设

为检验因素的 k 个水平总体的均值是否相等，提出如下形式的假设。

$$H_0: \mu_1 = \mu_2 = \cdots = \mu_i = \cdots = \mu_k, \quad H_1: \mu_i (i=1,2,\cdots,k) \text{不完全相等。}$$

式中，μ_i 为第 i 个总体的均值。

如果接受原假设 H_0，则认为自变量对因变量无显著影响；如果拒绝原假设 H_0，则认为自变量对因变量有显著影响。需要指出的是，拒绝原假设 H_0，只是表明至少有两个总体的均值不相等，并不意味着所有的均值都不相等。

2．构造检验统计量

1）计算因素各水平（总体）的均值及总均值

对于第 i 个总体，令 $\bar{x}_i$ 为其样本均值，则有

$$\bar{x}_i = \frac{\sum_{j=1}^{n_i} x_{ij}}{n_i} \quad (i=1,2,\cdots,k) \tag{7-1}$$

令全部样本观测值的总均值为 $\bar{x}$，$n = n_1 + n_2 + \cdots + n_k$，则有

$$\bar{x} = \frac{\sum_{i=1}^{k} \sum_{j=1}^{n_i} x_{ij}}{n} = \frac{\sum_{i=1}^{k} n_i \bar{x}_i}{n} \tag{7-2}$$

根据表 7-1 中的数据计算可得，消费者对货运业 4 个部门的投诉次数及其均值，如表 7-3 所示。

表 7-3 消费者对货运业 4 个部门的投诉次数及其均值

观测值	航空货运业	铁路货运业	公路货运业	水路货运业
1	32	44	48	44
2	41	37	29	55
3	34	64	39	64
4	35	52	51	73
5	53	48	45	58
6	45		68	60
7			56	
样本均值	$\bar{x}_1 = 40$	$\bar{x}_2 = 49$	$\bar{x}_3 = 48$	$\bar{x}_4 = 59$
样本容量	6	5	7	6
总均值	$\bar{x} = \dfrac{40\times6+49\times5+48\times7+59\times6}{24} = 48.95833$			

2）计算误差平方和

为构造检验统计量，在方差分析中要计算 3 个误差平方和，即总误差平方和、组间误差平方和及组内误差平方和。

（1）总误差平方和（Sum of Squares for Total），简称 SS_T。它是全部样本观测值 x_{ij} 与总均值 $\bar{x}$ 的误差平方和，反映全部样本观测值的离散状况。其计算公式为

$$\text{SS}_\text{T} = \sum_{i=1}^{k}\sum_{j=1}^{n_i}(x_{ij}-\bar{x})^2 \tag{7-3}$$

（2）组间误差平方和也称水平间误差平方和（Sum of Squares for Factor A），简称 SS_A。它是各水平的样本数据组均值 $\bar{x}_i(i=1,2,\cdots,k)$ 与总均值 $\bar{x}$ 的误差平方和，反映各水平（总体）样本均值之间的差异程度及系统误差的大小。其计算公式为

$$\text{SS}_\text{A} = \sum_{i=1}^{k}\sum_{j=1}^{n_i}(\bar{x}_i-\bar{x})^2 = \sum_{i=1}^{k}n_i(\bar{x}_i-\bar{x})^2 \tag{7-4}$$

（3）组内误差平方和也称水平内误差平方和（Sum of Squares for Error），简称 SS_E，它是每个水平内的各样本数据与该水平的均值的误差平方和，反映每个水平（总体）内观测值组的离散状况及随机误差的大小。其计算公式为

$$\text{SS}_\text{E} = \sum_{i=1}^{k}\sum_{j=1}^{n_i}(x_{ij}-\bar{x}_i)^2 \tag{7-5}$$

就例 7-1 来说，3 个误差平方和计算结果如下：

$$\text{SS}_\text{T} = 3204.95833$$
$$\text{SS}_\text{A} = 1092.95833$$
$$\text{SS}_\text{E} = 2112$$

事实上，上述 3 个误差平方和满足如下平方和的分解关系：

$$SS_T = \sum_{i=1}^{k}\sum_{j=1}^{n_i}[(x_{ij}-\overline{x}_i)+(\overline{x}_i-\overline{x})]^2$$

$$= \sum_{i=1}^{k}\sum_{j=1}^{n_i}[(x_{ij}-\overline{x}_i)^2 + 2(x_{ij}-\overline{x}_i)(\overline{x}_i-\overline{x})+(\overline{x}_i-\overline{x})^2] \qquad (7\text{-}6)$$

$$= \sum_{i=1}^{k}\sum_{j=1}^{n_i}(x_{ij}-\overline{x}_i)^2 + \sum_{i=1}^{k}\sum_{j=1}^{n_i}(\overline{x}_i-\overline{x})^2$$

$$= SS_A + SS_E$$

上面的计算结果恰好验证了这一点：

$$3204.95833 = 1092.95833 + 2112$$

3）计算统计量

由于各误差平方和的大小与试验观测的样本容量有关，为了消除样本容量大小对误差平方和大小的影响，要将其平均，即用各误差平方和除以它们所对应的自由度，所得结果称为均方（Mean Square）。

3个误差平方和所对应的自由度：SS_T 的自由度为 $n-1$、SS_A 的自由度为 $k-1$、SS_E 的自由度为 $n-k$。

为了比较组间方差和组内方差的差异，只需要计算 SS_A 的均方（组间均方）及 SS_E 的均方（组内均方）。SS_A 的均方记为 MS_A，SS_E 的均方记为 MS_E，其计算公式分别为

$$MS_A = \frac{SS_A}{k-1}, \quad MS_E = \frac{SS_E}{n-k} \qquad (7\text{-}7)$$

将 MS_A 与 MS_E 对比，即得检验所需要的统计量 F。当方差分析的3个基本假定成立且 H_0 为真时，可以证明统计量服从分子自由度为 $k-1$、分母自由度为 $n-k$ 的 F 分布，即

$$F = \frac{MS_A}{MS_E} \sim F(k-1, n-k) \qquad (7\text{-}8)$$

就例7-1而言，

$$MS_A = \frac{SS_A}{k-1} = \frac{1092.95833}{4-1} = 364.31944$$

$$MS_E = \frac{SS_E}{n-k} = \frac{2112}{24-4} = 105.6$$

$$F = \frac{MS_A}{MS_E} = \frac{364.31944}{105.6} = 3.450$$

分子自由度为 $k-1=4-1=3$，分母自由度为 $n-k=24-4=20$。在这个例子中，组间均方（364.31944）明显大于组内均方（105.6），其比值为3.450。如果原假设为真，总体的均值接近相等，则组间均方与组内均方应当很接近，并且它们的比值（F 值）接近于1。如果原假设为假，则组间均方大于组内均方，并且它们的比值（F 值）也将增大。下一步骤将说明，比值达到多大时，可以拒绝 H_0。

3. 统计检验

对于给定的显著性水平 α，查 F 分布表得相应的临界值为 $F_{\alpha}(k-1, n-k)$。

若 $F \geqslant F_{\alpha}(k-1, n-k)$，则拒绝 H_0，表明 $\mu_i(i=1,2,\cdots,k)$ 之间的差异是显著的。若 $F < F_{\alpha}(k-1, n-k)$，则接受 H_0，认为 $\mu_i(i=1,2,\cdots,k)$ 之间无显著差异。

对于例7-1，有 $F=3.450 > 3.10 = F_{0.05}(3,20)$，故拒绝 H_0，认为所检验的因素（部门）对

观测值（投诉次数）有显著影响。

4．方差分析表

将上述过程列表表示，即得方差分析表，其一般形式如表 7-4 所示。

表 7-4　方差分析表的一般形式

误差来源	误差平方和	自由度	均方	F 值
组间误差	SS_A	$k-1$	MS_A	$MS_A：MS_E$
组内误差	SS_E	$n-k$	MS_E	
总误差	SS_T	$n-1$		

将例 7-1 的计算结果列成方差分析表，如表 7-5 所示。

表 7-5　例 7-1 的方差分析表

误差来源	误差平方和	自由度	均方	F 值
组间误差	1092.95833	3	364.31944	3.450
组内误差	2112	20	105.6	
总误差	3204.95833	23		

7.2.3　关系强度的度量

事实上，在方差分析中，只要组间误差平方和 SS_A 不等于零，就表明两个变量之间有关系（只是是否显著的问题）。当组间误差平方和 SS_A 比组内误差平方和 SS_E 大，而且大到一定程度时，两个变量之间的关系才显著。而且，大得越多，表明它们之间的关系越强。

变量之间的关系强度该如何度量呢？我们可以用组间误差平方和 SS_A 及组内误差平方和 SS_E 占总误差平方和 SS_T 的比例大小来反映。其中，组间误差平方和 SS_A 占总误差平方和 SS_T 的比记为 R^2，即

$$R^2 = \frac{SS_A}{SS_T} \tag{7-9}$$

其平方根 R 就可以用来度量两个变量之间的关系强度。

就例 7-1 而言，根据表 7-5 计算可得

$$R^2 = \frac{1092.95833}{3204.95833} = 34.10\%$$

这表明，部门（自变量）对投诉次数（因变量）的影响效应占总效应的 34.10%，而残差效应则占 65.90%。也就是说，部门对投诉次数差异解释的比例为 34.10%，而残差变量对投诉次数差异解释的比例为 65.90%。

7.2.4　单因素方差分析中的多重比较

通过上面的分析我们得出的结论是，不同部门被投诉次数的均值是不同的，但究竟哪些均值之间不相等呢？这种差异到底出现在哪些部门之间呢？这就需要做进一步的分析，所使用的方法就是多重比较方法（Multiple Comparison Procedures），它是通过对总体均值之间的配对比较来进一步检验到底哪些均值之间存在差异的。

多重比较方法有多种，本节介绍由费歇提出的最小显著差异（Least Significant Difference）方法，简称 LSD 方法。使用该方法进行检验的具体步骤如下：

（1）提出假设 $H_0: \mu_i = \mu_j$， $H_1: \mu_i \neq \mu_j$。

（2）计算检验统计量： $\bar{x}_i - \bar{x}_j$。

（3）给定显著性水平 α，计算 LSD，其公式如下。

$$\text{LSD} = t_{\alpha/2}(n-k)\sqrt{\text{MS}_\text{E}\left(\frac{1}{n_i} + \frac{1}{n_j}\right)} \tag{7-10}$$

式中， $t_{\alpha/2}$ 是自由度为 $n-k$ 时，使 t 分布的上侧面积为 $\alpha/2$ 的 t 值。

（4）做出决策。

如果 $|\bar{x}_i - \bar{x}_j| \geq \text{LSD}$，则拒绝 H_0；如果 $|\bar{x}_i - \bar{x}_j| < \text{LSD}$，则接受 H_0。

需要注意的是，只有用于方差分析的统计检验 F 显著时，才能使用 LSD 方法进行检验。

此外，对于组数较多时，两两成对比较犯第 I 类错误的概率会增大。例如，对于 3 个成对的配对比较，均使用 $\alpha=0.05$ 的显著性水平。此时对于每个检验，若原假设为真，则犯第 I 类错误的概率为 $\alpha=0.05$，不犯第 I 类错误的概率为 $1-0.05=0.95$。而在进行 3 次成对的比较时，3 次检验中至少有 1 次犯第 I 类错误的概率为 $1-0.95\times0.95\times0.95=0.1426$。

为了控制第 I 类错误的概率，可使用 Bonferroni 修正方法，该方法在每次检验中都使用一个较小的第 I 类错误的概率，即对于 k 个两两成对样本的检验，若希望第 I 类错误的概率为 α，则将单次比较犯第 I 类错误的概率设为 a/k。除了 Bonferroni 修正方法，如 Tukey 方法与 Duncan 多重区域检验也可用于解决这类问题。

7.3 双因素方差分析

7.3.1 双因素方差分析及其类型

所谓双因素方差分析，是要检验两个因素的变异对试验结果有无显著影响，有时还需要检验两个因素的结合对试验结果有无显著影响，我们先看一个例子。

【例 7-2】 某汽车品牌推出了 4 款新能源汽车车型，分别为电动轿车、混合动力 SUV、插电式混动车和纯电汽车，每个车型在 5 个地区都分别设有 1 个销售点。不同类型汽车在各销地的销售量如表 7-6 所示。

表 7-6　不同类型汽车在各销地的销售量

单位：辆

车型因素	地区因素				
	地区 1	地区 2	地区 3	地区 4	地区 5
电动轿车	342	327	320	317	300
混合动力 SUV	322	345	340	307	310
插电式混动车	335	300	330	320	285
纯电汽车	265	257	275	237	275

此例中车型和地区是两个自变量，销售量是一个因变量。分析地区的影响是因为，如果不同地区销售量存在显著差异，就应该采用不同的经营策略，使该品牌汽车在市场占有率高的地区继续深入人心，保持领先地位，在市场占有率低的地区，进一步扩大宣传，让更多的消费者了解及接受该产品。分析汽车车型的影响，则是为了合理安排生产，更好地利用消费者的偏好提高销售量。

双因素方差分析就是要对影响因素进行检验,探寻究竟是一个因素在起作用,还是两个因素都起作用,或者两个因素都不起作用。

双因素方差分析有两种类型:一种是无交互作用的双因素方差分析,它假定两个自变量因素对因变量的影响是相互独立的,不存在相互关系;另一种是有交互作用的双因素方差分析,它假定两个自变量因素的结合会产生一种新的影响作用。例如,不同地区的消费者对汽车颜色有不同的偏好,这就是两个因素结合后产生的新影响效应,即存在交互作用。

7.3.2　无交互作用的双因素方差分析

1．样本数据结构

在无交互作用的双因素方差分析中,设因素 A 有 k 种水平,因素 B 有 r 种水平,在每个水平组合(A_i, B_j)下,不需要做重复试验,观察值记为 x_{ij},样本数据结构如表 7-7 所示。

表 7-7　无交互作用的双因素方差分析的样本数据结构

		因素 B				平均值 $\bar{x}_{i*}$
		B_1	B_2	…	B_r	
因素 A	A_1	x_{11}	x_{12}	…	x_{1r}	$\bar{x}_{1*}$
	A_2	x_{21}	x_{22}	…	x_{2r}	$\bar{x}_{2*}$
	⋮	⋮	⋮		⋮	⋮
	A_k	x_{k1}	x_{k2}	…	x_{kr}	$\bar{x}_{k*}$
平均值 $\bar{x}_{*j}$		$\bar{x}_{*1}$	$\bar{x}_{*2}$	…	$\bar{x}_{*r}$	$\bar{x}$

表中, $\bar{x}_{i*}$ 表示因素 A 第 i 种水平的样本平均数; $\bar{x}_{*j}$ 表示因素 B 第 j 种水平的样本平均数; $\bar{x}$ 表示样本总平均数,其中

$$\bar{x}_{i*}=\frac{1}{r}\sum_{j=1}^{r}x_{ij}\ (i=1,2,\cdots,k),\quad \bar{x}_{*j}=\frac{1}{k}\sum_{i=1}^{k}x_{ij}\ (j=1,2,\cdots,r) \tag{7-11}$$

$$\bar{x}=\frac{1}{kr}\sum_{i=1}^{k}\sum_{j=1}^{r}x_{ij} \tag{7-12}$$

由表 7-7 可知,无交互作用的双因素分析的样本容量为 $n=kr$,其样本观测值 $x_{ij}(i=1,2,\cdots,k;j=1,2,\cdots,r)$ 可以看作由因素 A 的 k 个水平与因素 B 的 r 个水平所组成的 kr 个总体分别对应的样本容量为 1 的独立随机样本。根据方差分析的基本假定, kr 个总体中的每个总体均服从正态分布,且具有相同的方差。

2．误差平方和的分解

与单因素方差分析的式(7-6)类似,进行双因素方差分析,需要将总误差平方和 SS_T 进行分解,即

$$SS_T=\sum_{i=1}^{k}\sum_{j=1}^{r}(x_{ij}-\bar{x})^2=\sum_{i=1}^{k}\sum_{j=1}^{r}[(x_{ij}-\bar{x}_{i*}-\bar{x}_{*j}+\bar{x})+(\bar{x}_{i*}-\bar{x})+(\bar{x}_{*j}-\bar{x})]^2$$

$$=\sum_{i=1}^{k}\sum_{j=1}^{r}(x_{ij}-\bar{x}_{i*}-\bar{x}_{*j}+\bar{x})^2+\sum_{i=1}^{k}\sum_{j=1}^{r}(\bar{x}_{i*}-\bar{x})^2+\sum_{i=1}^{k}\sum_{j=1}^{r}(\bar{x}_{*j}-\bar{x})^2$$

在上式中,记第一项为 SS_E,表示随机误差平方和;记第二项为 SS_A,表示因素 A 的组间误差平方和;记第三项为 SS_B,表示因素 B 的组间误差平方和 SS_E。从而有

$$\mathrm{SS_T = SS_A + SS_B + SS_E} \tag{7-13}$$

4 个误差平方和所对应的自由度分别是 $\mathrm{SS_T}$ 的自由度 $n-1$、$\mathrm{SS_A}$ 的自由度 $k-1$、$\mathrm{SS_B}$ 的自由度 $r-1$、$\mathrm{SS_E}$ 的自由度 $(k-1)(r-1)$。

于是，$\mathrm{SS_A}$、$\mathrm{SS_B}$ 及 $\mathrm{SS_E}$ 的均方分别为

$$\mathrm{MS}_A = \frac{\mathrm{SS}_A}{k-1}, \quad \mathrm{MS}_B = \frac{\mathrm{SS}_B}{r-1}, \quad \mathrm{MS_E} = \frac{\mathrm{SS_E}}{(k-1)(r-1)} \tag{7-14}$$

从而，可构造检验统计量：

$$F_A = \frac{\mathrm{MS}_A}{\mathrm{MS_E}}, \quad F_B = \frac{\mathrm{MS}_B}{\mathrm{MS_E}} \tag{7-15}$$

3. 分析步骤

1）提出假设

设 μ_{i*} 为因素 A 的第 i 个水平（总体）的均值。μ_{*j} 为因素 B 的第 j 个水平（总体）的均值。则有

$$H_{10}: \mu_{1*} = \mu_{2*} = \mu_{3*} = \mu_{4*} = \cdots = \mu_{k*}$$
$$H_{11}: \mu_{i*}(i = 1, 2, 3, \cdots, k) \text{不完全相等}$$
$$H_{20}: \mu_{*1} = \mu_{*2} = \mu_{*3} = \mu_{*4} = \mu_{*5} = \cdots = \mu_{*r}$$
$$H_{21}: \mu_{*j}(j = 1, 2, 3, \cdots, r) \text{不完全相等}$$

2）计算相应的统计量

无交互作用的双因素方差分析表如表 7-8 所示。

表 7-8 无交互作用的双因素方差分析表

误差来源	误差平方和	自由度	均方	F 值
因素 A 的组间误差	SS_A	$k-1$	MS_A	F_A
因素 B 的组间误差	SS_B	$r-1$	MS_B	F_B
随机误差	$\mathrm{SS_E}$	$(k-1)(r-1)$	$\mathrm{MS_E}$	
总误差	$\mathrm{SS_T}$	$n-1$		

3）统计检验

当方差分析的 3 个基本假定成立且原假设 H_{10}、H_{20} 为真时，可以证明：

$$F_A = \frac{\mathrm{MS}_A}{\mathrm{MS_E}} \sim F[k-1, (k-1)(r-1)]$$

$$F_B = \frac{\mathrm{MS}_B}{\mathrm{MS_E}} \sim F[r-1, (k-1)(r-1)])$$

给定显著性水平 α，查 F 分布表得临界值：

$$F_\alpha[k-1, (k-1)(r-1)] \text{和} F_\alpha[r-1, (k-1)(r-1)]$$

若 $F_A \geq F_\alpha[k-1, (k-1)(r-1)]$，则拒绝原假设 H_{10}，认为因素 A 对因变量有显著影响；反之，则接受原假设 H_{10}，认为因素 A 对因变量无显著影响。

若 $F_B \geq F_\alpha[r-1, (k-1)(r-1)]$，则拒绝原假设 H_{20}，认为因素 B 对因变量有显著影响；反之，则接受原假设 H_{20}，认为因素 B 对因变量无显著影响。

4．关系强度的度量

与单因素方差分析类似，我们可以度量双因素方差分析中自变量与因变量之间的关系强度，将 SS_A 和 SS_B 加起来，即得两个自变量对因变量的联合影响作用，将该和与总误差平方和 SS_T 的比值记为 R^2，即

$$R^2 = \frac{SS_A + SS_B}{SS_T} \tag{7-16}$$

其平方根 R 反映了两个自变量联合起来与因变量之间的关系强度。

7.3.3　有交互作用的双因素方差分析

1．样本数据结构

假设影响一个因变量的自变量（因素）有 A 和 B 两个，其中，因素 A 有 k 个水平，因素 B 有 r 个水平。于是，两个因素共有 kr 个水平搭配组合，为了检验因素 A 和 B 是否存在交互作用，方差分析就不仅要检验因素 A 和 B 各自对因变量影响的显著性，而且要检验其结合对因变量影响的显著性，这就要求对每种水平组合都做多次试验，此时就是有重复的双因素试验。

如果每种水平搭配组合都做 n 次试验，则称为等重复的双因素试验，其方差分析的样本数据结构如表 7-9 所示。

表中，$x_{ij1}, x_{ij2}, \cdots, x_{ijn}\,(i=1,2,\cdots,k;\ j=1,2,\cdots,r)$ 表示两个因素的水平组合 A_iB_j 的 n 重抽样样本数据，$\overline{x_{ij*}}$ 表示水平组合 A_iB_j 的样本均值，$\overline{x_{i**}}$ 表示因素 A 第 i 种水平的样本均值，$\overline{x_{*j*}}$ 表示因素 B 第 j 种水平的样本均值；$\overline{x}$ 表示样本总均值，其中

$$\overline{x_{ij*}} = \frac{1}{n}\sum_{l=1}^{n} x_{ijl} \quad (i=1,2,\cdots,k;\ j=1,2,\cdots,r) \tag{7-17}$$

$$\overline{x_{i**}} = \frac{1}{rn}\sum_{j=1}^{r}\sum_{l=1}^{n} x_{ijl} = \frac{1}{r}\sum_{j=1}^{r}\overline{x_{ij*}} \quad (i=1,2,\cdots,k) \tag{7-18}$$

$$\overline{x_{*j*}} = \frac{1}{kn}\sum_{i=1}^{k}\sum_{l=1}^{n} x_{ijl} = \frac{1}{k}\sum_{i=1}^{k}\overline{x_{ij*}} \quad (j=1,2,\cdots,r) \tag{7-19}$$

$$\overline{x} = \frac{1}{krn}\sum_{i=1}^{k}\sum_{j=1}^{r}\sum_{l=1}^{n} x_{ijl} \tag{7-20}$$

表 7-9　等重复的双因素试验方差分析的样本数据结构

		因素 B				平均值 $\overline{x}_{i**}$
		B_1	B_2	$\cdots$	B_r	
因素 A	A_1	$x_{111},\cdots,x_{11n}$ $\overline{x}_{11*}$	$x_{121},\cdots,x_{12n}$ $\overline{x}_{12*}$	$\cdots$	$x_{1r1},\cdots,x_{1rn}$ $\overline{x}_{1r*}$	$\overline{x}_{1**}$
	A_2	$x_{211},\cdots,x_{21n}$ $\overline{x}_{21*}$	$x_{221},\cdots,x_{22n}$ $\overline{x}_{22*}$	$\cdots$	$x_{2r1},\cdots,x_{2rn}$ $\overline{x}_{2r*}$	$\overline{x}_{2**}$
	$\vdots$	$\vdots$	$\vdots$		$\vdots$	$\vdots$
	A_k	$x_{k11},\cdots,x_{k1n}$ $\overline{x}_{k1*}$	$x_{k21},\cdots,x_{k2n}$ $\overline{x}_{k2*}$	$\cdots$	$x_{kr1},\cdots,x_{krn}$ $\overline{x}_{kr*}$	$\overline{x}_{k**}$
平均值 $\overline{x}_{*j*}$		$\overline{x}_{*1*}$	$\overline{x}_{*2*}$	$\cdots$	$\overline{x}_{*r*}$	$\overline{x}$

由表 7-9 可知，等重复的双因素试验方差分析共有 kr 个总体，krn 个样本数据。根据方差分析基本假定，kr 个总体中的每个总体均服从正态分布，且具有相同的方差。

2. 误差平方和的分解

进行有交互作用的双因素方差分析，需要对总误差平方和SS_T进行分解，即

$$SS_T = \sum_{i=1}^{k}\sum_{j=1}^{r}\sum_{l=1}^{n}(x_{ijl} - \bar{x})^2$$

$$= \sum_{i=1}^{k}\sum_{j=1}^{r}\sum_{l=1}^{n}[(x_{ijl} - \bar{x}_{ij*}) + (\bar{x}_{ij*} - \bar{x}_{i**} - \bar{x}_{*j*} + \bar{x}) + (\bar{x}_{i**} - \bar{x}) + (\bar{x}_{*j*} - \bar{x})]^2$$

$$= \sum_{i=1}^{k}\sum_{j=1}^{r}\sum_{l=1}^{n}(x_{ijl} - \bar{x}_{ij*})^2 + \sum_{i=1}^{k}\sum_{j=1}^{r}\sum_{l=1}^{n}(\bar{x}_{ij*} - \bar{x}_{i**} - \bar{x}_{*j*} + \bar{x})^2$$

$$+ \sum_{i=1}^{k}\sum_{j=1}^{r}\sum_{l=1}^{n}(\bar{x}_{i**} - \bar{x})^2 + \sum_{i=1}^{k}\sum_{j=1}^{r}\sum_{l=1}^{n}(\bar{x}_{*j*} - \bar{x})^2$$

在上式中，记第一项为SS_E，表示随机误差平方和；记第二项为SS_{AB}，表示因素A和因素B结合产生的误差平方和；记第三项为SS_A，表示因素A的组间误差平方和；记第四项为SS_B，表示因素B的组间误差平方和。从而有

$$SS_T = SS_A + SS_B + SS_{AB} + SS_E \tag{7-21}$$

5个误差平方和所对应的自由度：SS_T的自由度为$krn-1$、SS_A的自由度为$k-1$、SS_B的自由度为$r-1$、SS_{AB}的自由度为$(k-1)(r-1)$、SS_E的自由度为$kr(n-1)$。

于是，SS_A、SS_B、SS_{AB}及SS_E的均方分别为

$$MS_A = \frac{SS_A}{k-1}, \quad MS_B = \frac{SS_B}{r-1}, \quad MS_{AB} = \frac{SS_{AB}}{(k-1)(r-1)}, \quad MS_E = \frac{SS_E}{kr(n-1)} \tag{7-22}$$

从而，可构造检验统计量：

$$F_A = \frac{MS_A}{MS_E}, \quad F_B = \frac{MS_B}{MS_E}, \quad F_{AB} = \frac{MS_{AB}}{MS_E} \tag{7-23}$$

3. 分析步骤

有交互作用的双因素方差分析与无交互作用的双因素方差分析的步骤完全一样，在此，只介绍统计假设的设定和方差分析表，其他步骤不再赘述。

设μ_{i**}为因素A的第i个水平（总体）的均值，μ_{*j*}为因素B的第j个水平（总体）的均值，μ_{ij*}为因素A与B的水平（总体）组合A_iB_j的均值，则有

$$H_{10}: \mu_{1**} = \mu_{2**} = \cdots = \mu_{i**} = \cdots = \mu_{k**}$$

$$H_{11}: \mu_{i**}(i=1,2,\cdots,k) \text{ 不完全相等}$$

$$H_{20}: \mu_{*1*} = \mu_{*2*} = \cdots = \mu_{*j*} = \cdots = \mu_{*r*}$$

$$H_{21}: \mu_{*j*}(j=1,2,\cdots,r) \text{ 不完全相等}$$

$$H_{30}: \mu_{11*} = \mu_{12*} = \cdots = \mu_{ij*} = \cdots = \mu_{kr*}$$

$$H_{31}: \mu_{ij*}(i=1,2,\cdots,k; j=1,2,\cdots,r) \text{ 不完全相等}$$

当方差分析的3个基本假定成立且原假设H_{10}、H_{20}、H_{30}为真时，可以证明：

$$F_A = \frac{MS_A}{MS_E} \sim F[k-1, kr(n-1)]$$

$$F_B = \frac{MS_B}{MS_E} \sim F[r-1, kr(n-1)]$$

$$F_{AB} = \frac{MS_{AB}}{MS_E} \sim F[(k-1)(r-1), kr(n-1)]$$

有交互作用的双因素方差分析表如表 7-10 所示。

表 7-10　有交互作用的双因素方差分析表

误差来源	误差平方和	自由度	均方	F 值
因素 A 的组间误差	SS_A	$k-1$	MS_A	F_A
因素 B 的组间误差	SS_B	$r-1$	MS_B	F_B
A 与 B 交互效应	SS_{AB}	$(k-1)(r-1)$	MS_{AB}	F_{AB}
随机误差	SS_E	$kr(n-1)$	MS_E	
总误差	SS_T	$krn-1$		

进行有交互作用的双因素方差分析时，首先需要检验两个因素之间是否存在显著的交互作用。如果交互作用有统计学显著性，单纯研究某个因素的主效应并无意义，则需要分析单独效应（简单效应），即探讨其他因素水平固定时，同一因素不同水平的效应的差别。当不存在交互作用时，说明两个因素的作用彼此独立，逐一分析各因素的主效应即可，要注意的是计算主效应时，在模型中仍需要保留交互项。

7.4　用 SPSS 做方差分析

7.4.1　单因素方差分析的实现步骤

以本章例 7-1 的数据为例，进行单因素方差分析。

（1）在启动 SPSS，读入数据后，从主菜单 Analyze 开始，依次单击"Analyze"→"Compare Means"→"One-Way ANOVA"菜单命令，软件会弹出"One-Way ANOVA"对话框，如图 7-1 所示。

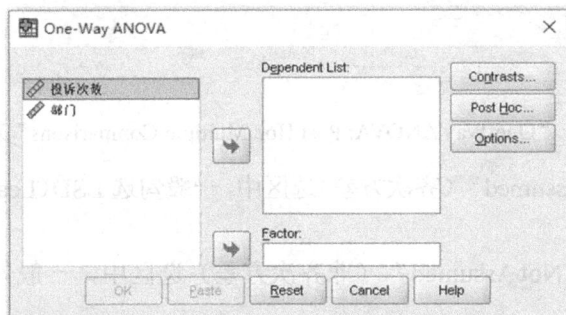

图 7-1　"One-Way ANOVA"对话框

从左侧的变量列表中选择变量"投诉次数"，将其添加到"Dependent List"列表框中；选择变量"部门"，将其添加到"Factor"列表框中。单击"OK"按钮，可直接得到方差分析表。

一般情况下，当检验结果为因素变量对试验结果无显著性影响时，分析结束；否则，需要做进一步分析。

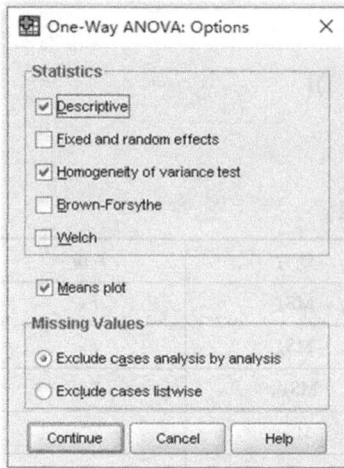

图 7-2 "One-Way ANOVA: Options" 对话框

（2）单击"Options"按钮，软件会弹出"One-Way ANOVA: Options"对话框，如图7-2所示。

① Statistics 选区：

- Descriptive：表示输出观测变量在控制变量不同水平下的统计描述。
- Homogeneity of variance test：表示输出方差是否相等的检验结果，这一选择十分重要，关系到如何读取多重比较的结果。

② Means plot：表示绘制各水平下观测变量均值的折线图。

③ Missing Values 选区中的选项为对缺失值的处理方式，默认软件的选择。

在本例中，先勾选其中的"Descriptive""Homogeneity of variance test"和"Means plot"复选框，再单击"Continue"按钮即返回图7-1所示的对话框。

（3）单击图7-1所示对话框中的"Post Hoc"按钮，软件会弹出"One-Way ANOVA: Post Hoc Multiple Comparisons"对话框，如图7-3所示，在其中可以选择一种或几种比较分析方法。

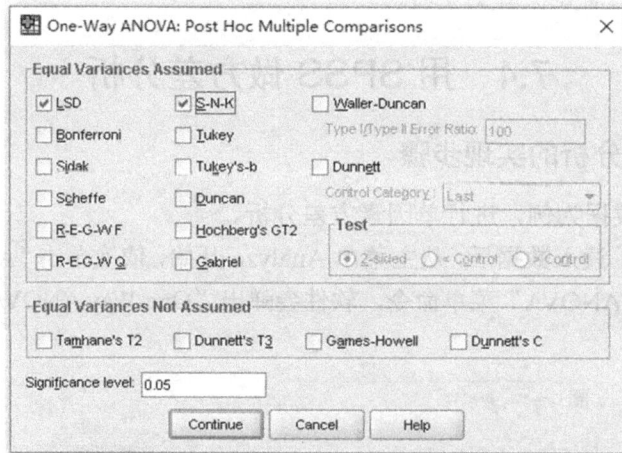

图 7-3 "One-Way ANOVA: Post Hoc Multiple Comparisons" 对话框

在"Equal Variances Assumed"（齐次方差）选区中，一般勾选 LSD（Least-Significant Difference，最小显著差）复选框。

在"Equal Variances Not Assumed"（非齐次方差）选区中，一般勾选"Tamhane's T2"复选框。

在本例中，由于经第（2）步的检验，满足方差齐性，可选择 LSD 方法。

（4）单击"OK"按钮，即可得到结果。

7.4.2 单因素方差分析的结果及其解释

由于本例选了多个选项，下面对每个结果分别解释。

（1）观测变量在控制变量不同水平下的统计描述，如表7-11所示。

表 7-11　Descriptives

投诉次数

	N	Mean	Std. Deviation	Std. Error	95% Confidence Interval for Mean		Minimum	Maximum
					Lower Bound	Upper Bound		
航空货运业	6	40.0000	8.0000	3.26599	31.6045	48.3955	32.00	53.00
铁路货运业	5	49.0000	10.04988	4.49444	36.5214	61.4789	37.00	64.00
公路货运业	7	48.0000	12.40967	4.69042	36.5230	59.4770	29.00	68.00
水路货运业	6	59.0000	9.63328	3.93277	48.8905	69.1095	44.00	73.00
Total	24	48.9583	11.80449	2.40958	43.9737	53.9429	29.00	73.00

从表 7-11 中可直观地看出，航空货运业的平均投诉次数最少，水路货运业的平均投诉次数最多，各部门的平均投诉次数是否有显著差异需要进行检验。

（2）方差齐性检验的结果，如表 7-12 所示。

表 7-12　Test of Homogeneity of Variances

投诉次数

Levene Statistic	df1	df2	Sig.
0.209	3	20	0.889

显著性概率 $p = 0.889$，大于显著性水平 0.05，可以认为各个部门总体方差是相等的。

（3）方差分析表，如表 7-13 所示。

表 7-13　ANOVA

投诉次数

	Sum of Squares	df	Mean Square	F	Sig.
Between Groups Within Groups Total	1092.958	3	364.319	3.450	0.036
	2112.000	20	105.600		
	3204.958	23			

从表 7-13 可以看出，方差检验的 F 值为 3.450，显著性概率为 0.036。显著性概率小于显著性水平 0.05，表示拒绝原假设，即 4 个部门中至少有 1 个部门和其他部门有显著区别，也可能 4 个部门之间都存在显著区别。

（4）多重比较结果，如表 7-14 所示。

表 7-14　Multiple Comparisons

Dependent Variable：投诉次数

LSD

(I) 部门	(J) 部门	Mean Difference (I—J)	Std. Error	Sig.	95% Confidence Interval	
					Lower Bound	Upper Bound
航空货运业	铁路货运业	−9.0000	6.22254	0.164	−21.9800	3.9800
	公路货运业	−8.0000	5.71714	0.177	−19.9257	3.9257
	水路货运业	−19.0000*	5.93296	0.004	−31.3759	−6.6241

（I）部门	（J）部门	Mean Difference (I—J)	Std. Error	Sig.	95% Confidence Interval	
					Lower Bound	Upper Bound
铁路货运业	航空货运业	9.0000	6.22254	0.164	−3.9800	21.9800
	公路货运业	1.0000	6.01712	0.870	−11.5515	13.5515
	水路货运业	−10.0000	6.22254	0.124	−22.9800	2.9800
公路货运业	航空货运业	8.0000	5.71714	0.177	−3.9257	19.9257
	铁路货运业	−1.0000	6.01712	0.870	−13.5515	11.5515
	水路货运业	−11.0000	5.71714	0.069	−22.9257	0.9257
水路货运业	航空货运业	19.0000*	5.93296	0.004	6.6241	31.3759
	铁路货运业	10.0000	6.22254	0.124	−2.9800	22.9800
	公路货运业	11.0000	5.71714	0.069	−.9257	22.9257

*. The mean difference is significant at the .05 level.

这是 LSD 方法多重比较的结果。从该结果可以看出，只有第 1 个部门（航空货运业）与第 4 个部门（水路货运业）之间的显著性概率 p 小于显著性水平 0.05，说明只有这两个部门之间存在显著区别。表 7-14 中用*号标出了显著区别。

（5）各组观测变量均值的折线图，如图 7-4 所示。

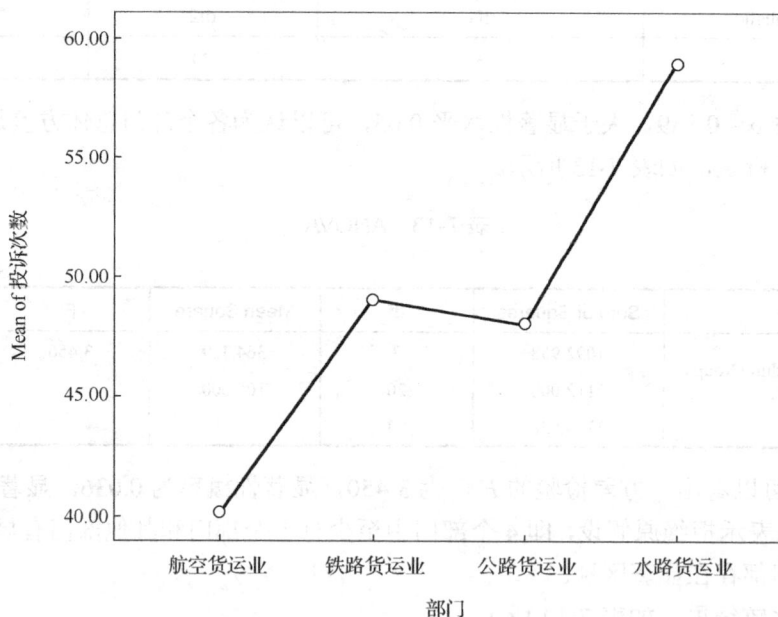

图 7-4　各组观测变量均值的折线图

7.4.3　无交互作用的双因素方差分析的实现步骤

以例 7-2 的数据为例。

（1）在启动 SPSS，读入数据后，从主菜单 Analyze 开始，依次单击"Analyze"→"General Linear Model"→"Univariate"菜单命令，软件会弹出"Univariate"对话框，如图 7-5 所示。从对话框左侧的变量列表中选择变量"销售量"，将其添加到"Dependent Variable"列表框中；选择变量"车型""地区"将其添加到"Fixed Factor(s)"列表框中。

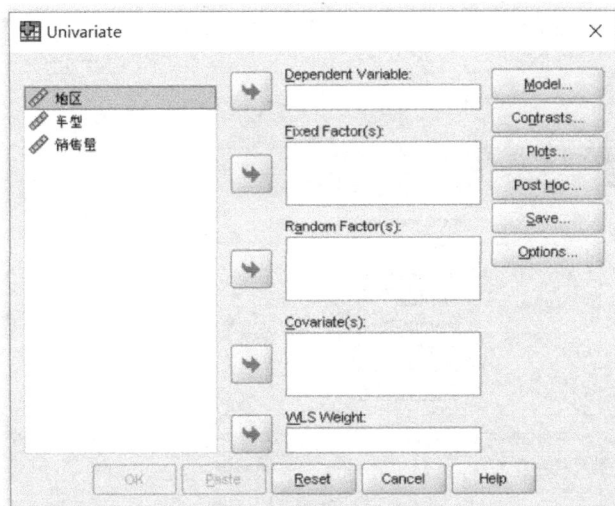

图 7-5　"Univariate"对话框

由于不考虑交互作用，没有做重复试验，因此不能直接单击"OK"按钮，必须做下面的
选择。

（2）单击对话框右侧的"Model"按钮，软件会弹出"Univariate: Model"对话框，如图 7-6
所示。

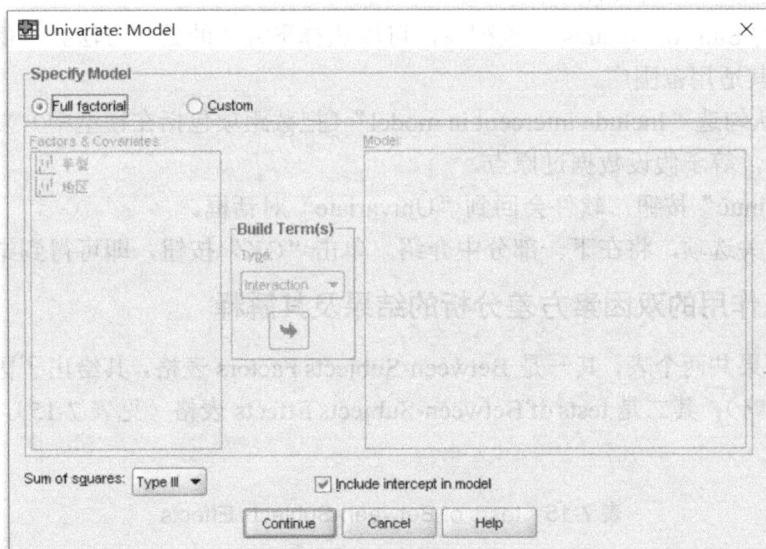

图 7-6　"Univariate: Model"对话框

左边的 Full factorial（建立全模型，分析所有因素变量的主效应和交互效应）是软件的默
认选择。由于本例题不存在分析交互效应问题，所以不选择此单选按钮，应选择右边的
"Custom"（定制）单选按钮。

选择"Custom"单选按钮后，中间的"Build Term(s)"选区被激活，同时，左边的"Factor
& Covariates"列表框中的变量也被激活，并且在变量名后面注明因素变量(F)或协变量(C)（由
于在前一窗口中没有送入协变量，所以此时软件不显示协变量（C）。

① 选择所要分析的效应：在 Build Term(s)选区中，展开 Type 下拉列表，如图 7-7 所示。

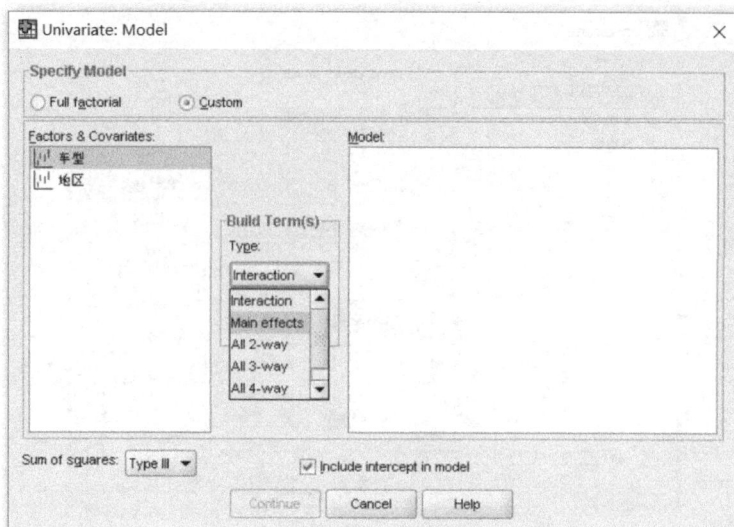

图 7-7　Type 的下拉菜单

- Interaction：可以任意指定所要分析的交互效应。
- Main effects：指定做主效应分析，本例选择此项。

② 选择所要分析的变量。将左边列表框中的"车型"和"地区"，用 Build Terms 选区下面的"箭头"，把该变量放入右边的"Model"列表框中。

③ 左下角的 Sum of squares 下拉列表，可以选择平方和的处理方法。一般接受系统的默认值 Type Ⅲ，其适用范围广。

④ 软件默认勾选"Include intercept in model"（把截距项包括在模型中）复选框，如果取消勾选此复选框，等于假设数据过原点。

单击"Continue"按钮，软件会回到"Univariate"对话框。

（3）其他有关选项，将在下一部分中介绍。单击"OK"按钮，即可得到结果。

7.4.4　无交互作用的双因素方差分析的结果及其解释

本例输出结果共两个表，其一是 Between-Subjects Factors 表格，其给出了因素变量的取值及样本数（此处略）；其二是 tests of Between-Subjects Effects 表格（见表 7-15），其给出了方差分析的结果。

表 7-15　tests of Between-Subjects Effects

Dependent Variable：销售量

Source	Type III Sum of Squares	df	Mean Square	F	Sig
Corrected Model	15016.250a	7	2145.179	8.961	0.001
Intercept	1865994.050	1	1865994.050	7794.733	0.000
车型	13004.550	3	4334.850	18.108	0.000
地区	2011.700	4	502.925	2.101	0.144
Error	2872.700	12	239.392		
Total	1883883.000	20			
Corrected Total	17888.950	19			

a. R Squared=0.839 (Adjusted R Squared=0.746)

从表 7-15 可以看出，对车型因素的方差检验的 F 值为 18.108，其显著性概率小于显著性水平 0.05，表示拒绝原假设，即可以认为车型因素对汽车销售量有显著影响；而对地区因素的方差检验的 F 值为 2.101，其显著性概率大于显著性水平 0.05，表示接受原假设，即认为地区因素对汽车销售量无显著影响。

7.4.5　有交互作用的双因素方差分析的实现步骤

【例 7-3】为检验小麦品种和化肥用量对小麦亩产量的影响，进行了重复抽样试验，获得的样本观测数据如表 7-16 所示。要求：检验小麦品种、化肥用量及其交互作用对小麦亩产量的影响是否显著（$\alpha = 0.05$）？

表 7-16　样本观测数据

项		化肥用量	
		20 千克（B_2）	40 千克（B_2）
小麦品种	A_1	650、640、655、660、655、640	745、760、755、760、735、745
	A_2	710、715、680、700、680、715	935、955、955、945、960、950
	A_3	700、725、720、730、720、725	712、711、715、709、732、720

使用 SPSS，具体步骤如下：

（1）在启动 SPSS，读入数据后，从主菜单 Analyze 开始，依次单击"Analyze"→"General Linear Model"→"Univariate"菜单命令，软件会弹出"Univariate"对话框，如图 7-8 所示。

从对话框左侧的变量列表中选择变量"亩产量"，将其添加到"Dependent Variable"列表框中，选择变量"小麦品种""化肥用量"，将其添加到"Fixed Factor(s)"列表框中。由于有重复试验，可单击"OK"按钮，直接得到方差分析表。

一般情况下，当检验结果为所有因素变量的交互作用对试验结果无显著影响时，分析结束；否则需要做进一步分析。

（2）单击"Options"按钮，软件会弹出"Univariate: Options"对话框，如图 7-9 所示。

图 7-8　"Univariate"对话框

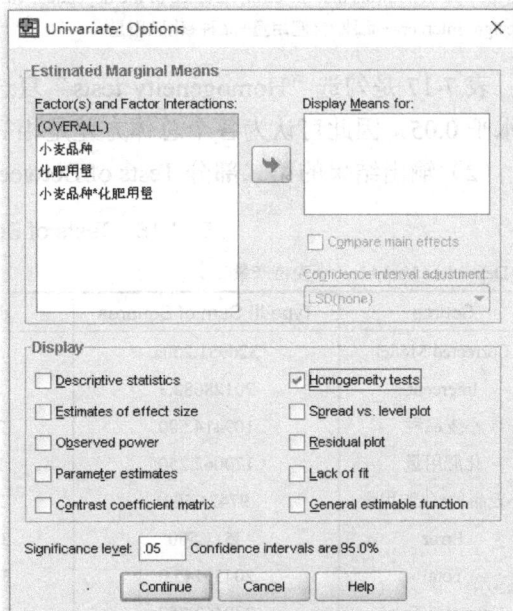

图 7-9　"Univariate: Options"对话框

在上半部分的 Estimated Marginal Means（估计边际均值）列表框中，把两个变量及交互作用放入"Display Means for"列表框中，要求计算边际均值。

在下半部分的 Display 选区中，一般勾选"Homogeneity tests"复选框做方差齐性检验。

单击"Continue"按钮，软件会返回图 7-8 所示的对话框。

（3）在图 7-8 所示的对话框中单击"Plots"按钮，软件会弹出"Univariate: Profile Plots"对话框，如图 7-10 所示。在 Horizontal Axis 列表框，选择"Factors"列表框中的"化肥用量"进行添加；在 Separate Lines 列表框选择"Factors"列表框中的"小麦品种"进行添加；单击"Add"按钮，可以看见下面的空白列表框中出现了"化肥用量*小麦品种"；最后，单击"Continue"按钮，软件会返回图 7-8 所示的对话框。

（4）单击"OK"按钮，即可得到和交互作用相关的结果。

图 7-10　"Univariate: Profile Plots"对话框

7.4.6　有交互作用的双因素方差分析的结果及其解释

例 7-3 选择了多个选项，下面按照各个结果出现的顺序分别进行解释。

（1）SPSS 输出结果的第一部分 Levene's Test of Equality of Error Variances[a] 如表 7-17 所示。

表 7-17　Levene's Test of Equality of Error Variances[a]

Dependent Variable：小麦亩产量

F	df1	df2	Sig
1.337	5	30	0.276

Tests the null hypothesis that the error variance of the dependent variable is equal across groups.

a. Design: Intercept+品种+化肥用量+品种*化肥用量

表 7-17 是勾选"Homogeneity tests"复选框的计算结果。显著性概率为 0.276，大于显著性水平 0.05，因此可认为各个总体方差是相等的。

（2）输出结果的第二部分 Tests of Between-Subjects Effects 如表 7-18 所示。

表 7-18　Tests of Between-Subjects Effects

Dependent Variable：小麦亩产量

Source	Type III Sum of Squares	df	Mean Square	F	Sig
Corrected Model	326951.250a	5	65390.250	558.652	0.000
Intercept	20128682.3	1	20128682.25	171966.5	0.000
小麦品种	109414.500	2	54707.250	467.384	0.000
化肥用量	120062.250	1	120062.250	1025.735	0.000
小麦品种*化肥用量	97474.500	2	48737.250	416.380	0.000
Error	3511.500	30	117.050		
Total	20459145.0	36			
Corrected Total	330462.750	35			

a. R Squared=0.989(Adjusted R Squared=0.988)

该部分是多因素方差分析的主要部分。

① 关于两个因素变量的交互作用部分,"小麦品种"和"化肥用量"交互作用的 F 值和显著性概率分别为 416.380 和 0.000。表明它们的交互作用对检验结果有显著影响。

② 由于两者交互作用显著,现分别探讨另一个因素不同水平时对该因素的作用。

③ 输出结果,小麦品种*化肥用量如表 7-19 所示,并绘制其对应的边际均值图,如图 7-11 所示。

表 7-19　小麦品种*化肥用量

Dependent Variable: 亩产量

小麦品种	化肥用量	Mean	Std.Error	95% Confidence Interval	
				Lower Bound	Upper Bound
1.00	20 千克	650.000	4.417	640.980	659.020
	40 千克	750.000	4.417	740.980	759.020
2.00	20 千克	700.000	4.417	690.980	709.020
	40 千克	950.000	4.417	940.980	959.020
3.00	20 千克	720.000	4.417	710.980	729.020
	40 千克	716.500	4.417	707.480	725.520

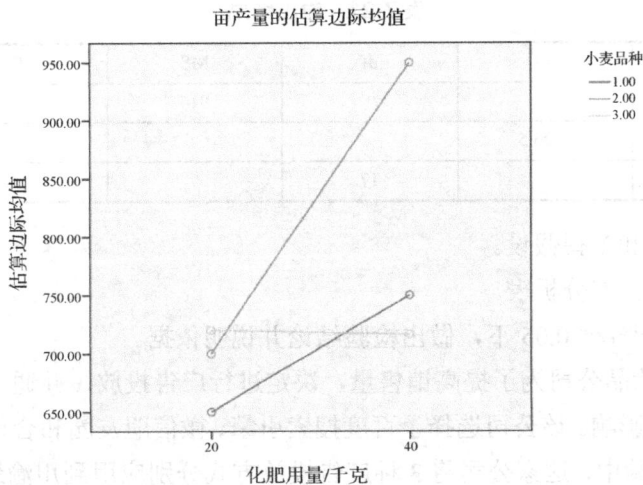

图 7-11　边际均值图

表 7-19 给出了交互作用下"小麦品种"和"化肥用量"不同水平组合下的边际均值。第 2 种小麦品种,化肥用量为 40 千克时,小麦的亩产量最高,达 950 千克。图 7-11 绘制了各组产量的变化情况,可见 3 种小麦品种的变化曲线并不平行,存在明显的交互作用。

思考与练习

1．什么是方差分析?它所研究的是什么?

2．方差分析包括哪些类型?它们有何区别?

3．方差分析的基本思想是什么?有哪些基本假定?

4．简述方差分析的基本步骤。

5．简述多重比较的方法及要注意的问题。

6. 某家电商超市，以广告、折扣、入会、体验等 4 种方式来推销某品牌 TV，为检验不同方式推销商品的效果有无显著差异，随机抽取了样本，得到如表 7-20 所示的数据。

表 7-20 样本数据

单位：台

广告促销	打折促销	入会促销	体验促销
77	95	72	80
86	92	77	84
80	82	68	79
88	91	82	70
84	89	75	82

要求：计算统计量，并以 $\alpha = 0.05$ 的显著性水平做统计检验。

7. 某型号的手机有暗夜黑、星空紫、森林绿 3 种不同颜色，为了研究手机颜色对其销售量的影响是否显著，一研究机构随机抽取了规模、环境、价格等条件接近的 6 家销售商，对它们的销售量数据进行方差分析，得到输出结果（见表 7-21）。

表 7-21 输出结果

方差来源	SS	df	MS	F	P-value
组间			914		0.004445
组内	1726.5				
总计		17			

（1）写出原假设和备择假设。

（2）完成上面的方差分析表。

（3）在显著性水平 $\alpha = 0.05$ 下，做出检验结论并说明依据。

8. 一家在线化妆品公司为了提高销售量，决定进行广告投放，并通过实验来测试不同广告投放方式对销售量的影响。该公司选择了百度搜索引擎、微信朋友圈和合作网站这 3 种不同的广告投放方式。在实验中，这家公司将 3 种广告投放方式分别应用到川渝地区的两个城市：成都市、重庆市，并持续了一个月的时间。获得的销售量数据如表 7-22 所示。

表 7-22 销售量数据

单位：万元

城市	广告投放方式		
	百度搜索引擎广告	微信朋友圈广告	合作网站广告
成都市	45	75	30
重庆市	50	50	40

要求：检验不同城市和不同广告投放方式对化妆品公司的销售量是否有显著影响（$\alpha = 0.05$）。

9. 为了测试不同的营销策略对产品销售量的影响，一家电商公司进行了一项实验，比较社交媒体广告和电子邮件广告两种广告方式在折扣优惠、礼品赠送两种促销方式的效果。该实验记录了不同广告媒体和促销方式下的产品销售量数据（见表 7-23）。

表 7-23 不同广告媒体和促销方式下的产品销售量数据

单位：万件

媒体方案	促销方式	
	折扣优惠	礼品赠送
社交媒体广告	8	12
	12	8
电子邮件广告	22	26
	14	30

要求：检验广告媒体、促销方式及其交互作用对销售量的影响是否显著（$\alpha = 0.05$）。

第8章 相关分析与回归分析

学习目标

◆ 理解相关分析的概念。
◆ 掌握相关系数的计算。
◆ 理解一元线性回归和多元线性回归的基本概念。
◆ 掌握回归模型的最小二乘估计法及回归模型的拟合优度评价。
◆ 掌握回归模型的统计检验方法。
◆ 了解 SPSS 相关分析与回归分析的方法。

重点与难点

◆ 不同相关系数的适用条件。
◆ 回归模型的最小二乘估计法。
◆ 回归方程与回归系数的统计检验。

案例导入

统计回归与农业人口预测

改革开放以来，中国经济发展成就卓著，全国居民可支配收入显著提高，生活水平显著改善。从城镇和农村来看，虽然城镇居民的可支配收入绝对数远高于农村居民，但是从相对增长速度看，以 1978 年为基准，农村居民可支配收入的增长速度高于城镇居民。从全国范围看，2019 年居民人均可支配收入达 30733 元，农村居民人均可支配收入达 16021 元，相比 1978 年增长了 20 多倍。2019 年年底，按现行标准，农村贫困人口还有 551 万人，比 2018 年少了 1109 万人，贫困发生率为 0.6%。2020 年 12 月，中共中央、国务院出台的《关于实现巩固拓展脱贫攻坚成果同乡村振兴有效衔接的意见》指出，"坚持扶志扶智相结合，防止政策养懒汉和泛福利化倾向，发挥奋进致富典型示范引领作用，激励有劳动能力的低收入人口勤劳致富"。

科学进行农业人口预测为优化国土空间布局，协同推进农村振兴和新型城镇化提供了数据支撑。农业人口是反映一个区域基本情况的重要指标，非农业人口占总人口的比重是常用的一种城市化测度指标，农业人口的变化则是影响这一测度指标的关键。预测区域农业人口变化不仅有助于了解城市化发展进程，加快新型城镇化建设步伐，而且对深入实施乡村振兴战略、助推城乡融合发展具有重要意义。以黄淮海平原为例，目前黄淮海平原正处于快速城镇化发展阶段，农村人口空间分布不均，人口城镇化和土地城镇化不能同步跟进，急需科学地预测农业人口并提供参考依据。针对该区域农业类型复杂多样的特点，案例中利用统计回归模型，选择该平原的曲周县和北京市分别作为传统农业区和都市农业区的典型代表进行农业人口的中期预测并分析各自的农业人口变化特性，继而提出相应的农业人口对策。案例中分别选择曲周县和北京市作为黄淮海平原人口城镇化的高值区和低值区的典型区进行农业人口预测，以两区域 1978—2018 年农业人口数据为研究对象，数据源自两区域的历年统计年鉴。基于统计回归模型，可以进行相关检验，包括残差检验、关联度检验与后验差检验，结合农业人口的演化特点及其影响因素进行农业人口预测。

资料来源：张洁瑕，陈佑启，冯建中，等. 乡村振兴战略下区域农业人口预测研究——以黄淮海平原典型农业区为例[J]. 中国农业资源与区划，2021，（42）：254-262.

8.1　相关分析

相关分析

8.1.1　相关关系的概念

在日常的经营管理活动中，人们常需要分析变量之间的关系。例如，在各领域的企业经营管理任务中，需要分析影响经营利润的各种因素，以达到提高利润的目的；在营销活动中，需要分析各个消费群体的收入水平与其购买量之间的关系，以确定产品销售的细分市场。这种分析的目的是要确定变量之间的关系类型及其关联程度，并探索其内在的数量规律性。

实践表明，变量之间存在着两种不同类型的关系：一种是函数关系，另一种是相关关系。

确定性现象之间常表现为函数关系，函数关系是指当一个或几个自变量取一定的值时，一个因变量有确定值与之相对应，即函数关系是一种确定性的对应关系，记为 $y=f(x)$，其中 x 称为自变量，y 称为因变量。例如，某种商品的销售单价一定时，其销售额与销售量之间的关系就是一种一一对应的线性函数关系。

然而，在经营管理实际问题中，变量之间的关系往往不那么简单。例如，居民家庭消费支出与其家庭收入这两个变量之间就不具有完全确定的关系。也就是说，收入水平相同的家庭，它们的消费支出额却不一定相同；同样，消费支出额相同的家庭，他们的收入水平也可能不同。可见，家庭消费支出并非完全由家庭收入所确定。但是也应看到，虽然对应于一个收入水平的家庭消费支出并不确定，但其变化并非无任何规律可循。通过对大量数据的观察与研究就会发现，平均来说，收入水平高的家庭，其家庭消费支出一般也较多。变量之间的这种相互关系，称为具有不确定性的相关关系。

8.1.2　相关关系的种类

相关关系以相关程度、相关方向、相关形式、变量多少与相关性质进行分类。

1．按相关程度可分为完全相关、不完全相关和不相关

相关关系可以按照相关程度分为完全相关、不完全相关和不相关三类。当一个变量的数量变化完全由另一个变量的数量变化所确定时，称这两个变量间的关系为完全相关。例如，在销售单价不变的条件下，某种商品的销售总额与其销售量总是呈正比例关系。此时，相关关系即为完全相关。当两个变量彼此互不影响，其数量变化各自独立时，称两个变量不相关。当两个变量的关系介于完全相关与不相关之间时，则称两个变量不完全相关。一般的相关关系都是指不完全相关。

2．按相关方向可分为正相关和负相关

当一个变量的数量由小变大，另一个变量的数量也相应地由小变大时，这种相关称为正相关。例如，家庭消费支出随着家庭收入的提高而增加。当一个变量的数量由小变大，而另一个

变量的数量相反由大变小，这种相关称为负相关。例如，商品销售量越大，其流通费用率越低，这种相关关系称为负相关关系。

3．按相关形式可分为线性相关和非线性相关

当两种相关变量之间的关系大致呈直线的关系时，称之为线性相关。例如，人均消费水平与人均收入水平通常呈线性相关关系。如果两种相关变量之间并不表现为直线的关系，而是近似于某种曲线方程的关系，则这种相关关系称为非线性相关关系。例如，产品的平均成本与产品总产量之间的相关关系就是一种非线性相关关系。

4．按变量多少可分为单相关、复相关和偏相关

两个变量的相关，即一个变量对另一个变量的相关关系，称为单相关。当所研究的是一个变量对两个或两个以上其他变量的相关关系时，称为复相关。例如，某种商品的需求与其价格水平及人们收入水平之间的相关关系便是一种复相关。在某一变量与多个变量相关的情况下，当假定其他变量不变时，其中两个变量的相关关系称为偏相关。例如，在假定人们的收入水平不变的条件下，某种商品的需求与其价格水平的关系就是一种偏相关。

5．按相关性质划分可分为"真实相关"和"虚假相关"

当两个变量之间的相关确实具有内在联系时，称之为"真实相关"。例如，前面所述的消费与收入的相关、需求与价格和收入的相关等都可以说是"真实相关"。当两个变量之间的相关只是表面存在，实质上并没有内在联系时，称之为"虚假相关"。例如，有人曾经观察过某一个国家历年的国内生产总值与精神病患者人数的关系，发现两者之间存在相当高的正相关。这种相关就是一种比较典型的"虚假相关"。国内生产总值与精神病患者人数之间不可能存在内在的联系，两者之所以呈现一种正相关，是由于它们都与另一个因素——人口总量有内在的相关关系。判断什么是"真实相关"，什么是"虚假相关"，必须依靠有关的实质性科学提供的知识。

8.1.3　相关表与相关图

描述和测量变量间相关关系的方法称为相关分析。一般地，在进行详细的定量分析之前，可以先利用描述相关关系的直观工具——相关表与相关图，对变量之间存在的相关关系的方向、形式和密切程度做大致的判断。

1．相关表

相关表是一种反映变量之间相关关系的统计表。首先将某个变量按其取值的大小排列，然后将与其相关的另一个变量的对应值平行排列，便可得到简单的相关表。

【例8-1】　某一大型家电制造企业，在12个城市的销售额与广告费的原始资料如表8-1所示。

表8-1　家电销售额与广告费的原始资料

单位：10万元

家电销售额	46	21	82	105	24	17	55	65	80	43	11	79
广告费	1.2	0.5	1.8	2.5	0.7	0.4	1.2	1.5	1.6	1.0	0.8	1.5

根据以上原始资料，将广告费按从小到大的顺序排列，可编制相关表，如表 8-2 所示。

表 8-2　家电销售额与广告费的相关表

单位：10 万元

广告费	0.4	0.5	0.7	0.8	1.0	1.2	1.2	1.5	1.5	1.6	1.8	2.5
家电销售额	17	21	24	11	43	46	55	65	79	80	82	105

从表 8-2 可以看出，随着广告费的增加，该企业家电销售额也有提高的趋势，两者之间存在明显的正相关关系。

2．相关图

相关图又称散点图。它以直角坐标系的横轴代表一个变量，纵轴代表另一个变量，将两个变量间相对应的变量值用坐标点的形式描绘出来，用图形来反映两个变量之间的相关关系。根据例 8-1 的资料绘制的家电销售额与广告费的相关图，如图 8-1 所示。

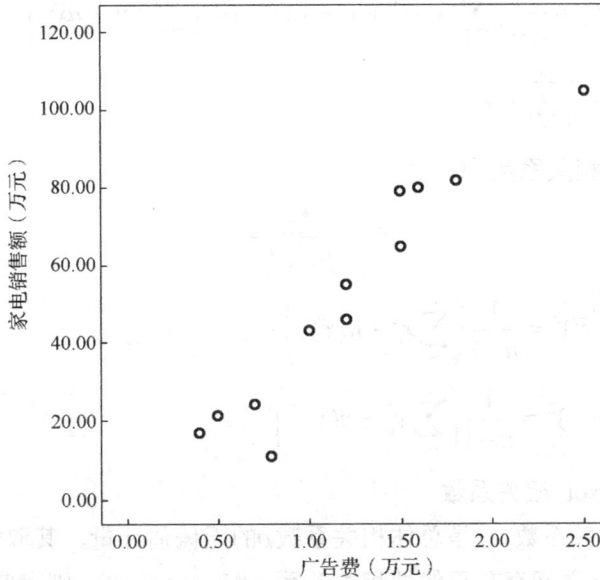

图 8-1　家电销售额与广告费的相关图

8.1.4　相关系数

相关表与相关图可以大致判断两个变量之间有无相关关系及其关系类型，却不能准确地反映变量之间的关系密切程度。为准确度量两个变量之间的关系密切程度，需要计算相关系数。相关系数有多种类型，下面主要介绍简单相关系数和等级相关系数。

1．简单相关系数

简单相关系数是对两个变量之间线性相关的紧密程度进行度量的。若相关系数是根据总体全部数据计算的，则称总体相关系数，记为 ρ；若相关系数是根据样本数据计算的，则称样本相关系数，记为 r。

1）总体相关系数

在概率论中，通常用协方差 $Cov(x, y)$ 和相关系数 ρ 来衡量两个随机变量 x、y 取值之间相

互联系的程度和方向，其计算公式为

$$\text{Cov}(x,y) = \text{E}\{[x-\text{E}(x)][y-\text{E}(y)]\} \tag{8-1}$$

$$\rho_{xy} = \frac{\text{Cov}(x,y)}{\sqrt{D(x)D(y)}} \tag{8-2}$$

式中，ρ_{xy} 为一个无量纲的量，用来表示 x 与 y 之间线性相关关系的紧密程度。

2）样本相关系数

在统计分析中，为了解两个变量 x 与 y 之间的线性相关程度，通常用样本相关系数来推断和估计总体相关系数。此时，需对变量 x 与 y 进行 n 次观测，以得到容量为 n 的样本观测值 (x_i, y_i)（$i = 1, 2, \cdots, n$）。假设 x 与 y 是刻度级变量，可用这组样本观测值计算样本协方差和样本相关系数。

变量 x 与 y 的样本协方差为

$$l_{xy} = \frac{1}{n-1}\sum_{i=1}^{n}(x_i - \overline{x})(y_i - \overline{y}) = \frac{1}{n-1}\left(\sum_{i=1}^{n}x_i y_i - n\overline{xy}\right) \tag{8-3}$$

式中，$\overline{x} = \frac{1}{n}\sum_{i=1}^{n}x_i$，$\overline{y} = \frac{1}{n}\sum_{i=1}^{n}y_i$。

变量 x 与 y 的样本相关系数为

$$r = \frac{l_{xy}}{\sqrt{l_{xx}}\sqrt{l_{yy}}} \tag{8-4}$$

式中，$l_{xx} = \frac{1}{n-1}\sum_{i=1}^{n}(x_i - \overline{x})^2 = \frac{1}{n-1}\left(\sum_{i=1}^{n}x_i^2 - n(\overline{x})^2\right)$；

$l_{yy} = \frac{1}{n-1}\sum_{i=1}^{n}(y_i - \overline{y})^2 = \frac{1}{n-1}\left(\sum_{i=1}^{n}y_i^2 - n(\overline{y})^2\right)$

上述相关系数称为 Pearson 相关系数。

可以证明，样本相关系数 r 是总体相关系数 ρ 的无偏估计量，其取值范围为[-1, +1]。若 $0 < r \leqslant 1$，则表明 x 与 y 之间存在正线性相关关系；若 $-1 \leqslant r < 0$，则表明 x 与 y 之间存在负线性相关关系；若 $r = 1$，则表明 x 与 y 之间存在完全正线性相关关系；若 $r = -1$，则表明 x 与 y 之间存在完全负线性相关关系，可见当 $|r| = 1$ 时，y 的取值完全取决于 x，二者之间即为函数关系；当 $r = 0$ 时，说明 x 与 y 之间不存在线性相关关系。

【例 8-2】 为考查学生身高与体重的关系，我们随机抽测了 10 名学生的身高与体重，资料表如表 8-3 所示。试计算身高与体重的相关系数。

表 8-3　学生的身高与体重资料表

编号	1	2	3	4	5	6	7	8	9	10
身高（厘米）	171	167	177	154	169	176	163	152	172	160
体重（千克）	53	56	64	49	55	66	52	47	58	50

解：用 x 表示身高，y 表示体重，相关系数计算表如表 8-4 所示。

表8-4　学生的身高与体重相关系数计算表

编号	x	y	x^2	y^2	xy
1	171	53	29241	2809	9063
2	167	56	27889	3136	9352
3	177	64	31329	4096	11328
4	154	49	23716	2401	7546
5	169	55	28561	3025	9295
6	176	66	30976	4356	11616
7	163	52	26569	2704	8476
8	152	47	23104	2209	7144
9	172	58	29584	3364	9976
10	160	50	25600	2500	8000
合计	1661	550	276569	30600	91796

由式（8-4）得

$$r=\frac{l_{xy}}{\sqrt{l_{xx}}\sqrt{l_{yy}}}=\frac{\sum_{i=1}^{n}x_iy_i-n\bar{x}\,\bar{y}}{\sqrt{\sum_{i=1}^{n}x_i^2-n(\bar{x})^2}\sqrt{\sum_{i=1}^{n}y_i^2-n(\bar{y})^2}}$$

$$=\frac{91796-10\times166.1\times55}{\sqrt{276569-10\times(166.1)^2}\sqrt{30600-10\times55^2}}=0.906$$

3）相关系数的显著性检验

样本相关系数是由样本得出统计量，用它来估计总体相关系数，并说明变量之间是否具有线性相关关系的，一般还需要对样本相关系数的显著性做假设检验。检验步骤如下：

（1）提出假设 $H_0:\rho=0$，$H_1:\rho\ne0$。

（2）构造并计算检验统计量。

$$t=|r|\sqrt{\frac{n-2}{1-r^2}}\sim t(n-2)\qquad(8\text{-}5)$$

（3）统计检验。在显著性水平 α 下，若 $|t|\ge t_{\frac{\alpha}{2}}(n-2)$，则拒绝 H_0，认为 x 与 y 之间的线性相关关系显著。

【例8-3】 试对例8-2中的样本相关系数进行显著性检验（ $\alpha=0.05$ ）。

解：$r=0.906$，$\alpha=0.05$，$n=10$。

$H_0:\rho=0$，$H_1:\rho\ne0$。

由式（8-5）得　　$t=|r|\sqrt{\frac{n-2}{1-r^2}}=|0.906|\sqrt{\frac{10-2}{1-0.906^2}}=6.0541$。

查表得 $t_{\alpha/2}(8)=2.306$，因此 $t>t_{0.025}(8)$，拒绝 H_0，可以认定身高与体重之间存在显著的相关关系。

2. 等级相关系数

如果变量 X 和 Y 不是一般的刻度级变量，而是顺序级变量，如品质标志的等级、名次顺序等，要测定两者之间的相关程度和相关方向，就不能直接用简单相关系数（Pearson 相关系数)，而要采用另外一种相关系数，即等级相关系数。

等级相关系数是把数量标志或品质标志的具体表现按等级次序排列后，用来测定两个标志等级序列之间的相关密切程度和相关方向的指标。它是由统计学家斯皮尔曼于 1940 年提出的计算方法，又称斯皮尔曼（Spearman）等级相关系数，计算公式如下：

$$R_S = 1 - \frac{6\sum D^2}{N(N^2-1)} \tag{8-6}$$

式中，D 为两个变量之间的等级差，即 $D = V_x - V_y$；N 为等级数列的项数。

【例 8-4】 某机构组织一批专家对 10 个城市的环境污染状况和居民健康状况进行调查，规定将调查结果用 1~10 等级表示，1 表示最差等级，10 表示最好等级，等级相关系数计算表如表 8-5 所示，计算等级相关系数并解释其意义。

表 8-5 等级相关系数计算表

城市代码	环境污染等级 V_x	居民健康等级 V_y	等级差 $D=V_x-V_y$	D^2
1	10	9	1	1
2	6	10	-4	16
3	8	7	1	1
4	1	1	0	0
5	3	2	1	1
6	2	5	-3	9
7	4	4	0	0
8	9	8	1	1
9	5	3	2	4
10	7	6	1	1
合计				34

解：先计算等级差 D，再计算 D^2，计算过程如表 8-5 所示。代入式（8-6）计算等级相关系数，得

$$R_S = 1 - \frac{6\times 34}{10(10^2-1)} = 0.7939$$

等级相关系数也是由样本得出的统计量，用它来估计总体的等级相关系数，说明变量之间是否具有线性关系，一般还需要对样本等级相关系数的显著性做假设检验。其检验步骤类似 Pearson 相关系数的假设检验，我们将通过 SPSS 来说明。

8.2 一元线性回归分析

8.2.1 回归分析与相关分析的关系

回归分析与相关分析一样，也是研究变量之间相关关系的基本方法。相关分析是用相关系数来表明变量和变量之间相互影响的程度和方向的；而回归分析是根据变量与变量之间相关关系的具体形式，选择一个合适的数学模型，来近似地表述变量和变量之间的平均变化的关系的。两者之间既有联系又有区别。

首先，回归分析与相关分析有密切联系，两者有共同的研究对象，在具体应用时常需要相互补充。一方面相关分析需要通过回归分析来具体表明变量之间的相关形式，另一方面只有在相关分析表明变量之间存在高度相关时，用回归分析寻求变量之间的相关具体形式才有意义。

回归分析与相关分析的区别主要表现如下：①相关分析仅研究变量与变量之间的相关程度和方向；而回归分析要研究变量和变量之间相关关系的具体形式，对具有相关关系的变量之间的数量联系进行测定，最终确立一个相应的数学表达式，并根据该数学表达式估计已知量和预测未知量。②相关分析所涉及的变量都是随机变量，且都处于平等地位；而回归分析所研究的变量，变量之间不仅存在相关关系而且具有因果关系，即回归分析必须事先确定哪个是自变量，哪个是因变量。在一般的回归分析方法中，要求自变量是确定性变量，而因变量是随机变量。

回归分析的研究内容主要包括以下几条。

（1）从一组样本数据出发，确定变量之间的数学关系式。

（2）对关系式的可信程度进行各种统计检验，并从影响某一特定变量的诸多变量中找出哪些变量的影响是显著的，哪些变量的影响是不显著的。

（3）利用求得的关系式，根据一个或几个变量的取值来估计或预测另一个特定变量的取值，并给出这种估计或预测的置信度。

8.2.2　一元线性回归模型

1. 回归模型

若已知变量 x 与 y 之间存在某种相关关系，则可以得到一个变量（记为 y）的值，在某种程度上其是随着另一个变量（记为 x）的值的变化而变化的。通常称 y 为因变量（又叫作被解释变量），称 x 为自变量（又叫作解释变量）。回归分析先通过试验或观测来获取关于变量 x 与 y 的容量为 n 的一组样本观测值 (x_i, y_i)（$i = 1, 2, \cdots, n$），再由这些样本观测值寻找变量之间的定量关系式。

进行回归分析需要建立一定的数学模型。在回归分析中，最简单的数学模型只涉及一个因变量 y 和一个自变量 x，且因变量 y 与自变量 x 之间为线性关系的一元线性回归模型。该类模型假定因变量 y 和自变量 x 之间存在近似的线性关系，即有

$$y_i = \beta_0 + \beta_1 x_i + \varepsilon_i \qquad (i = 1, 2, \cdots, n)$$

式中，β_0、β_1 为未知参数，称为回归系数；$\beta_0 + \beta_1 x_i$ 为模型的线性部分，反映了由 x_i 的变化所引起的 y_i 的线性变化；ε_i 为一个随机变量，称为误差项，反映了除 x_i 与 y_i 之间线性关系之外的随机因素对 y_i 的影响。

一般地，一元线性回归模型可简单地表示为

$$y_i = \beta_0 + \beta_1 x_i + \varepsilon_i \quad \left[\varepsilon_i \sim N(0, \sigma^2), \quad i = 1, 2, \cdots, n \right] \tag{8-7}$$

2. 回归方程

根据回归模型假定 $E(\varepsilon_i) = 0$，这意味着对任一给定的 x_i 值，y_i 的期望值为 $Ey_i = \beta_0 + \beta_1 x_i$。由此可见，因变量 y 的期望值是自变量 x 的线性函数。通常，我们将描述 y 的期望值与 x 的这一依赖关系的方程

$$Ey = \beta_0 + \beta_1 x \tag{8-8}$$

称为回归方程。

3. 经验回归方程

显然，如果回归方程中的系数 β_0、β_1 已知，则对于任一给定的 x 值，利用式（8-8）就能计算 y 的期望值。但是，回归系数 β_0、β_1 是未知的，必须利用样本数据去估计它们。如果根

据样本数据推算回归系数 β_0、β_1 的估计量为 $\hat{\beta}_0$、$\hat{\beta}_1$，则可得经验回归方程

$$\hat{y} = \hat{\beta}_0 + \hat{\beta}_1 x \tag{8-9}$$

该方程给出的 $\hat{y}$ 对应给定 x 值的因变量 y 值的估计值。

8.2.3 一元线性回归模型的估计

对于 $y_i = \beta_0 + \beta_1 x_i + \varepsilon_i$，若 $\hat{\beta}_0$、$\hat{\beta}_1$ 分别为 β_0、β_1 的估计量，则

$$y_i = \hat{\beta}_0 + \hat{\beta}_1 x_i + \hat{\varepsilon}_i = \hat{y}_i + \hat{\varepsilon}_i \qquad (i = 1, 2, \cdots, n)$$

式中，$\hat{y}_i$ 为 y_i 的估计值；$\hat{\varepsilon}_i = y_i - \hat{y}_i$ 为回归残差。

所谓回归系数 β_0、β_1 的最小二乘估计法是指，通过使残差平方和 $\mathrm{SS_E} = \sum\limits_{i=1}^{n} \hat{\varepsilon}_i^2 = \sum\limits_{i=1}^{n} (y_i - \hat{\beta}_0 - \hat{\beta}_1 x_i)^2$ 达到最小值来估计回归系数 $\hat{\beta}_0$、$\hat{\beta}_1$。

于是由残差平方和 $\mathrm{SS_E}$ 对 $\hat{\beta}_0$、$\hat{\beta}_1$ 求一阶偏导，得

$$\frac{\partial \mathrm{SS_E}}{\partial \hat{\beta}_0} = -2\sum_{i=1}^{n}(y_i - \hat{\beta}_0 - \hat{\beta}_1 x_i) = 0$$

$$\frac{\partial \mathrm{SS_E}}{\partial \hat{\beta}_1} = -2\sum_{i=1}^{n} x_i(y_i - \hat{\beta}_0 - \hat{\beta}_1 x_i) = 0$$

可得回归系数 β_0、β_1 的最小二乘估计量：

$$\hat{\beta}_1 = \frac{\sum\limits_{i=1}^{n} x_i y_i - n\overline{x}\,\overline{y}}{\sum\limits_{i=1}^{n} x_i^2 - n(\overline{x})^2}, \qquad \hat{\beta}_0 = \overline{y} - \hat{\beta}_1 \overline{x} \tag{8-10}$$

式中，$\overline{x}$ 和 $\overline{y}$ 分别为样本观测值 x_i 和 y_i 的均值；$\hat{\beta}_0$、$\hat{\beta}_1$ 分别为 β_0、β_1 的最小方差的无偏估计。

【例 8-5】 为研究某地家庭人均消费支出与家庭人均可支配收入之间的关系，随机抽取了 12 个家庭作为样本，如表 8-6 所示。试根据样本数据建立家庭人均消费支出与家庭人均可支配收入之间的经验回归方程。

表 8-6　12 个家庭的家庭人均消费支出与家庭人均可支配收入

家庭	1	2	3	4	5	6	7	8	9	10	11	12
人均消费支出（万元）	25	44	30	20	35	26	34	23	51	42	29	31
人均可支配收入（万元）	37	66	43	29	56	40	51	32	73	60	41	47

解： 用 x 表示家庭人均可支配收入，y 表示家庭人均消费支出，回归分析计算表如表 8-7 所示。

表 8-7　家庭人均消费支出与家庭人均可支配收入回归分析计算表

编号	x_i	y_i	x_i^2	y_i^2	$x_i y_i$
1	37	25	1369	625	925
2	66	44	4356	1936	2904
3	43	30	1849	900	1290
4	29	20	841	400	580
5	56	35	3136	1225	1960

编号	x_i	y_i	x_i^2	y_i^2	$x_i y_i$
6	40	26	1600	676	1040
7	51	34	2601	1156	1734
8	32	23	1024	529	736
9	73	51	5329	2601	3723
10	60	42	3600	1764	2520
11	41	29	1681	841	1189
12	47	31	2209	961	1457
合计	575	390	29595	13614	20058

由式（8-10）得

$$\hat{\beta}_1 = \frac{\sum_{i=1}^n x_i y_i - n\overline{x}\,\overline{y}}{\sum_{i=1}^n x_i^2 - n(\overline{x})^2} = \frac{20058 - 12 \times 47.92 \times 32.5}{29595 - 12 \times 47.92^2} = 0.671$$

$$\hat{\beta}_0 = \overline{y} - \hat{\beta}_1 \overline{x} = 0.355$$

因此家庭人均消费支出与家庭人均可支配收入之间的经验回归方程为

$$\hat{y} = 0.355 + 0.671x$$

8.2.4　一元线性回归模型的检验

1．拟合优度评价

经验回归方程 $\hat{y} = \hat{\beta}_0 + \hat{\beta}_1 x$ 在一定程度上描述了变量 x 与 y 之间的数量关系，根据这一方程，可以由自变量 x 的取值估计或预测因变量 y 的取值。但是，估计或预测的精度取决于回归方程对试验观测数据的拟合程度。可以想象，如果各观测数据点都落在这一方程对应的直线上，那么这一方程就对数据完全拟合。各观测数据点越是紧密围绕直线，说明方程对观测数据的拟合程度越好，反之则越差。通常把各观测点与回归直线的接近程度称为回归方程对样本观测数据的拟合优度（Goodness of Fit）。

判断经验回归方程拟合优度较常用的数量指标是判定系数（Coefficient of Determination），该指标是通过对总离差平方和的分解获取的。

所谓总离差是指因变量的实际观测值与其样本均值的离差，即 $(y_i - \overline{y})$，它可以分解为两部分：一部分是因变量的经验回归值与其样本均值的离差 $(\hat{y}_i - \overline{y})$，它可以看成总离差中能够由回归直线解释的部分，称为可解释离差；另一部分是实际观测值与经验回归值的离差 $(y_i - \hat{y}_i)$，它是不能由回归直线加以解释的随机误差 $\hat{\varepsilon}_i$。

因此，总离差平方和可分解为

$$\sum_{i=1}^n (y_i - \overline{y})^2 = \sum_{i=1}^n [(y_i - \hat{y}_i) + (\hat{y}_i - \overline{y})^2]$$

$$= \sum_{i=1}^n (\hat{y}_i - \overline{y})^2 + \sum_{i=1}^n (y_i - \hat{y}_i)^2$$

记总离差平方和为 $SS_T = \sum_{i=1}^n (y_i - \overline{y})^2$，记回归平方和为 $SS_R = \sum_{i=1}^n (\hat{y}_i - \overline{y})^2$，记残差平方和

为 $SS_E = \sum_{i=1}^{n}(y_i - \hat{y}_i)^2$，于是有

$$SS_T = SS_R + SS_E \tag{8-11}$$

两端同时除以 SS_T，得

$$1 = \frac{SS_R}{SS_T} + \frac{SS_E}{SS_T}$$

通常称回归平方和与总离差平方和之比为判定系数，记为 R^2

$$R^2 = \frac{SS_R}{SS_T} = 1 - \frac{SS_E}{SS_T} \tag{8-12}$$

由上述讨论可知，判定系数 R^2 的取值范围为[0,1]。R^2 越接近于 1，表明回归平方和占总离差平方和的比例越大，各观测样本点与回归直线越接近，用 x 的变化来解释 y 值离差的部分就越多，回归方程拟合优度就越好；反之，R^2 越接近于 0，回归方程拟合优度就越差。

可以证明：

$$R^2 = \frac{SS_R}{SS_T} = \frac{\left(\sum_{i=1}^{n} x_i y_i - n\overline{x}\,\overline{y}\right)^2}{\left(\sum_{i=1}^{n} x_i^2 - n\overline{x}^2\right)\left(\sum_{i=1}^{n} y_i^2 - n\overline{y}^2\right)} = \left[\frac{l_{xy}}{\sqrt{l_{xx}}\sqrt{l_{yy}}}\right]^2 = r^2 \tag{8-13}$$

式（8-13）右端的 r 是线性相关系数，可见在一元线性回归中，线性相关系数 r 实际上是判定系数的平方根。这一结论不仅给出了直接计算判定系数 R^2 的公式，而且有利于进一步理解相关系数的意义。

下面将以例 8-5 中"某地家庭人均消费支出与家庭人均可支配收入"为例进行拟合优度评价。

由式（8-13）可得

$$R^2 = \frac{SS_R}{SS_T} = \frac{\left(\sum_{i=1}^{n} x_i y_i - n\overline{x}\,\overline{y}\right)^2}{\left(\sum_{i=1}^{n} x_i^2 - n\overline{x}^2\right)\left(\sum_{i=1}^{n} y_i^2 - n\overline{y}^2\right)} = 0.979$$

可以看出，计算出的 R^2 接近于 1，表明回归平方和占总离差平方和的比例较大，各观测样本点与回归直线非常接近。

2. 显著性检验

经验回归方程能否真实反映变量 x 与 y 之间的线性关系，还必须经过显著性检验测定。

为了检验两个变量之间的线性关系是否显著，我们首先提出假设

$$H_0 : \beta_1 = 0 \quad H_1 : \beta_1 \neq 0$$

然后构造用于检验的 F 统计量：

$$F = \frac{SS_R / 1}{SS_E / (n-2)} \sim F(1, n-2) \tag{8-14}$$

在显著性水平 α 下，当 $F \geq F_\alpha(1, n-2)$ 时，拒绝 H_0，认为 x 与 y 之间的线性关系显著；当 $F < F_\alpha(1, n-2)$ 时，接受 H_0，认为 x 与 y 之间的线性关系不显著。

下面将以例 8-5 中"某地家庭人均消费支出与家庭人均可支配收入"为例进行显著性检验。

首先提出假设

$$H_0: \beta_1 = 0 \quad H_1: \beta_1 \neq 0$$

然后构造用于检验的 F 统计量：

$$F = \frac{SS_R / 1}{SS_E / (n-2)} = 469.233$$

在显著性水平 $\alpha = 0.05$ 时，$F \geqslant F_\alpha(1, n-2)$，拒绝 H_0，认为 x 与 y 之间的线性关系显著。

8.2.5　一元线性回归模型的预测

回归分析的主要目的是利用所建立的经验回归方程进行预测。在回归方程通过各种检验后，就可以利用它来进行预测。所谓预测，就是给定自变量 x 一个特定取值，利用回归方程来预测因变量 y 的取值。对 y 的预测通常有两种：一种是点预测，另一种是区间预测。

1. 点预测

点预测是指利用经验回归方程，对 x 的一个特定值 x_0，求出 y_0 的一个预测值。设经验回归方程为 $\hat{y} = \hat{\beta}_0 + \hat{\beta}_1 x$，已知 x 的特定值为 x_0，将 $x = x_0$ 代入回归方程得

$$\hat{y}_0 = \hat{\beta}_0 + \hat{\beta}_1 x_0 \tag{8-15}$$

则 $\hat{y}_0$ 就是 y_0 的预测值。

【例 8-6】　利用例 8-5 所得的经验回归方程预测：当家庭人均收入达到 50（万元）时，家庭人均消费支出为多少？

解：由于 $\hat{y} = 0.355 + 0.671x$，$x_0 = 50$，由式（8-15）得

$$\hat{y}_0 = 0.355 + 0.671 \times 50 = 33.905 \text{（万元）}$$

即当家庭人均收入达到 50（万元）时，家庭人均消费支出为 33.905（万元）。

2. 区间预测

利用经验回归方程进行点预测所得的预测值 $\hat{y}_0$ 与真实值 y_0 会有一定的误差。产生误差的原因，一方面是由于回归方程的系数 $\hat{\beta}_0$、$\hat{\beta}_1$ 由样本观测值求得，自然会受抽样误差的影响，进而影响预测值；另一方面是由于在进行点预测时，一般假设一元线性回归模型中随机误差项 ε_i 的均值为 0，而实际问题中 ε_i 的均值往往不一定为 0，因此有必要考虑做区间预测。

所谓区间预测是指利用经验回归方程，对 x 的一个特定值 x_0，求出 y_0 的一个预测值的区间。

记预测误差为 $\hat{\varepsilon}_0 = y_0 - \hat{y}_0$，则 $\hat{\varepsilon}_0$ 是一个随机变量，且服从正态分布 $\hat{\varepsilon}_0 \sim N(0, \hat{\sigma}_{\hat{\varepsilon}_0}^2)$，其中

$$\hat{\sigma}_{\hat{\varepsilon}_0}^2 = \frac{SS_E}{n-2}\left[1 + \frac{1}{n} + \frac{(x_0 - \overline{x})^2}{\sum_{i=1}^{n} x_i^2 - n(\overline{x})^2}\right]。$$

在小样本情况下，对 $\hat{\varepsilon}_0$ 构造统计量 $t = \dfrac{\hat{y}_0 - y_0}{\hat{\sigma}_{\hat{\varepsilon}_0}} \sim t(n-2)$，给定置信水平 $(1-\alpha)$，则

$$P\left[\hat{y}_0 - t_{\frac{\alpha}{2}}(n-2)\hat{\sigma}_{\hat{\varepsilon}_0} \leqslant y_0 \leqslant \hat{y}_0 + t_{\frac{\alpha}{2}}(n-2)\hat{\sigma}_{\hat{\varepsilon}_0}\right] = 1-\alpha$$

在置信水平 $(1-\alpha)$ 下，y_0 的置信区间为

$$\left[\hat{y}_0 - t_{\frac{\alpha}{2}}(n-2)\hat{\sigma}_{\hat{\varepsilon}_0}, \ \hat{y}_0 + t_{\frac{\alpha}{2}}(n-2)\hat{\sigma}_{\hat{\varepsilon}_0} \right] \tag{8-16}$$

8.2.6　一元非线性回归模型的预测

在实际应用中，变量之间的关系常不能以简单的线性关系进行拟合。这时，以一条较为接近的曲线进行拟合，首先通过变量替换把非线性方程线性化，然后按照线性回归的方法进行拟合。

（1）确定 X 与 Y 之间的内在关系的函数类型。若难以根据专业知识（从理论上推导或根据以往积累的实际经验）来确定两个变量之间的函数关系时，常根据试验所得的数对，并观察它们的散点图的分布形状及其特点，选择适当的曲线来拟合这些试验数据。

（2）先通过变量替换，化曲线方程为直线方程，然后用线性回归方法求出它。

（3）还原到原来的变量，即可得到所要求的一元非线性回归方程。

由于一元非线性回归方程是通过变换为线性回归问题后解决的，因此一元线性回归分析的显著性检验方法仍然适用经过变换后的非线性回归问题。计算方式如下：

$$R^2 = \frac{SS_R}{SS_T} = 1 - \frac{SS_E}{SS_T}$$

R^2 越接近于 1，表明回归平方和占总离差平方和的比例越大，各观测样本点与回归直线越接近，用 x 的变化来解释 y 值离差的部分就越多，回归方程拟合优度就越好；反之，R^2 越接近于 0，回归方程拟合优度就越差。

【例 8-7】　假设一家企业想要预测其研发投入与利润之间的关系，该企业怀疑这种关系是非线性的。其收集了过去几年企业每年的研发投入和利润数据，如表 8-8 所示，并绘制了研发投入和利润拟合曲线，如图 8-2 所示。

表 8-8　某企业的研发投入和利润数据

年份	研发投入（万元）	利润（万元）
2017 年	10	50
2018 年	20	80
2019 年	30	130
2020 年	40	200
2021 年	50	300

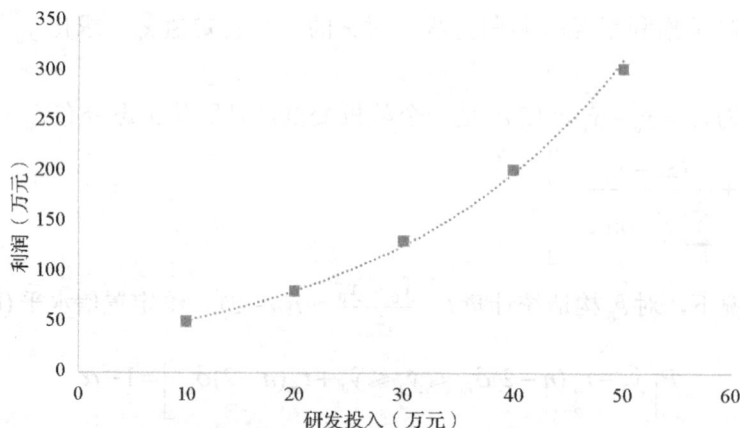

图 8-2　研发投入和利润拟合曲线

研发投入 x 与利润 y 呈指数函数关系（见图 8-2），该企业使用指数函数进行非线性回归分析，得出如下模型：

$$y = \beta_0 e^{\beta_1 x} \tag{8-17}$$

通过最小二乘法拟合模型，得到 $\beta_0 = 32.55$、$\beta_1 = 0.045$，可以看出研发投入与利润之间的关系呈指数级别增长，研发投入越大，企业的利润增长越快。基于此模型，该企业可以预测不同研发投入水平下的利润水平，并制定相应的经营策略。

8.3　多元线性回归分析

在许多实际问题中，影响因变量的因素往往有多个。这种一个因变量与多个自变量的回归问题称为多元回归。特别地，当因变量与各自变量之间呈线性关系时，称为多元线性回归。多元线性回归分析的原理与一元线性回归分析的原理基本相同。

8.3.1　多元线性回归模型

设因变量为 y，k 个自变量分别为 $x_1, x_2, \cdots, x_k$，多元回归分析就是先通过试验或观测，获取因变量 y 及 k 个自变量的容量为 n 的一组样本观测值 $(x_{i1}, x_{i2}, \cdots, x_{ik}, y_i)$ $(i = 1, 2, \cdots, n)$，再利用这些样本观测值寻找变量之间的定量关系式。

多元线性回归模型的一般形式为

$$y_i = \beta_0 + \beta_1 x_{i1} + \beta_2 x_{i2} + \cdots + \beta_k x_{ik} + \varepsilon_i \quad (i = 1, 2, \cdots, n) \tag{8-18}$$

式中，$\beta_0, \beta_1, \beta_2, \cdots, \beta_k$ 为模型的参数；ε_i 为第 i 次试验或观测的随机误差项。

根据回归模型假定 $E(\varepsilon_i) = 0$，有

$$E(y) = \beta_0 + \beta_1 x_1 + \beta_2 x_2 + \cdots + \beta_k x_k \tag{8-19}$$

式（8-18）称为多元线性回归方程。

由于多元线性回归方程中的参数 $\beta_0, \beta_1, \beta_2, \cdots, \beta_k$ 是未知的，我们必须利用样本数据去估计它们。如果根据样本数据推算参数 $\beta_0, \beta_1, \beta_2, \cdots, \beta_k$ 的估计量为 $\hat{\beta}_0, \hat{\beta}_1, \hat{\beta}_2, \cdots, \hat{\beta}_k$，则可得多元线性回归模型的经验方程

$$\hat{y} = \hat{\beta}_0 + \hat{\beta}_1 x_1 + \hat{\beta}_2 x_2 + \cdots + \hat{\beta}_k x_k \tag{8-20}$$

该方程给出的 $\hat{y}$ 是对应于给定一组 $x_1, x_2, \cdots, x_k$ 值的因变量 y 的估计值。

8.3.2　多元线性回归模型的估计

多元线性回归模型中回归系数的估计同样采用最小二乘法，即寻求参数 $\beta_0, \beta_1, \beta_2, \cdots, \beta_k$ 的估计量 $\hat{\beta}_0, \hat{\beta}_1, \hat{\beta}_2, \cdots, \hat{\beta}_k$，使

$$SS_E = \sum_{i=1}^{n} \hat{\varepsilon}_i^2 = \sum_{i=1}^{n} (y_i - \hat{\beta}_0 - \hat{\beta}_1 x_{i1} - \cdots - \hat{\beta}_k x_{ik})^2$$

达到最小。

由残差平方和 SS_E 对 $\hat{\beta}_0, \hat{\beta}_1, \hat{\beta}_2, \cdots, \hat{\beta}_k$ 分别求一阶偏导，得

$$\begin{cases} \dfrac{\partial SS_E}{\partial \hat{\beta}_0} = -2 \sum_{i=1}^{n} (y_i - \hat{\beta}_0 - \hat{\beta}_1 x_{i1} - \cdots - \hat{\beta}_k x_{ik}) = 0 \\[2mm] \dfrac{\partial SS_E}{\partial \hat{\beta}_t} = -2 \sum_{i=1}^{n} x_{it} (y_i - \hat{\beta}_0 - \hat{\beta}_1 x_{i1} - \cdots - \hat{\beta}_k x_{ik}) = 0 \quad (t = 1, 2, \cdots, k) \end{cases}$$

简化上述各式，得

$$\begin{cases}\hat{\beta}_0 n+\hat{\beta}_1\sum_{i=1}^{n}x_{i1}+\hat{\beta}_2\sum_{i=1}^{n}x_{i2}+\cdots+\hat{\beta}_k\sum_{i=1}^{n}x_{ik}=\sum_{i=1}^{n}y_i\\[2mm]\hat{\beta}_0\sum_{i=1}^{n}x_{i1}+\hat{\beta}_1\sum_{i=1}^{n}x_{i1}^2+\hat{\beta}_2\sum_{i=1}^{n}x_{i1}x_{i2}+\cdots+\hat{\beta}_k\sum_{i=1}^{n}x_{i1}x_{ik}=\sum_{i=1}^{n}x_{i1}y_i\\[2mm]\qquad\qquad\qquad\qquad\vdots\\[2mm]\hat{\beta}_0\sum_{i=1}^{n}x_{ik}+\hat{\beta}_1\sum_{i=1}^{n}x_{ik}x_{i1}+\hat{\beta}_2\sum_{i=1}^{n}x_{ik}x_{i2}+\cdots+\hat{\beta}_k\sum_{i=1}^{n}x_{ik}^2=\sum_{i=1}^{n}x_{ik}y_i\end{cases}\tag{8-21}$$

通常将式（8-21）称为正规方程组。

求解上述方程组，可得参数 $\beta_0,\beta_1,\beta_2,\cdots,\beta_k$ 的最小二乘估计量 $\hat{\beta}_0,\hat{\beta}_1,\hat{\beta}_2,\cdots,\hat{\beta}_k$。

【例 8-8】 为研究某商品销售量、人口数量及人均收入之间的关系，随机抽取了 10 个地区为样本，样本数据如表 8-9 所示。试根据样本数据建立某商品销售量、人口数量及人均收入之间的经验回归方程。

表 8-9　10 个地区的商品销售量、人口数量及人均收入数据

地区	1	2	3	4	5	6	7	8	9	10
商品销售量 y	38	28	54	32	16	40	20	46	28	14
人均收入 x_1（万元）	3.67	4.87	5.70	4.26	3.52	5.67	4.50	3.67	3.21	3.84
人口数量 x_2（10 万人）	35	23	49	27	11	33	13	42	26	6

解：由式（8.21）得方程组：

$$\begin{cases}10\hat{\beta}_0+42.91\hat{\beta}_1+265\hat{\beta}_2-316=0\\10\hat{\beta}_0 \\42.91\hat{\beta}_0+191.1313\hat{\beta}_1+1179.75\hat{\beta}_2-1405.52=0\\265\hat{\beta}_0+1179.75\hat{\beta}_1+8739\hat{\beta}_2-9984=0\end{cases}$$

解方程组，得 $\hat{\beta}_0=0.894,\hat{\beta}_1=1.610,\hat{\beta}_2=0.898$，于是商品销售量与各地人口数量及人均可支配收入之间的经验回归方程为 $\hat{y}=0.894+1.61x_1+0.898x_2$。

8.3.3　多元线性回归模型的检验

1. 拟合优度评价

与一元线性回归模型类似，多元线性回归模型中因变量总离差平方和有如下分解式：

$$SS_T=SS_R+SS_E$$

式中，$SS_T=\sum_{i=1}^{n}(y_i-\bar{y})^2$；$SS_R=\sum_{i=1}^{n}(\hat{y}_i-\bar{y})^2$；$SS_E=\sum_{i=1}^{n}(y_i-\hat{y}_i)^2$。

我们可以利用多重判定系数（Multiple Coefficient of Determination）来评价多元线性回归模型经验方程的拟合优度。多重判定系数是指回归平方和占总离差平方和的比例，反映了在因变量 y 取值的离差中，能被经验回归方程所解释的比例。

多重判定系数的表达式为

$$R^2=\frac{SS_R}{SS_T}=1-\frac{SS_E}{SS_T}\tag{8-22}$$

需要指出，由于自变量个数的增加，将影响因变量中被经验回归方程所解释的离差数量。当自变量个数增加时，会使预测误差变小，从而减少残差平方和 SS_E。由于回归平方和 $SS_R = SS_T - SS_E$，因此当 SS_E 变小时，SS_R 就会变大，从而使 R^2 变大。如果模型中增加一个自变量，即使该自变量在统计上并不显著，R^2 也会变大。所以，为避免增加自变量而高估 R^2，通常采用修正多重判定系数（记为 $\overline{R^2}$）来评价多元线性回归模型经验方程的拟合优度，其计算公式为

$$\overline{R^2} = 1 - \frac{SS_E / (n-k-1)}{SS_T / (n-1)} = 1 - \frac{n-1}{n-k-1}(1-R^2) \qquad (8\text{-}23)$$

$\overline{R^2}$ 的解释与 R^2 类似，不同之处在于，$\overline{R^2}$ 同时考虑了样本容量 n 和模型中参数的个数 k 的影响。

下面对例 8-8 进行拟合优度评价。由式（8-22）可得

$$R^2 = \frac{SS_R}{SS_T} = \frac{\sum_{i=1}^{n}(\hat{y}_i - \overline{y})^2}{\sum_{i=1}^{n}(y_i - \overline{y})^2} = 0.994$$

由式（8-23）可得

$$\overline{R^2} = 1 - \frac{SS_E / (n-k-1)}{SS_T / (n-1)} = 1 - \frac{n-1}{n-k-1}(1-R^2) = 0.993$$

可以看出，计算的 R^2 与 $\overline{R^2}$ 均接近于 1，表明回归平方和占总离差平方和的比例较大，各观测样本点与回归直线非常接近。

2. 显著性检验

1）回归方程检验

回归方程检验是指检验 k 个自变量与因变量 y 之间的线性关系是否显著，即能否用线性模型 $y_i = \beta_0 + \beta_1 x_{i1} + \beta_2 x_{i2} + \cdots + \beta_k x_{ik} + \varepsilon_i$ 来表示，检验步骤如下：

（1）提出假设。

$H_0 : \beta_1 = \beta_2 = \cdots = \beta_k = 0$

$H_1 : \beta_1, \beta_2, \cdots, \beta_k$ 至少有 1 个不等于 0

（2）构造检验的 F 统计量。

$$F = \frac{SS_R / k}{SS_E / (n-k-1)} \sim F(k, n-k-1) \qquad (8\text{-}24)$$

（3）进行统计检验。

给定显著性水平 α，查 F 分布表得 $F_\alpha(k, n-k-1)$。若 $F \geq F_\alpha(k, n-k-1)$，则拒绝原假设；若 $F < F_\alpha(k, n-k-1)$，则接受原假设。

2）回归系数检验

当回归方程显著时，可能有的变量对回归方程的影响并不显著，需要对回归系数 $\hat{\beta}_0, \hat{\beta}_1, \hat{\beta}_2, \cdots, \hat{\beta}_k$ 进行检验，检验步骤如下：

（1）建立假设 $H_0 : \beta_i = 0$，$H_1 : \beta_i \neq 0$。

（2）构造检验的 t 统计量

$$t = \frac{\hat{\beta}_i - \beta_i}{S_{\hat{\beta}_i}} \sim t(n-k-1) \tag{8-25}$$

$S_{\hat{\beta}_i}^2$ 是回归系数 β_i 的抽样分布的方差，即

$$S_{\hat{\beta}_i}^2 = \frac{SS_E \big/ n-k-1}{\sum_{i=1}^{n} x_i^2 - \frac{1}{n}\left(\sum_{i=1}^{n} x_i\right)^2} \tag{8-26}$$

（3）给定显著性水平 α，查表得临界值 $t_{\frac{\alpha}{2}}(n-k-1)$。

（4）做判断，如果 $|t| \geq t_{\frac{\alpha}{2}}(n-k-1)$，则拒绝 H_0，接受 H_1，变量 x_i 对回归方程有显著意义；如果 $|t| < t_{\frac{\alpha}{2}}(n-k-1)$，则接受 H_0，变量 x_i 对回归方程没有显著意义。

8.3.4 多元线性回归模型的预测

在各种检验的基础上，多元线性回归模型经验方程就可以用来进行预测。对自变量的一组特定值 $(x_{01}, x_{02}, \cdots, x_{0k})$，$y$ 的一个预测值为

$$\hat{y}_0 = \hat{\beta}_0 + \hat{\beta}_1 x_{01} + \hat{\beta}_2 x_{02} + \cdots + \hat{\beta}_k x_{0k} \tag{8-27}$$

8.4 用 SPSS 做相关分析与回归分析

8.4.1 相关分析介绍

1. 以例 8-2 的数据为例，介绍实现步骤

（1）在启动 SPSS，读入数据后，从主菜单 Analyze 开始，依次单击"Analyze"→"Correlate"→"Bivariate"菜单命令，软件会弹出"Bivariate Correlations"对话框，如图 8-3 所示。

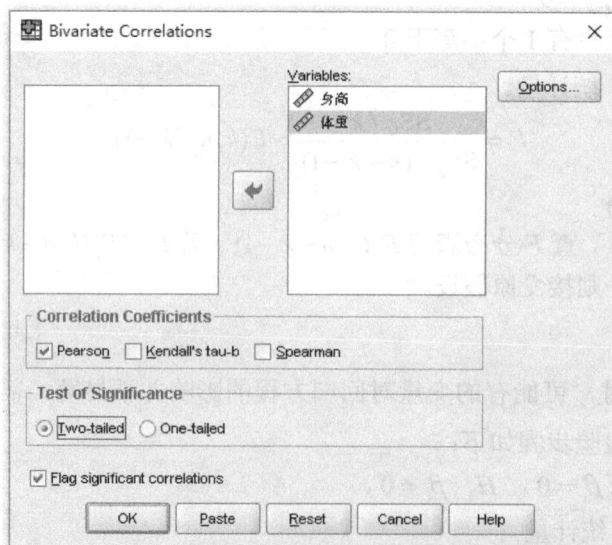

图 8-3 "Bivariate Correlations"对话框

从左侧的变量列表中选择变量"身高""体重",先将其添加到"Variables"列表框中,再在 Correlation Coefficients 选区选择相关系数的类型,共有 3 种,即 Pearson(简单相关系数)、Kendall's tau-b 和 Spearman(等级相关系数),本例勾选"Pearson"复选框。

在 Test of Significance 选区可选择相关系数的单侧(One-tailed)或双侧(Two-tailed)进行检验,本例选择"Two-tailed"单选按钮。

(2)单击"Options"按钮,软件会弹出"Bivariate Correlations: Options"对话框,如图 8-4 所示。

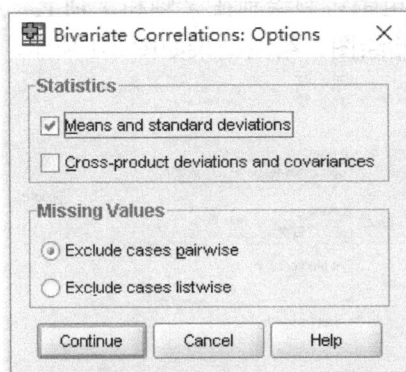

图 8-4 "Bivariate Correlations: Options"对话框

勾选 Statistics 选区的"Means and standard deviations"复选框,表示在输出相关系数的同时计算输出各变量的平均值和标准差。

Missing Values 选区可对缺失值进行处理,选择"Exclude cases pairwise"单选按钮,表示如果正参与计算的两个变量中有缺失值,则暂时剔除那些在这两个变量中取缺失值的样本个案。

本例先勾选"Means and standard deviations"复选框,选择"Exclude cases pairwise"单选按钮,再单击"Continue"按钮,软件会返回"Bivariate Correlations"对话框。

(3)单击"OK"按钮,即可得到结果。

2. 结果及其解释

标准差和相关系数如表 8-10 所示。

表 8-10　标准差和相关系数

Descriptive Statistics

	Mean	Std. Deviation	N
身高	166.10	8.67243	10
体重	55.00	6.23610	10

Correlations

		身高	体重
身高	Pearson Correlation	1	0.906**
	Sig. (2-tailed)	.	0.000
	N	10	10
体重	Pearson Correlation	0.906**	1
	Sig. (2-tailed)	0.000	.
	N	10	10

** Correlation is significant at the 0.01 level

表 8-10 中第 1 个表格给出了样本的平均身高(166.10cm)、身高的标准差(8.67243)、平均体重(55.00kg)和体重的标准差(6.23610)。

表 8-10 中第 2 个表格给出身高和体重的样本相关系数为 0.906,在这个数据的旁边有两个星号,表示在显著性水平为 0.01 时,身高和体重显著相关,且为正相关。

8.4.2 绘制相关散点图

以例 8-1 的数据为例。

（1）在启动 SPSS，读入数据后，从主菜单 Graphs 开始，依次单击"Graphs"→"Scatter"菜单命令，软件会弹出"Scatter/Dot"对话框，如图 8-5 所示。本例只需要绘制广告费与销售额两者的散布情况，故选择 Simple Scatter 图即可。

（2）单击"Define"按钮，软件会弹出"Simple Scatterplot"对话框，如图 8-6 所示。

在此对话框中，把左侧的"广告费""家电销售额"这两个变量分别添加到右侧的"X Axis"和"Y Axis"列表框中，表示散点图将分别把广告费和家电销售额绘制在 X 轴和 Y 轴上。其他选项不变，以 SPSS 默认的为准。单击"OK"按钮，开始绘图。绘图结果如图 8-1 所示。

图 8-5 "Scatter/Dot"对话框　　　　图 8-6 "Simple Scatterplot"对话框

8.4.3 一元线性回归分析介绍

1. 以例 8-5 的数据为例，介绍实现步骤

（1）在启动 SPSS，读入数据后，从主菜单 Analyze 开始，依次单击"Analyze"→"Regression"→"Linear"菜单命令，软件会弹出"Linear Regression"对话框，如图 8-7 所示。

从左侧的变量列表中选择因变量"人均消费支出[消费]"添加到"Dependent"列表框中，选择自变量"人均可支配收入[收入]"添加到"Independent(s)"列表框中。

在 Method 下拉列表中，软件默认选择"Enter"，即强行进入法，表示所选自变量会全部进入回归模型。

（2）单击"Statistics"按钮，软件会弹出"Linear Regression: Statistics"对话框，如图 8-8 所示，用来选择输出哪些统计量。

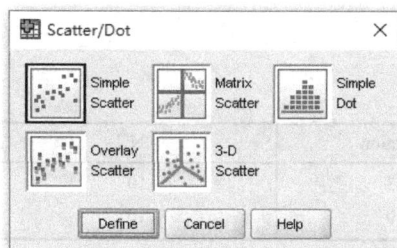

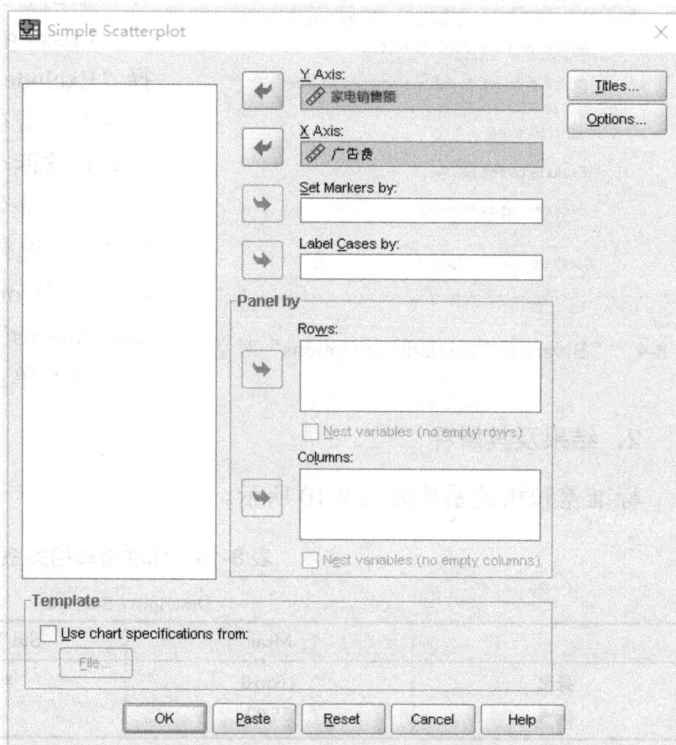

① Estimates：SPSS 默认的输出项。输出与回归系数相关的统计量，如回归系数、回归系数的标准误差、标准回归系数、F 统计量和相应的显著性概率值（Sig）等。

② Confidence intervals：输出每个非标准化回归系数 95% 的置信区间。本例勾选此复选框。

③ Model fit：输出判定系数、调整的判定系数、回归方程的标准误差、F 检验的 ANOVA 方差分析表。软件默认勾选此复选框。

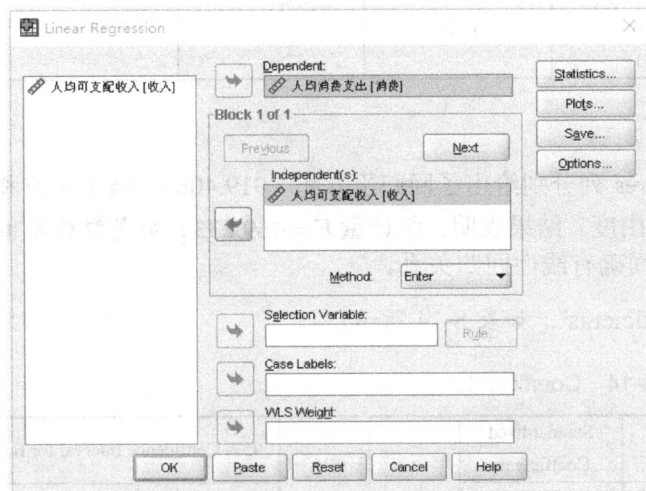

图 8-7 "Linear Regression" 对话框   图 8-8 "Linear Regression: Statistics" 对话框

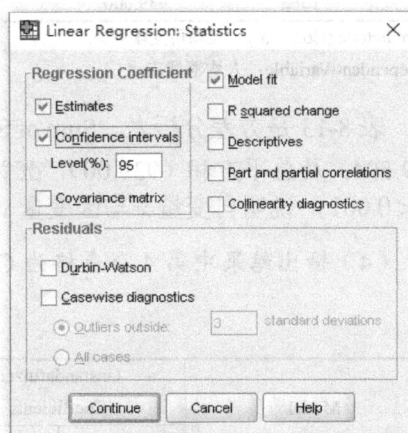

单击 "Continue" 按钮，软件会返回 "Linear Regression" 对话框。由于本例研究的是简单的一元线性回归问题，其他均选择软件的默认选项及默认值。

（3）单击 "OK" 按钮，即可得结果。

2. 结果及其解释

（1）输出结果中第 1 个表格为 Variables Enter ed/Removed[b]，如表 8-11 所示。

表 8-11　Variables Enter ed/Removed[b]

Model	Variables Entered	Variables Removed	Method
1	人均可支配收入[a]	.	Enter

a. All requested variables entered.

b. Dependent Variable：人均消费支出

表 8-11 中给出的是被引入或从回归方程中被剔除的变量，说明在对编号为 1 的模型（Model 1）进行线性回归分析时所采用的方法是全部引入（Enter）法。

（2）输出结果中第 2 个表格为 Model Summary，如表 8-12 所示。

表 8-12　Model Summary

Model	R	R Square	Adjusted R Square	Std. Error of the Estimate
1	0.990[a]	0.979	0.977	1.39978

a. Predictors: (Cjonstant)，人均可支配收入

表 8-12 中给出的是常用统计量。结果表明：相关系数 $r = 0.990$，判定系数 $R^2 = 0.979$，调整的判定系数 $\overline{R^2} = 0.977$，回归估计的标准误差 $S = 1.39978$，说明样本回归方程的代表性强。

（3）输出结果中第 3 个表格为 ANOVA[b]，如表 8-13 所示。

表 8-13　ANOVA[b]

	Model	Sum of Squares	df	Mean Square	F	Sig.
1	Regression	919.406	1	919.406	469.233	0.000[a]
	Residual	19.594	10	1.959		
	Total	939.000	11			

a. Predictors: (Constant)，人均可支配收入

b. Dependent Variable：人均消费支出

表 8-13 是方差分析表。Sum of Squares 列分别给出了回归平方和（919.406）、残差平方和（19.594）及总平方和（939.00），df 为自由度。结果表明：统计量 $F = 469.233$；显著性概率值 $p < 0.001$，说明自变量 x 与因变量 y 之间确有线性回归关系。

（4）输出结果中第 4 个表格为 Coefficients[a]，如表 8-14 所示。

表 8-14　Coefficients[a]

	Model	Unstandardized Coefficients		Standardized Coefficients	t	Sig.	95% Confidence Interval for B	
		B	Std. Error	Beta			Lower Bound	Upper Bound
1	（Constant）	0.355	1.538		0.231	0.822	−3.072	3.7817
	人均可支配收入	0.671	0.031	0.990	21.622	0.000	0.6018	0.7399

a. Dependent Variable：人均消费支出

表 8-14 是回归系数分析表。其中，Unstandardized Coefficients 为非标准化系数，Standardized Coefficients 为标准化系数，t 为回归系数检验统计量，Sig 为显著性概率值。

从表 8-14 中可以看出估计值及其检验结果，$\hat{\beta}_0 = 0.355$，$\hat{\beta}_1 = 0.671$，$\hat{\beta}_1$ 的检验统计量 $t = 21.622$，显著性概率值 $p < 0.001$，说明 β_1 与 0 有显著差别，该回归方程有意义。回归方程为 $\hat{y} = 0.355 + 0.671x$。

8.4.4　多元线性回归分析介绍

1. 以例 8-8 的数据为例，介绍实现步骤

（1）在启动 SPSS，读入数据后，从主菜单 Analyze 开始，依次单击"Analyze"→"Regression"→"Linear"菜单命令，软件会弹出"Linear Regression"对话框，如图 8-7 所示。

从左侧的变量列表中选择因变量"商品销售量"添加到"Dependent"列表框中，选择自变量"人均收入""人口数量"添加到"Independent(s)"列表框中，在 Method 下拉列表中，软件默认选择"Enter"，表示所选自变量全部进入回归模型。

（2）单击"Statistics"按钮，软件会弹出"Linear Regression: Statistics"对话框，如图 8-8 所示。

与一元线性回归分析一样，软件默认勾选"Estimates"与"Model fit"两个复选框，除此以外，本例再勾选"Descriptives"复选框，要求软件输出自变量和因变量的均值、标准差、相关系数矩阵及单侧检验概率。单击"continue"按钮，软件会回到图 8-7 所示的对话框。

（3）单击"Plots"按钮，软件会弹出"Linear Regression: Plots"对话框，如图 8-9 所示。

勾选"Produce all partial plots"复选框，表示软件会输出因变量和每个自变量之间的相关图。单击"continue"按钮，软件会回到图 8-7 所示的对话框。

（4）单击"Save"按钮，软件会弹出"Linear Regression: Save"对话框，如图 8-10 所示。在 Predicted Values 选区勾选"Unstandardized"或"Standardized"复选框，在 Prediction Intervals 选区勾选"Individual"复选框。

（5）返回图 8-7 所示的对话框，单击"OK"按钮，即可得到结果。

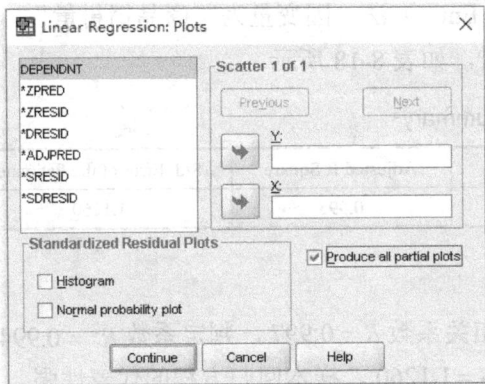

图 8-9　"Linear Regression: Plots"对话框　　　图 8-10　"Linear Regression: Save"对话框

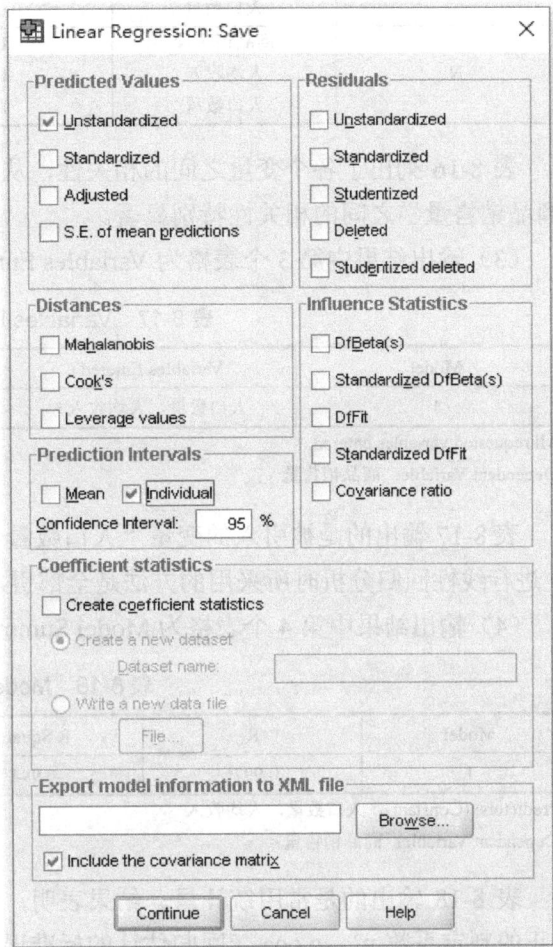

2．结果及其解释

（1）输出结果中第 1 个表格为 Descriptive Statistics，如表 8-15 所示。

表 8-15　Descriptive Statistics

	Mean	Std. Deviation	N
商品销售量	31.6000	13.0571	10
人均收入	4.2910	0.8822	10
人口数	26.500	13.8102	10

表 8-15 给出了 2 个自变量和 1 个因变量的一般统计结果，包括平均值、方差和个案数。

（2）输出结果中第 2 个表格为 Correlations，如表 8-16 所示。

表 8-16　Correlations

		商品销售量	人均收入	人口数量
Pearson Correlation	商品销售量	1.000	0.478	0.992
	人均收入	0.478	1.000	0.389
	人口数量	0.992	0.389	1.000
Sig. (1-tailed)	商品销售量		0.081	0.000
	人均收入	0.081	.	0.133
	人口数量	0.000	0.133	.
N	商品销售量	10	10	10
	人均收入	10	10	10
	人口数量	10	10	10

表 8-16 列出了各个变量之间的相关性，从该表格可以看出自变量"人口数量"和因变量"商品销售量"之间的相关性特别显著。

（3）输出结果中第 3 个表格为 Variables Entered Removed[b]，如表 8-17 所示。

表 8-17　Variables Entered Removed[b]

Model	Variables Entered	Variables Removed	Method
1	人口数量，人均收入 [a]	.	Enter

a. All requested variables entered.

b. Dependent Variable：商品销售量

表 8-17 输出的是被引入的变量"人口数量"和"人均收入"。对编号为 1 的模型（Model 1）进行线性回归分析时所采用的方法是全部引入（Enter）法。因变量为"商品销售量"。

（4）输出结果中第 4 个表格为 Model Summary[b]，如表 8-18 所示。

表 8-18　Model Summary[b]

Model	R	R Square	Adjusted R Square	Std. Error of the Estimate
1	0.997[a]	0.994	0.993	1.1260

a. Predictors: (Constant)，人口数量，人均收入

b. Dependent Variable：商品销售量

表 8-18 输出的是常用统计量。结果表明，复相关系数 $R = 0.997$，判定系数 $R^2 = 0.994$，修正的判定系数 $\overline{R^2} = 0.993$，回归估计的标准误差 $S = 1.1260$。样本回归方程的代表性强。

（5）输出结果中第 5 个表格为 ANOVA[b]，如表 8-19 所示。

表 8-19　ANOVA[b]

Model		Sum of Squares	df	Mean Square	F	Sig.
1	Regression	1525.526	2	762.763	601.658	0.000a
	Residual	8.874	7	1.268		
	Total	1534.400	9			

a. Predictors: (Constant)，人口数量，人均收入

b. Dependent Variable：商品销售量

表 8-19 是方差分析表，Sum of Squares 列分别给出了回归平方和（1525.526）、残差平方和（8.874）及总平方和（1534.400），df 为自由度。结果表明：统计量 $F = 601.658$，显著性概率值 $P < 0.001$，说明两个自变量与因变量"商品销售量"之间存在显著的线性回归关系。

（6）输出结果中第 6 个表格为 Coefficients^a，如表 8-20 所示。

表 8-20　Coefficients^a

Model		Unstandardized Coefficients		Standardized Coefficients	t	Sig.
		B	Std. Error	Beta		
1	（Constant）	0.894	1.860		0.481	0.645
	人均收入	1.610	0.462	0.109	3.487	0.010
	人口数	0.898	0.029	0.950	30.441	0.000

a. Dependent Variable：商品销售量

表 8-20 为回归系数分析表。从表格中可以看出该多元线性回归方程为

$$\hat{y} = 0.894 + 1.61x_1 + 0.898x_2$$

（7）输出结果中第 7 个表格为 Residuals Statistics^a，如表 8-21 所示。

表 8-21　Residuals Statistics^a

	Minimum	Maximum	Mean	Std. Deviation	N
Predicted Value	12.466	54.073	31.600	13.019	10
Std. Predicted Value	−1.470	1.726	0.000	1.000	10
Standard Error of Predicted Value	0.357	0.809	0.605	0.127	10
Adjusted Predicted Value	11.6560	54.1510	31.5100	13.0218	10
Residual	−1.4102	1.5344	0.0000	0.9930	10
Std. Residual	−1.252	1.363	0.000	0.882	10
Stud. Residual	−1.489	1.713	0.033	1.070	10
Deleted Residual	−1.9924	2.5121	0.0900	1.4689	10
Stud. Deleted Residual	−1.667	2.082	0.076	1.235	10
Mahal. Distance	0.004	3.748	1.800	1.062	10
Cook's Distance	0.000	0.681	0.169	0.245	10
Centered Leverage Value	0.000	0.416	0.200	0.118	10

a. Dependent Variable：商品销售量

表 8-21 是残差统计结果表。其中列出了预测值、标准预测值、预测值标准差等指标的最小值、最大值、平均值、方差和 N。

（8）输出结果中第 8 部分为图形，自变量"人均收入"与因变量"商品销售量"的相关图如图 8-11 所示。

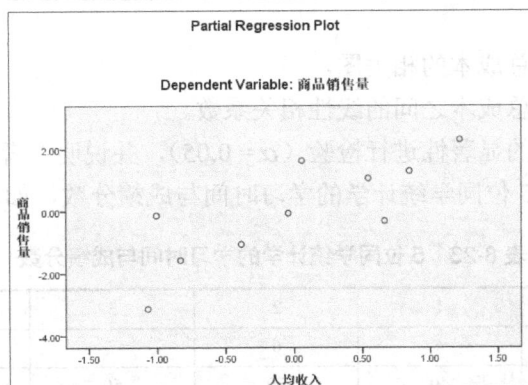

图 8-11　"人均收入"与"商品销售量"的相关图

（9）保存于当前数据文件中的预测值如图 8-12 所示。

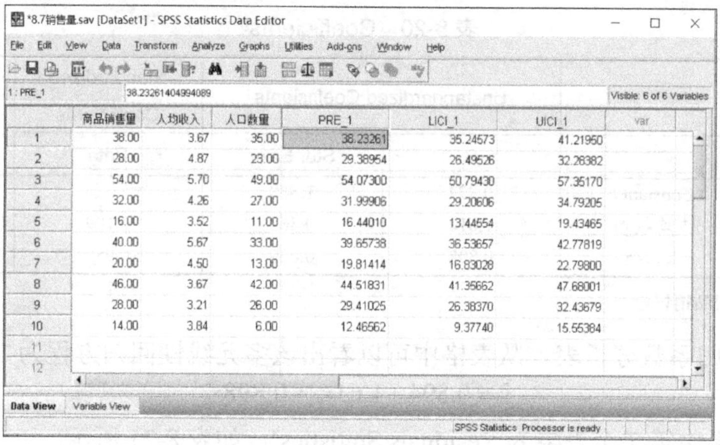

图 8-12　保存于当前数据文件中的预测值

思考与练习

1. 何为相关分析？简述相关关系的种类及其各种类的含义。
2. 为什么要对相关系数进行显著性检验？简述相关系数显著性检验的步骤。
3. 回归分析的主要任务是什么？简述回归分析与相关分析的区别。
4. 简述最小二乘法的基本原理。
5. 简述判定系数的含义和作用。
6. 在回归分析中，F 检验和 T 检验各有什么作用？
7. 简述回归方程检验和回归系数检验的具体步骤。
8. 简述点预测和区间预测的含义。
9. 从某行业随机抽取 10 家企业，其产量和生产总成本观测数据如表 8-22 所示。

表 8-22　10 家企业的产量和生产总成本观测数据

编号	1	2	3	4	5	6	7	8	9	10
产量（10 吨）	55	42	116	78	125	100	40	65	84	130
生产总成本（万元）	280	300	334	308	360	340	260	300	330	350

要求：

（1）绘制产量与生产总成本的相关图。

（2）计算产量与生产总成本之间的线性相关系数。

（3）对线性相关系数的显著性进行检验（$\alpha = 0.05$），并说明二者之间关系的密切程度。

10. 随机检查班级中 5 位同学统计学的学习时间与成绩分数，如表 8-23 所示。

表 8-23　5 位同学统计学的学习时间与成绩分数

编号	1	2	3	4	5
每周学习时数（小时）	4	6	7	10	13
学习成绩（分）	40	60	50	70	90

要求：

（1）计算每周学习时数和学习成绩之间的相关系数。

（2）建立线性回归方程。

（3）计算估计标准误差。

11．随机抽取 10 家航空公司，对其最近一年的航班正点率和顾客投诉次数进行调查，所得数据如表 8-24 所示。

表 8-24　10 家航空公司的航班正点率和顾客投诉次数数据

编号	1	2	3	4	5	6	7	8	9	10
航班正点率（%）	81.8	76.6	76.6	75.7	73.8	72.2	71.2	70.8	91.4	68.5
顾客投诉次数（次）	21	58	85	68	74	93	72	122	18	125

要求：

（1）绘制航班正点率与顾客投诉次数的相关图，说明二者之间的关系类型。

（2）求顾客投诉次数（y）对航班正点率（x）的线性回归方程。

（3）检验回归系数的显著性（$\alpha = 0.05$）。

（4）如果航班正点率为 80%，则顾客投诉次数为多少？

（5）求航班正点率为 80% 时，顾客投诉次数的置信度为 95% 的置信区间。

12．为研究某产品销售价格与其购进价格和销售费用之间的关系，随机抽取了 10 家商场的数据，如表 8-25 所示。

表 8-25　10 家商场的某产品销售价格与其购进价格和销售费用的数据

商场	1	2	3	4	5	6	7	8	9	10
销售价格 y	124	127	120	111	130	114	131	108	116	126
购进价格 x_1	97	89	44	79	85	91	80	51	85	49
销售费用 x_2	22	26	39	34	28	21	30	33	24	39

要求：

（1）求产品销售价格对购进价格和销售费用的多元线性回归方程。

（2）计算判定系数及修正的判定系数。

（3）检验回归方程的显著性（$\alpha = 0.05$）。

（4）检验各回归系数的显著性（$\alpha = 0.05$）。

第 9 章　时间序列分析与预测

🦋 **学习目标**

◆ 理解时间序列的特点及分类。

◆ 掌握时间序列分析的基本方法和技术。

◆ 学会建立和评估时间序列模型。

◆ 理解时间序列预测的方法和应用。

◆ 了解 SPSS 时间序列分析和预测的方法。

🦋 **重点与难点**

◆ 平均发展水平及平均发展速度的分类及计算。

◆ 时间序列模型的建立和选择。

🦋 **案例导入**

经济新常态下增长转型与增速预测

　　1978 年改革开放以后，中国经济实现了 40 年的持续高速增长，党的十九大报告指出，当前中国已经进入中国特色社会主义新时代。新时代下的中国经济发展面临着新的矛盾、新的变化和新的挑战，要解决这些矛盾和挑战，需要构建新常态下中国经济发展与改革的逻辑体系，要实现新时代的新目标，不能继续简单地追求经济增速，而要更多地注重经济质量的提升和经济效益的增长，推进经济结构转型和增长动能转换。中国经济新常态是指在当前社会发展条件下，中国经济发展的新模式和新方向。新常态首先是"新"，就是说中国经济不同以往，发展条件和环境已经发生了重大变化，传统的"高速度 + 高失衡"的粗放增长模式不可持续，经济增长速度和模式将有新转变；新常态其次是"常"，就是说未来中国经济增长将会从过去 40多年两位数的高增长进入中速增长阶段，并且中速增长将是常态。

　　对中国 70 年（1953—2018 年）的时间序列数据进行实证分析发现，自中华人民共和国成立以来，消费在经济结构中的比重下降，投资在经济结构中的比重上升，过去中国经济高速增长主要依靠投资驱动，消费增长率的波动幅度最低且低于 GDP 的波动幅度，投资增长率的波动幅度显著高于 GDP 的波动幅度；中华人民共和国成立初期，经济实际增长率波动幅度较大，但改革开放（尤其是 20 世纪 90 年代）后经济实际增长率显著降低，消费、投资、政府支出和净出口的增速也呈相似的规律；自 2008 年以来中国经济增速明显放缓，为应对经济放缓，国家提出了向消费驱动转型的发展战略，消费在国民经济中的比重开始上升；2018 年 ARMA(5,5)模型预测近 10 年中国经济增长将更加趋于稳定，2019 年也不会出现大幅度下滑，中国经济仍会保持中速增长。中国经济向消费驱动转型，意味着消费在国民经济中的比重会上升，因此不仅不会导致中国经济增速下滑，而且会提高中国经济增长的稳定性，有利于中国经济产出的效用最大化；预计随着消费在国民经济中比重的进一步提高，中国经济增长的稳定性会增加，这有利于实现中国经济高质量发展；中国应坚定不移地推动经济从传统的"高速度 + 高失衡 + 不可持续"的增长模式向新常态的"中速度 + 高质量 + 可持续"的增长模式转变。

时间序列分析研究的是通过分析一系列随着时间变化的动态数据，从而研究该过程的动态变化规律，通过对时间序列的研究来认识所探究系统的内在结构，进而揭示系统的发展规律，使它能更好地体现数据的内在特征以达到更好的预测目的。

资料来源：揭仕军. 经济新常态下增长转型与增速预测——基于新中国 70 年的时间序列数据 [J]. 经济问题探索，2020，455（6）：9-18.

9.1　时间序列概述

时间序列概述

9.1.1　时间序列的概念和作用

时间序列也称动态数列，动态是指现象在时间上的发展变化。把反映某现象的同一指标在不同时间上的指标数值，按时间（如年、季、月、日等）先后顺序编排所形成的序列，称为时间序列或动态数列。某地区 2016—2022 年间电子商务零售额如表 9-1 所示。

表 9-1　某地区 2016—2022 年间电子商务零售额

年份	2016 年	2017 年	2018 年	2019 年	2020 年	2021 年	2022 年
电子商务零售额（万元）	8245.7	9704.8	12462.1	16264.7	20620.0	24774.1	27298.9

从表 9-1 可以看出，时间序列有两个构成要素，一个是现象所属的时间，另一个是现象达到的水平。现象所属的时间可以是年、季度、月或日期，也可以是某一较长的时期，或者是某一特定的时点。现象达到的水平是时间序列中各项具体的指标数值，在统计工作中称为发展水平，它是计算其他一系列动态分析指标的基础。

时间序列是进行动态分析的依据，具体作用可概括为以下几个方面。

（1）描述和解释。通过观察事物的发展变化过程，时间序列可以描述事物的发展状态和结果，以达到认识和解释的目的。

（2）研究趋势。时间序列分析可以帮助研究现象发展的方向、程度和趋势，揭示现象随时间推移的变化规律。

（3）预测。通过分析时间序列的历史数据，可以探索其发展变化的规律，并进行预测，为未来的决策提供依据。

（4）探索依存关系。时间序列分析可以揭示相关事物之间发展变化的依存关系，帮助理解和分析不同变量之间的相互作用。

（5）比较分析。时间序列分析可用于不同地区、不同国家间的比较分析，以说明现象在不同空间的差异程度，并帮助识别潜在的影响因素。

9.1.2　时间序列的种类

时间序列按其排列的指标表现形式的不同，可分为三类，即绝对数时间序列、相对数时间序列和平均数时间序列。绝对数时间序列是基本序列，相对数时间序列和平均数时间序列则是以绝对数时间序列为基础计算得出的派生序列。

1．绝对数时间序列

绝对数时间序列是由一系列同类的总量指标数值按时间顺序排列的时间序列，可以反映某种社会经济现象在各个时期达到的绝对水平及其发展变化情况。绝对数时间序列按其所反映的社会经济现象性质的不同，又可以分为时期序列和时点序列。

1）时期序列

序列中每个指标数值都是反映某种社会经济现象在一定时期内发展过程的总量，这种绝对数时间序列就被称为时期序列。表 9-1 中所列的某地区 2016—2022 年间电子商务零售额就是一个时期序列。时期序列具有两个主要特点：

（1）时期序列中的每个指标数值表示在一段时期内发展过程的总量，因而各个指标数值可以相加，相加的数值表示更长时期内的发展总量。

（2）序列中每个指标数值的大小与计算时期的长短有直接联系，一般情况下，时期越长，指标数值越大；反之，时期越短，指标数值就越小。

2）时点序列

序列中每个指标数值都反映某种社会经济现象在一定时点上的状态及其水平，这种绝对数时间序列就被称为时点序列。例如，表 9-2 就是根据某地区参与碳排放交易的企业资料编制的时点序列。时点序列也有两个主要特点：

（1）因为序列中的每个指标数值只是表明某一社会经济现象在一定时点上所达到的水平，所以各项指标数值不能相加，如果把各个时点上的数值相加，就会产生重复计算，所得的数字就不能反映实际情况。

（2）在时点序列中，两个相邻的指标数值之间相隔的时间距离称为间隔。序列中每个指标的大小与时间间隔的长短没有直接联系。

表 9-2　某地区参与碳排放交易的企业资料

时间	1月1日	3月1日	5月1日	7月1日	9月1日
企业数	210	250	264	280	270

2．相对数时间序列

相对数时间序列是由一系列同类相对指标数值按时间顺序排列的时间序列，用来说明现象之间的数量对比关系或相互联系的发展变化过程。例如，某企业 2016—2022 年的计划完成程度时间序列就是相对数时间序列。由于相对指标一般表现为两个有关的绝对数之比，因此不论是时期序列还是时点序列，均可据此编制有关的相对数时间序列。在相对数时间序列中，由于各个指标数值的基数不同，所以不能直接相加。

3．平均数时间序列

平均数时间序列是由一系列同类平均指标数值按时间顺序排列的时间序列，用来表明某一社会经济现象的一般水平的变化过程或发展趋势。例如，某城市 2016—2022 年职工的平均工资时间序列就是平均数时间序列。平均数时间序列中的各个指标数值不能相加，因为相加所得的数值没有实际的经济意义，不能说明任何问题。

9.1.3　编制时间序列的原则

编制时间序列，最重要的原则之一是遵循可比性。所谓可比性，是指序列对应不同时间的指标值可以相互比较。符合这一性质的时间序列才能够正确反映社会经济现象的变动过程和规律。

1．同一时间序列，指标值所属时间应当统一

对于时期序列，各指标值涵盖的时间长度要相同，因为时期长短直接决定了指标值的大小，时期长短不同，指标值便不可比；对于时点序列，各指标值对应的时点间隔要相同，虽然时点序列指标值的大小与时点间隔长短没有直接关系，但保持相同的时点间隔才能准确地反映现象的变化状况。

2．总体范围一致

无论是时期序列还是时点序列，指标值的大小都与现象总体范围有关系。如果随着时间的推移，现象总体范围发生了变化，如地区的行政区划分或部门隶属关系变更，那么在变更前后，指标的计算范围不同，指标值就不能直接对比。只有经过适当调整保持了总体范围的一致性，进行动态比较才有意义。

3．经济内容应一致

指标的经济内容是由其理论内涵决定的，随着社会经济条件的变化，同一名称的指标，其经济内容也会发生改变。编制时间序列时不注意这一问题，对经济内容已发生变化的指标值不加区别和调整，就可能导致错误的分析结论。

4．计算方法要一致

对于指标名称、总体范围和经济内容都相同的指标，计算方法不同也会导致极大的数值差异，如按生产法、消耗法和边际消费法计算的碳排放量，结果就会有较大差别。因此，在同一时间序列中，各个时期（时点）指标值的计算方法要统一。如果从某一时期开始，计算方法做了重大改变，那么发布资料时必须注明，以便动态比较时进行调整。

5．计算价格和计量单位要一致

编制价值指标的时间序列，指标的计算价格保持一致是个重要问题。统计指标的计算价格种类很多，有现行价格与不变价格之分，编制时间序列遇到前后时期所用的计算价格不同时，就要进行价格调整，使其统一。对于实物指标的时间序列，则要求计量单位一致，否则也要进行调整。

9.2　发展水平指标

时间序列虽然描述了现象的发展过程和结果，但它还不能直接反映现象各期的增减数量、变动速度和规律性，为深刻揭示现象的这些方面，需要运用一系列的动态分析指标。常用的动态分析指标有发展水平、平均发展水平、增减水平、平均增减水平、发展速度、平均发展速度、增减速度、平均增减速度等。前 4 种为时间序列的水平指标，用于现象发展的水平分析，是本节的内容；后 4 种为时间序列的速度指标，用于现象发展的速度分析，将在 9.3 节进行阐述。

9.2.1　发展水平和增减水平

1．发展水平

发展水平是指时间序列中用来反映社会经济现象在各个时期或时点上所达到的规模和水平的每个指标数值，是计算其他动态分析指标的基础。

根据发展水平在时间序列中的位置，通常把序列中的第一个指标数值叫作最初水平，把最后一个指标数值叫作最末水平，把其余各指标数值叫作中间水平。在对比两个时间的发展水平时，把所研究的那个时间的发展水平叫作报告期水平或计算期水平，把作为比较基础的发展水平叫作基期水平。

用符号 $a_0, a_1, \cdots, a_{n-1}, a_n$ 代表序列中各个时期或时点上的发展水平，其中 a_0 是最初水平，a_n 是最末水平，其余各项（$a_1, a_2, \cdots, a_{n-1}$）是中间水平。若将 a_n 与 a_{n-1} 进行对比，则 a_n 为报告期水平，a_{n-1} 为基期水平；若将 a_{n-1} 与 a_0 进行对比，则 a_{n-1} 为报告期水平，a_0 为基期水平。

2．增减水平

增减水平或称增减量，表示现象在一定时期内增减的绝对数量，它等于报告期水平（a_i）与基期水平（a_0）之差：

$$增减量 \Delta a = a_i - a_0 \tag{9-1}$$

增减量可以是正值，表示现象水平增长，如产值的增长、销售额的扩大、劳动生产率的提高等；增减量也可以是负值，表示现象水平的下降，如单位产品成本的降低、原材料消耗的节约等。

由于增减量指标选择基期的不同，又可以分为两种：逐期增减量和累积增减量。

1）逐期增减量

逐期增减量是报告期水平与前一期水平的差额，说明现象逐期增减的数量。用符号表示，即

$$a_1 - a_0, a_2 - a_1, a_3 - a_2, \cdots, a_n - a_{n-1} \tag{9-2}$$

2）累积增减量

累积增减量是报告期水平与某一固定时期（通常为最初水平 a_0）的差额，说明一定时期内的总增减量。用符号表示，即

$$a_1 - a_0, a_2 - a_0, a_3 - a_0, \cdots, a_n - a_0 \tag{9-3}$$

不难看出，逐期增减量与累积增减量存在以下关系：

（1）各个逐期增减量之和等于相应的累积增减量，即

$$(a_1 - a_0) + (a_2 - a_1) + (a_3 - a_2) + \cdots + (a_n - a_{n-1}) = a_n - a_0$$

（2）相邻两个累积增减量之差等于相应的逐期增减量，即

$$(a_i - a_0) - (a_{i-1} - a_0) = a_i - a_{i-1}$$

根据表 9-1 所列某地区 2016—2022 年间电子商务零售额资料计算增减量指标，计算结果如表 9-3 所示。

与发展水平不同，增减水平在文字表达上，通常用"增加了"或"减少了"来表示，如表 9-3 中，2021 年某地区电子商务零售额为 24774.1 万元，2022 年增加了 2524.8 万元。

表 9-3　增减量计算结果

年份	2016 年	2017 年	2018 年	2019 年	2020 年	2021 年	2022 年
发展水平：电子商务零售额（万元）	8245.7	9704.8	12462.1	16264.7	20620	24774.1	27298.9
增减量　逐期	—	1459.1	2757.3	3802.6	4355.6	4153.8	2524.8
累积	—	1459.1	4216.4	8019.0	12374.6	16528.4	19053.2

9.2.2　平均发展水平和平均增减水平

1．平均发展水平

平均发展水平也称序时平均数或动态平均数，是对时间序列中各时期发展水平计算的平均数。序时平均数作为一种平均数，与一般（静态）平均数有相同点，那就是它们都舍弃了现象的个别差异，以反映现象总体的一般水平。但二者又有明显区别，主要表现在序时平均数舍弃的是现象在不同时间上的数量差异，因而它能从动态上说明现象在一定时期内发展变化的一般趋势；一般（静态）平均数舍弃的是总体各单位某一数量标志值在同一时间上的差异，因此它能从静态上说明现象总体各单位的一般水平。发展水平可以是绝对数，也可以是相对数或平均数，而绝对数又有时期数和时点数之分，它们在计算序时平均数时，方法各有不同。

1）绝对数时间序列序时平均数的计算

（1）由时期序列计算序时平均数。时期序列具有可加性，其计算序时平均数的方法比较简单，常用简单算术平均法。用公式表示为

$$\bar{a} = \frac{a_1 + a_2 + \cdots + a_n}{n} = \frac{1}{n}\sum a_i \qquad (9\text{-}4)$$

式中，a_i 为各时期的发展水平（$i=1,2,\cdots,n$）；n 为时期序列的项数；$\bar{a}$ 为序时平均数。

（2）由时点序列计算序时平均数。时点序列的指标值能反映现象在某一时点上的瞬间水平，要正确计算其平均数，从理论上说，应当先掌握每一时点上的指标值，然后计算平均单位时点的指标数值。在社会经济统计中一般将一天看作一个时点，即以"天"作为最小时间单位，这样便有连续时点序列和间断时点序列的区分。资料逐日登记的是连续时点序列；资料不是逐日登记，而是间隔较长一段时间（月、季或年）后再登记一次，依序排列的是间断时点序列。这两种时点序列的类型不同，计算序时平均数的方法也有所不同。

① 由连续时点计算序时平均数，又分为两种情形。一种情形是，资料逐日登记且逐日排列，即已掌握整段考察时期内连续性的时点数据，故可采用简单平均数方法计算序时平均数，计算公式如式（9-4）所示。但式中 a_i 表示各时点的指标值，n 为时点个数。例如，已知企业某月每日制造产品所产生的碳排放量，要计算该月平均每日的碳排放量，只需要将每日的碳排放量之和除以该月的工作日天数即可。另一种情形是，资料登记的时间单位仍然是 1 天，但实际上只在指标值发生变动时才记录一次，此时需要采用加权算术平均数的方法计算序时平均数，权数是每一指标值的持续天数。计算公式如下：

$$\bar{a} = \frac{a_1 f_1 + a_2 f_2 + \cdots + a_n f_n}{f_1 + f_2 + \cdots f_n} = \frac{\sum af}{\sum f} \qquad (9\text{-}5)$$

式中，$a_i(i=1,2,\cdots,n)$ 为指标值；$f_i(i=1,2,\cdots,n)$ 为指标值的持续天数。

【例 9-1】某地区"十三五"时期（2016—2020 年）农业增加值记录如表 9-4 所示，计算该地区的年平均农业增加值。

表 9-4　某地区"十三五"时期（2016—2020 年）农业增加值记录

时间	2016 年	2017 年	2018 年	2019 年	2020 年
财政收入（亿元）	108.2	112.4	124.6	150.0	186.7

解："十三五"期间该地区的年平均农业增加值为

$$\bar{a} = \frac{108.2 + 112.4 + 124.6 + 150.0 + 186.7}{5} = 136.38 \text{（亿元）}$$

【例 9-2】　某种商品 2020 年 7 月库存量记录如表 9-5 所示，计算该商品在 2020 年 7 月的平均日库存量。

表 9-5　某种商品 2020 年 7 月库存量记录

日期	1—6 日	7—10 日	11—15 日	16—21 日	22—27 日	28—31 日
库存量（台）	53	32	64	52	63	39

解：该商品在 2020 年 7 月的平均日库存量为

$$\bar{a} = \frac{53 \times 6 + 32 \times 4 + 64 \times 5 + 52 \times 6 + 63 \times 6 + 39 \times 4}{6 + 4 + 5 + 6 + 6 + 4} = 52 \text{（台）}$$

② 由间断时点计算序时平均数。间断时点序列有两种登记方式：一种是每隔一定时间登记一次，每次登记的间隔相等；另一种是每隔一定时间登记一次，每次登记的间隔不相等。

下面以一个具体例子说明间隔相等的间断时点序列序时平均数的计算。

【例 9-3】　某商场 2020 年 1—6 月职工人数资料如表 9-6 所示。计算该商场 2020 年 1—6 月平均每月的职工人数。

表 9-6　某商场 2020 年 1—6 月职工人数资料

时间	2019 年 12 月末	1 月末	2 月末	3 月末	4 月末	5 月末	6 月末
职工人数（人）	90	100	95	110	110	100	105

解：解决这一问题的思路是，首先求各月的平均职工人数，然后计算各月的平均职工人数的平均数。计算各月的平均职工人数时，按理应该计算该月内平均每天的职工人数，但由于未能掌握该月内平均每天的职工人数资料，所以只能在一定的假定条件下推算，即把本月末的职工人数看成下月初的职工人数，并假定各月内职工人数的变动是均匀的。这样即可计算该商场 2020 年 1—6 月平均每月的职工人数。

$$\bar{a} = \left(\frac{90 + 100}{2} + \frac{100 + 95}{2} + \frac{95 + 110}{2} + \frac{110 + 110}{2} + \frac{110 + 100}{2} + \frac{100 + 105}{2} \right) \Big/ (7 - 1) = 102 \text{（人）}$$

通过上述讨论，可以得出间隔相等的间断时点序列的序时平均数的计算公式：

$$\bar{a} = \frac{1}{2}(a_1 + a_2 + a_3 + \cdots + a_{n-1} + a_n) \Big/ (n - 1) \tag{9-6}$$

式中，n 为时点序列的项数。

对于间隔不相等的间断时点序列，序时平均数的计算也采用"两次平均"的思路，且第一次的平均计算与间隔相等的间断时点序列相同；进行第二次平均时，由于各间隔不相等，所以

应当用间隔长度（f）作为权数，计算加权算术平均数，计算公式为

$$\bar{a} = \frac{\dfrac{a_1+a_2}{2}f_1 + \dfrac{a_2+a_3}{2}f_2 + \cdots + \dfrac{a_{n-1}+a_n}{2}f_{n-1}}{f_1+f_2+\cdots+f_{n-1}} \tag{9-7}$$

【例 9-4】　表 9-7 列出了某绿色智能制造工厂 2020 年库存材料的资料，由此计算该工厂 2020 年每月平均材料库存量。

表 9-7　某绿色智能制造工厂 2020 年库存材料的资料

日期	年初	3 月末	7 月末	10 月末	年末
材料库存量（吨）	30	50	70	66	54

解：2020 年该绿色智能制造工厂每月平均材料库存量为

$$\bar{a} = \frac{\dfrac{30+50}{2}\times3 + \dfrac{50+70}{2}\times4 + \dfrac{70+66}{2}\times3 + \dfrac{66+54}{2}\times2}{3+4+3+2}$$

$$= \frac{40\times3 + 60\times4 + 68\times3 + 60\times2}{12}$$

$$= 57（吨）$$

2）相对数时间序列序时平均数的计算

由于相对数时间序列是由两个有联系的总量指标时间序列相应项对比的结果，因此相对数时间序列不能像总量指标时间序列那样直接计算序时平均数，而是先分别计算分子、分母两个总量指标时间序列的序时平均数，再进行对比，求出相对数时间序列的序时平均数。其计算公式为

$$\bar{c} = \frac{\bar{a}}{\bar{b}} \tag{9-8}$$

具体计算时，又因为分子、分母两个总量指标时间序列的性质不同，采用的方法也有所不同。

（1）由两个时期序列对比而形成的相对数动态序列计算序时平均数。其计算公式如下：

$$\bar{c} = \frac{\bar{a}}{\bar{b}} = \frac{\sum\dfrac{a}{n}}{\sum\dfrac{b}{n}} = \frac{\sum a}{\sum b} \tag{9-9}$$

【例 9-5】　某绿色智能制造工厂 2020 年产品销售额计划完成情况如表 9-8 所示，利用公式计算该绿色智能制造工厂 2020 年产品销售额的平均计划完成程度。

表 9-8　某绿色智能制造工厂 2020 年产品销售额计划完成情况

项	I 季度	II 季度	III 季度	IV 季度
实际销售额（a）（万元）	97	102	117	106
计划销售额（b）（万元）	86	90	110	105
计划完成程度（%）（c）	112.79	113.33	106.36	100.95

解：2020 年平均计划完成程度 $= \dfrac{\sum a}{\sum b} = \dfrac{97+102+117+106}{86+90+110+105} = 107.93\%$。

（2）由两个时点序列相应项对比形成的相对数时间序列计算序时平均数。由于用时点序列计算序时平均数有连续和间断之分，每种又分为间隔相等和间隔不等两种情况，所以其具体计算方法也不一样。现列出几种常用的计算公式。

① 由两个间隔相等的连续时点序列形成的相对数计算序时平均数，计算公式如下。

$$\bar{c} = \frac{\bar{a}}{\bar{b}} = \frac{\sum a}{\sum b} \tag{9-10}$$

② 由两个间隔不等的连续时点序列形成的相对数计算序时平均数，计算公式如下。

$$\bar{c} = \frac{\bar{a}}{\bar{b}} = \frac{\dfrac{\sum af}{\sum f}}{\dfrac{\sum bf}{\sum f}} = \frac{\sum af}{\sum bf} \tag{9-11}$$

③ 由两个间隔相等的间断时点序列所形成的相对数计算序时平均数，计算公式如下。

$$\bar{c} = \frac{\bar{a}}{\bar{b}} = \frac{\dfrac{a_1}{2} + a_2 + a_3 + \cdots + \dfrac{a_n}{2}}{n-1} \div \frac{\dfrac{b_1}{2} + b_2 + \cdots + \dfrac{b_n}{2}}{n-1} = \frac{\dfrac{a_1}{2} + a_2 + \cdots + \dfrac{a_n}{2}}{\dfrac{b_1}{2} + b_2 + \cdots + \dfrac{b_n}{2}} \tag{9-12}$$

④ 由两个间隔不等的间断时点序列所形成的相对数计算序时平均数，计算公式如下。

$$\bar{c} = \frac{\bar{a}}{\bar{b}} = \frac{\dfrac{a_1 + a_2}{2} f_1 + \dfrac{a_2 + a_3}{2} f_2 + \cdots + \dfrac{a_{n-1}}{2} f_{n-1}}{\dfrac{b_1 + b_2}{2} f_1 + \dfrac{b_2 + b_3}{2} f_2 + \cdots + \dfrac{b_{n-1} + b_n}{2} f_{n-1}} \tag{9-13}$$

（3）由时期序列和时点序列对比所形成的相对数动态序列计算序时平均数。

假设分子序列为时期序列、分母序列为间隔相等的间断时点序时，计算公式如下。

$$\bar{c} = \frac{\sum \dfrac{a}{n_1}}{\dfrac{\dfrac{b_1}{2} + b_2 + \cdots + b_{n_2-1} + \dfrac{b_{n_2}}{2}}{n_2 - 1}} \tag{9-14}$$

式中，n_1 为时期序列的项数；n_2 为时点序列的项数。

【例 9-6】 某绿色智能制造工厂 2020 年第一季度商品流转情况如表 9-9 所示，计算该工厂 2020 年第一季度商品的流转次数。

表 9-9 某绿色智能制造工厂 2020 年第一季度商品流转情况

月份	1 月	2 月	3 月	4 月
商品销售额（万元）	1500	1200	1800	1600
月初商品库存额（万元）	400	600	600	500
商品流转次数	3.0	2.0	3.3	—

解：

$$商品平均流转次数 = \frac{商品平均销售额}{商品平均库存额};$$

$$第一季度商品平均每月流转次数 = \frac{\frac{1500+1200+1800}{3}}{\left(\frac{400}{2}+600+600+\frac{500}{2}\right)/3} = \frac{1500}{550} = 2.73 \ (次)。$$

第一季度商品流转次数，不是各月商品流转次数直接相加，而是季内商品平均每月流转次数乘以月数，或直接用商品流转次数的公式来计算，即

$$2.73×3=8.2 \ (次)$$

$$第一季度商品流转次数 = \frac{1500+1200+1800}{\left(\frac{400}{2}+600+600+\frac{500}{2}\right)/3} = \frac{4500}{550} = 8.2 \ (次)$$

3）由平均数时间序列计算序时平均数

平均数时间序列可以由一般平均数或序时平均数组成，因为这两种平均数不尽相同，所以计算其序时平均数时也要依情况分别选用不同的方法。

（1）因为一般平均数时间序列中的分子序列是标志总量，属于时期序列，其分母序列是总体单位总量，属于时点序列，所以计算一般平均数时间序列的序时平均数和相对数时间序列计算方法一样。

（2）由序时平均数时间序列计算序时平均数时，如果序列中各个时期的时间长度相等，则直接按简单算术平均数的公式计算。

$$\bar{a} = \frac{\sum a}{n} \tag{9-15}$$

如果序列中各个时期的时间长度不等，则要以时间长度为权数，用加权算术平均数的公式计算其序时平均数。

$$\bar{a} = \frac{a_1 f_1 + a_2 f_2 + \cdots + a_{n-1} f_{n-1} + a_n f_n}{f_1 + f_{2+} + \cdots + f_{n-1} + f_n} = \frac{\sum af}{\sum f} \tag{9-16}$$

2．平均增减水平

平均增减水平又称平均增减量，用来表明某种现象在较长时期内平均每期增减的绝对量。计算平均增减量的方法有两种：水平法和总和法。

1）水平法

水平法是将各个逐期增减量相加后，除以逐期增减量的个数；或者将累积增减量除以时间序列项数减1。即

$$平均增减量\overline{\Delta a} = \frac{逐期增减量之和}{逐期增减量个数} = \frac{累积增减量}{时间序列项数 -1} \tag{9-17}$$

表 9-3 中某地区 2016—2022 年间电子商务零售额平均增减量为

$$\overline{\Delta a} = \frac{1459.1+2757.3+3802.6+4355.6+4153.8+2524.8}{6}$$
$$= \frac{19053.2}{6}$$
$$= 3175.53（万元）$$

按水平法计算的平均增减量，其实质就是保证以基期水平（a_0）为基础，经过 n 期按每期

平均增减量（$\overline{\Delta a}$）的发展，第 n 期发展水平的理论值与其实际值相等。即满足

$$a_0 + n\overline{\Delta a} = a_n$$

2）总和法

这一计算方法的实质就是，按照平均增减量推算的各期发展水平的理论值总和与各期发展水平的实际值总和相等。即

$$(a_0 + \overline{\Delta a}) + (a_0 + 2\overline{\Delta a}) + \cdots + (a_0 + n\overline{\Delta a}) = a_1 + a_2 + \cdots + a_n$$

$$na_0 + \overline{\Delta a}(1 + 2 + \cdots + n) = \sum a_i$$

$$\overline{\Delta a}(1 + 2 + \cdots + n) = \sum (a_i - a_0)$$

$$\overline{\Delta a} = \frac{2\sum(a_i - a_0)}{n(n+1)} \tag{9-18}$$

式（9-18）就是总和法求平均增减量的计算公式。若按总和法计算，则某地区 2016—2022 年间电子商务零售额（见表 9-3）的平均增减量为

$$\overline{\Delta a} = \frac{2 \times (1459.1 + 4216.4 + 8019.0 + 12374.6 + 16528.4 + 19053.2)}{6 \times (6+1)} = 2935.75 \text{（万元）}$$

根据同一资料，应用水平法和总和法计算平均增减量会存在一定的差异，这是由于两种方法的理论依据、计算方法和侧重面不同，有不同的应用场合。具体选择哪种方法，取决于被研究现象的性质特点及分析目的和要求。

在实际统计工作中，还常计算年距增减水平。该指标可以消除季节变动的影响，反映本期发展水平比去年同期发展水平的增减绝对量。

$$\text{年距增减水平} = \text{本期发展水平} - \text{去年同期发展水平} \tag{9-19}$$

9.3 发展速度指标

发展速度指标可以用来比较及分析某种社会经济现象在不同发展阶段或不同地区、部门、国家之间的发展变化程度，也可以作为编制和检查国民经济计划的参考，是一种广泛应用的动态分析指标。

9.3.1 发展速度和增减速度

1. 发展速度

发展速度是以相对数形式表示的两个不同时期发展水平的比值，表明报告期水平已发展到基期水平的几分之几或几倍。计算公式为

$$\text{发展速度} = \frac{\text{报告期水平}}{\text{基期水平}} \tag{9-20}$$

由于基期选择的不同，发展速度有定基发展速度、环比发展速度之分。

1）定基发展速度

定基发展速度是报告期水平与某一固定时期水平（通常是最初水平）的比值，即

$$\frac{a_1}{a_0}, \ \frac{a_2}{a_0}, \ \frac{a_3}{a_0}, \ \ldots, \ \frac{a_n}{a_0} \tag{9-21}$$

它说明社会经济现象相对于某个基础水平，在一定时期内总的发展速度。

2）环比发展速度

环比发展速度是报告期水平与其前一期水平的比值，即

$$\frac{a_1}{a_0},\ \frac{a_2}{a_1},\ \frac{a_3}{a_2},\ \dots,\ \frac{a_n}{a_{n-1}} \tag{9-22}$$

它说明社会经济现象相邻两个时期（逐期）发展变化的程度。

不难看出，定基发展速度与环比发展速度存在以下关系：

（1）定基发展速度等于相应时期内各环比发展速度的连乘积。即

$$\frac{a_1}{a_0}\cdot\frac{a_2}{a_1}\cdot\frac{a_3}{a_2}\cdot\dots\cdot\frac{a_n}{a_{n-1}}=\frac{a_n}{a_0}$$

（2）两个相邻时期定基发展速度的比率等于相应时期的环比发展速度。即

$$\frac{a_i}{a_0}\div\frac{a_{i-1}}{a_0}=\frac{a_i}{a_{i-1}}$$

此外，年距发展速度也是一类重要发展速度核算方法，它类似于年距发展水平指标，用公式表示为

$$年距发展速度=\frac{本期发展水平}{上年同期发展水平} \tag{9-23}$$

它能消除季节变动的影响，表示本期发展水平相对于上年同期发展水平变化的方向与程度，是实际统计分析中经常应用的指标。

2．增减速度

增减速度是根据增减量与其基期水平之比求得的相对指标，表明社会经济现象的增减程度。其计算公式为

$$增减速度=\frac{增减量}{基期水平}=\frac{报告期水平-基期水平}{基期水平}=\frac{报告期水平}{基期水平}-1$$

亦即　　　　　　　　　　　增减速度=发展速度−1（或%）　　　　　　　　（9-24）

发展速度说明报告期水平增加到基期水平的多少倍或百分之几，包括基期水平；增减速度则说明报告期水平比基期水平增加了或减少了多少倍或百分之几，不包括基期水平，是指净增加（或减少）的倍数或百分比。发展速度没有正负之分，增减速度则有正负之分。增减速度若为正值，则表示现象的增长程度，即增长率；若为负值，则表示现象的降低程度，即降低率。

由于采用基期的不同，增减速度分为定基增减速度、环比增减速度。

1）定基增减速度

定基增减速度说明现象在较长时期内总的增减程度，可用如下公式表示：

$$定基增减速度=\frac{累积增减量}{最初水平}=定基发展速度-1（或100\%） \tag{9-25}$$

2）环比增减速度

环比增减速度表示现象的逐期增减程度，可用如下公式表示：

$$环比增减速度=\frac{逐期增减量}{前一期的水平}=环比发展速度-1（或100\%） \tag{9-26}$$

3）年距增减速度

在实际统计工作中，为了消除季节变动的影响，可计算年距增减速度，用以说明现象年距增减量与去年同期水平相比而达到的相对增减的方向和程度。

$$年距增减速度 = \frac{年距增减量}{去年同期发展水平} = 年距发展速度 - 1（或100\%） \qquad (9\text{-}27)$$

4）增减 1% 的绝对值

为了反映增减速度的实际效果，可计算每增减 1% 的绝对值指标，它是将现象速度与水平结合起来进行分析的一个指标，用绝对数表示。计算公式如下：

$$增减1\%的绝对值 = \frac{逐期增减量}{环比增减速度 \times 100} = \frac{逐期增减量}{\dfrac{逐期增减量}{前一期水平} \times 100} = \frac{前一期水平}{100} \qquad (9\text{-}28)$$

以中国某地区 1960—2020 年钢产量时间序列为例，说明上述各种速度指标的计算，如表 9-10 所示。

表 9-10　中国某地区 1960—2020 年钢产量速度指标

年份		1960 年	1970 年	1980 年	1990 年	2010 年	2020 年
发展水平（万吨）		135.0	1223.0	3178.0	3712.0	4679.0	6604.0
发展速度（%）	定基	100.0	905.9	2354.1	2749.6	3465.9	4891.9
	环比		905.9	259.9	275.0	126.1	141.1
增长速度（%）	定基		805.9	2254.1	2649.6	3365.9	4791.9
	环比		805.9	159.9	175.0	26.1	41.1
增长 1% 的绝对值（万吨）			1.35	12.23	31.78	37.12	46.79

9.3.2　平均发展速度和平均增减速度

1．平均发展速度和平均增减速度的概念

平均发展速度是现象各期环比发展速度的平均数，它表明现象在一个较长时期内，平均单位时间发展变化的程度。

平均增减速度是现象各期环比增减速度的平均数，它表明现象在一个较长时期内，平均单位时间增减的程度。平均增减速度虽是各期环比增减速度的平均数，但它不能直接由各期环比增减速度计算，而是由平均发展速度减 1 或 100% 求得。平均增减速度有正负之分，正值表示平均增长的程度，负值表示平均下降的程度。

2．平均发展速度的计算

由于平均增减速度可以由平均发展速度减 1 求得，所以关键问题是如何计算平均发展速度。如前所述，平均发展速度是环比发展速度的平均数，但由于环比发展速度是反映现象在不同时间上发展变动的动态相对数，各个环比发展速度相加没有意义，因此平均发展速度不是各环比发展速度的算术平均数。在实际工作中，计算平均发展速度通常有两种方法：几何法和方程式法。

1）几何法

几何法又叫水平法。平均发展速度是各个环比发展速度的平均数，而各个时期环比发展速

度形成总的发展速度不是相加而得的，而是相乘而得的，即总的发展速度等于各年环比发展速度的连乘积，所以不能用算术平均法，要用几何平均法，其计算公式为

$$\overline{x} = \sqrt[n]{x_1 x_2 x_3 \cdots x_n} = \sqrt[n]{\prod x} \qquad (9\text{-}29)$$

式中，$\overline{x}$ 表示平均发展速度；x_i 表示各个环比发展速度；n 表示环比发展速度的次数或个数。

由于各年环比发展速度的连乘积等于最后一年的定基发展速度，所以式（9-29）又可简化为

$$\overline{x} = \sqrt[n]{\frac{a_1}{a_0} \frac{a_2}{a_1} \frac{a_3}{a_2} \cdots \frac{a_n}{a_{n-1}}} = \sqrt[n]{\frac{a_n}{a_0}} \qquad (9\text{-}30)$$

上述两个式子可以根据所掌握的资料不同有选择地使用。如果只有各期的环比发展速度资料，可用式（9-29）计算；如果所掌握的资料是最末一年的定基发展速度资料，可用式（9-30）计算。

【例 9-7】某市 2015—2020 年的农业总产值资料如表 9-11 所示，计算该市 2015—2020 年的平均发展速度。

表 9-11　某市 2015—2020 年的农业总产值资料

年份	2015 年	2016 年	2017 年	2018 年	2019 年	2020 年
农业总产值（万元）	381	410	440	505	538	585

解：（1）根据最初水平和最末水平计算。

$$\overline{x} = \sqrt[n]{\frac{a_n}{a_0}} = \sqrt[5]{\frac{585}{381}} = \sqrt[5]{1.535} = 1.090 \text{（或 109.0\%）}$$

（2）根据各期环比发展速度计算。

$$\overline{x} = \sqrt[n]{x_1 x_2 x_3 \cdots x_n} = \sqrt[5]{1.076 \times 1.073 \times 1.148 \times 1.065 \times 1.087}$$
$$= \sqrt[5]{1.535} = 1.090 \text{（或 109.0\%）}$$

2）方程式法

方程式法又叫累计法，其基本要求是从最初水平（a_0）出发，各期均按平均速度发展，n 期后计算的各期水平之和应等于实际的各期水平之和。可见方程式法计算平均发展速度，主要是用来反映研究期内各年累计发展水平的变化程度。

根据平均数的数学性质，我们可以得出下列方程式

$$a_0 \overline{x} + a_0 \overline{x}^2 + \cdots + a_0 \overline{x}^n = a_1 + a_2 + \cdots + a_n$$
$$\overline{x} + \overline{x}^2 + \cdots + \overline{x}^n = \frac{a_1 + a_2 + \cdots + a_n}{a_0}$$
$$\overline{x} + \overline{x}^2 + \cdots + \overline{x}^n - \frac{\sum\limits_{i=1}^{n} a}{a_0} = 0 \qquad (9\text{-}31)$$

这个方程的正值就是平均发展速度，但要求解这个高次方程比较困难，在实际工作中可采用查表求解，利用方程式法平均发展速度（或平均增减速度）查对表，查得平均发展速度和平均增长速度。

5 年间方程式法平均发展速度查对简表如表 9-12 所示。

表9-12　5年间方程式法平均发展速度查对简表

平均年发展速度（%）$\bar{x}$	5年发展水平总和与基期的比（%）$\sum \dfrac{a}{a_0}$	平均年发展速度（%）$\bar{x}$	5年发展水平总和与基期的比（%）$\sum \dfrac{a}{a_0}$
101	515.20	108	633.59
102	530.80	109	652.33
103	546.84	110	671.56
104	563.31	111	691.27
105	580.19	112	711.51
106	597.54	113	732.28
107	615.33	114	753.53

【例 9-8】 某绿色智能制造工厂 2015 年基本建设的投资额为 6000 万元，"十三五"期间（2016—2020 年）的投资额分别为 6300 万元、6700 万元、6800 万元、7000 万元和 8500 万元，计算该绿色智能制造工厂"十三五"期间基本建设投资额的每年平均递增速度。

解：（1）计算 5 年的投资额之和与基期（2015 年）的发展水平之比。

$$\frac{\sum a}{a_0} = \frac{6300 + 6700 + 6800 + 7000 + 8500}{6000} = \frac{35300}{6000} = 588.33\%$$

（2）判断是递增速度还是递减速度。

$$\frac{\sum \dfrac{a}{a_0}}{n} = \frac{588.33\%}{5} = 117.67\% > 100\%$$

故在查对表中的递增部分查 $\bar{x}$。

（3）查表。在表中 588.33% 介于 580.19% 与 597.54% 之间。则 $\bar{x}$ 必在 105% 与 106% 之间。其确切的数值可用插值法求得，即

$$\bar{x} = 105\% + \frac{(588.33\% - 580.19\%) \times (106\% - 105\%)}{597.54\% - 580.19\%} = 105.47\%$$

计算结果表明，该绿色智能制造工厂"十三五"期间基本建设投资额每年平均递增 5.47%。

9.3.3　应用平均速度指标应注意的问题

1. 平均速度指标计算方法的选择要考虑研究目的和研究对象的性质特征

平均速度的计算问题实质上就是如何计算平均发展速度的问题。在平均发展速度的两种基本算法中，几何法侧重于考察现象最末期的发展水平，该方法计算的定基发展速度与实际资料最末期的定基发展速度一致；而方程式法侧重于考察现象的整个发展过程，该方法计算的各期定基发展速度的总和与实际资料各期定基发展速度的总和一致。由于两种方法的计算原理不同，对于同一种资料，计算结果会有所差异。另外，两种方法适用的数据特性也不同，方程式法对现象各期发展水平之和进行研究，只适用于时期序列；几何法对现象的最末水平进行研究，既适用于时期序列也适用于时点序列。根据研究对象的性质特点和数据特点，对于要着重考察各期总和的指标，如投资额、造林面积等，宜采用方程式法计算；对于要考察最末期水平的指标，如人口、产量等，采用几何法较为合适。

2. 几何法的应用要与具体的环比速度分析相结合

几何法是计算平均发展速度的常用方法，但其计算过程只考虑现象的最末水平与最初水

平而舍弃了中间各期水平差异造成的影响。如果最末水平与最初水平过高或过低，或者中间各期水平波动很大，则会影响平均速度的代表性甚至使它失去意义。因此，运用几何法要注意各期水平的波动状况，用具体的环比发展速度补充总平均发展速度进行分析，这样才能对现象的发展变化过程得出正确而完整的认识。

3．对平均速度指标的分析要充分利用原始时间序列的信息

平均速度指标是一个总括性指标，其计算过程舍弃了现象随时间变化的大量信息。在分析过程中，如果不将这部分信息挖掘出来加以利用，就不能具体深入地反映现象的变化过程及特点。利用原始时间序列信息的可能方法有：利用分段平均发展速度补充说明整个时期的总平均发展速度；利用原始时间序列的发展水平、增长量及计算平均速度所依据的环比速度、定基速度等指标补充说明平均速度本身。

9.4　时间序列的趋势分析与预测

对时间序列的趋势分析与预测，除计算一系列时间序列分析指标，并通过这些指标研究现象的发展规律外，还需要对影响序列变化的各种因素、不同序列之间的变动关系等进一步进行分析，主要包括对长期趋势变动的分析与预测、季节变动的分析与预测、相互联系现象变动关系的分析等。本节主要介绍长期趋势变动的测定及预测模型、季节变动的测定及预测模型。

9.4.1　时间序列变动因素的分解

时间序列的变动是多种不同因素共同影响、综合作用的结果，各种因素的性质不同，其作用程度也不同。一般来说，时间序列的总变动可以分解为以下 4 种变动形式。

1．长期趋势变动

长期趋势变动（T）是时间序列变动的基本形式，指时间序列在较长持续期内展现出来的总态势。具体表现为不断增加或减少的基本趋势，也可以表现为只围绕某一常数值波动而无明显增减变化的水平趋势。现象的长期趋势是由其内在的本质因素决定的，这些因素对现象各个时期的发展水平起支配性的决定作用，使它们沿着一个方向持续上升、下降或在原来的水平上起伏波动。

2．季节变动

季节变动（S）是指由于自然季节因素（气候条件）或人文习惯季节因素（节假日）的影响，时间序列随季节更替而呈现的周期性变动。季节变动一般以年为周期，如时令商品的月（季）需求量，某些以农产品为原料的工业产品的月（季）生产量等。在时间序列分析中还经常要处理以月、周、日为周期的变动，如银行的活期储蓄（工资卡）额，发放工资前减少，发放工资后增多，按月呈现周期性；某些旅游景点的游客人数，周末达到高峰，以周为间隔的波动特征显而易见；公共汽车乘客人数一天中几个时段为高峰，另外几个时段为低谷，日复一日，循环不止。这些周期不到一年的规律性变动称为准季节变动，分析方法与季节变动相同，纳入季节变动范畴。

3．循环变动

循环变动（C）是指时间序列中出现以若干年为周期、上升与下降交替出现的循环往复运

动。经济增长中繁荣–衰退–萧条–复苏–繁荣的循环也称商业周期，是较常见的循环变动。另外，某些固定资产或耐用消费品周期性更新导致的需求量变动，某些农产品的生产量因供给对市场价格变化反应的滞后而出现的循环性起伏变动，也是循环变动的典型例子。

季节变动和循环变动都表现为涨落相间的循环波动，但二者是本质截然不同的两种波动形式，应当注意识别。从周期的规律性来说，季节变动有固定周期，如年、月、周、日；循环变动的周期都在一年以上，规律性较低，一般研究其平均周期。从波动的成因来说，季节变动主要由自然因素和制度性因素引起；循环变动则是由经济系统内部的因素引起，如投资的周期性波动导致经济总量增长出现周期性波动。

4. 不规则变动

不规则变动（I）是指除上述各种变动以外，现象因临时的、偶然的因素而引起的随机变动，这种变动无规则可循，是无法预知的。例如，地震、水灾、旱灾等所引起的变动。从长期来看，某些偶然影响是可以相互抵消一部分的。

对于以上4种变动形式的结合，可以用两种模式来描述，即加法模式和乘法模式。

1）加法模式

若4种变动因素是相互独立的关系，时间序列（Y）是各因素相加的总和，则这种结构形式称为加法模式。即

$$Y = T + S + C + I \tag{9-32}$$

式中，Y、T 为总量指标；S、C、I 均是对 T 所产生的偏差，用原始单位表示。

2）乘法模式

若4种变动因素是相互影响、交叉作用的关系，时间序列（Y）是各因素相乘的乘积，则这种结构形式称为乘法模式。即

$$Y = TSCI \tag{9-33}$$

式中，Y、T 为总量指标，用原始单位表示；S、C、I 为比率，用百分数表示。TS 一般称为常态变动，CI 称为剩余变动。

时间序列变动分析的主要任务就是采用科学的分析方法，将受各个因素影响的变动分别测定出来，研究它们的变动规律，为预测未来及进行决策提供依据。

9.4.2 长期趋势变动的测定

测定长期趋势变动，必须对已掌握的较长时期内完整的时间序列资料的变化情况和特点进行理论分析，选择相应的统计分析办法，对时间序列进行加工修正，消除一些非本质因素的偶然影响来揭示现象发展变化的基本趋势，掌握其发展规律，为编制计划、指导生产、加强管理和预测决策提供依据。

测定长期趋势的办法主要有时距扩大法、序时平均法、移动平均法、分段平均法、最小平方法等。

1. 时距扩大法

有些社会经济现象，因受偶然因素的影响，在时距较短的动态序列中，它的指标数值有起有伏，使发展趋势表现不明显。因此必须把时距扩大，使它的固有规律性呈现出来。

【例 9-9】 某工厂 2020 年各月碳减排情况如表 9-13 所示。试用时距扩大法计算碳减排情况。

表 9-13　某工厂 2020 年各月碳减排情况

月份	1 月	2 月	3 月	4 月	5 月	6 月	7 月	8 月	9 月	10 月	11 月	12 月
碳减排量（万吨）	350	298	312	334	321	340	335	325	345	366	378	354

解： 从上述动态序列可以看出，该商品碳减排情况有上升的发展趋势，但月与月之间有升降交替的现象，趋势并不显著。如果将各月的碳减排资料合并为季度资料，即扩大时距，则可整理出如表 9-14 所示的某工厂 2020 年各季度碳减排情况。

表 9-14　某工厂 2020 年各季度碳减排情况

季度	第一季度	第二季度	第三季度	第四季度
碳减排量（万吨）	960	995	1005	1038

由上例可知，该工厂各月碳减排情况有增有减，看不出碳减排变化的明显趋势，但将时期扩大，并计算各季度碳减排情况后，所得新的时间序列修匀了原有序列受偶然因素影响产生的波动，因此全年碳减排情况逐季度增长的趋势就明显地反映出来。

应用时距扩大法修匀原有序列时，所扩大时间的长短应根据现象发展的具体情况，以能显示现象变动的长期趋势为度。扩大得不够，便不能消除偶然因素的影响；扩大过头，反而会掩盖现象发展变化的趋势。

2．序时平均法

序时平均法是将时期序列的时距扩大，计算扩大时距后各个时间上的序时平均数来编制一个平均数时间序列，用以消除原有序列由于时距较短而受偶然因素和季节因素的影响所引起的波动，使现象趋势更明显地显示出来。我们仍用例 9-9 说明，将表 9-14 的数据按月平均得到表 9-15 所示的某工厂 2020 年各季度月平均碳减排情况。

表 9-15　某工厂 2020 年各季度月平均碳减排情况

季度	第一季度	第二季度	第三季度	第四季度
月平均碳减排量（万吨）	320	332	335	346

此法不仅明显地反映了工厂碳减排情况的上升发展趋势，还可以做短期预测。这种方法既适用于时期序列，也适用于时点序列。

3．移动平均法

移动平均法是按照一定间隙，依次顺序计算时间序列的序时平均数，边移动边平均，形成一个序时平均数时间序列，据以测定长期趋势的方法。移动平均法有多种形式，本节介绍简单移动平均法和加权移动平均法。

1）简单移动平均法

简单移动平均法是用于测定时间序列长期趋势的移动平均法，也称中间移动平均法，指计算的移动平均数必须代表移动平均中项的趋势测定值。当移动平均的项数取奇数、偶数的不同形式时，中心数的处理方式是不同的，所以移动平均法有奇数项移动平均法和偶数项移动平均法之分。

设 $a_1, a_2, a_3, \cdots, a_n$ 代表不同月份的销售额，$\overline{a}_i$ 代表移动平均后的销售额，N 代表移动的项数。

（1）当 N 为奇数时，计算公式如下。

$$\overline{a}_i = \frac{1}{N}\left(a_{i-\frac{N-1}{2}} + \cdots + a_{i-1} + a_i + a_{i+1} + \cdots + a_{i+\frac{N-1}{2}}\right) \tag{9-34}$$

式中，$i = \dfrac{N+1}{2}, \dfrac{N+1}{2}+1, \cdots, \dfrac{N+1}{2}+(n-N)$。

（2）当 N 为偶数时，计算公式如下。

$$\overline{a}_i = \frac{1}{N}\left(\frac{1}{2}a_{i-\frac{N}{2}} + a_{i-\left(\frac{N}{2}-1\right)} + \cdots + a_{i-1} + a_i + a_{i+1} + \cdots + a_{i+\left(\frac{N}{2}-1\right)} + \frac{1}{2}a_{i+\frac{N}{2}}\right) \tag{9-35}$$

式中，$i = \dfrac{N}{2}+1, \ \dfrac{N}{2}+2, \ \cdots, \ \dfrac{N}{2}+(n-N)$。

【例 9-10】 现以表 9-16 所示的某工厂 2020 年各月碳排放量平均数的计算为例说明移动平均数的计算方法和应用。

表 9-16 某工厂 2020 年各月碳排放量平均数的计算

月份	碳排放量（万吨）	三项移动平均	五项移动平均	四项移动平均
1 月	33	—		
2 月	34	34.7		
3 月	37	35.0	35.8	35.500
4 月	34	37.3	38.0	37.750
5 月	41	39.7	41.2	40.625
6 月	44	45.0	43.0	43.750
7 月	50	46.7	45.6	46.000
8 月	46	47.7	47.8	47.750
9 月	47	48.3	48.0	48.125
10 月	52	48.0	49.0	48.625
11 月	45	50.7	—	
12 月	55	—		

解：采用三项移动平均，计算可得

$$\overline{a_2} = \frac{a_1 + a_2 + a_3}{3} = \frac{33 + 34 + 37}{3} = 34.7$$

$$\overline{a_3} = \frac{a_2 + a_3 + a_4}{3} = \frac{34 + 37 + 34}{3} = 35$$

$$\vdots$$

$$\overline{a_{11}} = \frac{a_{10} + a_{11} + a_{12}}{3} = \frac{52 + 45 + 55}{3} = 50.7$$

同理计算可得五项移动平均。

采用四项移动平均，计算可得

$$\overline{a_3} = \frac{1}{4}\left(\frac{1}{2}a_1 + a_2 + a_3 + a_4 + \frac{1}{2}a_5\right) = \frac{1}{4} \times \left(\frac{1}{2} \times 33 + 34 + 37 + 34 + \frac{1}{2} \times 41\right) = 35.5$$

$$\overline{a}_4 = \frac{1}{4}\left(\frac{1}{2}a_2 + a_3 + a_4 + a_5 + \frac{1}{2}a_6\right) = \frac{1}{4} \times \left(\frac{1}{2} \times 34 + 37 + 34 + 41 + \frac{1}{2} \times 44\right) = 37.75$$

$$\vdots$$

$$\overline{a}_{10} = \frac{1}{4}\left(\frac{1}{2}a_8 + a_9 + a_{10} + a_{11} + \frac{1}{2}a_{12}\right) = \frac{1}{4} \times \left(\frac{1}{2} \times 46 + 47 + 52 + 45 + \frac{1}{2} \times 55\right) = 48.625$$

2）加权移动平均法

加权移动平均法是对各期指标值进行加权后计算移动平均数的。在中心化移动平均中，移动平均数代表移动平均中项时期的长期趋势值。因此，在加权移动平均法中，一般计算奇数项加权移动数，各期权数以二项展开式为计算基础，使中项时期指标值的权数最大，两边对称，逐期减小。

设奇数项加权移动平均的项数为 N，取 $N-1$ 次二项展开式的系数作为权数，计算时间序列中对应指标值的加权平均数。例如，对于 $N = 3$，应以 $(m+n)^2 = m^2 + 2mn + n^2$ 的系数 1、2、1 进行加权，可得

$$\overline{a}_t = \frac{a_{t-1} + 2a_t + a_{t+1}}{4} \tag{9-36}$$

式中，$\overline{a}_t$ 代表中项时期的加权移动平均数；$t = 2, 3, \cdots, n-1$。

例如，$\overline{a}_2 = \dfrac{a_1 + 2a_2 + a_3}{4}$、$\overline{a}_3 = \dfrac{a_2 + 2a_3 + a_4}{4}$ 分别是时间序列中第 2 期和第 3 期的 3 项加权移动平均数，代表相应时期的长期趋势值。

又如，对于 $N=5$，应以 $(m+n)^4 = m^4 + 4m^3n + 6m^2n^2 + 4mn^3 + n^4$ 的系数 1、4、6、4、1 进行加权，可得

$$\overline{a}_t = \frac{a_{t-2} + 4a_{t-1} + 6a_t + 4a_{t+1} + a_{t+2}}{16} \tag{9-37}$$

式中，$\overline{a}_t$ 的含义同前；$t = 3, 4, \cdots, n-2$。

其中，$\overline{a}_3 = \dfrac{a_2 + 4a_2 + 6a_3 + 4a_4 + a_5}{16}$、$\overline{a}_4 = \dfrac{a_2 + 4a_3 + 6a_4 + 4a_5 + a_6}{16}$ 分别是时间序列中第 3 期和第 4 期的 5 项加权移动平均数。

对于其他奇数项加权平均数，可类推计算。当 N 较大时，上述加权移动平均计算显得复杂。

【例 9-11】 表 9-17 第 2 栏是某地区 2007—2021 年各年碳减排量总数，要求测定该序列的长期趋势。

解：该序列存在两个较大的起伏波动，故分别采用式（9-36）和式（9-37）进行 $N = 3$ 和 $N = 5$ 的加权移动平均数计算，结果列于表 9-17 中第 3 栏和第 4 栏。

表 9-17 某地区碳减排量的加权移动平均数

年份	碳减排量（万吨）	移动平均数（$M_{wt}^{(1)}$）	
		$N=3$	$N=5$
2007 年	1072	—	—
2008 年	1124	1195.0	—
2009 年	1460	1324.5	1296.00
2010 年	1254	1340.0	1348.25

续表

年份	碳减排量（万吨）	移动平均数（$M_{wt}^{(1)}$）	
		N=3	N=5
2011 年	1392	1388.5	1414.75
2012 年	1516	1542.0	1542.50
2013 年	1744	1697.5	1678.75
2014 年	1786	1778.0	1774.50
2015 年	1796	1844.5	1861.88
2016 年	2000	1980.5	1985.50
2017 年	2126	2136.5	2129.88
2018 年	2294	2266.0	2233.63
2019 年	2350	2266.0	2236.63
2020 年	2070	2148.5	—
2021 年	2104	—	—

可以看出，这两个加权移动平均序列都能显示原时间序列的长期趋势，但 $N=5$ 的效果更好。

4. 分段平均法

分段平均法又称半数平均法，是修匀时间序列、观察其发展趋势的一种简便方法。它适用于直线趋势（现象各期的增长量大致相同，现象呈直线趋势），将时间序列的时间因素当作自变量，而将依时间变动的各指标数值当作因变量。首先将时间序列分成项数相等的两部分；然后求这两部分自变量与因变量的算术平均数，组成直线的两个点；再将这两个点代入两点式直线方程；最后运用趋势方程算出计算期内各期经济指标的趋势值或理论值，以观察时间序列发展变动的趋势。

设时间因素为自变量 t，相应的经济指标为因变量 y，序列的项数为 n，前半部分的平均数为 $\overline{t_1}$、$\overline{y_1}$，后半部分的平均数为 $\overline{t_2}$、$\overline{y_2}$。

将计算结果代入两点式直线方程，得

$$\frac{\hat{y}-\overline{y_1}}{\overline{y_2}-\overline{y_1}}=\frac{t-\overline{t_1}}{\overline{t_2}-\overline{t_1}} \tag{9-38}$$

式中，$\hat{y}$ 表示趋势值。

将两点式直线方程（9-38）化成斜截式直线方程，即为所求趋势方程。将各期的时间顺序代入直线方程，即可求出各期的趋势值。

【例 9-12】某地区 2009—2021 年光伏发电量资料如表 9-18 所示。因该序列的项数为 13，可将中间一年即 2015 年删去，将年份分为前后两部分，按照上述分段平均法的步骤拟合直线，并计算其趋势值。

表 9-18 某地区 2009—2021 年光伏发电量资料

年份	2009 年	2010 年	2011 年	2012 年	2013 年	2014 年	2015 年	2016 年	2017 年	2018 年	2019 年	2020 年	2021 年
序号 t	0	1	2	3	4	5	6	7	8	9	10	11	12
光伏发电量 y（万千瓦时）	50.0	57.4	60.9	60.0	65.0	69.1	72.8	74.5	76.7	77.3	79.9	81.3	82.3
趋势值 $\hat{y}$	53.9	56.5	59.1	61.7	64.3	66.9	—	72.1	74.7	77.3	79.9	82.5	85.1

解：由表 9-18 可得 2009—2014 年及 2016—2021 年的平均数如下：

$$\overline{t_1} = \frac{0+1+2+3+4+5}{6} = 2.5, \quad \overline{y_1} = \frac{50.0+57.4+60.9+60.0+65.0+69.1}{6} = 60.4$$

$$\overline{t_1} = \frac{7+8+9+10+11+12}{6} = 9.5, \quad \overline{y_2} = \frac{74.5+76.7+77.3+79.9+81.3+82.3}{6} = 78.7$$

将计算结果代入两点式直线方程（9-38），得

$$\frac{\hat{y}-60.4}{60.4-78.7} = \frac{t-2.5}{2.5-9.5}$$

移项整理后得

$$\hat{y} = 53.9 + 2.6t$$

将表 9-18 中的 t 值依次代入方程，即可得各个趋势值。

5．最小平方法

最小平方法又称最小二乘法，它是分析长期趋势较常用的方法。其基本思想是，通过对原序列进行数学处理，拟合出比较理想的趋势直线或趋势曲线，使原序列各数据与趋势线的垂直距离的离差平方和最小。

这个方法既可以拟合直线，也可以拟合曲线，必须根据被研究现象的发展变化情况，以及原序列反映出来的现象变动的特点，经细致研究分析之后，才能确定配合直线或曲线趋势。在实际工作中常根据原序列的资料，先在直角坐标系中绘制散点图，然后根据散点图中所表现的特征，判断选择直线或曲线的方法。

1）直线趋势

对于具有简单直线关系的时间序列而言，需要建立的直线趋势方程为

$$\hat{y} = a + bt \tag{9-39}$$

式中，a、b 为两个需要求解的参数；t 为已知时间单位的顺序值；$\hat{y}$ 为需要计算的趋势值或估计值。

根据直线趋势中较常用的最小二乘法的基本原理，求解直线趋势方程中的待定参数 a、b，必须满足多个趋势值 $\hat{y}$ 与原有序列观察值 y（y 是已知数值）之间的离差平方和为最小值的条件，即 $\sum(y-\hat{y})^2 = \sum(y-a-bt)^2 =$ 最小值。

在满足上述条件下，可得到求解待定参数 a、b 的联立方程式：

$$\sum y = na + b\sum t$$
$$\sum ty = a\sum t + b\sum t^2$$

求解上述方程式，可得

$$b = \frac{\sum ty - \frac{1}{n}\left(\sum t\right)\left(\sum y\right)}{\sum t^2 - \frac{1}{n}\left(\sum t\right)^2}, \quad a = \overline{y} - b\overline{t} \tag{9-40}$$

【例 9-13】 某地 2016—2021 年风力发电量资料如表 9-19 所示，用最小二乘法建立直线趋势方程，并测定该地区粮食产量的长期趋势。

表 9-19　某地 2016—2021 年风力发电量资料（t 值以年为单位）

年份	t	y（万千瓦时）	t^2	ty
2016 年	1	85.6	1	85.6
2017 年	2	91.0	4	182.0
2018 年	3	96.1	9	288.3
2019 年	4	101.2	16	404.8
2020 年	5	107.0	25	535.0
2021 年	6	112.2	36	673.2
合计	21	593.1	91	2168.9

解： 根据式（9-40），求解得

$$b = \frac{2168.9 - \frac{1}{6} \times 21 \times 593.1}{91 - \frac{1}{6} \times (21)^2} = 5.32$$

$$a = \frac{593.1}{6} - \frac{5.32 \times 21}{6} = 80.23$$

所以，建立直线趋势方程式：$y_c = a + bt = 80.23 + 5.32t$。

将各年代码依次代入直线趋势方程，即可得一系列趋势值。

必须指出，将时间的年份采用代码还有一个重要的作用，即 $t=0$ 时，表明这一年是直线趋势方程的原点，本例中，$y_0 = 80.23 + 5.32t$ 的原点是在 2015 年。

趋势方程原点的移动给计算带来了很大方便。通常，当时间序列为奇数项时，可将中间项的一年作为原点，t 值分别为…，-3，-2，-1，0，1，2，3，…，从而 $\sum t = 0$。于是有

$$u = \frac{\sum y}{n}, \quad b = \frac{\sum ty}{\sum t^2} \tag{9-41}$$

当时间序列为偶数项时，可将原点定在中间两年之间，t 值以半年为单位。就例 9-13 而言，介绍偶数项动态列以中间项为原点的计算方法。某地 2016—2021 年风力发电量资料如表 9-20 所示。原点（$t=0$）在 2018 年和 2019 年之间，t 值以半年为单位。

表 9-20　某地 2016—2021 年风力发电量资料（t 值以半年为单位）

年份	t	y（万千瓦时）	t^2	ty
2016 年	-5	85.6	25	-428.0
2017 年	-3	91.0	9	-273.0
2018 年	-1	96.1	1	-96.1
2019 年	1	101.2	1	101.2
2020 年	3	107.0	9	321.0
2021 年	5	112.2	25	561.9
合计	0	593.1	70	186.1

由式（9-41）可得　　　　　　　　$a = 98.85, \quad b = 2.66$

建立的直线趋势方程式为

$$y_c = a + bt = 98.85 + 2.66t$$

现在可以利用所配合的直线趋势方程 $y_c = a + bt$ 进行同类现象的趋势预测。任何预测方法都有一个前提条件：假定现在的变动趋势会延续到所预测的未来，也就是允许这种趋势向未来外推，就例 9-13 来预测 2022 年的风力发电量。

$$y_c = 98.85 + 2.66 \times 7 = 117.47 \text{（万千瓦时）}$$

2）曲线趋势

社会经济现象的发生变化趋势并不总是直线趋势，有时也呈曲线变动趋势。曲线有各种不同的形态，测定长期趋势时比较常用的有二次抛物线曲线和指数曲线。

（1）二次抛物线曲线。

拟合二次抛物线的方程式为

$$y_c = a + bt + ct^2 \tag{9-42}$$

式中，a、b、c 为 3 个待定参数，其计算过程比较复杂，我们可以通过 SPSS 求解。

（2）指数曲线。

指数曲线的标准方程为

$$y_c = ab^t \tag{9-43}$$

式中，a 和 b 是待定参数，其计算过程比较复杂，我们可以通过 SPSS 求解。

9.4.3　季节变动的测定

研究季节变动的目的，在于掌握现象随季节变换而变动的规律性，以便预测未来、做出决策和采取措施。测定季节变动的主要方法是计算季节比率，以反映季节变动的规律性。季节比率高说明是"旺季"，反之说明是"淡季"。计算季节比率通常有两种方法：按月（季）平均法和长期趋势剔除法。

1. 按月（季）平均法

这种方法直接用原始时间序列进行计算，不考虑长期趋势的影响。为了较准确地测定季节变动的情况，要用 3 年以上的发展水平资料加以平均分析。其计算步骤如下：

（1）根据历年各月（季）资料计算各年同月（季）的平均数。

（2）计算各年所有月（季）的平均数。

（3）计算各月（季）季节指数，公式为

$$\text{月（季）季节指数} = \frac{\text{各年同月（季）平均数}}{\text{月（季）总平均}} \tag{9-44}$$

应注意的是，各月季节指数之和理论上应等于 1200%，各季度季节指数之和理论上应等于 400%，但在实际中，由于计算过程中小数误差的原因或四舍五入的原因会致使其不相等，如果有误差，则可利用调整系数来调整季节指数。月（季）调整指数公式为

$$\text{月（季）调整指数} = \frac{1200\%\text{（或}400\%\text{）}}{\text{月（季）季节指数}} \tag{9-45}$$

【例 9-14】　某绿色智能制造工厂 2018—2020 年产品销售资料如表 9-21 所示，计算各月的季节比率。

表 9-21　绿色智能制造工厂 2018—2020 年产品销售资料

序号	2018 年（吨）	2019 年（吨）	2020 年（吨）	月平均数（吨）	季节比率（%）	
	(1)	(2)	(3)	$(4) = \dfrac{(1)+(2)+(3)}{3}$	(5) 调整前	(6) 调整后
1	52	58	68	59.33	116.94	117.00
2	52	54	70	58.67	114.34	114.40

序号	2018 年（吨）(1)	2019 年（吨）(2)	2020 年（吨）(3)	月平均数（吨）$(4)=\dfrac{(1)+(2)+(3)}{3}$	季节比率（%）(5) 调整前	季节比率（%）(6) 调整后
3	50	58	64	57.33	111.73	111.79
4	48	54	62	54.67	106.55	106.60
5	44	48	56	49.33	96.14	96.19
6	42	44	48	44.67	87.06	87.10
7	36	38	44	39.33	76.65	76.69
8	32	36	40	36.00	70.16	70.20
9	37	42	46	41.67	81.21	81.25
10	46	54	58	52.67	102.15	102.20
11	50	56	60	55.33	107.83	107.88
12	58	64	76	66.00	128.63	128.70
合计	547	606	692	51.31	1199.39	1200.00
年平均值	45.58	50.50	57.67			

解：根据表 9-21 可得

$$1\text{ 月的季节比率}=\frac{59.33}{51.31}\times100\%=115.63\%$$

$$2\text{ 月的季节比率}=\frac{58.67}{51.31}\times100\%=114.34\%$$

其余各月的季节比率计算方法同上，具体数值见表 9-21 第（6）列。

季节比率计算完成后，如果各月的季节比率之和不等于 1200%（400%）（由计算过程中四舍五入造成），应进行调整，其具体调整方法是求调整系数。

$$\text{调整系数}=\frac{1200\%}{1199.39\%}=1.00051$$

用调整系数乘以原季节比率得出各月调整后的季节比率，见表 9-21 第（6）列。

月（季）平均法的优点是计算简单、容易理解；缺点是所得季节比率不够精确，即在计算时没有考虑长期趋势的影响，如果存在长期趋势且趋势上升较剧烈，会造成月平均数中、后期数值较前期数值有较大的影响。为了弥补该缺点，可先剔除长期趋势，再测定季节比率。

2．长期趋势剔除法

长期趋势剔除法是指如果现象在长期发展变化中具有明显的上升或下降趋势，应先从序列中消除长期趋势，再测定其季节变动的方法，计算步骤如下：

（1）根据各年的按月资料（Y_t）计算 12 个月的移动平均数作为趋势值（T）。

（2）将实际观察值除以趋势值 $\dfrac{Y}{T}$。

（3）将 $\dfrac{Y}{T}$ 按月排列并求其季节比率。

（4）若各月季节比率之和不等于 1200%，则可采用前述方法进行调整。

【例 9-15】 某商场空调器销售量用长期趋势剔除法测定季节变动情况。

解：计算过程及结果如表 9-22 所示。

表 9-22　某商场空调器销售量的季节变动测定计算过程及结果

年月①	空调器销售量（台）Y_t②	移动平均数 T_t③	$M_t = \dfrac{Y_t}{T_t}$ ④	M_t 的同月平均数 S_t ⑤	季节比率 S_t^*⑥
2019.1	6				
2019.2	5				
2019.3	12				
2019.4	15				
2019.5	30				
2019.6	95				
2019.7	121	34.9583	3.4613	3.6042	3.6107
2019.8	56	35.2917	1.5868	1.5106	1.5133
2019.9	42	35.9583	1.1680	1.1153	1.1173
2019.10	18	37.6250	0.4784	0.4562	0.4570
2019.11	9	40.000	0.2250	0.2618	0.2622
2019.12	8	41.3750	0.1934	0.2333	0.2337
2020.1	11	44.5833	0.2467	0.2287	0.2291
2020.2	8	48.4583	0.1651	0.1928	0.1931
2020.3	25	49.8333	0.5017	0.5012	0.5021
2020.4	42	50.6250	0.8296	0.7787	0.7801
2020.5	60	51.1250	1.1736	1.1778	1.1799
2020.6	98	51.7083	1.8952	1.9168	1.9203
2020.7	195	52.0417	3.7470	$\bar{S} = 0.9982$	$\sum S_t^* = 12$
2020.8	75	52.2917	1.4343		
2020.9	56	52.7083	1.0625		
2020.10	23	53.000	0.4340		
2020.11	16	53.5833	0.2986		
2020.12	15	54.9167	0.2731		
2021.1	12	56.9583	0.2107		
2021.2	13	58.9584	0.2205		
2021.3	30	59.9166	0.5007		
2021.4	44	60.4583	0.7277		
2021.5	72	60.9166	1.1819		
2021.6	118	60.8750	1.9384		
2021.7	224				
2021.8	94				
2021.9	60				
2021.10	32				
2021.11	18				
2021.12	12				

9.4.4　常用的季节预测模型

利用时间序列资料进行外推预测，在确定年度以下的预测值时，必须考虑季节变动对总变动的影响。而季节性因素影响程度有时是长期稳定的，有时可能有变化，因此季节预测模型有各自不同的方法。常用的季节预测模型有简单季节预测模型和移动平均季节预测模型。

在没有明显的长期趋势，或允许不考虑长期趋势存在的情况下，可应用简单季节预测模型进行外推预测，预测方法有两种。

（1）如果已测得下一年的全年预测值，则各月（季）的预测值等于月（季）平均预测值乘以该月的季节比率。

（2）如果已知下一年头几个月（季）的实际数，则以后各月（季）的预测值等于已知月（季）

的实际数乘以后月（季）季节比率与已知月（季）季节比率的比值。

【例 9-16】 本例应用表 9-21 所示的数据，已知 2021 年 1—3 月销售量为 212 吨，并已预测 2021 年销售量为 716 吨，请预测 2021 年 4 月、5 月的销售量。

解：运用方法（1）预测，得

$$4 月预测值 = \frac{716}{12} \times 106.60\% = 63.60 （吨）$$

$$5 月预测值 = \frac{716}{12} \times 96.19\% = 57.39 （吨）$$

运用方法（2）预测，得

$$4 月预测值 = 212 \times \left(\frac{106.60\%}{117\% + 114.40\% + 111.79\%} \right) = 65.85 （吨）$$

$$5 月预测值 = 212 \times \left(\frac{96.19\%}{117\% + 114.40\% + 111.79\%} \right) = 59.42 （吨）$$

9.5 用 SPSS 做时间序列分析与预测

9.4 节讨论了时间序列的趋势分析与预测问题，本节利用 SPSS 来对时间序列进行长期趋势分析和季节变动分析。

9.5.1 长期趋势分析

1. 以例 9-12 的数据为例，介绍实现步骤

（1）在启动 SPSS，读入数据后，从主菜单 Analyze 开始，依次单击"Analyze"→"Regression"→"Curve Estimation"菜单命令，软件会弹出"Curve Estimation"对话框，如图 9-1 所示。

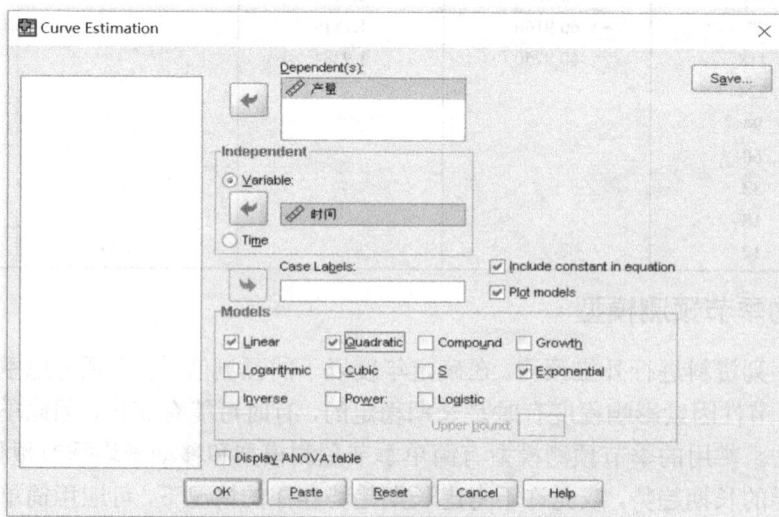

图 9-1 "Curve Estimation" 对话框

（2）将变量"光伏发电量"放入右边"Dependent(s)"列表框中，将"时间"放入"Independent"选区下面的空格中；在"Models"选区内勾选"Linear"（直线）、"Quadratic"（二次曲线）、"Cubic"

（三次曲线）和"Exponential"（指数曲线）复选框。

（3）单击"OK"按钮，即可得到结果。

2．结果及解释

回归方程系数表如表 9-23 所示。

表 9-23　回归方程系数表

Model Summary and Parameter Estimates									
Dependent Variable:产量									
Equation	Model Summary					Parameter Estimates			
	R Square	F	df1	df2	Sig.	Constant	b1	b2	b3
Linear	0.956	237.139	1	11	0.000	51.708	2.582		
Quadratic	0.985	321.417	2	10	0.000	46.959	4.482	−.136	
Cubic	0.985	192.856	3	9	0.000	46.989	4.460	−.132	0.000
Exponential	0.928	142.266	1	11	0.000	52.779	0.038		
The independent variable is 时间.									

由表 9-23 可知，三次曲线回归方程系数 $b_3 = 0$。因此原始数据不能拟合成三次曲线，只能拟合成直线、二次曲线和指数曲线。直线及曲线的拟合方程如下：

直线 $y = 51.708 + 2.582x$。

二次曲线 $y = 46.959 + 4.482x - 0.136x^2$。

指数曲线 $y = 52.779e^{0.038}$。

从输出的结果来看，各个模型的显著性都很强（Sig.值均为 0.000），且二次曲线的拟合优度最高（0.985），可以初步选定二次曲线模型。

9.5.2　季节变动分析

【例 9-17】ADM 公司某产品从 2003 年 9 月至 2015 年 8 月连续 144 个月的月度销售记录如表 9-24 所示，变量为 sales，单位为万元。选定样本期间为 2003 年 9 月至 2015 年 5 月，按时间顺序分别设为 1 至 141。下面运用 SPSS 中的季节性分解模型分析此数据，具体步骤如下。

表 9-24　ADM 公司连续 144 个月的月度销售记录

日期	sales（万元）	日期	sales（万元）	日期	sales（万元）
09/01/2003	112	09/01/2005	145	09/01/2007	196
10/01/2003	118	10/01/2005	150	10/01/2007	196
11/01/2003	132	11/01/2005	178	11/01/2007	236
12/01/2003	129	12/01/2005	163	12/01/2007	235
01/01/2004	121	01/01/2006	172	01/01/2008	229
02/01/2004	135	02/01/2006	178	02/01/2008	243
03/01/2004	148	03/01/2006	199	03/01/2008	264
04/01/2004	148	04/01/2006	199	04/01/2008	272
05/01/2004	136	05/01/2006	184	05/01/2008	237
06/01/2004	119	06/01/2006	162	06/01/2008	211
07/01/2004	104	07/01/2006	146	07/01/2008	180

日期	sales（万元）	日期	sales（万元）	日期	sales（万元）
08/01/2004	118	08/01/2006	166	08/01/2008	201
09/01/2004	115	09/01/2006	171	09/01/2008	204
10/01/2004	126	10/01/2006	180	10/01/2008	188
11/01/2004	141	11/01/2006	193	11/01/2008	235
12/01/2004	135	12/01/2006	181	12/01/2008	227
01/01/2005	125	01/01/2007	183	01/01/2009	234
02/01/2005	149	02/01/2007	218	02/01/2009	264
03/01/2005	170	03/01/2007	230	03/01/2009	302
04/01/2005	170	04/01/2007	242	04/01/2009	293
05/01/2005	158	05/01/2007	209	05/01/2009	259
06/01/2005	133	06/01/2007	191	06/01/2009	229
07/01/2005	114	07/01/2007	172	07/01/2009	203
08/01/2005	140	08/01/2007	194	08/01/2009	229
09/01/2009	242	09/01/2011	315	09/01/2013	360
10/01/2009	233	10/01/2011	301	10/01/2013	342
11/01/2009	267	11/01/2011	356	11/01/2013	406
12/01/2009	269	12/01/2011	348	12/01/2013	396
01/01/2010	270	01/01/2012	355	01/01/2014	420
02/01/2010	315	02/01/2012	422	02/01/2014	472
03/01/2010	364	03/01/2012	465	03/01/2014	548
04/01/2010	347	04/01/2012	467	04/01/2014	559
05/01/2010	312	05/01/2012	404	05/01/2014	463
06/01/2010	274	06/01/2012	347	06/01/2014	407
07/01/2010	237	07/01/2012	305	07/01/2014	362
08/01/2010	278	08/01/2012	336	08/01/2014	405
09/01/2010	284	09/01/2012	340	09/01/2014	417
10/01/2010	277	10/01/2012	318	10/01/2014	391
11/01/2010	317	11/01/2012	362	11/01/2014	419
12/01/2010	313	12/01/2012	348	12/01/2014	461
01/01/2011	318	01/01/2013	363	01/01/2015	472
02/01/2011	374	02/01/2013	435	02/01/2015	535
03/01/2011	413	03/01/2013	491	03/01/2015	622
04/01/2011	405	04/01/2013	505	04/01/2015	606
05/01/2011	355	05/01/2013	404	05/01/2015	508
06/01/2011	306	06/01/2013	359	06/01/2015	461
07/01/2011	271	07/01/2013	310	07/01/2015	390
08/01/2011	306	08/01/2013	337	08/01/2015	432

1．画出趋势图，粗略判断数据的变动特点

（1）依次单击"Analyze"→"Forecasting"→"Sequence Chart"菜单命令，软件会弹出"Sequence Charts"对话框，如图9-2所示。

（2）在对话框中将变量"sales"移入"Variables"列表框中，将时间变量"date"移入"Time Axis Labels"列表框中，单击"OK"按钮，即可得到结果。

时间序列趋势图（输出结果）如图9-3所示。

从趋势图可以明显看出时间序列的特点：呈线性趋势、有季节性变动，但季节性变动会随趋势的增加而加大。

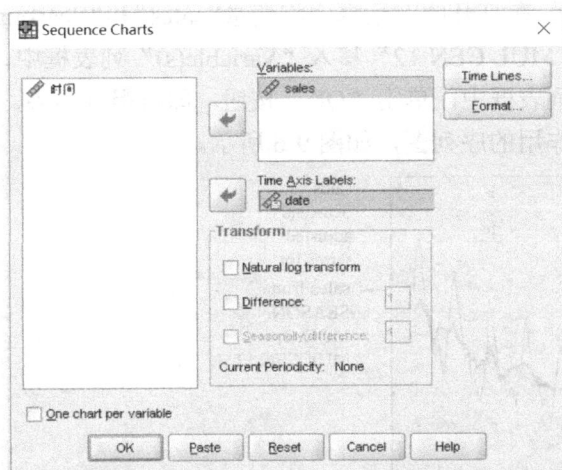

图 9-2　"Sequence Charts"对话框

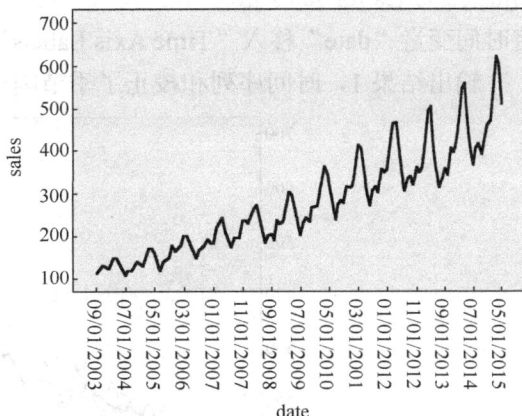

图 9-3　时间序列趋势图

2．模型的估计

1）季节性分解模型

根据时间序列特点，我们选择带线性趋势的季节性分解模型作为预测模型。

（1）定义日期。具体操作：依次单击"Data"→"Define Date"菜单命令，软件会弹出"Define Dates"对话框，如图 9-4 所示。在 Cases Are 列表框中选择"Years，months"的日期格式，在对话框的右侧定义数据的起始年、月，定义完毕，单击"OK"按钮，在数据集中会生成日期变量。

（2）季节分解。具体操作：依次单击"Analyze"→"Forecasting"→"Seasonal Decomposition"菜单命令，软件会弹出"Seasonal Decomposition"对话框，如图 9-5 所示。将待分析的序列变量名移入"Variable(s)"列表框中。在 Model Type 选区选择"Multiplicative"单选按钮；在 Moving Average Weight 选区选择"Endpoints weighted by 0.5"单选按钮。单击"OK"按钮，软件即可执行季节分解操作。

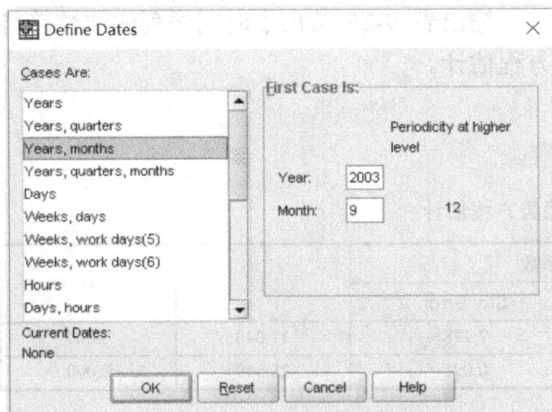

图 9-4　"Define Dates"对话框

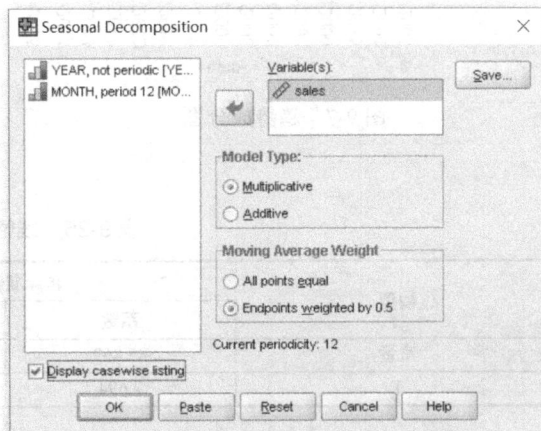

图 9-5　"Seasonal Decomposition"对话框

（3）画出序列图。具体操作：依次单击"Analyze"→"Forecasting"→"Sequence Chart"

菜单命令，软件会弹出"Sequence Charts"对话框。在打开的对话框中将变量"sales"和"Seasonal adjusted series for sales from SEASON, MOD_2, MUL CEN 12"移入"Variable(s)"列表框中，将时间变量"date"移入"Time Axis Labels"列表框中，单击"OK"按钮，即可得到结果。

输出结果 1，时间序列和校正了季节因子作用的序列图，如图 9-6 所示。

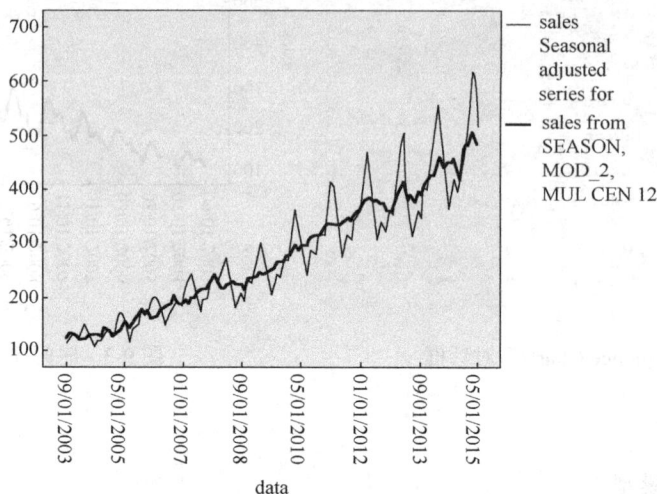

图 9-6　时间序列和校正了季节因子作用的序列图

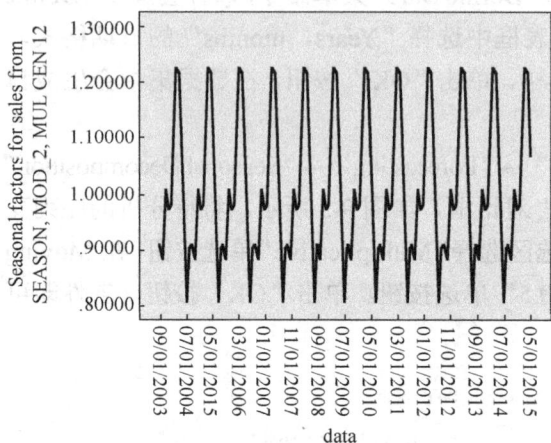

图 9-7　趋势成分图

细实线为原始序列，体现了销售量呈年度周期震荡增长的特征。粗实线为校正了的月度效应序列，在 12 年里呈稳步增长的态势。

输出结果 2，趋势成分图，如图 9-7 所示。

趋势成分图反映了公司销售量在 12 年里呈增长的态势，前 8 年基本上稳定增长，后 4 年虽然在总体上维持了前 8 年增长的态势，但增长过程波动较大。

2）线性趋势方程估计

输出表 9-25 给出了时间序列的线性趋势方程估计。

表 9-25　线性趋势方程估计

模型	非标准化系数		t	P
	系数	Std. Error		
常量	85.869	7.778	11.040	0.000
T	2.694	0.095	28.349	0.000

3）事前预测结果

输出表 9-26 给出了 2015 年 6—8 月的销售值（事前预测结果），以便确定模型的预测精度。

表 9-26 事前预测结果

时间	序号	长期预测值	季节指数	预测值	实际值
2015 年 6 月	142	468.417	0.92226	432.002	461
2015 年 7 月	143	471.111	0.80420	378.868	390
2015 年 8 月	144	473.805	0.90189	427.320	432

4）预测值

根据生产的模型，对 2015 年 9—11 月的销售值进行预测（事后预测），预测结果如表 9-27 所示。

表 9-27 预测结果

时间	序号	长期预测值	季节指数	预测值
2015 年 9 月	145	476.499	0.91103	434.105
2015 年 10 月	146	479.193	0.88158	422.447
2015 年 11 月	147	481.887	1.00853	485.998

思考与练习

1．简述时间序列的各构成要素。

2．序时平均数与一般平均数有何异同？

3．计算平均发展速度的几何法和方程式法有何区别？

4．什么是季节变动？季节变动分析的基本方法和步骤是什么？

5．时期数列与时点数列的区别是什么？它们计算的序时平均数有什么不同？

6．某新建工厂 2021 年仓库库存数变动情况如表 9-28 所示。

表 9-28 某新建工厂 2021 年仓库库存数变动情况

时间	1 月 1 日至 25 日	1 月 26 日至 4 月 8 日	4 月 9 日至 7 月 15 日	7 月 16 日至 10 月 11 日	10 月 12 日至 11 月 4 日	11 月 5 日至 12 月底
每日登记仓库库存数	130	137	145	150	160	168

要求：计算第一季度、上半年及全年的平均每日登记仓库库存数。

7．某商场 2021 年 9—12 月的有关资料如表 9-29 所示。

表 9-29 某商场 2021 年 9—12 月的有关资料

月份	9 月	10 月	11 月	12 月
月末商品库存额（亿元）	12.0	（ ）	（ ）	（ ）
平均商品库存额（亿元）	13.5	14.0	15.0	15.5
商品纯销售额（亿元）	11.5	12.0	13.0	13.5

要求：

（1）计算并填充 10—12 月各月末商品库存额。

（2）计算第四季度的平均商品纯销售额。

8．某地区 2016—2021 年的光伏发电量资料如表 9-30 所示。

表 9-30　某地区 2016—2021 年的光伏发电量资料

年份	2016 年	2017 年	2018 年	2019 年	2020 年	2021 年
光伏发电量（万千瓦时）	140	157	174	180	200	216

要求：

（1）列表计算光伏发电的逐年增长量和累计增长量、环比发展速度和定基发展速度、环比增长速度和定基增长速度及增长 1%的绝对值。

（2）计算"十三五"期间（2016—2020 年）的光伏发电年平均发展速度和平均增长量。

（3）计算"十三五"期间（2016—2020 年）的光伏发电年平均增长速度。

9．某地区 2016—2021 年国内生产总值有关速度指标如表 9-31 所示。

表 9-31　某地区 2016—2021 年国内生产总值有关速度指标

年份	2016 年	2017 年	2018 年	2019 年	2020 年	2021 年
环比增长速度（%）	—	6	（　）	8	9	（　）
定基增长速度（%）	—	（　）	13.42	（　）	（　）	46.87

要求：

（1）计算并填写表中的空缺数字。

（2）计算"十三五"期间国内生产总值的年平均增长速度。

10．某企业的产品销售具有很强的季节性。计算该企业产品以时间序列季度编号 t 与时间序列 y 之间的直线趋势方程（最小二乘法），得中间资料：$\bar{t}=2.5$，$\bar{y}=30$，$a=25$。又知季节变动规律如表 9-32 所示。

表 9-32　季节变动规律

季节编号 t	13	14	15	16
季节比率（%）	80	100	126	94

试求出考虑季节波动在内的第 13～16 季节的时间序列预测值。

第 10 章　统计指数

🦋 **学习目标**

- ◆ 理解统计指数的概念及种类。
- ◆ 掌握编制综合指数和平均数指数的方法。
- ◆ 掌握指数体系的应用场景和解释能力。
- ◆ 了解指数序列。

🦋 **重点与难点**

- ◆ 总指数的编制方法。
- ◆ 比较不同统计指数的特征并选择合适的统计指数。

🦋 **案例导入**

2021 年中国创新指数较快增长

创新能力是国家和企业的核心能力，创新是否在国家发展中起主导作用是衡量一个国家是否为创新型国家的重要依据。2012 年，党的十八大明确提出实施创新驱动发展战略。2016 年 5 月，中共中央和国务院发布的《国家创新驱动发展战略纲要》，提出了中国建设创新型国家的"三步走"战略："第一步，到 2020 年进入创新型国家行列，基本建成中国特色国家创新体系，有力支撑全面建成小康社会目标的实现；第二步，到 2030 年跻身创新型国家前列，发展驱动力实现根本转换，经济社会发展水平和国际竞争力大幅提升，为建成经济强国和共同富裕社会奠定坚实基础；第三步，到 2050 年建成世界科技创新强国，成为世界主要科学中心和创新高地，在中华人民共和国成立一百年时建成富强民主文明和谐的社会主义现代化国家、实现中华民族伟大复兴的中国梦提供强大支撑"。目前，第一步的战略目标已经实现，如今已开启迈向创新型国家行列的新征程。

创新能力主要通过建立一套指标体系和评价方法来进行测度。国家统计局社科文司《中国创新指数研究》课题组发布了 2021 年中国创新指数测算结果，从测算结果看，2021 年中国创新指数达 264.6，比上年增长了 8.0%，增幅较上年提高了 1.6 个百分点。2021 年中国创新指数增长较快，创新发展水平加速提升。

具体来看，2021 年中国创新指数的 4 个分领域指数均实现了增长，在 20 个评价指标指数中，有 18 个评价指标指数比 2020 年有所提高，其中，劳动力中大专及以上学历人数指数、享受加计扣除减免税企业所占比重指数、基础研究人员人均经费指数、每万名 R&D（研究与试验发展）人员专利授权数指数、每百家企业商标拥有量指数、每万名科技活动人员技术市场成交额指数、人均主营业务收入指数等 7 个评价指标指数均实现了两位数增长，比 2020 年增加了 1 个评价指标指数。

中国创新指数走势表明，2021 年中国创新发展呈良好态势，创新环境明显优化、创新投入稳步提高、创新产出较快增长、创新成效进一步显现，为推动高质量发展提供了有力支撑。

资料来源：张翼. 2021 年中国创新指数较快增长[N]. 光明日报，2022-10-30(002).

10.1　统计指数概述

10.1.1　统计指数的概念

统计指数最早的概念是从物价的变动产生和发展来的。对于一种商品，用现有的价格指数和原来的价格指数对比来反映价格变动的程度，就是我们现在所说的个体价格指数。人们从中找到了反映一种商品物价指数的计算方法，其计算的反映物价变动的相对数称为指数，这就是统计指数概念的起源。后来，统计指数的运用推广到经济领域的各个方面，因而统计指数的概念也扩展了，凡是反映动态的各种相对数都被称为统计指数。随着社会的进步，统计指数的概念又进一步扩展，其不仅能反映动态，而且能用于静态分析。总的来讲，随着历史的发展，统计指数的概念、应用及理论也在发展。就目前而言，统计指数的概念有广义和狭义之分。

从广义上讲，一切说明社会经济现象数量对比关系的相对数都是指数。它包括不同时间的同类现象、不同空间（地区、部门、单位）的同类现象及实际与计划对比的相对数。从这个角度来说，动态相对数、比较相对数及计划完成相对数都可以叫作指数。

从狭义上讲，指数是一种特殊的动态相对数，它是反映不能直接相加的多种事物数量综合变动情况的相对数。社会经济现象总体，一般都是由具有差异性的许多单个事物所组成的，而这些单个事物在某一方面的数量是不能直接相加的。例如，一个零售市场，有数以万计的商品，各种商品性质不同，计量单位也不同，直接相加没有任何经济意义。那么，如何反映零售市场各种商品不同时期的物价总水平的变动情况呢？这就需要计算狭义的指数，本章重点研究狭义的指数的编制方法及其应用。

10.1.2　统计指数的作用

1．综合反映事物的变动方向和变动程度

综合反映事物的变动方向和变动程度是统计指数的主要作用。由于统计指数的计算结果一般都用百分数来表示，用其具体数值与 100% 相比较，就可以判断社会经济现象是上升还是下降，以及上升和下降的相对程度。同时由于综合指数中子项与母项都是总量指标，还可以计算绝对数量的变动程度。

2．对社会经济现象的数量进行因素分析

在社会经济现象中有许多现象的数量总变动是由影响其变动的诸多因素共同作用的结果。例如，总成本变动是由单位产品成本和总产量变动两个因素共同作用的结果；商品销售额是商品销售量和商品价格综合作用的结果。运用统计指数，就可以从相对数和绝对数两方面分析各因素的影响方向和影响程度。

3．运用统计指数，可以研究事物在长时期内变动的趋势

这是借助连续编制的动态指数序列来完成的。不仅如此，把两个相互联系的指数序列加以比较，还可以进一步认识复杂现象总体之间在数量上的变动关系。例如，把居民用电价格指数

编成指数序列与煤炭价格指数序列相比较,以研究居民用电价格变动趋势与煤炭价格变动趋势呈何种关联关系,进一步认识居民用电价格的发展变化。

10.1.3　统计指数的种类

根据研究目的和任务不同,统计指数可以划分为不同的种类。

1．个体指数和总指数

指数按其反映的对象范围的不同,可以分为个体指数和总指数。说明个别事物(如某种商品或产品等)数量变动的相对数叫作个体指数,个体指数通常记作 K。

$$个体产品产量指数\ K_q = \frac{Q_1}{Q_0}$$

$$个体产品物价指数\ K_P = \frac{P_1}{P_0}$$

式中,Q 代表产量;P 代表单价;下标 1 代表报告期;下标 0 代表基期。

个体指数就是同一种现象的报告期指标数值与基期指标数值对比而得的发展速度指标。

总指数是说明度量单位不相同的多种事物数量综合变动的相对数,如工业总产量指数、零售物价总指数等。总指数与个体指数有一定的联系,可以用个体指数计算相应的总指数。用个体指数简单平均求得的总指数,称为简单指数;用个体指数加权平均求得的总指数,称为加权指数。

2．数量指标指数和质量指标指数

指数按其所反映的社会经济现象特征的不同,分为数量指标指数和质量指标指数。

数量指标指数简称数量指数,主要反映现象的规模、水平变化的指数,如商品销售量指数、工业产品产量指数等。质量指标指数简称质量指数,是综合反映生产经营工作质量变动情况的指数,如物价指数、产品成本指数等。

3．定基指数和环比指数

指数按其基期的不同,分为定基指数和环比指数。将不同时期的某种指数按时间先后顺序排列,形成指数序列。在同一个指数序列中,如果各个指数都以某一个固定时期作为基期,就称之为定基指数;如果各个指数都以报告期的前一期作为基期,则称之为环比指数。

4．动态指数和静态指数

指数按其对比内容的不同,分为动态指数和静态指数。动态指数是由两个不同时期的经济变量值对比形成的指数,说明现象在不同时期发展变化的情况。静态指数是由同一时间条件下,不同地区、单位之间同一经济变量的不同数值的对比,或者是由同一地区、单位的实际指标数值与计划指标数值对比而形成的指数。指数方法论主要论述动态指数,静态指数则是指数在实际应用中的扩展。

5．综合指数和平均数指数

按照常用的计算总指数的方法或形式,可分为综合指数和平均数指数。10.2 节和 10.3 节将分别阐述这两种指数的内容。

10.2　综合指数

10.2.1　综合指数的概念

综合指数是总指数的基本形式，它是由两个总量指标对比形成的指数。凡是一个总量指标可以分解为两个或两个以上因素指标的乘积时，将其中一个或一个以上的因素指标固定下来，仅观察其中一个因素指标的变动程度，这样的总指数就叫作综合指数。

10.2.2　综合指数的编制

根据综合指数所研究现象的上述特点，编制综合指数时首先需要解决如下两个问题。

第一，要解决不同使用价值的度量问题。使不能直接相加和不能直接对比的个别现象的数量，成为可以相加并能够对比分析的两个时期的总量指标。为了解决这一问题，需要引入一个概念，称为同度量因素。将同度量因素与个别现象的数量相乘，得到该现象的总量指标，通过同度量因素的媒介作用，就可以使不能直接相加的个别现象的总量指标过渡到能够加总的总体总量指标。例如，某商店销售 3 种商品——电视机、录像机和照相机，由于这 3 种商品性质不同，其商品销售量不能直接相加，若把它们分别乘以各自的销售价格，就能得到每种商品的销售额，各种商品的销售额相加即这 3 种商品的销售总额。不同时期的销售额便可以进行对比，各种商品的销售价格便是同度量因素。另外，还需要说明一点：一个复杂现象总量指标分解为两个因素的情况下，若要分析两个因素各自变化对总量的影响情况，则它们通常互为对方的同度量因素。例如，商品销售量和商品销售价格是商品销售额总量的两个因素。若分析商品销售量变化对商品销售额的影响，则商品销售价格是商品销售量的同度量因素；若分析商品销售价格变化对商品销售额的影响，则商品销售量又是商品销售价格的同度量因素。

第二，要解决同度量因素所属的时期问题。当观察具有两个因素的现象总体中某一个因素变动时，应假定另一个因素（同度量因素）不变，固定在某一时期。例如，若要观察商品销售价格变动，则需要假定商品销售量不变；若要观察商品销售量变动，则需要假定商品销售价格不变。但必须强调，在实际应用时，同度量因素有不同的时期可供选择。例如，当商品销售价格作为同度量因素时，有基期价格、报告期价格和某一固定时期价格等，选择不同时期的价格作为同度量因素，具有不同的实际意义。那么，同度量因素所属时期应该如何来确定？要根据不同的研究对象和不同的研究目的来具体确定。

此外，根据前面所述综合指数研究对象的特点，综合指数的编制应该分为数量指标指数的编制和质量指标指数的编制，其编制原理与方法基本相同。

1．数量指标指数的编制方法

数量指标指数是用来反映生产、经营或经济工作数量和总体规模变动情况的指数，如工业产品产量指数、商品销售量指数、货物运输量指数等。现以商品销售量指数为例说明数量指标指数的编制方法。

【例 10-1】　以表 10-1 所示的某商场部分商品销售量和价格资料编制相应的数量指标指数。

1）以基期价格为同度量因素

以基期价格为同度量因素，其目的说明在价格水平不变的情况下，商品销售量的综合变化程度，称为拉氏指数，用公式表示为

$$\overline{K_q} = \frac{\sum q_1 p_0}{\sum q_0 p_0} \qquad\qquad (10\text{-}1)$$

表 10-1　某商场部分商品销售量和价格资料

商品名称	计量单位	销售量		价格（元）	
		基期（q_0）	报告期（q_1）	基期（p_0）	报告期（p_1）
毛　笔	只	2000	2500	10	15
闹　钟	台	3500	3100	50	60
计算器	个	2000	3000	40	42

现将表 10-1 中的资料代入式（10-1），得

$$\overline{K_q} = \frac{\sum q_1 p_0}{\sum q_0 p_0} = \frac{2500 \times 10 + 3100 \times 50 + 3000 \times 40}{2000 \times 10 + 3500 \times 50 + 2000 \times 40} = \frac{300000}{275000} = 1.091$$

$$\sum q_1 p_0 - \sum p_0 q_0 = 300000 - 275000 = 25000 \text{（元）}$$

计算结果表明，在基期价格水平不变的情况下，3 种商品的销售量平均增长了 9.1%，由于销售量的上升，使销售额增加了 25000 元。

2）以报告期价格为同度量因素

以报告期价格为同度量因素，其目的说明在报告期价格的条件下，商品销售量的综合变动程度，称为派氏指数，用公式表示为

$$\overline{K_q} = \frac{\sum q_1 p_1}{\sum q_0 p_1} \qquad\qquad (10\text{-}2)$$

现将表 10-1 中的资料代入式（10-2），得

$$\overline{K_q} = \frac{\sum q_1 p_1}{\sum q_0 p_1} = \frac{2500 \times 15 + 3100 \times 60 + 3000 \times 42}{2000 \times 15 + 3500 \times 60 + 2000 \times 42} = \frac{349500}{324000} = 1.079$$

$$\sum q_1 p_1 - \sum q_0 p_1 = 349500 - 324000 = 25500 \text{（元）}$$

计算结果表明，在报告期价格不变的情况下，3 种商品的销售量平均上升了 7.9%，由于销售量的上升，使销售额增加了 25500 元。

上述两个数量指标综合指数公式各有一定的经济意义，但两者有明显的区别：拉氏指数以基期价格作为同度量因素，即价格仍维持原来的水平，所反映的仅是销售量的变动情况，不包含价格变动的影响；派氏指数以报告期价格作为同度量因素，从基期来看，价格已经发生了变化，所以派氏指数比拉氏指数多了一个价格因素的影响，在反映销售量变动情况的同时，也含有价格变动的因素。

究竟采用哪一个公式，需要视实际情况和研究分析的目的而定。就编制销售量指数的目的而论，应该只反映销售量的变化，不该同时反映价格因素的变动，从这一角度来说，拉氏指数较好。

2. 质量指标指数的编制方法

质量指标指数是说明经济工作质量变动的指数，如商品价格指数、产品成本指数等。

虽然价格水平以货币为计量单位，但由于各种商品（或产品）的价格能反映不同使用价值的实物量的价格水平，彼此直接相加和对比是没有实际意义的，因此各种商品的单价是不能同

度量的。可见，编制质量指标指数时，同样要解决同度量因素及其所属时期这两个问题。现以商品价格指数为例说明质量指标指数的编制方法。

【例10-2】 以表10-1的资料得到表10-2所示的甲、乙、丙3种商品的销售额，并编制相应的质量指标指数。

表10-2 甲、乙、丙3种商品的销售额

商品名称	按基期销售量计算		按报告期销售量计算	
	基期实际销售额（万元）	基期假定销售额（万元）	报告期实际销售额（万元）	报告期假定销售额（万元）
	p_0q_0	p_1q_0	p_1q_1	p_0q_1
毛 笔	2.0	3.0	3.75	2.5
闹 钟	17.5	21.0	18.60	15.5
计算器	8.0	8.4	12.60	12.0
合计	27.5	32.4	34.95	30.0

为了测定3种商品价格的总变动情况，就必须以商品销售量为同度量因素。从表10-2可以看出商品销售量有基期销售量和报告期销售量两种。现分别以基期销售量和报告期销售量为同度量因素，编制两个不同的商品价格综合指数。

1）以基期销售量为同度量因素

以基期销售量为同度量因素，其目的说明在销售量为基期的条件下，价格的综合变动程度，称为拉氏指数。用公式表示如下：

$$\overline{K_p} = \frac{\sum p_1q_0}{\sum p_0q_0} \tag{10-3}$$

现将表10-2的资料代入式（10-3），得

$$\overline{K_p} = \frac{\sum p_1q_0}{\sum p_0q_0} = \frac{3+21+8.4}{2+17.5+8} = \frac{32.4（万元）}{27.5（万元）} = 1.178$$

$$\sum p_1q_0 - \sum p_0q_0 = 32.4 - 27.5 = 4.9（万元）$$

计算结果表明，在基期销售量情况下，3种商品的价格报告期比基期平均上涨了17.8%，其分子与分母的差额，一方面可以说明，由于价格上涨使该商店的销售额增加了4.9万元；另一方面还可以说明，由于价格上涨使消费者在维持基期生活水平的情况下，按报告期价格需要多支出4.9万元。

拉氏指数公式的特点是用基期销售量（q_0）作为同度量因素，排除了销售量变动对物价变动的影响，这是其优势的一面。但从另一方面看，也正是由于用基期销售量（q_0）作为同度量因素而产生了一定的缺陷。从其相对数 $\overline{K_p} = \dfrac{\sum p_1q_0}{\sum p_0q_0}$ 来看，由于价格发生了变化，且是在报告期销售量（q_1）的条件下发生的，而公式中选用基期销售量（q_0）作为同度量因素，就必然会造成扩大或缩小价格变动的范围，使其不具有现实意义。从其分子与分母的差额 $\sum p_1q_0 - \sum p_0q_0$ 来看，后者是基期的实际销售额，前者是基期所销售的商品按报告期价格计算的假定基期销售额，两者相减的绝对差额说明，基期所销售的商品，由于价格变动，使基期实际销售额和假定销售额之间产生了增减量。换句话说，由于报告期物价上涨了17.8%，基期销售量（q_0），如果按报告期价格（p_1）出售的话，对于该商店来说会增加4.9万元的销售额，

对于居民来说，如果基期买的商品留到报告期来买的话，将多支出 4.9 万元。可见，指数是说明报告期情况的，而绝对差额是说明基期情况的。这样就发生了相对数与绝对数说明对象的不一致性。同时，指数编制结果也反映不出现实经济意义。

2）以报告期销售量为同度量因素

以报告期销售量为同度量因素，其目的说明在报告期销售量条件下的价格综合变动情况，称为派氏指数。可用公式表示如下：

$$\overline{K_p} = \frac{\sum p_1 q_1}{\sum p_0 q_1} \qquad (10\text{-}4)$$

现将表 10-2 中的资料代入式（10-4）中，得

$$\overline{K_p} = \frac{\sum p_1 q_1}{\sum p_0 q_1} = \frac{3.75 + 18.60 + 12.60}{2.5 + 15.5 + 12.0} = \frac{34.95}{30.0} = 1.165$$

$$\sum p_1 q_1 - \sum p_0 q_1 = 34.95 - 30.0 = 4.95 \text{（万元）}$$

计算结果表明，在报告期销售量情况下，3 种商品的价格报告期比基期平均上涨了 16.5%，其分子与分母的差额，一方面可以说明，由于价格上涨，使该商店销售额增加了 4.95 万元；另一方面可以说明，居民在维持报告期生活水准的条件下，由于物价上涨，需要多支出 4.95 万元。

式（10-4）的特点是用报告期销售量（q_1）作为同度量因素。虽然指数中包含了销售量变动的影响，但也正因为用报告期销售量（q_1）作为同度量因素，使指数本身具有明确的现实意义，而且指数的相对数和其相应的绝对值差额联系紧密，这倒成了它的优点。从式（10-4）来看，分子 $\sum p_1 q_1$ 为报告期实际销售额，分母 $\sum p_1 q_0$ 为报告期假定销售额，两者相比的结果为报告期的物价指数。例如，报告期 3 种商品的物价总的来说为基期的 116.5%，即平均上涨了 16.5%；两者相减的结果说明由于报告期物价变动，相对于基期来说，该商店的销售额增加了 4.95 万元，而对购买该商店商品的消费者来说，则需要多支出 4.95 万元。

3. 综合指数编制的一般方法和原则

无论是编制数量指标指数，还是编制质量指标指数，都会遇到一个同样的问题，就是同度量因素选择不同的时期，指数的计算结果不一致，即同度量因素所属时期的确定。一般来说，若研究目的在于反映研究现象本身的变动情况，则不论是数量指标指数，还是质量指标指数，都会采用基期指标作为同度量因素。因为采用报告期指标作为同度量因素，综合指数中除反映研究对象本身的综合变动外，还包括了同度量因素变动的影响；若研究目的在于反映指数变动后的实际效果，不论是数量指标指数还是质量指标指数，都会采用报告期指标作为同度量因素。因为不论从其相对数还是绝对值差额上看，都具有明确的现实经济意义。

（1）综合指数编制的一般方法：先综合后对比，即先从被研究现象总体的内部联系出发，正确选择一个同度量因素，把不能直接相加和对比的因素指标过渡到能够相加和对比的总量指标；然后综合求两个总量指标并进行对比，以说明不能直接相加和对比的复杂现象的总动态；最后计算分子、分母两个总量指标的差额，来说明复杂现象总变动的绝对经济效果。

（2）综合指数编制的一般原则：在编制数量指标指数时，应以基期的质量指标为同度量因素；在编制质量指标指数时，应以报告期的数量指标为同度量因素。可用如下公式表示：

$$\overline{K_q} = \frac{\sum q_1 p_0}{\sum q_0 p_0}, \quad \overline{K_p} = \frac{\sum p_1 q_1}{\sum p_0 q_1} \qquad (10\text{-}5)$$

10.3 平均数指数

平均数指数

10.3.1 平均数指数的概念

编制综合指数，既可以说明现象变动的方向和程度，又可以说明现象变动所产生的实际效果。其计算公式也比较简单，但编制时却需要具有全面的统计资料。以编制商品价格指数为例，在应用公式 $\dfrac{\sum p_1 q_1}{\sum p_0 q_1}$ 时，要有各种商品基期、报告期价格和报告期销售量的对应资料；在应用公式 $\dfrac{\sum p_1 q_0}{\sum p_0 q_0}$ 时，要有各种商品基期、报告期价格和基期销售量的资料。因此，在某些原始资料不完备的情况下，就不能直接应用综合指数公式，而需要寻求另外的方法来计算总指数。平均数指数是用非全面资料计算总指数的好方法。

平均数指数是总指数的另一种形式，先计算单项事物的质量指标或数量指标的个体指数，然后对其加权平均计算总指数，是用来测定总体现象的平均变动程度的总指数形式。平均数指数在使用时比较灵活、方便，在实际工作中应用非常广泛。

平均数指数有两种基本形式，加权算术平均数指数和加权调和平均数指数，在每种指数中，由于使用权数的不同，平均数指数又可分为综合指数变形使用的平均数指数和固定权数的平均数指数。

10.3.2 平均数指数的编制

1. 加权算术平均数指数的编制

1）用综合指数变形权数计算的加权算术平均数指数

综合指数的变形权数有 4 种形式，即 $p_0 q_0$、$p_1 q_0$、$p_0 q_1$ 和 $p_1 q_1$。当以基期的价值量 $p_0 q_0$ 作为权数对个体指数进行加权算术平均时，可得出相当于综合指数变形作用的算术平均数指数。

（1）加权算术平均数物价指数公式。

$$\text{设 } K_P = \frac{p_1}{p_0}, \quad \text{则有} \quad \overline{K_P} = \frac{\sum K_p p_0 q_0}{\sum p_0 q_0} \tag{10-6}$$

（2）加权算术平均数物量指数公式。

$$\text{设 } K_q = \frac{q_1}{q_0}, \quad \text{则有} \quad \overline{K_q} = \frac{\sum K_q p_0 q_0}{\sum p_0 q_0} \tag{10-7}$$

2）固定权数加权算术平均数指数

这种指数所用权数不是 $p_0 q_0$ 而是固定权数（W），其固定权数可以采用各种有关的抽样调查资料，用比重的形式固定下来，在较长一段时间内使用，相当方便。

（1）固定权数加权算术平均数物价指数公式。

$$\text{设 } K_P = \frac{P_1}{P_0}, \quad \text{则有} \quad \overline{K_P} = \frac{\sum K_P W}{\sum W} \tag{10-8}$$

（2）固定权数加权算术平均数物量指数公式。

$$设 K_q = \frac{q_1}{q_0}，则有　\overline{K_q} = \frac{\sum K_q W}{\sum W} \qquad (10\text{-}9)$$

【例 10-3】 仍以表 10-1 中的资料为例，计算商品销售量和价格平均数指数，如表 10-3 所示。

表 10-3　某商店商品销售量和价格平均数指数资料

商品名称	计量单位	个体指数		基期销售额（万元）
		销售量 $K_q = \dfrac{q_1}{q_0}$	价格 $K_p = \dfrac{p_1}{p_0}$	$p_0 q_0$
毛　笔	只	1.2500	1.50	2.0
闹　钟	台	0.8857	1.20	17.5
计算器	个	1.5000	1.05	8.0
合计	—	—	—	27.5

解：

（1）加权算术平均销售量指数。

$$\overline{K_q} = \frac{\sum K_q p_0 q_0}{\sum p_0 q_0} = \frac{1.2500 \times 2.0 + 0.8857 \times 17.5 + 1.5000 \times 8.0}{27.5} = \frac{30}{27.5} = 1.091$$

$$\sum K_q p_0 q_0 - \sum p_0 q_0 = 30 - 27.5 = 2.5 \text{（万元）}$$

（2）加权算术平均价格指数。

$$\overline{K_p} = \frac{\sum K_p p_0 q_0}{\sum p_0 q_0} = \frac{1.50 \times 2.0 + 1.20 \times 17.5 + 1.05 \times 8.0}{27.5} = \frac{32.4}{27.5} = 1.178$$

$$\sum K_p p_0 q_0 - \sum p_0 q_0 = 32.4 - 27.5 = 4.9 \text{（万元）}$$

从上述公式可以看出，用加权算术平均法求指数的条件有两个：一个是掌握每种事物的个体指数；另一个是掌握各种事物的基期价值量资料。与综合指数计算相比较，它不需要知道各种事物的其他资料，也不需要计算假定的价值量。这种方法既可采用全面调查资料，也可采用非全面调查的代表物品资料，故其在实际工作中具有广泛的实用性和可操作性。

【例 10-4】 某地区 2021 年零售物价资料如表 10-4 所示，计算该地区的零售物价总指数。

表 10-4　某地区 2021 年零售物价资料

商品类别及名称	指数（%）	固定权数（%）
一、食品类	116.2	38
1. 粮食	105.3	35
2. 副食品	125.4	45
3. 其他食品	114.8	20
二、日用品	109.5	11
三、纺织品	99.3	3
四、文化办公用品	110.4	2
五、体育娱乐用品	98.1	2
六、交通、通信用品	91.1	1
七、饮料、烟酒	126.0	5
八、家用电器及音像器材	94.2	8
九、服装、鞋帽	115.2	10

商品类别及名称	指数（%）	固定权数（%）
十、家具	97.8	2
十一、化妆品	98.9	1
十二、金银珠宝	108.6	3
十三、燃料	105.6	3
十四、书报杂志及电子出版物	108.6	2
十五、中西药品及医疗保健用品	116.4	7
十六、建筑材料及五金电料	114.5	2

解：

（1）首先计算食品物价指数。

$$K = \frac{\Sigma KW}{\Sigma W} = \frac{105.3\% \times 35\% + 125.4\% \times 45\% + 114.8\% \times 20\%}{100\%} = 116.2\%$$

（2）计算该地区2021年零售物价总指数。

$$K = \frac{\Sigma KW}{\Sigma W} = \frac{116.2\% \times 38\% + 109.5\% \times 11\% + ... + 114.5\% \times 2\%}{100\%} = 111.6\%$$

2. 加权调和平均数指数的编制

1）用综合指数变形权数计算的加权调和平均数指数

综合指数的变形权数有4种形式，即p_0q_0、p_1q_0、p_0q_1和p_1q_1，当以报告期价值量p_1q_1为权数对个体指数进行加权调和平均时，可得出相当于综合指数变形使用的调和平均数指数。

（1）加权调和平均数物价指数公式。

$$设 k_p = \frac{p_1}{p_0}，则有 \quad \overline{K}_p = \frac{\sum p_1q_1}{\sum \frac{1}{k_p}p_1q_1} \tag{10-10}$$

（2）加权调和平均数物量指数公式。

$$设 K_q = \frac{q_1}{q_0}，则有 \quad \overline{K}_q = \frac{\sum p_1q_1}{\sum \frac{1}{k_q}p_1q_1} \tag{10-11}$$

2）固定权数加权调和平均数指数

若把式（10-10）和式（10-11）中的权数p_1q_1改为某种固定权数W，则加权调和平均数物价指数和物量指数公式分别为

$$\overline{K}_p = \frac{\sum W}{\sum \frac{1}{K_p}W}, \quad \overline{K}_q = \frac{\sum W}{\sum \frac{1}{K_q}W} \tag{10-12}$$

固定权数加权调和平均数指数在实际中应用较少，使用较多的是用综合指数变形权数计算的加权调和平均数指数和两种加权算术平均数指数。

【例10-5】 根据表10-2、表10-3的资料，计算商品销售量的平均数指数。

解： 3种商品的加权调和平均销售量指数如下：

$$\overline{Kq} = \frac{\sum p_1 q_1}{\sum \dfrac{1}{K_q} p_1 q_1} = \frac{34.95}{\dfrac{3.75}{1.25} + \dfrac{18.6}{0.8857} + \dfrac{12.6}{1.5}} = \frac{34.95}{32.4} = 1.079$$

$$\sum p_1 q_1 - \sum \frac{1}{K_q} p_1 q_1 = 34.95 - 32.4 = 2.55（万元）$$

上述指数的计算结果与综合指数的计算结果相同。用加权调和平均法求指数的条件有两个：一个是掌握各种事物的个体指数；另一个是掌握各种事物报告期的价值量资料。

3．综合指数和平均数指数的关系

通过前面对综合指数和平均数指数的阐述，我们知道，综合指数和平均数指数两者都是计算总指数的方法，它们之间既有联系又有区别。

1）综合指数和平均数指数的联系

（1）综合指数和平均数指数都是反映多项事物综合变动情况的相对数，从概念上讲，都属于总指数的范畴。

（2）在一定权数下综合指数和平均数指数可以互换算，其反映的经济内容是完全相同的。

2）综合指数和平均数指数的区别

（1）两种指数是总指数的两种独立形式，计算的出发点不同。综合指数先从社会经济现象的总量出发，找出同度量因素，再加总对比，以观察总量变动；而平均数指数是从个体指数出发将它们加权平均，以观察个体指数的平均变化。

（2）综合指数主要依据全面资料编制，而平均数指数既可以依据全面资料编制，又可以运用非全面资料编制。

（3）在权数运用上，综合指数一般采用实际资料作为权数，而平均数指数既可以用实际资料作为权数，又可以根据实际资料推算确定的比重权数来编制。

10.4 指数体系和因素分析

10.4.1 指数体系概述

1．指数体系的概念

指数是一种专门用于对比分析的统计指标。一个指数通常只能说明一方面的问题，因而，实践中往往需要将多个指数结合起来加以运用，这就形成了相应的"指数体系"。

指数体系可以有两种不同的含义。"广义的指数体系"类似于指标体系，泛指由若干个内容上相互关联的统计指数所结成的体系。根据考察问题的需要，构成这种体系的指数可多可少。例如，工业品批发价格（或出厂价格）指数、农产品收购价格指数、消费品零售价格指数等构成了"市场物价指数体系"；而国民经济运行的生产、流通和使用各环节，以及国民经济各部门的多种经济指数则构成了"国民经济核算指数体系"，其中除上面列举的有关价格指数之外，还包括诸如国内总产出价格指数和物量指数、国内生产总值（GDP）价格指数和物量指数、投资价格指数和物量指数，以及资产负债存量价格指数等，其内容构成十分庞大、复杂。

"狭义的指数体系"仅指几个指数之间在一定的经济联系基础上所结成的严密的数量关系式。其较为典型的表现形式是：一个总值指数等于两个（或两个以上）因素指数的乘积。

$$总成本指数=产量指数×单位产品成本指数$$
$$总产值指数=产量指数×产品价格指数$$
$$销售额指数=销售量指数×销售价格指数$$

这些指数体系都是建立在有关指数化指标之间的经济联系基础之上的，因而它们具有非常实际的经济分析意义。

2. 指数体系的种类

1）个体指数体系和总指数体系

按指数所反映现象的范围不同，指数体系可分为个体指数体系和总指数体系。

（1）个体指数体系。由反映个别现象变动的指数及其因素变动指数所构成的指数体系称为个体指数体系，其基本形式为

相对数关系：
$$\frac{p_1q_1}{p_0q_0} = \frac{p_1}{p_0}\frac{q_1}{q_0} \tag{10-13}$$

绝对数关系：
$$p_1q_1 - p_0q_0 = (p_1 - p_0)q_1 + (q_1 - q_0)p_0 \tag{10-14}$$

（2）总指数体系。由反映多种现象总变动的指数及其因素变动指数所构成的指数体系称为总指数体系。总指数体系可以分为综合指数体系和平均数指数体系。

① 综合指数体系。

相对数关系：
$$\frac{\sum p_1q_1}{\sum p_0q_0} = \frac{\sum p_1q_1}{\sum p_0q_1}\frac{\sum p_0q_1}{\sum p_0q_0} \tag{10-15}$$

绝对数关系：
$$\sum p_1q_1 - \sum p_0q_0 = \left(\sum p_1q_1 - \sum p_0q_1\right) + \left(\sum p_0q_1 - \sum p_0q_0\right) \tag{10-16}$$

② 平均数指数体系。

相对数关系：
$$\frac{\sum p_1q_1}{\sum p_0q_0} = \frac{\sum k_q p_0q_0}{\sum p_0q_0}\frac{\sum p_1q_1}{\sum \frac{1}{k_p}p_1q_1} \tag{10-17}$$

绝对数关系：
$$\sum p_1q_1 - \sum p_0q_0 = \left(\sum k_q p_0q_0 - \sum p_0q_0\right) + \left(\sum p_1q_1 - \sum \frac{p_1q_1}{k_p}\right) \tag{10.18}$$

需要指出的是，上述综合指数体系是将质量指数的同度量因素固定在报告期，将数量指数的同度量因素固定在基期。如果反过来将质量指数的同度量因素固定在基期，将数量指数的同度量因素固定在报告期，则可以形成另一套指数体系，但这种体系在实际工作中较少使用。

2）总量指标指数体系和平均指标指数体系

按指数化指标形式不同，指数体系可分为总量指标指数体系和平均指标指数体系。总量指标指数体系是由反映总量指标变动的总变动指数及其因素变动指数所组成的指数体系。平均指标指数体系是由反映平均指标变动的总变动指数及其因素变动指数所组成的指数体系。

3. 指数体系的作用

1）利用指数体系可进行指数之间的相互推算

利用销售额指数和价格总指数可以推算销售量总指数，利用总成本指数和单位成本总指数可以推算产量指数。

2）利用指数体系可以进行因素分析

利用指数体系不仅可以提示现象总变动，而且可以反映总变动中各影响因素的影响方向和影响程度，从而从深层次上对现象变动规律予以提示和反映。

10.4.2　因素分析法概述

1．因素分析法的概念

因素分析是指根据指数体系中多种因素影响的社会经济现象的总变动，分析各因素的影响方向和影响程度的一种方法。在总指数的编制中某些社会经济现象客观上可分解为两个或两个以上因素的组合，如销售量、价格是销售额的两个组成因素。因此，销售额的变动受销售量和价格两个因素的影响，而原材料费用支出总额受产量、单耗和原材料价格三个因素的影响。分析时，要固定一个或几个因素，仅观察其中一个因素的变动情况，从而揭示现象动态中的具体情况和原因，这种方法称为因素分析法。

2．因素分析法的种类

1）简单现象因素分析和复杂现象因素分析

按分析对象的特点不同，因素分析可分为简单现象因素分析和复杂现象因素分析。简单现象因素分析，如在某种产品产量变动中，对投入劳动量及劳动生产率变动影响的分析；复杂现象因素分析，如在多种商品销售额变动中，对价格变动及销售量变动影响的分析。

2）总量指标变动因素分析和平均指标、相对指标变动因素分析

按分析指标的表现形式不同，因素分析可分为总量指标变动因素分析和平均指标、相对指标变动因素分析。总量指标可分解为质量型和数量型因素指标，平均指标和相对指标可分解为质量型和结构型因素指标。相对指标一般表现为无名数（强度指标除外），因素影响量的含义比较抽象，因此应用时要慎重，注意对影响量含义的具体阐明。

3）两因素分析和多因素分析

按影响因素的多少不同，因素分析可分为两因素分析和多因素分析。与两因素分析相对而言，多因素分析在方法上有一些特殊的问题要注意，其内容在下面详述。

3．因素分析法的基本要点和步骤

1）因素分析法的基本要点

（1）根据被研究现象各因素之间的客观内在联系，建立指数体系，这是因素分析的前提。

（2）在分析现象总变动中某一个因素的变动影响时，必须假定其他因素不变。

（3）按照被研究现象的内在规律，合理地确定各因素排列的先后顺序。

（4）因素分析的结果要符合指数体系的基本含义，即相对数分析，要求总变动指数等于各因素变动指数的乘积；绝对数分析，要求总变动绝对额等于各因素变动影响绝对额之和。

2）因素分析法的基本步骤

（1）计算总变动指数，测定总变动的程度和绝对额。

（2）分别计算各因素变动指数，测定各因素变动影响的程度和绝对额。

（3）根据指数体系从相对数和绝对数两方面对各影响因素进行综合分析。

10.4.3 总量指标的因素分析

1. 总量指标的两因素分析

在用指数体系进行因素分析的统计分析中，多数情况下对总量指标的变动采用两因素分析。分析的对象是总量指标，一般可分解为数量指标和质量指标两个因素，并等于这两个因素的乘积，分析目的是测定每个因素的变动对总体的影响。分析时，要采用假定的方法，固定其中一个因素以测定另一个因素的变动影响，并根据这两个因素和总量指标的总动态之间形成的指数体系，从相对数和绝对数两个方面分析各个因素变动对总动态的影响程度和绝对额。现以表 10-5 为例，说明总量指标的两因素分析方法。

【例 10-6】 设某绿色智能制造工厂甲、乙、丙 3 种产品的出厂价格和产量资料如表 10-5 所示，请进行总量指标变动因素分析。

表 10-5 甲、乙、丙 3 种产品的出厂价格和产量资料

产品	计量单位	出厂价格（元）		产量		总产值（元）		
		基期	报告期	基期	报告期	基期	报告期	按基期价格计算
		(1)	(2)	(3)	(4)	(5)=(1)×(3)	(6)=(2)×(4)	(7)=(1)×(4)
甲	吨	12	10	1200	1500	14400	15000	18000
乙	吨	35	30	500	600	17500	18000	21000
丙	千克	40	42	320	300	12800	12600	12000
合计	—	—	—	—	—	44700	45600	51000

解： 分析步骤如下：

（1）计算总产值的总变动程度和绝对额。

$$总产值指数 = \frac{\sum p_1 q_1}{\sum p_0 q_0} = \frac{45600}{44700} = 1.02（或 102\%）$$

$$总产值增长的绝对数：\sum p_1 q_1 - \sum p_0 q_0 = 45600 - 44700 = 900（元）$$

（2）分别计算出厂价格和产量两个因素变动影响的程度和绝对额。

① 出厂价格变动对总产值的影响。

$$出厂价格指数 = \frac{\sum p_1 q_1}{\sum p_0 q_1} = \frac{45600}{51000} = 0.8941（或 89.41\%）$$

出厂价格下降使总产值减少的绝对额：

$$\sum p_1 q_1 - \sum p_0 q_1 = 45600 - 51000 = -5400（元）$$

② 产量变动对总产值的影响。

$$产量指数 = \frac{\sum p_0 q_1}{\sum p_0 q_0} = \frac{51000}{44700} = 1.1409（或 114.09\%）$$

产量增长使总产值增加的绝对额：

$$\sum p_0 q_1 - \sum p_0 q_0 = 51000 - 44700 = 6300（元）$$

（3）根据指数体系，从相对数和绝对数两个方面综合分析 3 个指数之间的联系。

相对数体系：产品出厂价格指数×产品产量指数＝产品总产值指数

$$89.41\% \times 114.09\% = 102\%$$

绝对数体系：出厂价格下降使总产值减少的绝对额+产量增长使总产值增加的绝对额

=总产值增加的绝对额

$$-5400+6300=900（元）$$

综合分析表明：产品总产值指数增加了 2%，是由于产品出厂价格指数减少 10.59%和产品产量指数增长 14.09%共同作用的结果；产品总产值绝对额增加了 900 元是由出厂价格下降使总产值减少的绝对额与产量增长使总产值增加的绝对额综合影响的结果。

2．总量指标的多因素分析

分析的对象是总量指标，表现为 3 个或 3 个以上因素的乘积，其总体总量的变动受多个因素的变动影响。例如，影响工业企业原材料支出总额的因素，可以分解为产品产量、单位产品原材料消耗量和原材料单价 3 个因素。用公式表示，即

原材料支出总额＝产品产量×单位产品原材料消耗量×原材料单价

$$QMP = Q \cdot M \cdot P$$

由于上述总量指标表现为 3 个因素的乘积，因此研究这类总量指标变动的原因时，就可以根据这种相互关系进行因素分析。分析的基本依据仍然是有关的指数体系，在进行多因素分析时，要注意各因素的结合问题，每两个因素的结合必须有一定的经济意义。各因素的排列，一般先数量指标，后质量指标。具体分析方法和两因素分析法基本上是一致的。

【例 10-7】某绿色智能制造工厂两种产品销售量、价格、利润率动态资料如表 10-6 所示，试对该工厂利润额的变动进行因素分析。

表 10-6　某绿色智能制造工厂两种产品销售量、价格、利润率动态资料

产品	单位	销售量		价格（元）		利润率（%）	
		q_0	q_1	p_0	p_1	m_0	m_1
甲	台	500	500	1800	1760	30	35
乙	件	500	600	3500	3200	10	15

解：具体计算和分析步骤如下：

（1）利润额的总变动。

$$变动程度 = \frac{\sum q_1 p_1 m_1}{\sum q_0 p_0 m_0} = \frac{500 \times 1760 \times 0.35 + 600 \times 3200 \times 0.15}{500 \times 1800 \times 0.30 + 500 \times 3500 \times 0.10} = \frac{596000}{445000} = 133.9\%$$

$$增加额 = \sum q_1 p_1 m_1 - \sum q_0 p_0 m_0 = 596000 - 445000 = 151000（元）$$

（2）各影响因素的变动程度和对利润的影响额。

$$销售量\quad 变动程度 = \frac{\sum q_1 p_0 m_0}{\sum q_0 p_0 m_0} = \frac{480000}{445000} = 107.87\%$$

$$影响额 = \sum q_1 p_0 m_0 - \sum q_0 p_0 m_0 = 480000 - 445000 = 35000（元）$$

$$价格\quad 变动程度 = \frac{\sum q_1 p_1 m_0}{\sum q_1 p_0 m_0} = \frac{456000}{480000} = 95\%$$

$$影响额 = \sum q_1 p_1 m_0 - \sum q_1 p_0 m_0 = 456000 - 480000 = -24000（元）$$

利润率 变动程度

$$= \frac{\sum q_1 p_1 m_1}{\sum q_1 p_1 m_0} = \frac{596000}{4560000} = 130.7\%$$

影响额 $= \sum q_1 p_1 m_1 - \sum q_1 p_1 m_o = 596000 - 456000 = 140000（元）$

（3）影响因素综合分析。

$$\frac{\sum q_1 p_1 m_1}{\sum q_0 p_0 m_0} = \frac{\sum q_1 p_0 m_0}{\sum q_0 p_0 m_0} \frac{\sum q_1 p_1 m_0}{\sum q_1 p_0 m_0} \frac{\sum q_1 p_1 m_1}{\sum q_1 p_1 m_0}$$

$$133.9\% = 107.8\% \times 95\% \times 130.7\%$$

$$\Sigma q_1 p_1 m_1 - \Sigma q_0 p_0 m_0 = (\Sigma q_1 p_0 m_0 - \Sigma q_0 p_0 m_0) + (\Sigma q_1 p_1 m_0 - \Sigma q_1 p_0 m_0)$$
$$+ (\Sigma q_1 p_1 m_1 - \Sigma q_1 p_1 m_0)$$

$$151000 = 35000 + (-24000) + 140000$$

分析结果表明，工厂利润总额增加了 15.1 万元，其中由于销售量增加而增加了 3.5 万元，由于价格下降而减少了 2.4 万元，由于利润率上升而增加了 14 万元。可见，该工厂利润总额的增加，主要来自生产经营状况的改善和工厂利润率的提高。

10.4.4 平均指标的因素分析

1. 平均指标指数体系

平均指标因素分析的依据是平均指标指数体系。平均指标指数是由两个不同时期的平均指标对比形成的相对数。平均指标指数的基本公式：

$$\bar{k} = \frac{\overline{X_1}}{\overline{X_0}} \qquad (10\text{-}19)$$

式中，$\overline{X_1}$ 和 $\overline{X_0}$ 分别代表报告期和基期的平均数。

平均指标因素分析是测定和分析总平均指标的总变动中，各构成因素变动对其的影响程度、方向和绝对效果。

根据平均指标的计算公式 $\bar{X} = \frac{\sum xf}{\sum f} = \sum x \frac{f}{\sum f}$，在分组条件下，平均指标的变动受两个因素变动的影响，一个是各组平均指标 X 变动的影响，另一个是各组单位数在总体单位数中所占比重 $\frac{f}{\sum f}$ 的影响。且平均指标可看成是两个因素指标 x 和 $\frac{f}{\sum f}$ 的乘积，这就可以建立与之相对应的平均指标指数体系。在这个指数体系中，各组平均水平 x 被视为质量指标，各组单位数在总体单位数中所占比重被视为数量指标。当分析各组平均水平变动时，应将各组权数结构固定在报告期；当分析各组权数结构变动时，应将各组平均水平固定在基期。

可变构成指数 $= \frac{\sum x_1 f_1}{\sum f_1} \Big/ \frac{\sum x_0 f_0}{\sum f_0}$，反映了总平均指标变动受各组平均水平、权数结构这两个因素变动的影响程度，两个因素影响的绝对额为 $\frac{\sum x_1 f_1}{\sum f_1} - \frac{\sum x_0 f_0}{\sum f_0}$。

固定构成指数 $= \frac{\sum x_1 f_1}{\sum f_1} \Big/ \frac{\sum x_0 f_1}{\sum f_1}$，反映了各组平均水平因素变动对总平均指标变动的影响

程度，此因素影响的绝对差额为 $\dfrac{\sum x_1 f_1}{\sum f_1} - \dfrac{\sum x_0 f_1}{\sum f_1}$。

结构影响指数 $=\dfrac{\sum x_0 f_1}{\sum f_1} \Big/ \dfrac{\sum x_0 f_0}{\sum f_0}$，反映了各组权数结构因素变动对总平均指标变动的影

响程度，此因素影响的绝对差额为 $\dfrac{\sum x_0 f_1}{\sum f_1} - \dfrac{\sum x_0 f_0}{\sum f_0}$。

平均指标指数体系也可表达为

$$可变构成指数=固定构成指数×结构影响指数$$

$$\frac{\sum x_1 f_1}{\sum f_1} \Big/ \frac{\sum x_0 f_0}{\sum f_0} = \left(\frac{\sum x_1 f_1}{\sum f_1} \Big/ \frac{\sum x_0 f_1}{\sum f_1} \right) \left(\frac{\sum x_0 f_1}{\sum f_1} \Big/ \frac{\sum x_0 f_0}{\sum f_0} \right) \tag{10-20}$$

$$\frac{\sum x_1 f_1}{\sum f_1} - \frac{\sum x_0 f_0}{\sum f_0} = \left(\frac{\sum x_1 f_1}{\sum f_1} - \frac{\sum x_0 f_1}{\sum f_1} \right) + \left(\frac{\sum x_0 f_1}{\sum f_1} - \frac{\sum x_0 f_0}{\sum f_0} \right) \tag{10-21}$$

2．平均指标的两因素分析

平均指标的两因素分析步骤如下：

（1）计算总平均指标变动影响的程度和绝对额。

（2）计算两个因素变动影响的程度和绝对额。

（3）影响因素的综合分析。

【例 10-8】 下面以平均工资指数为例，说明平均指标因素分析的过程。平均指标因素分析计算表如表 10-7 所示。

表 10-7 平均指标因素分析计算表

车 间	工人人数（人）		月平均收入（元/人）		收入总额（元）		
	报告期 f_1	基期 f_0	报告期 x_1	基期 x_0	$x_1 f_1$	$x_0 f_0$	$x_0 f_1$
一	150	220	8500	8000	1275000	1760000	1200000
二	250	200	12000	9500	3000000	1900000	2375000
三	500	300	8400	7800	420000	2340000	3900000
四	100	80	12000	10300	120000	824000	1030000
合计	1000	800	—	—	9675000	6824000	8505000

解：根据表中资料，具体计算和分析步骤如下：

（1）企业总月平均收入变动的影响程度和绝对额。

可变构成指数如下：

$$\frac{\sum x_1 f_1}{\sum f_1} : \frac{\sum x_0 f_0}{\sum f_0} = \frac{9675000 / 1000}{6824000 / 800} = 113.43\%$$

$$\frac{\sum x_1 f_1}{\sum f_1} - \frac{\sum x_0 f_0}{\sum f_0} = \frac{9675000}{1000} - \frac{6824000}{800} = 1145（元/人）$$

（2）各车间月平均收入和工人数变动影响的程度和绝对额。

固定构成指数如下：

$$\frac{\sum x_1 f_1}{\sum f_1} : \frac{\sum x_0 f_1}{\sum f_1} = \frac{9675000}{8505000} = 113.76\%$$

$$\frac{\sum x_1 f_1}{\sum f_1} - \frac{\sum x_0 f_1}{\sum f_1} = \frac{9675000}{1000} - \frac{8505000}{1000} = 1170（元／人）$$

结构影响指数如下：

$$\frac{\sum x_0 f_1}{\sum f_1} : \frac{\sum x_0 f_0}{\sum f_0} = \frac{8505000 / 1000}{6824000 / 800} = 99.71\%$$

$$\frac{\sum x_0 f_1}{\sum f_1} - \frac{\sum x_0 f_0}{\sum f_0} = \frac{8505000}{1000} - \frac{6824000}{800} = -25（元／人）$$

（3）影响因素的综合分析。

$$113.43\% = 113.76\% \times 99.71\%$$
$$1145 = 1170 + (-25)$$

计算结果说明，该企业工人的报告期总月平均收入比基期总月平均收入增长了 13.43%，平均每人增加了 1145（元）。其中，由于各车间月平均收入变动使企业总月平均收入增长了 13.76%，平均每人增加了 1170（元）；由于各车间工人数变动使企业总月平均收入降低了 0.29%，平均每人减少了 25（元）。

10.5　指数序列

10.5.1　指数序列的概念和种类

1. 指数序列的概念

为了从数量上反映社会经济现象的发展变化过程，有时需要根据连续若干个时期的统计资料编制指数，用来反映同一个现象总体在不同时期变动程度的指数数值，按时间先后顺序加以排列就形成了指数序列。指数序列是对现象在时间上的变化过程进行连续观察和动态分析的一种重要工具。

2. 指数序列的种类

指数序列可以由个体指数构成，也可以由总指数构成；可以由数量指标指数构成，也可以由质量指标指数构成。依据各项指数对比方式的不同，指数序列分为两种：一种是"定基指数序列"，其对比方式是将每个报告期都与一个固定的基期相比较；另一种是"环比指数序列"，其对比方式则是将每个报告期都与它前面的一个时期相比较。定基指数序列与环比指数序列之间可能存在一定的数量关系，但是对于不同构成方式的指数序列，这种关系的表现形式往往也不同。

由个体指数形成的指数序列属于相对数序列，其分析方法已在第 9 章中阐述，本节主要说明由总指数形成的指数序列中的有关问题。

10.5.2　数量指标指数序列

由于计算数量指标指数时，以基期的质量指标做权数，所以在数量指标指数序列中，其定基指数的权数固定在基期，是不变权数。而环比指数的权数随基期的改变而改变，是可变权数。

$$定基指数：\frac{\sum Q_1 P_0}{\sum Q_0 P_0}, \frac{\sum Q_2 P_0}{\sum Q_0 P_0}, \frac{\sum Q_3 P_0}{\sum Q_0 P_0}, \cdots, \frac{\sum Q_n P_0}{\sum Q_0 P_0} \tag{10-22}$$

$$\text{环比指数：}\quad \frac{\sum Q_1 P_0}{\sum Q_0 P_0}, \frac{\sum Q_2 P_1}{\sum Q_1 P_1}, \frac{\sum Q_3 P_2}{\sum Q_2 P_2}, \cdots, \frac{\sum Q_n P_{n-1}}{\sum Q_{n-1} P_{n-1}} \qquad (10\text{-}23)$$

在统计工作中，由于编制产品产量综合指数时，一般以不变价格 P_n 为权数，因此在其指数序列中，定基指数和环比指数都用不变权数。

$$\text{定基指数：}\quad \frac{\sum Q_1 P_n}{\sum Q_0 P_n}, \frac{\sum Q_2 P_n}{\sum Q_0 P_n}, \frac{\sum Q_3 P_n}{\sum Q_0 P_n}, \cdots, \frac{\sum Q_n P_n}{\sum Q_0 P_n} \qquad (10\text{-}24)$$

$$\text{环比指数：}\quad \frac{\sum Q_1 P_n}{\sum Q_0 P_n}, \frac{\sum Q_2 P_n}{\sum Q_1 P_n}, \frac{\sum Q_3 P_n}{\sum Q_2 P_n}, \cdots, \frac{\sum Q_n P_n}{\sum Q_{n-1} P_n} \qquad (10\text{-}25)$$

10.5.3　质量指标指数序列

由于质量指标指数以报告期的数量指标做权数，所以在一个质量指标指数序列中，不论是定基指数还是环比指数，其权数都会随时期的改变而采用不同的数值，因此都是可变权数。

$$\text{定基指数：}\quad \frac{\sum P_1 Q_1}{\sum P_0 Q_1}, \frac{\sum P_2 Q_2}{\sum P_0 Q_2}, \frac{\sum P_3 Q_3}{\sum P_0 Q_3}, \cdots, \frac{\sum P_n Q_n}{\sum P_0 Q_n} \qquad (10\text{-}26)$$

$$\text{环比指数：}\quad \frac{\sum P_1 Q_1}{\sum P_0 Q_1}, \frac{\sum P_2 Q_2}{\sum P_1 Q_2}, \frac{\sum P_3 Q_3}{\sum P_2 Q_3}, \cdots, \frac{\sum P_n Q_n}{\sum P_{n-1} Q_n} \qquad (10\text{-}27)$$

10.5.4　定基指数和环比指数之间的联系

在指数序列中，由于指数的种类和采用的权数不同，因此两者之间的联系也不同。无疑地，在个体指数条件下，定基指数等于相应时期的环比指数的连乘积。而在总指数序列中，只有在不变权数条件下，环比指数的连乘积才等于相应时期的定基指数。利用这种关系，可以彼此推算，即利用环比指数求相应的定基指数，或利用定基指数求环比指数。现以不变价格为权数的产品产量综合指数为例，说明定基指数和环比指数两者间的联系。

$$\frac{\sum Q_1 P_n}{\sum Q_0 P_n} \frac{\sum Q_2 P_n}{\sum Q_1 P_n} \frac{\sum Q_3 P_n}{\sum Q_2 P_n} = \frac{\sum Q_3 P_n}{\sum Q_0 P_n} \qquad (10\text{-}28)$$

$$\frac{\sum Q_2 P_n}{\sum Q_0 P_n} \Big/ \frac{\sum Q_1 P_n}{\sum Q_0 P_n} = \frac{\sum Q_2 P_n}{\sum Q_1 P_n} \qquad (10\text{-}29)$$

必须指出，不变价格就是某一时期的固定价格，使用时间不宜过长，过一段时期后就应更换新的不变价格。因此，在遇到不变价格更新时，要用交替年按新旧两种不变价格计算的换算系数来消除价格变动的影响，否则编制的产品产量指数会缺乏可比性。

思考与练习

1．简述指数体系因素分析的基本方法和步骤。
2．综合指数与平均数指数有何区别与联系？
3．编制综合指数时，为什么要使用同度量因素并把它的时期加以固定？
4．总平均指标指数与组平均指标指数的变动方向为什么会有时不一致？
5．在分析中国工业产量（产量指数）时，如何排除价格的变化？
6．某集贸市场几种主要商品的销售资料如表 10-8 所示。

表 10-8　某集贸市场几种主要商品的销售资料

商品名称	销售量（千克）		销售价格（元/克）	
	基期	报告期	基期	报告期
甲	46	50	8.00	7.50
乙	34	39	3.60	4.20
丙	18	22	3.80	4.00
丁	830	1040	1.20	1.00

要求：

（1）建立指数体系，从相对数的角度进行总平均价格变动的因素分析。

（2）计算每种商品销售量增加分别使经营者增加了多少收入及每种商品价格变动分别使消费者增加或减少了多少支出？

（3）进一步地，综合分析销售总量变动和平均价格变动对该集贸市场销售总额的影响。

7．某企业两种产品的产量和单位出厂价格资料如表 10-9 所示。

表 10-9　某企业两种产品的产量和单位出厂价格资料

产品名称	计量单位	产量		出厂价格（元）	
		基期	报告期	基期	报告期
甲	万台	20	22	50	48
乙	万套	15	20	60	56

要求：进行总量指标变动的两因素分析。

8．某公司的生产情况如表 10-10 所示。

表 10-10　某公司的生产情况

商品	产值（万元）		产量个体指数（%）
	2020 年	2021 年	
甲	200	240	125
乙	450	485	110
丙	350	480	140
合计	1000	1205	—

要求：（1）计算全公司产值的总指数。

（2）计算全公司产量的总指数，并分析产量的变动对产值的影响。

9．某家电企业两种产品的销售情况如表 10-11 所示。

表 10-11　某家电企业两种产品的销售情况

产品名称	计量单位	销售收入（万元）		销售价格升（+）降（−）幅度（%）
		2020 年	2021 年	
吊扇	台	5500	5800	−5
落地扇	台	3000	3200	−3

要求：从相对数和绝对数两个方面对该企业 2021 年产品销售收入变动的原因进行分析。

10．某公司所属 3 家企业生产同种产品，单位成本及产量资料如表 10-12 所示。

表 10-12　3 家企业生产同种产品的单位成本及产量资料

企业	单位成本（元）		产品产量（件）	
	2020 年	2021 年	2020 年	2021 年
甲	5.0	4.5	8000	12000
乙	5.2	4.6	9000	12000
丙	4.8	4.8	12000	8000
合计	—	—	29000	32000

试分析该公司 3 家企业平均单位成本的变动及各个因素对平均单位成本变动的影响。

11．某企业集团所属 3 家企业的劳动生产率和工人人数资料如表 10-13 所示。

表 10-13　某企业集团所属 3 家企业的劳动生产率和工人人数资料

企业名称	2020 年		2021 年	
	劳动生产率（万元/人）	工人（人）	劳动生产率（万元/人）	工人（人）
甲企业	6.2	10800	7.0	11500
乙企业	4.8	8300	6.0	10200
丙企业	6.0	15000	7.2	17400

要求：分析该企业集团的总产值变动中各因素的影响程度和绝对量，并说明哪一种因素起的作用更大。

附录 A 常用统计分布表

附表 1 标准正态分布表

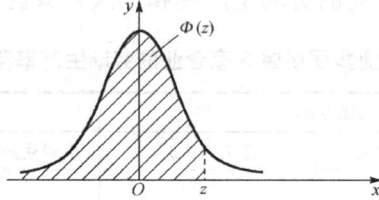

z	0.00	0.01	0.02	0.03	0.04	0.05	0.06	0.07	0.08	0.09
0.0	0.5000	0.5040	0.5080	0.5120	0.5160	0.5199	0.5239	0.5279	0.5319	0.5359
0.1	0.5398	0.5438	0.5478	0.5517	0.5557	0.5596	0.5636	0.5675	0.5714	0.5753
0.2	0.5793	0.5832	0.5871	0.5910	0.5948	0.5987	0.6026	0.6064	0.6103	0.6141
0.3	0.6179	0.6217	0.6255	0.6293	0.6331	0.6368	0.6406	0.6443	0.6480	0.6517
0.4	0.6554	0.6591	0.6628	0.6664	0.6700	0.6736	0.6772	0.6808	0.6844	0.6879
0.5	0.6915	0.6950	0.6985	0.7019	0.7054	0.7088	0.7123	0.7157	0.7190	0.7224
0.6	0.7257	0.7291	0.7324	0.7357	0.7389	0.7422	0.7454	0.7486	0.7517	0.7549
0.7	0.7580	0.7611	0.7642	0.7673	0.7703	0.7734	0.7764	0.7794	0.7823	0.7852
0.8	0.7881	0.7910	0.7939	0.7967	0.7995	0.8023	0.8051	0.8078	0.8106	0.8133
0.9	0.8159	0.8186	0.8212	0.8238	0.8264	0.8289	0.8315	0.8340	0.8365	0.8389
1.0	0.8413	0.8438	0.8461	0.8485	0.8508	0.8531	0.8554	0.8577	0.8599	0.8621
1.1	0.8643	0.8665	0.8686	0.8708	0.8729	0.8749	0.8770	0.8790	0.8810	0.8830
1.2	0.8849	0.8869	0.8888	0.8907	0.8925	0.8944	0.8962	0.8980	0.8997	0.9015
1.3	0.9032	0.9049	0.9066	0.9082	0.9099	0.9115	0.9131	0.9147	0.9162	0.9177
1.4	0.9192	0.9207	0.9222	0.9236	0.9251	0.9265	0.9278	0.9292	0.9306	0.9319
1.5	0.9332	0.9345	0.9357	0.9370	0.9382	0.9394	0.9406	0.9418	0.9430	0.9441
1.6	0.9452	0.9463	0.9474	0.9484	0.9495	0.9505	0.9515	0.9525	0.9535	0.9545
1.7	0.9554	0.9564	0.9573	0.9582	0.9591	0.9599	0.9608	0.9616	0.9625	0.9633
1.8	0.9641	0.9648	0.9656	0.9664	0.9671	0.9678	0.9686	0.9693	0.9700	0.9706
1.9	0.9713	0.9719	0.9726	0.9732	0.9738	0.9744	0.9750	0.9756	0.9762	0.9767
2.0	0.9772	0.9778	0.9783	0.9788	0.9793	0.9798	0.9803	0.9808	0.9812	0.9817
2.1	0.9821	0.9826	0.9830	0.9834	0.9838	0.9842	0.9846	0.9850	0.9854	0.9857
2.2	0.9861	0.9864	0.9868	0.9871	0.9874	0.9878	0.9881	0.9884	0.9887	0.9890
2.3	0.9893	0.9896	0.9898	0.9901	0.9904	0.9906	0.9909	0.9911	0.9913	0.9916
2.4	0.9918	0.9920	0.9922	0.9925	0.9927	0.9929	0.9931	0.9932	0.9934	0.9936
2.5	0.9938	0.9940	0.9941	0.9943	0.9945	0.9946	0.9948	0.9949	0.9951	0.9952
2.6	0.9953	0.9955	0.9956	0.9957	0.9959	0.9960	0.9961	0.9962	0.9963	0.9964
2.7	0.9965	0.9966	0.9967	0.9968	0.9969	0.9970	0.9971	0.9972	0.9973	0.9974
2.8	0.9974	0.9975	0.9976	0.9977	0.9977	0.9978	0.9979	0.9979	0.9980	0.9981
2.9	0.9981	0.9982	0.9982	0.9983	0.9984	0.9984	0.9985	0.9985	0.9986	0.9986
3.0	0.9987	0.9990	0.9993	0.9995	0.9997	0.9998	0.9998	0.9999	0.9999	1.0000

附表 2　t 分布表

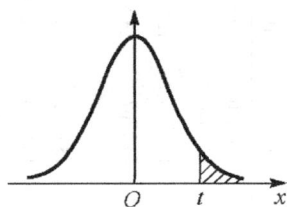

自由度	上单侧				
	0.10	0.05	0.025	0.01	0.005
1	3.078	6.314	12.706	31.821	63.657
2	1.886	2.920	4.603	6.965	9.925
3	1.638	2.353	3.182	4.541	5.841
4	1.533	2.132	2.776	3.747	4.604
5	1.476	2.015	2.571	3.365	4.032
6	1.440	1.943	2.447	3.143	3.707
7	1.415	1.895	2.365	2.998	3.499
8	1.397	1.860	2.306	2.896	3.355
9	1.383	1.833	2.262	2.821	3.250
10	1.372	1.812	2.228	2.764	3.169
11	1.363	1.796	2.201	2.718	3.106
12	1.356	1.782	2.179	2.681	3.055
13	1.350	1.771	2.160	2.650	3.012
14	1.345	1.761	2.145	2.624	2.977
15	1.341	1.753	2.131	2.602	2.947
16	1.337	1.746	2.120	2.583	2.921
17	1.333	1.740	2.110	2.567	2.898
18	1.330	1.734	2.101	2.552	2.878
19	1.328	1.729	2.093	2.539	2.861
20	1.325	1.725	2.086	2.528	2.845
21	1.323	1.721	2.080	2.518	2.831
22	1.321	1.717	2.074	2.508	2.819
23	1.319	1.714	2.069	2.500	2.807
24	1.318	1.711	2.064	2.492	2.797
25	1.316	1.708	2.060	2.485	2.787
26	1.315	1.706	2.056	2.479	2.779
27	1.314	1.703	2.052	2.473	2.771
28	1.313	1.701	2.048	2.467	2.763
29	1.311	1.699	2.045	2.462	2.756
30	1.310	1.697	2.042	2.457	2.750
40	1.303	1.684	2.021	2.423	2.704
60	1.296	1.671	2.000	2.390	2.660
120	1.289	1.658	1.980	2.358	2.617
∞	1.282	1.645	1.960	2.326	2.576

附录 3　χ^2 分布表

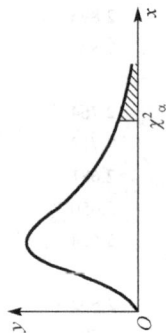

上 单 侧

自由度	0.995	0.99	0.975	0.95	0.90	0.10	0.05	0.025	0.01	0.005
1	$392\,704\times10^{-10}$	$157\,088\times10^{-9}$	$982\,069\times10^{-9}$	$393\,214\times10^{-8}$	0.0157908	2.70554	3.84146	5.02389	6.63490	7.87944
2	0.0100251	0.0201007	0.0506356	0.102587	0.210720	4.60517	5.99147	7.37776	9.2104	10.9566
3	0.0717212	0.114832	0.215795	0.351846	0.584375	6.25139	7.81473	9.34840	11.3449	12.8381
4	0.206990	0.297110	0.484419	0.710721	1.063623	7.77944	9.48773	11.1433	13.2767	14.8602
5	0.411740	0.554300	0.831211	1.145476	1.61031	9.23635	11.0705	12.8325	15.0863	16.7496
6	0.675727	0.872085	1.237347	1.63539	2.20413	10.6446	12.5916	14.4494	16.8119	18.5476
7	0.989265	1.239043	1.68987	2.16735	2.83311	12.0170	14.0671	16.0128	18.4753	20.2777
8	1.344419	1.646482	2.17973	2.73264	3.48954	13.3616	15.5073	317.5346	20.0902	21.9550
9	1.734926	2.087912	2.70039	3.32511	4.16816	14.6837	16.9190	19.0228	21.6660	23.5893
10	2.15585	2.55821	3.24697	3.94030	4.86518	15.9871	18.3070	20.4831	23.2093	25.1882
11	2.60321	3.05347	3.81575	4.57481	5.57779	17.2750	19.6751	21.9200	24.7250	26.7569
12	3.07382	3.57056	4.40379	5 22603	6.30380	18.5494	21.0261	23.3367	26.2170	28.2995
13	3.56503	4.10691	5.00874	5.89186	7.04150	19.8119	22.3621	24.7356	27.6883	29.8194
14	4.07468	4.66043	5.62872	6.57063	7.78953	21.0642	23.6848	26.1190	29.1413	31.3193

续表

自由度	0.995	0.99	0.975	0.95	0.90	上单侧 0.10	0.05	0.025	0.01	0.005
15	4.60094	5.22935	6.26214	7.26094	8.54675	22.3072	24.9958	27.4884	30.5779	32.8013
16	5.14224	5.81221	6.90766	7.96164	9.31223	23.5418	26.2962	28.8454	31.9999	34.2672
17	5.69724	6.40776	7.56418	8.67176	10.0852	24.7690	27.5871	30.1910	33.4087	35.7185
18	6.26481	7.01491	8.23075	9.39046	10.8649	25.9894	28.8693	31.5264	34.8053	37.1564
19	6.84398	7.63273	8.90655	10.1170	11.6509	27.2036	30.1435	32.8523	36.1908	38.5822
20	7.43386	8.26040	9.59083	10.8508	12.4426	28.4120	31.4104	34.1696	37.5662	39.9968
21	8.03366	8.89720	10.28293	11.5913	13.2396	29.6151	32.6705	35.4789	38.9321	41.4010
22	8.64272	9.54249	10.9823	12.3380	14.0415	30.8133	33.9244	36.7807	40.2894	42.7958
23	9.26042	10.19567	11.6885	13.0905	14.8479	32.0069	35.1725	38.0757	41.6384	44.1813
24	9.88623	10.8564	12.4011	13.8484	15.6587	33.1963	36.4151	39.3641	42.9798	45.5585
25	10.5197	11.5240	13.1197	14.6114	16.4734	34.3816	37.6525	40.6465	44.3141	46.9278
26	11.1603	12.1981	13.8439	15.3791	17.2919	35.5631	38.8852	41.9232	45.6417	48.2899
27	11.8076	12.8786	14.5733	16.1513	18.1138	36.7412	40.1133	43.1944	46.9630	49.6449
28	12.4613	13.5648	15.3079	16.9279	18.9392	37.9159	41.3372	44.4607	48.2782	50.9933
29	13.1211	14.2565	16.0471	17.7083	19.7677	39.0875	42.5569	45.7222	49.5879	52.3356
30	13.7867	14.9535	16.7908	18.4926	20.5992	40.2560	43.7729	46.9792	50.8922	53.6720
40	20.7065	22.1643	24.4331	26.5093	29.0505	51.8050	55.7585	59.3417	63.6907	66.7659
50	27.9907	29.7067	32.3574	34.7642	37.6886	63.1671	67.5048	71.4202	76.1539	79.4900
60	35.5346	37.4848	40.4817	43.1879	46.4589	74.3970	79.0819	83.2976	88.3794	91.9517
70	43.2752	45.4418	48.7576	51.7393	55.3290	85.5271	90.0012	95.0231	100.425	104.215
80	51.1720	53.5400	57.1532	60.3915	64.2778	96.5782	101.8	106.629	112.329	116.321
90	59.1963	61.7541	65.6466	69.1260	73.2912	107.565	113.145	118.136	124.116	128.299
100	67.3276	70.0648	74.2219	77.9295	82.3581	118.498	124.342	129.561	135.807	140.169

附录 4　F 分布表

0.05

第二自由度	第一自由度																		
	1	2	3	4	5	6	7	8	9	10	12	15	20	24	30	40	60	120	∞
1	161.4	199.5	215.7	224.6	230.2	234.0	236.8	238.9	240.5	241.9	243.9	245.9	248.0	249.1	250.1	251.1	252.2	253.3	254.3
2	18.51	19.00	19.16	19.25	19.30	19.33	19.35	19.37	19.38	19.40	19.41	19.43	19.45	19.45	19.46	19.47	19.48	19.49	19.50
3	10.13	9.55	9.28	9.12	9.01	8.94	8.89	8.85	8.81	8.79	8.74	8.70	8.66	8.64	8.62	8.59	8.57	8.55	8.53
4	7.71	6.94	6.59	6.39	6.26	6.16	6.09	6.04	6.00	5.96	5.91	5.86	5.80	5.77	5.75	5.72	5.69	5.66	5.63
5	6.61	5.79	5.41	5.19	5.05	4.95	4.88	4.82	4.77	4.74	4.68	4.62	4.56	4.53	4.50	4.46	4.43	4.40	4.36
6	5.99	5.14	4.76	4.53	4.39	4.28	4.21	4.15	4.10	4.06	4.00	3.94	3.87	3.84	3.81	3.77	3.74	3.70	3.67
7	5.59	4.74	4.35	4.12	3.97	3.87	3.79	3.73	3.68	3.64	3.57	3.51	3.44	3.41	3.38	3.34	3.30	3.27	3.23
8	5.32	4.46	4.07	3.84	3.69	3.58	3.50	3.44	3.39	3.35	3.28	3.22	3.15	3.12	3.08	3.04	3.01	2.97	2.93
9	5.12	4.26	3.86	3.63	3.48	3.37	3.29	3.23	3.18	3.14	3.07	3.01	2.94	2.90	2.86	2.83	2.79	2.75	2.71
10	4.96	4.10	3.71	3.48	3.33	3.22	3.14	3.07	3.02	2.98	2.91	2.85	2.77	2.74	2.70	2.66	2.62	2.58	2.54
11	4.84	3.98	3.59	3.36	3.20	3.09	3.01	2.95	2.90	2.85	2.79	2.72	2.65	2.61	2.57	2.53	2.49	2.45	2.40
12	4.75	3.89	3.49	3.26	3.11	3.00	2.91	2.85	2.80	2.75	2.69	2.62	2.54	2.51	2.47	2.43	2.38	2.34	2.30
13	4.67	3.81	3.41	3.18	3.03	2.92	2.83	2.77	2.71	2.67	2.60	2.53	2.46	2.42	2.38	2.34	2.30	2.25	2.21
14	4.60	3.74	3.34	3.11	2.96	2.85	2.76	2.70	2.65	2.60	2.53	2.46	2.39	2.35	2.31	2.27	2.22	2.18	2.13

续表

0.05

| 第二自由度 | 第一自由度 | | | | | | | | | | | | | | | | | | |
---	1	2	3	4	5	6	7	8	9	10	12	15	20	24	30	40	60	120	∞
15	4.54	3.68	3.29	3.06	2.90	2.79	2.71	2.64	2.59	2.54	2.48	2.40	2.33	2.29	2.25	2.20	2.16	2.11	2.07
16	4.49	3.63	3.24	3.01	2.85	2.74	2.66	2.59	2.54	2.49	2.42	2.35	2.28	2.24	2.19	2.15	2.11	2.06	2.01
17	4.45	3.59	3.20	2.96	2.81	2.70	2.61	2.55	2.49	2.45	2.38	2.31	2.23	2.19	2.15	2.10	2.06	2.01	1.96
18	4.41	3.55	3.16	2.93	2.77	2.66	2.58	2.51	2.46	2.41	2.34	2.27	2.19	2.15	2.11	2.06	2.02	1.97	1.92
19	4.38	3.52	3.13	2.90	2.74	2.63	2.54	2.48	2.42	2.38	2.31	2.23	2.16	2.11	2.07	2.03	1.98	1.93	1.88
20	4.35	3.49	3.10	2.87	2.71	2.60	2.51	2.45	2.39	2.35	2.28	2.20	2.12	2.08	2.04	1.99	1.95	1.90	1.84
21	4.32	3.47	3.07	2.84	2.68	2.57	2.49	2.42	2.37	2.32	2.25	2.18	2.10	2.05	2.01	1.96	1.92	1.87	1.81
22	4.30	3.44	3.05	2.82	2.66	2.55	2.46	2.40	2.34	2.30	2.23	2.15	2.07	2.03	1.98	1.94	1.89	1.84	1.78
23	4.28	3.42	3.03	2.80	2.64	2.53	2.44	2.37	2.32	2.27	2.20	2.13	2.05	2.01	1.96	1.91	1.86	1.81	1.76
24	4.26	3.40	3.01	2.78	2.62	2.51	2.42	2.36	2.30	2.25	2.18	2.11	2.03	1.98	1.94	1.89	1.84	1.79	1.73
25	4.24	3.39	2.99	2.76	2.60	2.49	2.40	2.34	2.28	2.24	2.16	2.09	2.01	1.96	1.92	1.87	1.82	1.77	1.71
26	4.23	3.37	2.98	2.74	2.59	2.47	2.39	2.32	2.27	2.22	2.15	2.07	1.99	1.95	1.90	1.85	1.80	1.75	1.69
27	4.21	3.35	2.96	2.73	2.57	2.46	2.37	2.31	2.25	2.20	2.13	2.06	1.97	1.93	1.88	1.84	1.79	1.73	1.67
28	4.20	3.34	2.95	2.71	2.56	2.45	2.36	2.29	2.24	2.19	2.12	2.04	1.96	1.91	1.87	1.82	1.77	1.71	1.65
29	4.18	3.33	2.93	2.70	2.55	2.43	2.35	2.28	2.22	2.18	2.10	2.03	1.94	1.90	1.85	1.81	1.75	1.70	1.64
30	4.17	3.32	2.92	2.69	2.53	2.42	2.33	2.27	2.21	2.16	2.09	2.01	1.93	1.89	1.84	1.79	1.74	1.68	1.62
40	4.08	3.23	2.84	2.61	2.45	2.34	2.25	2.18	2.12	2.08	2.00	1.92	1.84	1.79	1.74	1.69	1.64	1.58	1.51
60	4.00	3.15	2.76	2.53	2.37	2.25	2.17	2.10	2.04	1.99	1.92	1.84	1.75	1.70	1.65	1.59	1.53	1.47	1.39
120	3.92	3.07	2.68	2.45	2.29	2.17	2.09	2.02	1.96	1.91	1.83	1.75	1.66	1.61	1.55	1.50	1.43	1.35	1.25
∞	3.84	3.00	2.60	2.37	2.21	2.10	2.01	1.94	1.88	1.83	1.75	1.67	1.57	1.52	1.46	1.39	1.32	1.22	1.00

续表

0.01

第二自由度	第一自由度																		
	1	2	3	4	5	6	7	8	9	10	12	15	20	24	30	40	60	120	∞
1	4 052	4 999.5	5 403	5 625	5 764	5 859	5 928	5 982	6 022	6 056	6 106	6 157	6 209	6 235	6 261	6 287	6 313	6 339	6 366
2	98.50	99.00	99.17	99.25	99.30	99.33	99.36	99.37	99.39	99.40	99.42	99.43	99.45	99.46	99.47	99.47	99.48	99.49	99.50
3	34.12	30.82	29.46	28.71	28.24	27.91	27.67	27.49	27.35	27.23	27.05	26.87	26.69	26.60	26.50	26.41	26.32	26.22	26.13
4	21.20	18.00	16.69	15.98	15.52	15.21	14.98	14.80	14.66	14.55	14.37	14.20	14.02	13.93	13.84	13.75	13.65	13.56	13.46
5	16.26	13.27	12.06	11.39	10.97	10.67	10.46	10.29	10.16	10.05	9.89	9.72	9.55	9.47	9.38	9.29	9.20	9.11	9.06
6	13.75	10.92	9.78	9.15	8.75	8.47	8.26	8.10	7.98	7.87	7.72	7.56	7.40	7.31	7.23	7.14	7.06	6.97	6.88
7	12.25	9.55	8.45	7.85	7.46	7.19	6.99	6.84	6.72	6.62	6.47	6.31	6.16	6.07	5.99	5.91	5.82	5.74	5.65
8	11.26	8.65	7.59	7.01	6.63	6.37	6.18	6.03	5.91	5.81	5.67	5.52	5.36	5.28	5.20	5.12	5.03	4.95	4.86
9	10.56	8.02	6.99	6.42	6.06	5.80	5.61	5.47	5.35	5.26	5.11	4.96	4.81	4.73	4.65	4.57	4.48	4.40	4.31
10	10.04	7.56	6.55	5.99	5.64	5.39	5.20	5.06	4.94	4.85	4.71	4.56	4.41	4.33	4.25	4.17	4.08	4.00	3.91
11	9.65	7.21	6.22	5.67	5.32	5.07	4.89	4.74	4.63	4.54	4.40	4.25	4.10	4.02	3.94	3.86	3.78	3.69	3.60
12	9.33	6.93	5.95	5.41	5.06	4.82	4.64	4.50	4.39	4.30	4.16	4.01	3.86	3.78	3.70	3.62	3.54	3.45	3.36
13	9.07	6.70	5.74	5.21	4.86	4.62	4.44	4.30	4.19	4.10	3.96	3.82	3.66	3.59	3.51	3.43	3.34	3.25	3.17
14	8.86	6.51	5.56	5.04	4.69	4.46	4.28	4.14	4.03	3.94	3.80	3.66	3.51	3.43	3.35	3.27	3.18	3.09	3.00
15	8.68	6.36	5.42	4.89	4.56	4.32	4.14	4.00	3.89	3.80	3.67	3.52	3.37	3.29	3.21	3.13	3.05	2.96	2.87
16	8.53	6.23	5.29	4.77	4.44	4.20	4.03	3.89	3.78	3.69	3.55	3.41	3.26	3.18	3.10	3.02	2.93	2.84	2.75
17	8.40	6.11	5.18	4.67	4.34	4.10	3.93	3.79	3.68	3.59	3.46	3.31	3.16	3.08	3.00	2.92	2.83	2.75	2.65
18	8.29	6.01	5.09	4.58	4.25	4.01	3.84	3.71	3.60	3.51	3.37	3.23	3.08	3.00	2.92	2.84	2.75	2.66	2.57
19	8.18	5.93	5.01	4.50	4.17	3.94	3.77	3.63	3.52	3.43	3.30	3.15	3.00	2.92	2.84	2.76	2.67	2.58	2.49
20	8.10	5.85	4.94	4.43	4.10	3.87	3.70	3.56	3.46	3.37	3.23	3.09	2.94	2.86	2.78	2.69	2.61	2.52	2.42
21	8.02	5.78	4.87	4.37	4.04	3.81	3.64	3.51	3.40	3.31	3.17	3.03	2.88	2.80	2.72	2.64	2.55	2.46	2.36
22	7.95	5.72	4.82	4.31	3.99	3.76	3.59	3.45	3.35	3.26	3.12	2.98	2.83	2.75	2.67	2.58	2.50	2.40	2.31
23	7.88	5.66	4.76	4.26	3.94	3.71	3.54	3.41	3.30	3.21	3.07	2.93	2.78	2.70	2.62	2.54	2.45	2.35	2.26
24	7.82	5.61	4.72	4.22	3.90	3.67	3.50	3.36	3.26	3.17	3.03	2.89	2.74	2.66	2.58	2.49	2.40	2.31	2.21

续表

$\alpha = 0.01$

第二自由度	第一自由度																		
	1	2	3	4	5	6	7	8	9	10	12	15	20	24	30	40	60	120	∞
25	7.77	5.57	4.68	4.18	3.85	3.63	3.46	3.32	3.22	3.13	2.99	2.85	2.70	2.62	2.54	2.45	2.36	2.27	2.17
26	7.72	5.53	4.64	4.14	3.82	3.59	3.42	3.29	3.18	3.09	2.96	2.81	2.66	2.58	2.50	2.42	2.33	2.23	2.13
27	7.68	5.49	4.60	4.11	3.78	3.56	3.39	3.26	3.15	3.06	2.93	2.78	2.63	2.55	2.47	2.38	2.29	2.20	2.10
28	7.64	5.45	4.57	4.07	3.75	3.53	3.36	3.23	3.12	3.03	2.90	2.75	2.60	2.52	2.44	2.35	2.26	2.17	2.06
29	7.60	5.42	4.54	4.04	3.73	3.50	3.33	3.20	3.09	3.00	2.87	2.73	2.57	2.49	2.41	2.33	2.23	2.14	2.03
30	7.56	5.39	4.51	4.02	3.70	3.47	3.30	3.17	3.07	2.98	2.84	2.70	2.55	2.47	2.39	2.30	2.21	2.11	2.01
40	7.31	5.18	4.31	3.83	3.51	3.29	3.12	2.99	2.89	2.80	2.66	2.52	2.37	2.29	2.20	2.11	2.02	1.92	1.80
60	7.08	4.98	4.13	3.65	3.34	3.12	2.95	2.82	2.72	2.63	2.50	2.35	2.20	2.12	2.03	1.94	1.84	1.73	1.60
120	6.85	4.79	3.95	3.48	3.17	2.96	2.79	2.66	2.56	2.47	2.34	2.19	2.03	1.95	1.86	1.76	1.66	1.53	1.38
∞	6.63	4.61	3.78	3.32	3.02	2.80	2.64	2.51	2.41	2.32	2.18	2.04	1.88	1.79	1.70	1.59	1.47	1.32	1.00

$\alpha = 0.025$

第二自由度	第一自由度																		
	1	2	3	4	5	6	7	8	9	10	12	15	20	24	30	40	60	120	∞
1	647.8	799.5	864.2	899.6	921.8	937.1	948.2	956.7	963.3	968.6	976.7	984.9	993.1	997.2	1 001	1 006	1 010	1 014	1 018
2	38.51	39.00	39.17	39.25	39.30	39.33	39.36	39.37	39.39	39.40	39.41	39.43	39.45	39.46	39.46	39.47	39.48	39.48	39.50
3	17.44	16.04	15.44	15.10	14.88	14.73	14.62	14.54	14.47	14.42	14.34	14.25	14.17	14.12	14.08	14.04	13.99	13.95	13.90
4	12.22	10.65	9.98	9.60	9.36	9.20	9.07	8.98	8.90	8.84	8.75	8.66	8.56	8.51	8.46	8.41	8.36	8.31	8.26
5	10.01	8.43	7.76	7.39	7.15	6.98	6.85	6.76	6.68	6.62	6.52	6.43	6.33	6.28	6.23	6.18	6.12	6.07	6.02
6	8.81	7.26	6.60	6.23	5.99	5.82	5.70	5.60	5.52	5.46	5.37	5.27	5.17	5.12	5.07	5.01	4.96	4.90	4.85
7	8.07	6.54	5.98	5.52	5.29	5.21	4.99	4.90	4.82	4.76	4.67	4.57	4.47	4.42	4.36	4.31	4.25	4.20	4.14
8	7.57	6.06	5.42	5.05	4.82	4.65	4.53	4.43	4.36	4.30	4.20	4.10	4.00	3.95	3.89	3.84	3.78	3.73	3.67
9	7.21	5.71	5.08	4.72	4.48	4.32	4.20	4.10	4.03	3.96	3.87	3.77	3.67	3.61	3.56	3.51	3.45	3.39	3.33

续表

0.025

| 第二自由度 | 第一自由度 | | | | | | | | | | | | | | | | | | |
---	1	2	3	4	5	6	7	8	9	10	12	15	20	24	30	40	60	120	∞
10	6.94	5.46	4.83	4.47	4.24	4.07	3.95	3.85	3.78	3.72	3.62	3.52	3.42	3.37	3.31	3.26	3.20	3.14	3.08
11	6.72	5.26	4.63	4.28	4.04	3.88	3.76	3.66	3.59	3.53	3.43	3.33	3.23	3.17	3.12	3.06	3.00	2.94	2.88
12	6.55	5.10	4.47	4.12	3.89	3.73	3.61	3.51	3.44	3.37	3.28	3.18	3.07	3.02	2.96	2.91	2.85	2.79	2.72
13	6.41	4.97	4.35	4.00	3.77	3.60	3.48	3.39	3.31	3.25	3.15	3.05	2.95	2.89	2.84	2.78	2.72	2.66	2.60
14	6.30	4.86	4.24	3.89	3.66	3.50	3.38	3.29	3.21	3.15	3.05	2.95	2.84	2.79	2.73	2.67	2.61	2.55	2.49
15	6.20	4.77	4.15	3.80	3.58	3.41	3.29	3.20	3.12	3.06	2.96	2.86	2.76	2.70	2.64	2.59	2.52	2.46	2.40
16	6.12	4.69	4.08	3.73	3.50	3.34	3.22	3.12	3.05	2.99	2.89	2.79	2.68	2.63	2.57	2.51	2.45	2.38	2.32
17	6.04	4.62	4.01	3.66	3.44	3.28	3.16	3.06	2.98	2.92	2.82	2.72	2.62	2.56	2.50	2.44	2.38	2.32	2.25
18	5.98	4.56	3.95	3.61	3.38	3.22	3.10	3.01	2.93	2.87	2.77	2.67	2.56	2.50	2.44	2.38	2.32	2.26	2.19
19	5.92	4.51	3.90	3.56	3.33	3.17	3.05	2.96	2.88	2.82	2.72	2.62	2.51	2.45	2.39	2.33	2.27	2.20	2.13
20	5.87	4.46	3.86	3.51	3.29	3.13	3.01	2.91	2.84	2.77	2.68	2.57	2.46	2.41	2.35	2.29	2.22	2.16	2.09
21	5.83	4.42	3.82	3.48	3.25	3.09	2.97	2.87	2.80	2.73	2.64	2.53	2.42	2.37	2.31	2.25	2.18	2.11	2.04
22	5.79	4.38	3.78	3.44	3.22	3.05	2.93	2.84	2.76	2.70	2.60	2.50	2.39	2.33	2.27	2.21	2.14	2.08	2.00
23	5.75	4.35	3.75	3.41	3.18	3.02	2.90	2.81	2.73	2.67	2.57	2.47	2.36	2.30	2.24	2.18	2.11	2.04	1.97
24	5.72	4.32	3.72	3.38	3.15	2.99	2.87	2.78	2.70	2.64	2.54	2.44	2.33	2.27	2.21	2.15	2.08	2.01	1.94
25	5.69	4.29	3.69	3.35	3.13	2.97	2.85	2.75	2.68	2.61	2.51	2.41	2.30	2.24	2.18	2.12	2.05	1.98	1.91
26	5.66	4.27	3.67	3.33	3.10	2.94	2.82	2.73	2.65	2.59	2.49	2.39	2.28	2.22	2.16	2.09	2.03	1.95	1.88
27	5.63	4.24	3.65	3.31	3.08	2.92	2.80	2.71	2.63	2.57	2.47	2.36	2.25	2.19	2.13	2.07	2.00	1.93	1.85
28	5.61	4.22	3.63	3.29	3.06	2.90	2.78	2.69	2.61	2.55	2.45	2.34	2.23	2.17	2.11	2.05	1.98	1.91	1.83
29	5.59	4.20	3.61	3.27	3.04	2.88	2.76	2.67	2.59	2.53	2.43	2.32	2.21	2.15	2.09	2.03	1.96	1.89	1.81
30	5.57	4.18	3.59	3.25	3.03	2.87	2.75	2.65	2.57	2.51	2.41	2.31	2.20	2.14	2.07	2.01	1.94	1.87	1.79
40	5.42	4.05	3.46	3.13	2.90	2.74	2.62	2.53	2.45	2.39	2.29	2.18	2.07	2.01	1.94	1.88	1.80	1.72	1.64
60	5.29	3.93	3.34	3.01	2.79	2.63	2.51	2.41	2.33	2.27	2.17	2.06	1.94	1.88	1.82	1.74	1.67	1.58	1.48
120	5.15	3.80	3.23	2.89	2.67	2.52	2.39	2.30	2.22	2.16	2.05	1.94	1.82	1.76	1.69	1.61	1.53	1.43	1.31
∞	5.02	3.69	3.12	2.79	2.57	2.41	2.29	2.10	2.11	2.05	1.94	1.83	1.71	1.64	1.57	1.48	1.39	1.27	1.00

附表 5　随机数表

63271	59986	71744	51102	15141	80714	58683	93108	13554	79945
88547	09896	95436	79115	08303	01041	20030	63754	08459	28364
55957	57243	83865	09911	19761	66535	40102	26646	60147	15702
46276	87453	44790	67122	45573	84358	21625	16999	13385	22782
55363	07449	34835	15290	76616	67191	12777	21861	68689	03263
69393	92785	49902	58447	42048	30378	87618	26933	40640	16281
13186	29431	88190	04588	38733	81290	89541	70290	40113	08243
17726	28652	56836	78351	47327	18518	92222	55201	27340	10493
36520	64465	05550	30157	82242	29520	69753	72602	23756	54935
81628	36100	39254	56835	37636	02421	98063	89641	64953	99337
84649	48968	75215	75498	49539	74240	03466	049292	36401	45525
63291	11618	12613	75055	43915	26488	41116	64531	56827	30825
70502	53225	03655	05915	37140	57051	48393	91322	25653	06543
06426	24771	59935	49801	11082	66762	94477	02494	88215	27191
20711	55609	29430	70165	45406	78484	31639	52009	18873	96927
41990	70538	77191	25860	55204	73417	83920	69468	74972	38712
72452	36618	76298	26678	89334	33938	95567	29380	75906	91807
37042	40318	57099	10528	09925	89773	41335	96244	29002	46453
53766	52875	15987	46962	67342	77592	57651	95508	80033	69828
90585	58955	53122	16025	84299	53310	67380	84249	25348	04332
32001	96293	37203	64516	51530	37069	40261	61374	05815	06714
62606	64324	46354	72157	67248	20135	49804	09226	64419	29457
10078	28073	85389	50324	14500	15562	64165	06125	71353	77669
91561	46145	24177	15294	10061	98124	75732	00815	83452	97355
13091	98112	53959	79607	52244	63303	10413	63839	74762	50289
73864	83014	72457	22682	03033	61714	88173	90835	00634	85169
66668	25467	48894	51043	02365	91726	09365	63167	95264	45643
84745	41042	29493	08136	09044	51926	43630	63470	76508	14194
48068	26805	94595	47907	13357	38412	33318	26098	82782	42851
54310	96175	97594	88616	42035	38093	36745	56702	40644	83514
14877	33095	10924	58013	61439	21882	42059	24177	58739	60170
78295	23179	02771	43646	59061	71411	05697	67194	30495	21157
67524	02865	38593	54278	04237	92441	26602	63835	38032	94770
58268	57219	68124	73455	83236	08710	04284	55005	84171	42596
97158	28672	50685	01181	24262	19427	52106	34308	73685	74246
04230	16831	69085	30802	65559	09205	71829	06489	85650	38707
94879	56606	30401	02602	57658	70091	54986	41394	60437	03195
71446	15232	66715	26385	91518	70566	02888	79941	39684	54315
32886	05644	79316	09819	00813	88407	17461	73925	53037	91904
62048	33711	25290	21526	02223	75947	66466	06232	10913	75336
84534	42351	21628	53669	81352	95152	08107	98814	72743	12849
84707	15885	84710	35866	06446	86311	32648	88141	73902	69981
19409	40868	64220	80861	13860	68493	52908	26374	63097	45052
57978	48015	25973	66777	45924	56144	24742	96702	88200	66162
57295	98298	11199	96510	75228	41600	47192	43267	35973	23152

参考文献

[1] 贾俊平，何晓群，金勇进. 统计学[M]. 8 版. 北京：中国人民大学出版社，2021.

[2] 卢冶飞，孙忠宝. 应用统计学[M]. 4 版. 北京：清华大学出版社，2019.

[3] 薛薇. 基于 SPSS 的数据分析[M]. 5 版. 北京：中国人民大学出版社，2022.

[4] 邓维斌，唐兴艳，胡大权. SPSS 19（中文版）统计分析实用教程[M]. 北京：电子工业出版社，2013.

[5] 李洁明，祁新娥. 统计学原理[M]. 8 版. 上海：复旦大学出版社，2021.

[6] 杨国忠，郑连元. 商务统计学[M]. 北京：清华大学出版社，2019.

[7] 李金昌，苏为华. 统计学[M]. 5 版. 北京：机械工业出版社，2019.

[8] 李金林，赵中秋，马宝龙. 管理统计学[M]. 3 版. 北京：清华大学出版社，2019.

[9] 李晓宁. 管理统计学[M]. 北京：清华大学出版社，2022.

[10] David R，Anderson，等. 商务与经济统计[M]. 7 版. 李淳，苏治宝，译. 北京：机械工业出版社，2016.

[11] 袁卫，庞皓，曾五一. 统计学[M]. 3 版. 北京：高等教育出版社，2009.

[12] 胡健颖，冯泰. 实用统计学[M]. 北京：北京大学出版社，2004.

[13] 耿修林，张琳. 管理统计[M]. 2 版. 北京：科学出版社，2008.

[14] 张梅琳. 应用统计学[M]. 上海：复旦大学出版社，2004.

[15] 余建英，何旭宏. 数据统计分析 SPSS 应用[M]. 北京：人民邮电出版社，2003.

[16] 马庆国. 管理统计[M]. 北京：科学出版社，2002.

[17] 耿修林. 商务经济统计学[M]. 北京：科学出版社，2003.

[18] 郝黎仁，樊元. SPSS 实用统计分析[M]. 北京：中国水利水电出版社，2003.

[19] Terry Sinicch. 例解商务统计学[M]. 陈鹤琴，罗明安，译. 北京：清华大学出版社，2001.

[20] 郭强，秦琴，任慧颖. 抽样调查手册[M]. 北京：中国经济时代出版社，2004.

[21] 郭强，苏春艳. 定量调查手册[M]. 北京：中国经济时代出版社，2004.

[22] 吴明隆. SPSS 统计应用实务[M]. 北京：科学出版社，2003.

[23] 陈启杰. 市场调研与预测[M]. 上海：上海财经大学出版社，2004.

[24] James R. Evans. 商业统计学精要[M]. 潘文卿，丁海山，译. 北京：中国人民大学出版社，2004.

[25] 胡培，王建琼. 管理统计学[M]. 北京：高等教育出版社，2007.

[26] 薛薇. 统计分析与 SPSS 的应用[M]. 6 版. 北京：中国人民大学出版社，2021.

[27] 董云展. 统计学[M]. 3 版. 北京：高等教育出版社，2020.

[28] 李晓峰，刘馨. 应用统计学[M]. 北京：电子工业出版社，2017.

[29] 乔红. 统计调查与统计调查误差在现实中的影响分析[J]. 财经界，2015，（29）：343.

[30] 彭琼. 统计误差成因及其对策分析[J]. 现代经济信息，2014，（6）：257.

[31] 胡顺奇，公维丽. 中国古代统计与《九章算术》[J]. 中国统计，2022，(4)：73-76.

[32] 《中国统计》编辑部. 一次高质量的国家脱贫攻坚普查[J]. 中国统计，2021，(2)：1.

[33] 许晓莉. 从统计数据看社会保障基本公共服务均等化[J]. 中国统计，2022，(4)：77-78.

[34] 邱明悦，胡涛，崔恒建. 双区间删失下新冠病毒肺炎潜伏期分布的参数估计[J]. 应用数学学报，2020，4 (2)：200-210.

[35] 刘百灵，夏惠敏，李延晖. 移动购物用户信息披露意愿影响因素的实证研究——基于公平理论和理性行为理论视角[J]. 实践研究，2017，40 (5)：87-93.

[36] 崔琦，杨军，董琬璐. 中国碳排放量估计结果及差异影响因素分析[J]. 中国人口·资源与环境，2016，26 (2)：35-41.

[37] 张洁瑕，陈佑启，冯建中，等. 乡村振兴战略下区域农业人口预测研究——以黄淮海平原典型农业区为例[J]. 中国农业资源与区划，2021，(42)：254-262.

[38] 揭仕军. 经济新常态下增长转型与增速预测——于新中国 70 年的时间序列数据[J]. 经济问题探索，2020，455 (6)：9-18.

反侵权盗版声明

电子工业出版社依法对本作品享有专有出版权。任何未经权利人书面许可，复制、销售或通过信息网络传播本作品的行为；歪曲、篡改、剽窃本作品的行为，均违反《中华人民共和国著作权法》，其行为人应承担相应的民事责任和行政责任，构成犯罪的，将被依法追究刑事责任。

为了维护市场秩序，保护权利人的合法权益，我社将依法查处和打击侵权盗版的单位和个人。欢迎社会各界人士积极举报侵权盗版行为，本社将奖励举报有功人员，并保证举报人的信息不被泄露。

举报电话：（010）88254396；（010）88258888

传　　真：（010）88254397

E - m a i l : dbqq@phei.com.cn

通信地址：北京市万寿路 173 信箱

　　　　　电子工业出版社总编办公室

邮　　编：100036